iPad & iPad Pro

Die verständliche Anleitung

von
Giesbert Damaschke

An den Leser

Liebe Leserin, lieber Leser,

ob Sie sich nun schon ein iPad zugelegt haben oder dies in naher Zukunft beabsichtigen – Sie werden Ihre Entscheidung sicher nicht bereuen. Ich verwende das iPad bereits seit der ersten Generation und es begeistert mich jeden Tag aufs Neue. Die handliche Größe, die schnelle Nutzung und die vielseitigen Anwendungsmöglichkeiten gehören zu den Stärken des Geräts. Ihr iPad ist immer einsatzbereit, und mit nur einem Knopfdruck können Sie im Internet surfen, E-Mails schreiben oder die Fotos Ihres letzten Urlaubs gemeinsam mit Freunden oder der Familie auf dem Sofa genießen.

Damit Ihnen das auch ohne viel Kopfzerbrechen gelingt, zeigt Ihnen unser Autor und Apple-Experte Giesbert Damaschke in diesem Buch, wie Sie Ihr iPad richtig nutzen. Schritt für Schritt und anhand anschaulicher Bilder stellt er Ihnen die grundlegende Bedienung des iPads vor, führt Sie durch die wichtigsten Apps und gibt Ihnen jede Menge wertvoller Tipps für den täglichen Umgang. Egal, ob Sie das klassische iPad, das leistungsstarke iPad Pro oder das handliche iPad mini verwenden: Nach der Lektüre dieser Anleitung werden Sie staunen, wie viel in den kleinen Riesen steckt und welche Möglichkeiten sich Ihnen bieten.

Dieses Buch wurde mit größter Sorgfalt geschrieben und hergestellt. Sollten Sie dennoch einmal Fehler finden oder inhaltliche Anregungen haben, freue ich mich, wenn Sie mir schreiben. Jetzt wünsche ich Ihnen aber zunächst viel Spaß beim Lesen und Lernen!

Ihr Erik Lipperts
Lektorat Vierfarben

erik.lipperts@rheinwerk-verlag.de

Auf einen Blick

1	Das iPad kennenlernen	13
2	Apps – die Programme auf dem iPad	33
3	Das iPad nimmt Kontakt auf	51
4	Im Maschinenraum – systemweite Funktionen des iPads	69
5	Schreiben und Zeichnen	89
6	Kontakte verwalten	109
7	Mit Kalender Termine verwalten	119
8	Mit Safari ins Internet	133
9	E-Mails senden und empfangen	155
10	Notizen und Erinnerungen	175
11	Nachrichten und FaceTime	195
12	Fotografieren und Filmen mit dem iPad	215
13	Fotos bearbeiten und verwalten	231
14	Musik, Filme und Podcasts auf dem iPad genießen	257
15	E-Books und Hörbücher mit iBooks	277
16	Neue Inhalte für Ihr iPad	291
17	Karten und Navigation	305
18	Ihre Daten auf dem iPad schützen	313

Impressum

Wir hoffen, dass Sie Freude an diesem Buch haben und sich Ihre Erwartungen erfüllen. Ihre Anregungen und Kommentare sind uns jederzeit willkommen. Bitte bewerten Sie doch das Buch auf unserer Website unter www.rheinwerk-verlag.de/feedback.

An diesem Buch haben viele mitgewirkt, insbesondere:

Lektorat Isabella Bleissem, Erik Lipperts
Korrektorat Marita Böhm
Herstellung Maxi Beithe
Typografie und Layout Vera Brauner, Maxi Beithe
Einbandgestaltung Julia Schuster
Coverbild Apple Inc.
Satz weiss.design / zienke.design, Thomas Weiß
Druck und Bindung Media-Print Informationstechnologie GmbH, Paderborn

Dieses Buch wurde gesetzt aus der TheSans (9,35 pt/13,7 pt) in InDesign CC. Gedruckt wurde es auf mattgestrichenem Bilderdruckpapier (115 g/m²). Hergestellt in Deutschland.

Das vorliegende Werk ist in all seinen Teilen urheberrechtlich geschützt. Alle Rechte vorbehalten, insbesondere das Recht der Übersetzung, des Vortrags, der Reproduktion, der Vervielfältigung auf fotomechanischen oder anderen Wegen und der Speicherung in elektronischen Medien.

Ungeachtet der Sorgfalt, die auf die Erstellung von Text, Abbildungen und Programmen verwendet wurde, können weder Verlag noch Autor, Herausgeber oder Übersetzer für mögliche Fehler und deren Folgen eine juristische Verantwortung oder irgendeine Haftung übernehmen.

Die in diesem Werk wiedergegebenen Gebrauchsnamen, Handelsnamen, Warenbezeichnungen usw. können auch ohne besondere Kennzeichnung Marken sein und als solche den gesetzlichen Bestimmungen unterliegen.

Bibliografische Information der Deutschen Nationalbibliothek:

Die Deutsche Nationalbibliothek verzeichnet diese Publikation in der Deutschen Nationalbibliografie; detaillierte bibliografische Daten sind im Internet über http://dnb.d-nb.de abrufbar.

ISBN 978-3-8421-0331-3

4. Auflage 2018
© Rheinwerk Verlag, Bonn 2018

Vierfarben ist eine Marke des Rheinwerk Verlags. Der Name Vierfarben spielt an auf den Vierfarbdruck, eine Technik zur Erstellung farbiger Bücher. Der Name steht für die Kunst, die Dinge einfach zu machen, um aus dem Einfachen das Ganze lebendig zur Anschauung zu bringen.

Informationen zu unserem Verlag und Kontaktmöglichkeiten finden Sie auf unserer Verlagswebsite www.rheinwerk-verlag.de. Dort können Sie sich auch umfassend über unser aktuelles Programm informieren und unsere Bücher und E-Books bestellen.

Inhalt

Kapitel 1: Das iPad kennenlernen ... 13

Welche Modelle gibt es? ... 13
Das iPad stellt sich vor ... 15
So legen Sie die SIM-Karte ein ... 18
Das iPad in Betrieb nehmen ... 19
Einschalten, Standby, komplett ausschalten ... 24
Wo finde ich was auf dem Bildschirm? ... 25
Fingerübungen – die Bedienung des iPads kennenlernen ... 27
Den Bildschirmhintergrund ändern ... 29
Touch ID: den Fingerabdrucksensor einrichten ... 31

Kapitel 2: Apps – die Programme auf dem iPad ... 33

Die Apps auf dem iPad ... 34
Apps starten, verlassen und wechseln ... 38
Apps beenden ... 41
Zwei Apps nebeneinander ausführen ... 42
Slide Over ... 43
Split View ... 45
Drag & Drop ... 46
Apps auf dem Home-Bildschirm anordnen ... 47

Kapitel 3: Das iPad nimmt Kontakt auf ... 51

Über WLAN mit dem Internet verbinden ... 51
Eine Apple-ID anlegen ... 53
So funktioniert iCloud ... 57
Ein Konto für Mail, Kalender & Co einrichten ... 59
Inhalte teilen und drucken ... 62
Inhalte mit AirDrop weitergeben ... 63
Das iPad synchronisieren ... 65

Inhalt

Kapitel 4: Im Maschinenraum – systemweite Funktionen des iPads ... 69

Kontrollzentrum: schneller Zugriff auf zentrale Einstellungen ... 69
Mitteilungen und die Mitteilungszentrale ... 73
Widgets einrichten ... 75
Hinweistöne festlegen ... 77
Die Ortungsdienste des iPads ... 79
Sprachsteuerung mit Siri ... 81
Suchen und Nachschlagen ... 83
Dateiverwaltung auf dem iPad ... 85
Die Markierungen ... 87

Kapitel 5: Schreiben und Zeichnen ... 89

Die Tastatur aufrufen ... 90
Die Tastatur ... 91
Ziffern, Satz- und Sonderzeichen ... 93
Umlaute, Akzente und weitere Sonderzeichen ... 93
Die Vorschläge und Schreibhilfen ... 94
Eingaben korrigieren ... 97
Schneller schreiben mit der Textersetzung ... 98
Text kopieren, ausschneiden und einfügen ... 99
Schreiben mit dem Smart Keyboard (nur iPad Pro) ... 100
Zeichnen mit dem Pencil (nur iPad Pro) ... 104
Das iPad bittet zum Diktat ... 105

Kapitel 6: Kontakte verwalten ... 109

Der Aufbau der Kontakte-App ... 110
Kontakte anlegen und bearbeiten ... 111
Ihre Visitenkarte ... 113
Das Eingabeformular anpassen ... 113
Kontakte suchen ... 114
Kontaktinformationen in anderen Apps nutzen ... 115

Kontakte als VCF-Datei senden und empfangen 117
Kontakte mit Drag & Drop weitergeben 118

Kapitel 7: Mit Kalender Termine verwalten 119

Die Kalender-App im Überblick 119
Termine auf dem iPad eintragen 122
Termine suchen, bearbeiten und löschen 123
Mit mehreren Kalendern arbeiten 125
Termine mit anderen Personen teilen 126
Kalender gemeinsam nutzen 127
Kalender freigeben und abonnieren 128
Die Uhr 130

Kapitel 8: Mit Safari ins Internet 133

Der Webbrowser Safari im Überblick 133
Webseiten aufrufen 134
Mehrere Seiten gleichzeitig öffnen 137
Suchen und Finden mit Safari 138
Links auf Webseiten aufrufen 140
Zwei Webseiten nebeneinander darstellen 141
Lesezeichen und Leseliste verwenden 142
Lesezeichen organisieren 145
Die iCloud-Tabs 146
Bilder und Dateien von Webseiten speichern 147
Formulare, Passwörter, Kreditkarten 149
Schützen Sie Ihre Daten 151
Die Inhaltsblocker 152

Kapitel 9: E-Mails senden und empfangen 155

Die Mail-App im Überblick 156
E-Mails empfangen 158
E-Mails schreiben, speichern und senden 159

E-Mails beantworten und weiterleiten 160
Die E-Mail-Konversationen 161
Dateien per E-Mail verschicken 163
E-Mail-Anhänge speichern 164
Ein Postfach filtern 166
E-Mails markieren und organisieren 166
E-Mails löschen oder archivieren 168
E-Mails suchen 170
Wichtige E-Mails nicht verpassen: das VIP-Postfach und
die Mitteilungen 171
Werbung entsorgen 173

Kapitel 10: Notizen und Erinnerungen 175

Eine Notiz schreiben 175
Notizen formatieren 178
Tabellen in Notizen 179
Fotos und Zeichnungen einfügen 180
Dokumente scannen 181
Notizen aus anderen Apps heraus erstellen 182
Notizen in Ordnern verwalten 184
Notizen sperren 185
Notizen und Ordner löschen 186
Aufgaben verwalten mit Erinnerungen 186
Erinnerungen mit Details versehen 188
Aufgaben erledigen und löschen 190
Mit mehreren Aufgabenlisten arbeiten 191
Gemeinsame Aufgabenlisten führen 192

Kapitel 11: Nachrichten und FaceTime 195

Nachrichten – iMessage auf dem iPad 195
Nachrichten senden 196
Bilder und Videos verschicken 197

Sprachnachrichten verschicken 199
Nachrichten mit Digital Touch und Stickern 200
Nachrichten mit Effekten verschicken 201
Handschriftliche Notizen 202
Nachrichten empfangen und beantworten 203
Nachrichten kopieren, weiterleiten und löschen 205
Nachrichtenanhänge verwalten 206
FaceTime: Telefonieren mit dem iPad 207
Ein FaceTime-Telefonat führen 209
Töne für FaceTime und Nachrichten festlegen 211
Den »Nicht stören«-Modus verwenden 211
Kontakte sperren 213

Kapitel 12: Fotografieren und Filmen mit dem iPad 215

Die Kamera aktivieren 216
Ein Foto aufnehmen 217
Besondere Eigenschaften der Kamera 220
Das Aufnahmeformat anpassen 222
Ein Video aufzeichnen 223
Die Kamera als QR-Code-Scanner 226
Aufnahmen vom iPad auf den Computer kopieren 227
Fotospaß mit Photo Booth 228

Kapitel 13: Fotos bearbeiten und verwalten 231

Fotos vom Computer ans iPad übertragen 231
Die Fotos-App kennenlernen 232
Fotos auf dem iPad anschauen 234
Eine Diashow abspielen 236
Die Rückblicke 238
Gesichter und Personen 239
Fotos suchen 240

Fotoalben auf dem iPad anlegen und verwalten 241
Serienfotos auswählen 246
Fotos auf dem iPad bearbeiten 246
Rückblicke bearbeiten 249
Videos auf dem iPad bearbeiten 250
Aufnahmen vom iPad löschen und zurückholen 251
Fotos im Internet veröffentlichen 253
Fotostream und die iCloud-Fotomediathek 255

Kapitel 14: Musik, Filme und Podcasts auf dem iPad genießen 257

Musik und Filme auf das iPad laden 258
Aufbau der Musik-App 258
Musik wiedergeben und Wiedergabe steuern 261
Playlists anlegen und bearbeiten 262
Videos auf dem iPad ansehen 265
Steuerung der Video-Wiedergabe 266
Musik und Videos aus der Cloud abspielen 268
Musik und Videos vom iPad löschen 270
Podcasts auf das iPad laden und wiedergeben 273

Kapitel 15: E-Books und Hörbücher mit iBooks 277

Die Ansichten 278
Bücher aus iCloud anzeigen 279
Ein E-Book lesen 280
Markierungen, Notizen, Suche 282
PDF-Dateien in iBooks 283
Bücher in Sammlungen verwalten 284
Hörbücher mit dem iPad hören 287
Bücher löschen 288

Kapitel 16: Neue Inhalte für Ihr iPad ... 291

Der iTunes Store und seine Ableger ... 292
So bezahlen Sie in Apples Kaufhaus ... 293
Musik und Videos im iTunes Store finden ... 294
Der App Store ... 296
Inhalte kaufen und laden ... 298
Einkäufe erneut laden ... 300
Apps löschen ... 302

Kapitel 17: Karten und Navigation ... 305

Der Aufbau der Karten-App ... 306
Eine Adresse suchen ... 307
Navigation und Routenplanung ... 309
Satelliten und 3D-Darstellung ... 310
Freunde nicht aus den Augen verlieren: die Standortfreigabe ... 312

Kapitel 18: Ihre Daten auf dem iPad schützen ... 313

Den Zugriff mit der Codesperre eingrenzen ... 313
Bequem und sicher: Touch ID ... 317
Was Sie trotz Codesperre und Touch ID beachten sollten ... 319
Die Selbstzerstörungsfunktion des iPads aktivieren ... 320
Datenschutzeinstellungen einsehen und ändern ... 321
Zugriff auf Programme, Dienste und Inhalte beschränken ... 322
Eine Datensicherung anlegen und verschlüsseln ... 324
Das iPad wiederherstellen ... 327
Mein iPad suchen ... 329
Die Gefahren eines Jailbreaks ... 331

Stichwortverzeichnis ... 333

Kapitel 1
Das iPad kennenlernen

In diesem Kapitel werde ich Sie mit dem iPad vertraut machen. Sie lernen, wie Sie es einschalten – und gleich wieder ausschalten –, wie Sie es auf den praktischen Einsatz vorbereiten und wo Sie welche Anschlüsse finden. Sie werden ein wenig mit den verschiedenen Einstellungen herumspielen, tippen mal hier, mal da und lernen so die grundlegende Bedienung des Geräts kennen.

‹ Sie werden sehen, die Bedienung des iPads ist schnell erlernt.
(Foto: © Apple.com)

Welche Modelle gibt es?

Das iPad kam erstmals 2010 auf den Markt. Seither hat Apple bislang 16 verschiedene Modelle vorgestellt (Stand: September 2017), daher ist eine kurze Übersicht angebracht.

Kapitel 1: Das iPad kennenlernen

Aktuell hat Apple drei Modelle im Angebot: *iPad*, *iPad mini 4* und *iPad Pro*. Der augenfälligste Unterschied zwischen den verschiedenen iPads ist ihre Größe.

- **iPad mini 4**: Das kleinste iPad kam im Herbst 2015 auf den Markt. Es hat einen 7,9-Zoll-Bildschirm mit einer Auflösung von 2.048 × 1.536 Bildpunkten.

- **iPad**: Das aktuelle Standard-iPad stellte Apple im Frühjahr 2017 vor. Es bietet ein 9,7-Zoll-Display, das wie beim iPad mini eine Auflösung von 2.048 × 1.536 Bildpunkten bietet.

- **iPad Pro**: Im Juni 2017 stellte Apple die beiden neuesten Modelle der Pro-Reihe vor. Das etwas kleinere Gerät bietet einen 10,5-Zoll-Bildschirm (Auflösung: 2.224 × 1.668 Bildpunkte). Wer mehr Platz braucht, der greift zum größeren Modell mit einer Bildschirmdiagonale von 12,9 Zoll und einer Auflösung von 2.732 × 2.048 Bildpunkten.

Abgesehen von der Größe unterscheiden sich die Geräte nur in einigen technischen Punkten. Faustregel: Die neueren Geräte sind schneller und leichter als die älteren und besitzen eine bessere Kamera. Für das iPad Pro bietet Apple zudem eine Tastatur (die gleichzeitig als Schutzhülle dient) namens *Smart Keyboard* und einen Stift (den *Apple Pencil*) an (mehr zu diesem Zubehör lesen Sie in Kapitel 5, »Schreiben und Zeichnen«).

Gemeinsam ist allen iPads noch, dass sie entweder als reines WLAN-Modell vorliegen (also nur dann ins Internet können, wenn ein WLAN verfügbar ist) oder zusätzlich über eine SIM-Karte das Mobilfunknetz nutzen, also auch dann auf das Internet zugreifen können, wenn kein WLAN in der Nähe ist. Wie beim Handy bekommen Sie auch beim iPad die SIM-Karte von einem Mobilfunkanbieter, der für seine Dienste natürlich einen monatlichen Obolus einfordert – ohne Mobilfunkvertrag geht da also nichts.

Auf allen Geräten läuft das Betriebssystem iOS, dessen aktuelle Version (September 2017) iOS 11 ist. Im Prinzip können Sie auf jedem iPad-Modell die gleichen Programme einsetzen und mit jedem iPad also das Gleiche machen – die älteren Modelle lassen es lediglich aufgrund ihrer geringeren Leistung etwas geruhsamer angehen.

Ich habe als Arbeitsgerät für dieses Buch das »kleine« iPad Pro benutzt, aber (fast) alles, was ich Ihnen in diesem Buch erkläre, funktioniert auch mit einem Standard-iPad oder dem iPad mini. Auf die wenigen Fälle, in denen es leichte Unterschiede zwischen den Geräten gibt, weise ich Sie jeweils explizit hin.

> **Hoch- und Querformat**
>
> Das iPad besitzt einen internen Lagesensor, der dafür sorgt, dass der Bildschirminhalt sich automatisch an die Lage des iPads anpasst. Je nachdem, ob Sie das iPad im Hoch- oder Querformat halten, wird der Bildschirminhalt entsprechend gedreht. Das ist oft sehr bequem für Sie, da Sie sich keine Gedanken machen müssen, wie Sie denn nun das Gerät richtig halten. Manchmal stört die automatische Drehung aber, daher kann durch Aktivierung der Ausrichtungssperre die Drehung ausgeschaltet und so der Inhalt in einer Position gehalten werden. Wie das geht, erfahren Sie im Abschnitt »Kontrollzentrum: schneller Zugriff auf zentrale Einstellungen« ab Seite 69.

Das iPad stellt sich vor

Zunächst werde ich Ihnen einen kurzen Überblick über die Anschlüsse des iPads und seine Bedienelemente geben, damit Sie wissen, was mit *Standby-Taste* oder *Lightning-Anschluss* genau gemeint ist.

❶ *Ein-/Ausschalter* beziehungsweise *Standby-Taste*: Halten Sie den Schalter ca. fünf Sekunden gedrückt, können Sie das iPad ein- beziehungsweise komplett ausschalten. Mit einem kurzen Druck auf diese Taste wechseln Sie zwischen Ruhezustand (Standby) und Betrieb.

❷ *Kopfhöreranschluss*: Hier schließen Sie einen Kopfhörer an. Apple bietet für das iPad ein Headset an – also eine Kombination aus Kopfhörer und Mikrofon –, über das Sie das iPad auch fernsteuern können. Es passen natürlich auch alle gängigen Kopfhörer mit 3,5-mm-Stecker anderer Hersteller.

Kapitel 1: Das iPad kennenlernen

❸ *Lightning-Anschluss*: Hier stecken Sie das mitgelieferte USB-Kabel ein, mit dem Sie Ihr iPad mit dem Netzteil oder über die USB-Buchse mit dem Computer verbinden. Der Anschluss ist verpolungssicher, es kann Ihnen also nicht passieren, dass Sie den Stecker verkehrt herum in Ihr iPad einstecken.

❹ *Lautsprecher*: Falls Sie keine Kopfhörer angeschlossen haben, erfolgt die Tonausgabe über die internen Stereolautsprecher. Beim iPad Pro gibt es nicht nur zwei, sondern sogar vier Lautsprecher, jeweils zwei oben und unten. Damit erzielt das iPad Pro einen recht überzeugenden Stereoklang.

❺ *Lautstärkeregler*: Über die beiden Schalter an der Seite regeln Sie die Lautstärke. Falls Sie Apples Headset angeschlossen haben, können Sie die Lautstärke auch über den Schalter des Headsets steuern. Mit jedem Tipp auf einen der Schalter wird das iPad schrittweise lauter beziehungsweise leiser. Halten Sie den unteren Schalter etwas länger gedrückt, schaltet das iPad den Ton vollständig aus, ganz gleich, wie laut er eingestellt ist.

❻ *Home-Taste*: Mit einem Druck auf diesen Knopf gelangen Sie von jedem Programm aus immer zum Home-Bildschirm zurück. In dieser Taste ist außerdem ein Fingerabdrucksensor integriert (mehr dazu erfahren Sie im Abschnitt »Den Fingerabdrucksensor einrichten« auf Seite 31).

❼ *Dock*: Die abgesetzte Leiste am unteren Bildschirmrand ist das Dock, das Ihnen auf jeder Bildschirmseite des Home-Bildschirms angezeigt wird. Hier können Sie Programme ablegen, die Sie im schnellen Zugriff haben möchten.

❽ *Kamera auf der Vorderseite*: Die vordere Kamera nimmt beim iPad und iPad mini mit 1,2 Megapixeln auf, die beiden iPad-Pro-Modelle kommen hier auf 7 Megapixel. Diese Kamera wird vor allem für Videotelefonie mit FaceTime benutzt, weshalb sie von Apple *FaceTime-Kamera* genannt wird (mit FaceTime beschäftigen wir uns in Kapitel 11, »Nachrichten und FaceTime«).

❾ *Home-Bildschirm*: Sie erreichen alle Funktionen und Programme (die sogenannten *Apps*) des iPads per Eingabe über das große Touch-Display. Der Home-Bildschirm entspricht dem *Schreibtisch* bei macOS beziehungsweise dem *Desktop* bei Windows und kann aus mehreren Bildschirmseiten bestehen.

❿ *SIM-Kartenschacht* (nur bei iPads mit Mobilfunkoption): Der seitliche Schacht für die Nano-SIM-Karte lässt sich mit dem kleinen Werkzeug öffnen, das Ihrem iPad beiliegt und in dem ein Mäppchen mit der Bedienungsanleitung verstaut ist. Falls Sie das Werkzeug nicht griffbereit haben, genügt zum Öffnen auch eine Büroklammer.

⓫ *Kamera auf der Rückseite*: Diese Kamera macht beim iPad und iPad mini Fotos mit 8 Megapixeln, das iPad Pro bietet hier 12 Megapixel.

Das iPad Pro hat am linken Gehäuserand einen weiteren Anschluss, den *Smart Connector*, über den Sie die als Zubehör erhältliche Apple-Tastatur *Smart Keyboard* anschließen.

Zum Lieferumfang des iPads gehören ein Lightning-auf-USB-Verbindungskabel und, je nach Modell, ein 10- oder 12-Watt-USB-Netzteil. Das Kabel dient zum einen dazu, Ihr iPad zum Aufladen mit dem Netzteil zu verbinden, zum anderen wird es damit für den Datenaustausch per USB an den Computer angeschlossen. Das flache Ende mit dem kleineren Anschluss ❶ stecken Sie in den Lightning-Anschluss an Ihrem iPad (das ist die untere Buchse), den USB-Stecker ❷ in den USB-Anschluss des Netzteils ❸ oder des Computers. Übrigens wird das iPad auch beim Anschluss an den Computer aufgeladen. Am schnellsten lädt das iPad allerdings über das Netzteil. Falls Sie das Apple-Netzteil einmal nicht zur Hand haben, können Sie auch jedes andere Standard-USB-Netzteil benutzen, um Ihr iPad zu laden.

Stromversorgung

Der Akku des iPads hält locker zehn Stunden durch. Diese Leistung hat allerdings ihren Preis. Die Leistungsaufnahme des Akkus beim Ladevorgang ist ungewöhnlich hoch – für manche Standard-USB-Ports zu hoch. Das iPad benötigt zum Aufladen eine Stromstärke von zwei Ampere (A), ein Standard-USB-Port liefert meist nur 500 mA, also nur ein Viertel der benötigten Leistung. In diesem Fall erscheint im Display oben rechts die Anzeige **Lädt nicht**. Das ist zwar nicht ganz richtig – ist das iPad ausgeschaltet beziehungsweise im Standby-Modus, wird der Akku durchaus geladen, allerdings langsam –, dennoch benutzen Sie zum Laden des iPads am besten stets das mitgelieferte Netzteil.

So legen Sie die SIM-Karte ein

Alle iPad-Modelle liegen in zwei Ausführungen vor, die von Apple ein wenig umständlich *Wi-Fi* und *Wi-Fi + Cellular* genannt werden. Wi-Fi ist die amerikanische Bezeichnung für *WLAN*, das für *Wireless LAN*, also für *drahtloses Netzwerk* steht. Cellular meint in diesem Zusammenhang *Mobilfunk*. Das iPad unterstützt alle gängigen Standards.

Für den Zugriff auf das Mobilfunknetz benötigen Sie eine Nano-SIM-Karte, die Sie vom Mobilfunkanbieter Ihrer Wahl bekommen. Diese Karte gehört in den SIM-Kartenschacht, den Sie entweder mit dem mitgelieferten Werkzeug oder einer dünnen Büroklammer öffnen.

Drücken Sie die Spitze des Werkzeugs vorsichtig so weit in die Öffnung des SIM-Kartenfachs hinein, bis das Fach herauskommt und Sie es komplett herausziehen können. Legen Sie die SIM-Karte ein (da eine Ecke der Karte abgeschnitten ist, können Sie die Karte nicht falsch herum einsetzen), und schieben Sie das Fach wieder hinein. Fertig.

Das iPad in Betrieb nehmen

Schalten Sie nun das iPad erstmalig ein. Halten Sie dazu die Standby-Taste einige Sekunden gedrückt. Das iPad zeigt daraufhin das Apple-Logo und lädt sein Betriebssystem iOS, was ein paar Sekunden dauern kann. Anschließend sehen Sie auf dem Bildschirm ein **Hallo** als Begrüßung und den Text **Zum Öffnen Home-Taste drücken** (wenn Sie ein wenig abwarten, zeigt das iPad diese Begrüßung in weiteren verschiedenen Sprachen an).

Es juckt Ihnen vielleicht in den Fingern, der Aufforderung zu folgen und die Home-Taste zu drücken. Aber tun Sie das noch nicht, sondern warten Sie ein wenig ab – der Bildschirm wird wieder dunkel, und das iPad geht in den *Standby-Modus*, also in den Ruhezustand. Drücken Sie nun auf die Home-Taste oder kurz auf die Standby-Taste, wecken Sie das Gerät wieder auf und sehen erneut den Begrüßungsbildschirm.

Wenn Sie nun die Home-Taste drücken, beginnt die grundlegende Einrichtung und Aktivierung des iPads. Dabei gibt es verschiedene Möglichkeiten. Ich gehe im Folgenden davon aus, dass Sie ein WLAN haben, zum ersten Mal ein Apple-Gerät in Betrieb nehmen und noch keine Apple-ID besitzen (was es mit der Apple-ID auf sich hat, lesen Sie im Abschnitt »Eine Apple-ID anlegen« ab Seite 53).

Kapitel 1: Das iPad kennenlernen

1. Drücken Sie auf die Home-Taste. Bei einem iPad mit Mobilfunkoption und eingelegter SIM-Karte erscheint nun der Hinweis, dass die SIM-Karte gesperrt ist. Sie werden aufgefordert, Ihren PIN-Code einzugeben, den Sie von Ihrem Mobilfunkanbieter zusammen mit der SIM-Karte bekommen haben. Dazu wird eine Zifferntastatur eingeblendet, über die Sie den vierstelligen Code eintippen. Bestätigen Sie mit **OK**.

2. Als Nächstes legen Sie die Sprache des iPads fest, tippen Sie also auf **Deutsch**.

3. Im nächsten Schritt legen Sie Ihr Land und Ihre Region fest. Tippen Sie hier auf **Deutschland** ❶ beziehungsweise auf Ihren Aufenthaltsort.

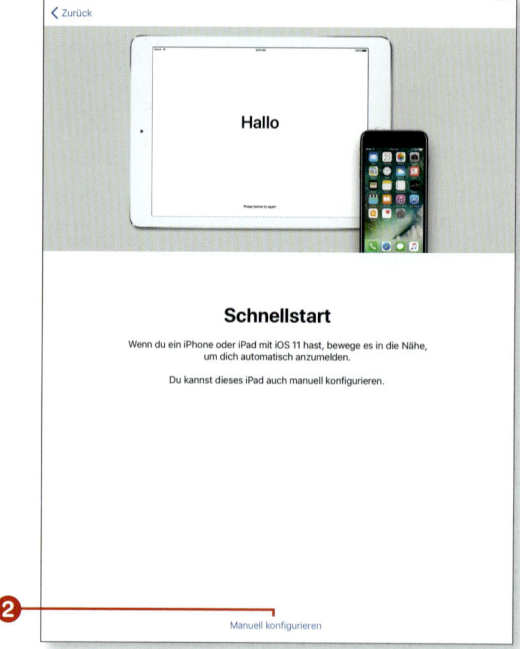

4. Anschließend bietet Ihnen das iPad einen **Schnellstart** an, der allerdings nur funktioniert, wenn Sie bereits ein iPhone oder iPad mit iOS 11 besitzen – was vermutlich nicht der Fall ist. Tippen Sie also auf **Manuell konfigurieren** ❷.

5. Damit das iPad aktiviert werden kann, muss es Kontakt zu Apple aufnehmen. Dazu wird eine Internetverbindung benötigt. Tippen Sie hier Ihr WLAN in der Liste an ❸. Geben Sie Ihr Passwort über die Bildschirmtastatur ein. Tippen Sie dann auf **Verbinden**.

Das iPad in Betrieb nehmen

6. Nun werden Sie aufgefordert, *Touch ID* zu konfigurieren. Sie können diesen Schritt überspringen ❹ und ihn später nachholen, aber Sie können das auch genauso gut gleich jetzt erledigen ❺. Folgen Sie dazu einfach den Anweisungen auf dem Bildschirm. Wenn Sie Touch ID später einrichten wollen, tippen Sie auf **Nicht verwenden** ❻.

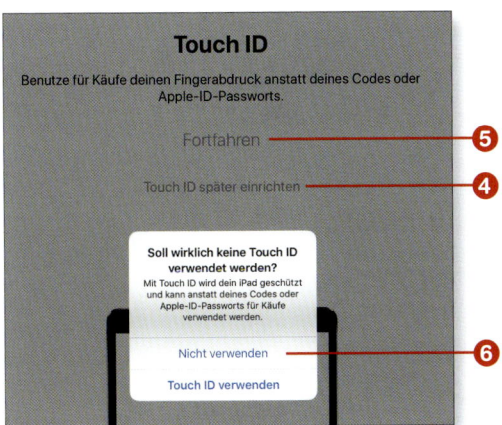

Touch ID

Mit Touch ID können Sie Ihr iPad einfach durch Auflegen eines Fingers auf die Home-Taste entsperren und müssen keinen Code mehr eingeben (wie Touch ID funktioniert und wie Sie diese Funktion später einrichten, erfahren Sie im Abschnitt »Touch ID: den Fingerabdrucksensor einrichten« auf Seite 31).

7. Damit nicht jeder allzu neugierige Zeitgenosse oder gar Dieb mit Ihrem iPad Unfug anstellen kann, wird es standardmäßig durch einen sechsstelligen Code ❼ geschützt. Möchten Sie einen anderen oder gar keinen Code benutzen, tippen Sie auf **Codeoptionen** ❽. Der Code lässt sich jederzeit ändern. Mehr zur Codesperre und zur Datensicherheit auf dem iPad erfahren Sie in Kapitel 18, »Ihre Daten auf dem iPad schützen«.

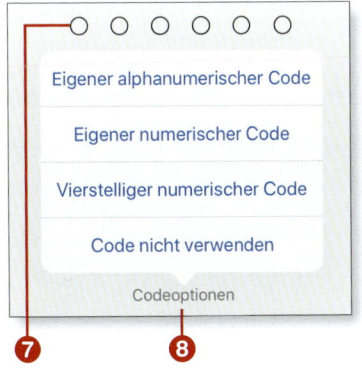

Die Codesperre

Auch wenn es möglich ist, das iPad ohne Codesperre einzurichten, rate ich Ihnen dringend davon ab! Ihr iPad speichert im Laufe der Zeit jede Menge sensibler persönlicher Informationen, von denen Sie ganz bestimmt nicht wollen, dass sie in falsche Hände geraten.

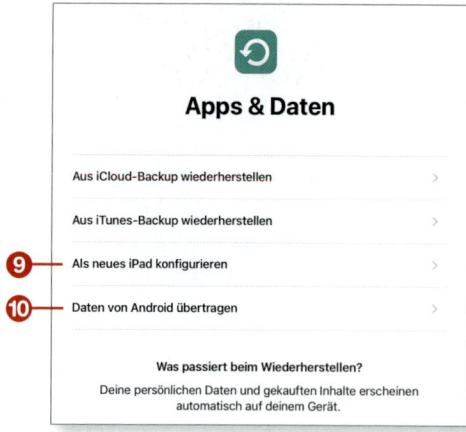

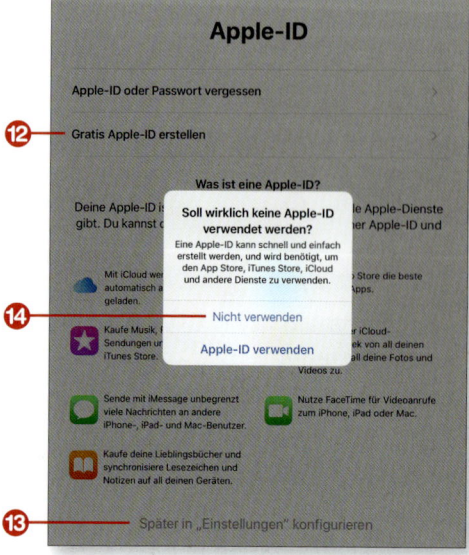

8. Im nächsten Schritt werden Sie gefragt, ob Sie Ihr iPad aus einem Backup wiederherstellen, Daten von einem Android-Gerät übertragen oder das iPad als neues Gerät einrichten wollen. Da ich davon ausgehe, dass Sie Ihr iPad zum ersten Mal einrichten, wird es kein Backup geben. Tippen Sie also auf **Als neues iPad konfigurieren** ❾. Falls Sie von einem Android-Gerät zum iPad wechseln, tippen Sie auf **Daten von Android übertragen** ❿ und folgen den Anweisungen auf dem Bildschirm.

9. Nun werden Sie aufgefordert, Ihre Apple-ID einzugeben. Vermutlich haben Sie noch keine Apple-ID (und wissen vielleicht auch noch nicht, was das eigentlich ist und wozu Sie sie benötigen sollten) – daher überspringen wir diesen Punkt und kümmern uns später darum. Tippen Sie also auf **Noch keine Apple-ID oder hast du sie vergessen?** ⓫.

10. Auf der nächsten Bildschirmseite wird kurz erläutert, was eine Apple-ID ist, und Sie können eine **Gratis-Apple-ID erstellen** ⓬ – aber auch darauf verzichten wir an dieser Stelle. Ohne Apple-ID stehen Ihnen zwar einige Funktionen Ihres iPads nicht zur Verfügung, doch das muss Sie am Anfang nicht weiter stören. Und natürlich lässt sich eine Apple-ID samt Kundenkonto bei Apple auch später noch jederzeit anlegen (lesen Sie zum Thema Apple-ID den Abschnitt »Eine Apple-ID anlegen« ab Seite 53). Tippen Sie also auf **Später in „Einstellungen"**

konfigurieren ⓭. Das iPad fragt ein wenig ungläubig nach, ob Sie *wirklich keine Apple-ID verwenden* möchten, doch auch das kann Ihnen fürs Erste egal sein. Tippen Sie hier ruhig auf **Nicht verwenden** ⓮.

11. Im nächsten Schritt müssen Sie die Nutzungsbedingungen akzeptieren, um weitermachen zu können.

12. Sie werden nun gefragt, ob Sie die **Ortungsdienste** aktivieren wollen, was durchaus sinnvoll ist. Damit ist das iPad in der Lage, seine aktuelle Position zu bestimmen und diese Daten den Programmen auf dem iPad zur Verfügung zu stellen (allerdings nur, wenn Sie es explizit erlauben). Die Ortungsdienste lassen sich auch nachträglich problemlos ein- beziehungsweise wieder ausschalten. Lesen Sie dazu den Abschnitt »Die Ortungsdienste des iPads« ab Seite 79.

13. Auf der nächsten Seite des Einrichtungsassistenten aktivieren Sie die Sprachsteuerung des iPads, die Apple auf den Namen *Siri* getauft hat. Tippen Sie dazu auf **Fortfahren** ⓯ – Sie können Siri aber auch erst einmal ausgeschaltet lassen und **Später konfigurieren** ⓰. Lesen Sie zu Siri den Abschnitt »Sprachsteuerung mit Siri« auf Seite 81.

14. Jetzt werden Sie gefragt, ob das iPad bei auftretenden Fehlern Daten zur Diagnose an Apple senden darf. Diese Daten werden natürlich anonymisiert verschickt und dienen ausschließlich der technischen Analyse und damit der Verbesserung von iOS. Falls Sie das nicht möchten, tippen Sie auf **Nicht teilen**.

15. Beim iPad Pro können Sie nun noch das **True Tone-Display** aktivieren. Dabei macht das iPad einen automatischen Weißabgleich und passt die Farbdarstellung dem Umgebungslicht an. Tippen Sie hier auf **Fortfahren**, um diese Option zu aktivieren.

16. Es folgen noch zwei Bildschirmseiten, die Ihnen zwei zentrale Neuerungen von iOS 11 präsentieren, die Sie getrost überspringen können.

So, das war's. Die Anmeldung und Aktivierung des iPads ist damit abgeschlossen, und es wird Ihnen die Seite **Willkommen beim iPad** angezeigt. Tippen Sie auf **Los geht's**, um den Einrichtungsassistenten zu beenden und zum Home-Bildschirm des iPads zu gelangen.

Einschalten, Standby, komplett ausschalten

Nach der ersten Einrichtung und Inbetriebnahme sehen Sie den Home-Bildschirm des iPads – doch bevor wir uns darum kümmern, erkläre ich Ihnen noch kurz die verschiedenen Betriebsmodi des iPads.

- *Aus*: Wenn Ihr iPad komplett ausgeschaltet ist, verbraucht es keinen Strom (der Akku entlädt sich im Laufe der Zeit allerdings dennoch, wenn auch sehr langsam) und ist nicht mehr online.

- *Standby*: Im Ruhezustand verbraucht das iPad minimal Strom, der Bildschirm ist ausgeschaltet und reagiert nicht mehr auf Berührungen, aber das Gerät ist nach wie vor aktiv. Es ist weiterhin online, kann E-Mails und Nachrichten empfangen oder weiterhin Musik wiedergeben. In diesen Modus wechselt das iPad automatisch, wenn Sie einige Zeit nichts mit dem Gerät gemacht haben.

- *Gesperrt*: Sie sehen den Sperrbildschirm, der Bildschirm ist aktiv und reagiert auf Berührungen. Sie haben Zugriff auf einige Basisfunktionen, aber der volle Zugriff auf alle Daten und Programme ist noch verwehrt.

- *Entsperrt und geöffnet*: Sie sehen den Home-Bildschirm, das iPad ist voll einsatzbereit.

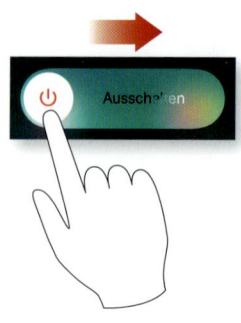

Spielen wir die verschiedenen Betriebszustände einmal durch, und schalten wir das Gerät vollständig aus. Dazu drücken Sie die Standby-Taste so lange, bis der Ausschalter auf dem Bildschirm erscheint. Schieben Sie diesen Schalter nach rechts, wird das iPad komplett heruntergefahren, was ein paar Sekunden dauern kann.

Schalten Sie nun das iPad wieder ein, indem Sie einige Sekunden lang auf den Standby-Schalter drücken. Das Apple-Logo erscheint, das iPad lädt sein Betriebssystem iOS, und Sie sehen den Sperrbildschirm.

Auf dem Sperrbildschirm sehen Sie die Uhrzeit und das Datum. Falls Sie bei der Inbetriebnahme die Einrichtung von Apple-ID, Touch ID und Siri übersprungen haben, weist Sie das iPad darauf hin. Oben erscheint ein kleines Schloss ❶, das anzeigt, dass das iPad zwar aktiv, aber noch im Sperrzustand ist. Um es zu entsperren, gibt es, je nachdem, ob Sie Touch ID und einen Code eingerichtet haben oder nicht, drei Möglichkeiten:

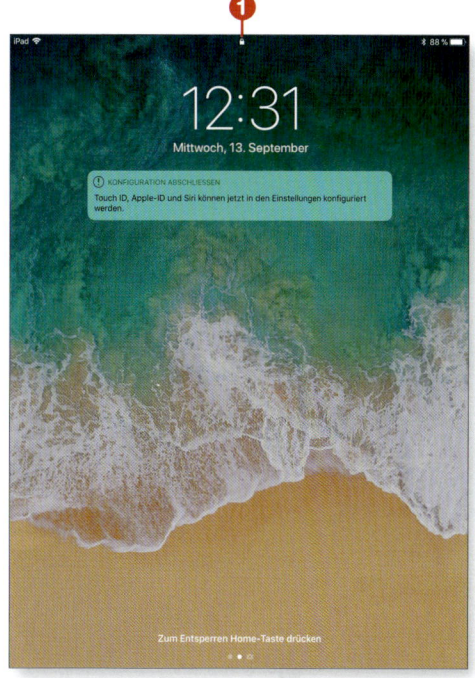

- *Touch ID*: Drücken Sie die Home-Taste, und lassen Sie Ihren Finger auf der Taste liegen.

- *Nur Code*: Drücken Sie die Home-Taste, und geben Sie Ihren Code ein.

- *Kein Code*: Drücken Sie die Home-Taste.

In allen Fällen wird das iPad entsperrt und geöffnet: Sie sehen den Home-Bildschirm, den wir uns im folgenden Abschnitt einmal etwas genauer vornehmen.

Wo finde ich was auf dem Bildschirm?

Sie sehen nach der Einrichtung den Home-Bildschirm mit einer Reihe von Symbolen ❶. Dabei handelt es sich um die standardmäßig installierten Programme des iPads, die *Apps*. Welche das sind und wie Sie mit ihnen umgehen, erfahren Sie in Kapitel 2. Am oberen Rand des Bildschirms sehen Sie die *Statusleiste* ❷ mit verschiedenen Informationen. Diese Leiste ist normalerweise immer am

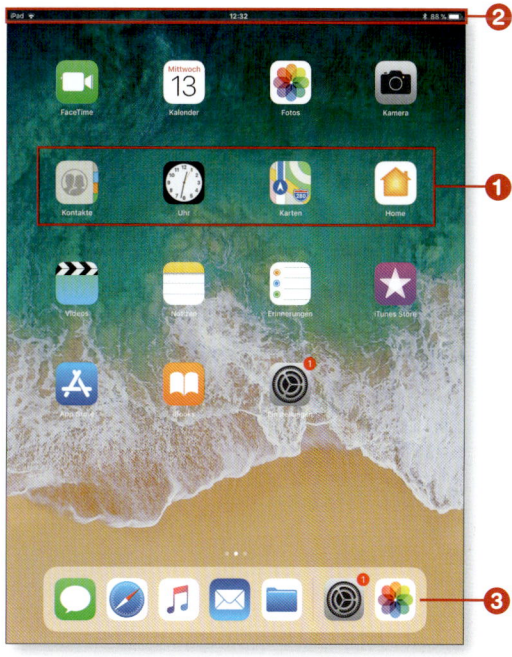

oberen Bildschirmrand zu sehen, nur einige wenige Programme blenden sie aus, um jedes Pixel auf dem Bildschirm nutzen zu können. Am unteren Bildschirmrand befindet sich das *Dock* ❸.

Der Home-Bildschirm bietet Platz für 20 Apps – das ist natürlich zu wenig. Aber keine Sorge, der Home-Bildschirm kann aus mehreren Seiten bestehen, durch die Sie mit einer Wischgeste nach links beziehungsweise rechts blättern.

Von Haus aus bietet das iPad zwei Bildschirmseiten. Wischen Sie von rechts nach links, um zur zweiten Seite zu blättern, und achten Sie dabei auf die kleinen Punkte ❹ oberhalb des Docks. Hier sehen Sie, aus wie vielen Seiten der Home-Bildschirm besteht, die Seite, auf der Sie sich aktuell befinden, wird mit einem weißen Punkt hervorgehoben. Der Punkt links außen markiert die *Widget-Seite*, mit der wir uns im Abschnitt »Widgets einrichten« ab Seite 75 beschäftigen.

Die Statuszeile trägt ihren Namen zu Recht, denn hier erhalten Sie zentrale Informationen zum aktuellen Status des iPads. Dazu gehört auch, wie gut die Empfangsqualität des Funksignals Ihres Mobilfunkanbieters oder des WLANs ❺ ist, in dem Sie sich gerade befinden. In der Mitte wird die aktuelle Uhrzeit ❻ angezeigt, rechts der Ladezustand der Batterie ❼.

Zudem wird die Leiste auch für andere Informationen ❽ genutzt, etwa zur Anzeige, wenn die Ausrichtungssperre oder Bluetooth aktiviert wurde. In diesem Beispiel sind etwa der »Nicht Stören«-Modus, die Rotationssperre und Bluetooth aktiv.

Das Dock am unteren Bildschirmrand ist eine Ablage für Programme, die Sie jederzeit im schnellen Zugriff haben möchten. Wenn Sie durch die verschiedenen Seiten des Home-Bildschirms blättern, ändert sich zwar der Inhalt in der Bildschirmmitte, nicht aber der des Docks. Die hier abgelegten Symbole sind also von jeder Bildschirmseite aus zu erreichen.

Fingerübungen – die Bedienung des iPads kennenlernen

Ein Gerät, bei dem das einzige Eingabeinstrument der eigene Finger ist, muss mit einigen Besonderheiten aufwarten, damit man es überhaupt bedienen kann. Einige typische Gesten, wie etwa das Wischen, haben Sie bereits in den vorherigen Abschnitten kennengelernt. In diesem Abschnitt stelle ich Ihnen die Fingersteuerung, die verschiedenen Gesten und gängigen Schaltflächen des iPads einmal etwas systematischer vor:

- **Tippen statt klicken**: Der gewohnte Mausklick wird durch einen Fingertipp ersetzt. Wann immer Sie ein Element auf dem Bildschirm auswählen oder einen Schalter betätigen möchten, tippen Sie darauf oder schieben den Schalter zur Seite. Mit einem Tipp starten Sie auch Programme. Den vom Computer vertrauten Doppelklick gibt es beim iPad auch, allerdings hat er eine andere Funktion. Während Sie damit auf dem Computer ein Programm starten, löst ein Doppeltipp auf den Bildschirm fast immer eine Zoomfunktion aus.

- **Wischen statt scrollen**: Auf dem iPad scrollen oder blättern Sie in Dokumenten oder Webseiten, die größer als der Bildschirm sind, mit einer Wischgeste. Dabei streichen Sie mit einem Finger über den Bildschirm und verschieben so den Inhalt nach oben und unten, in manchen Fällen auch nach links oder rechts.

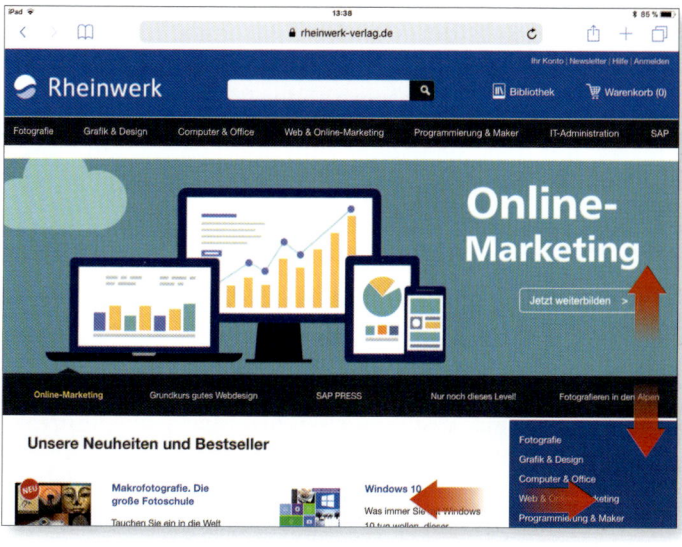

◁ *Statt im Browser zu scrollen, wischen Sie mit Ihrem Finger Inhalte nach oben oder unten, links oder rechts.*

- **Berühren und Halten:** Neben dem Tippen auf den Bildschirm gibt es noch ein Berühren und Halten. Dabei berühren Sie ein Symbol oder eine Stelle auf dem Bildschirm und lassen den Finger so lange auf dem Display, bis ein Kontextmenü erscheint oder eine andere Aktion ausgelöst wird. Diese Geste entspricht also im Großen und Ganzen einem Rechtsklick mit der Maus.

- **Finger auseinanderziehen zum Zoomen:** Ohne Parallele bei einem herkömmlichen Computer ohne Touch-Display ist die Zoomfunktion mit den Fingern, die Sie etwa bei Safari, Karten oder bei Fotos einsetzen können. Auch in einigen Spielen wird davon Gebrauch gemacht. Dabei setzen Sie zwei Finger auf den Bildschirm – typischerweise den Daumen und den Zeigefinger – und vergrößern den Bildschirminhalt, indem Sie die Finger auseinanderziehen. Entsprechend verkleinern Sie den angezeigten Inhalt, wenn Sie Ihre Finger wieder zusammenziehen (Apple nennt diesen Vorgang *pinch to zoom* oder einfach nur *pinch*, was so viel wie »drücken«, »kneifen«, »zwicken« heißt).

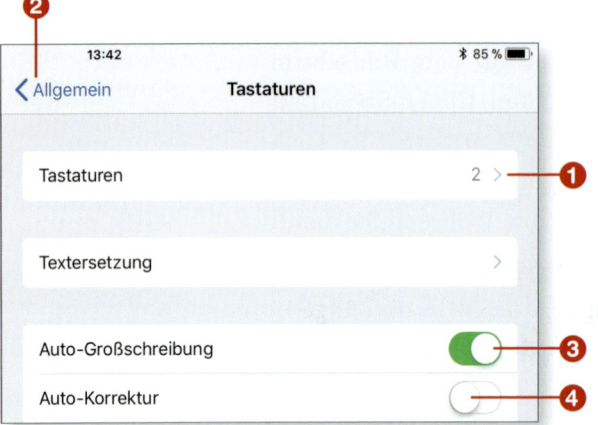

- **Untermenüs und Pfeile:** Ein Bedienelement, auf das Sie beim iPad häufig stoßen, ist ein kleiner Pfeil nach rechts ❶. Wann immer Sie so einen Pfeil sehen, können Sie mit einem Fingertipp darauf ein Untermenü aufrufen. Dabei rutscht der aktuelle Bildschirminhalt nach links heraus und von rechts das Untermenü herein. Gleichzeitig erscheint oben links ein Pfeil nach links mit dem Namen des übergeordneten Menüpunktes ❷, mit dem Sie wieder zum übergeordneten Punkt gelangen.

- **Schalter:** Viele Optionen werden über Schalter ein- ❸ beziehungsweise ausgeschaltet ❹. Diese Schalter funktionieren so, wie man es bei einem berührungsempfindlichen Display erwarten kann: Sie tippen sie an.

- **Regler:** Einstellungen wie Helligkeit oder Lautstärke werden über Schieberegler ❺ festgelegt, die Sie ebenfalls mit dem Finger steuern. Hier tippen Sie auf den Reglerknopf und ziehen ihn an die gewünschte Position.

- **Rollen-Elemente:** Bei manchen Apps wie etwa Uhr oder Kalender stoßen Sie bei der Eingabe von Daten oder Zeiten auf stilisierte Rollen-Elemente oder Drehräder. Hier schieben beziehungsweise wischen Sie mit dem Finger die Rollen an die gewünschten Positionen, um ein Datum oder eine Uhrzeit einzustellen.

> **i Zur Schreibweise in diesem Buch**
>
> Verschiedene Einstellungen auf dem iPad erreichen Sie, indem Sie sich von einem Menüpunkt zum nächsten durchtippen. Um diese Tippfolgen zu notieren, benutze ich in diesem Buch häufig eine abgekürzte Schreibweise, bei der die einzelnen anzutippenden Punkte durch ein ▶ getrennt werden. Statt etwa »Tippen Sie auf **Einstellungen**, wählen Sie dort **Allgemein**, tippen Sie nun auf **Tastatur** und dort auf **Tastaturen** …« werde ich die deutlich kürzere Form »Rufen Sie **Einstellungen** ▶ **Allgemein** ▶ **Tastatur** ▶ **Tastaturen** auf« benutzen. Diese Schreibweise gilt auch für die (wenigen) Klickfolgen am Computer.

Den Bildschirmhintergrund ändern

Damit dieses Kapitel nicht so theoretisch bleibt, zeige ich Ihnen jetzt, wie Sie den Bildschirmhintergrund des iPads ändern können. Standardmäßig benutzt das iPad für den Sperr- und Home-Bildschirm das gleiche Bild. Das können Sie ändern und so auch unterschiedliche Hintergrundbilder für den Sperrbildschirm und den Home-Bildschirm festlegen. Das geht so:

△ *Über dieses Icon gelangen Sie zu den Einstellungen Ihres iPads.*

1. Starten Sie mit einem Fingertipp auf das Zahnradsymbol, das sich auf dem Home-Bildschirm befindet, die **Einstellungen**, und tippen Sie dort auf den Menüpunkt **Hintergrundbild** ❶.

> *Sie können das Hintergrundbild Ihres iPads selbst bestimmen.*

2. Sie sehen nun die aktuell gewählten Hintergrundbilder für den Sperr- und den Home-Bildschirm ❷. Um ein neues Bild zu wählen, tippen Sie auf den Befehl **Neuen Hintergrund wählen** ❸.

3. Tippen Sie auf **Dynamisch** oder **Einzelbild**, und wählen Sie das gewünschte Foto aus (dynamische Hintergründe sind sanft animiert). Aktuell können Sie dabei nur auf die Standardbilder von Apple zurückgreifen. Sobald Sie Fotos auf dem iPad haben, stehen Ihnen natürlich auch Ihre eigenen Bilder zur Verfügung.

4. Das gewählte Bild wird nun bildschirmfüllend in einer Vorschau angezeigt.

5. Sagt Ihnen das ausgewählte Bild nicht zu, tippen Sie auf **Abbrechen** ❹ und wählen ein anderes.

6. Legen Sie mit einem Fingertipp fest, ob das Bild nur für den **Sperrbildschirm** ❺, nur für den **Home-Bildschirm** ❻ oder für **Beide** ❼ benutzt werden soll.

7. Manche Bilder bieten den Punkt **Perspektive** ❽. Ist dieser Punkt aktiviert, ändert sich der Darstellungswinkel des Hintergrundbildes, wenn Sie Ihr iPad neigen.

Das gewählte Bild wird daraufhin übernommen. Sie können die **Einstellungen** nun wieder verlassen, indem Sie auf die Home-Taste drücken, und sehen nun Ihren neuen Hintergrund.

Touch ID: den Fingerabdrucksensor einrichten

Wie erläutert legen Sie bei der Einrichtung des iPads standardmäßig einen sechsstelligen Code fest, der jedes Mal eingegeben werden muss, wenn das Gerät entsperrt wird. Durch den Einsatz des Fingerabdrucksensors *Touch ID* können Sie sich die Eingabe des Codes auch ersparen, indem Sie sich mit Ihrem Fingerabdruck ausweisen und einfach Ihren Finger auf die Home-Taste legen. Der Fingerabdruck wird daraufhin mit dem gespeicherten Abdruck abgeglichen und das Gerät entsperrt.

Vermutlich haben Sie bereits bei der ersten Inbetriebnahme des iPads Touch ID eingerichtet und einen Fingerabdruck hinterlegt. Da Sie aber mehrere Abdrücke speichern können, empfiehlt es sich, gleich noch einen zweiten Abdruck zu hinterlegen, damit Sie Ihr iPad sowohl mit der linken als auch mit der rechten Hand öffnen können.

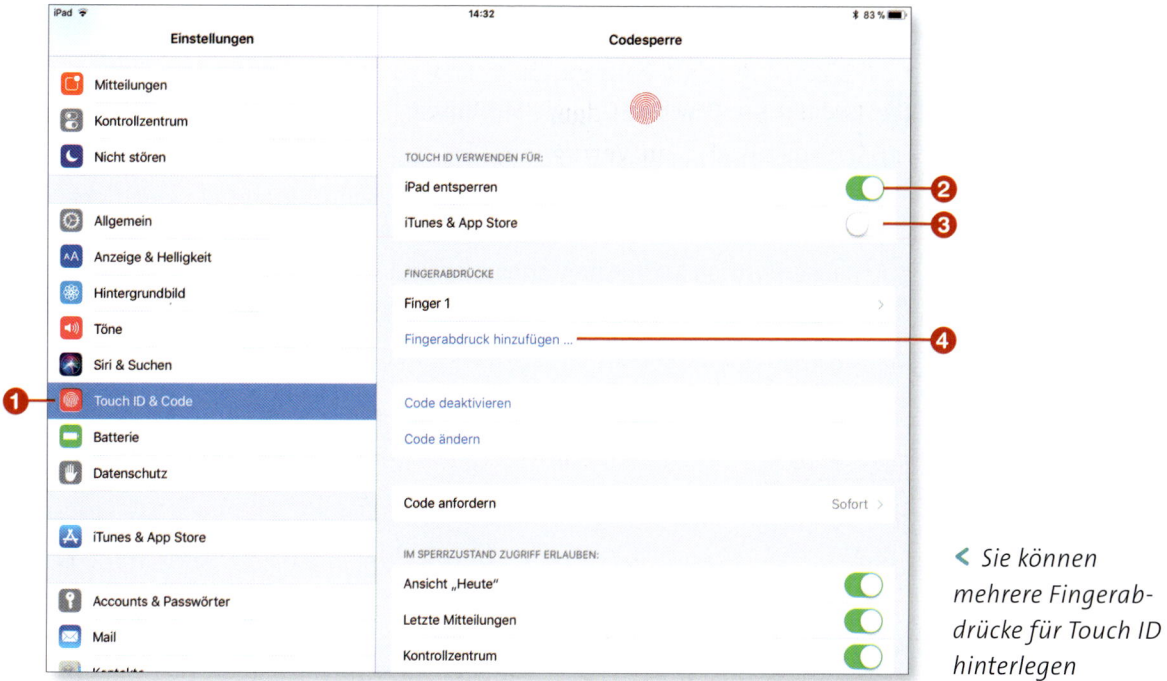

◂ *Sie können mehrere Fingerabdrücke für Touch ID hinterlegen*

1. Rufen Sie dazu die **Einstellungen** vom Home-Bildschirm auf, und tippen Sie in der Seitenleiste auf den Menüpunkt **Touch ID & Code** ❶.

2. Sie müssen nun im eingeblendeten Dialogfenster zunächst Ihren Zahlencode eingeben, um Zugriff auf diesen Bereich der Einstellungen zu bekommen.

3. Im Abschnitt **Touch ID verwenden für** können Sie mit einem Tipp auf den entsprechenden Schalter entscheiden, ob Sie den Sensor nur zum Entsperren des Geräts ❷ verwenden möchten oder auch zum Ausweisen bei Einkäufen im iTunes und App Store ❸. Damit das allerdings funktioniert, müssen Sie sich mit Ihrer Apple-ID im iTunes beziehungsweise App Store anmelden. Wie Sie eine Apple-ID anlegen, erfahren Sie im gleichnamigen Abschnitt ab Seite 53. Den iTunes & App Store stelle ich Ihnen in Kapitel 16, »Neue Inhalte für Ihr iPad«, vor.

4. Wählen Sie danach zum Speichern Ihres Fingerabdrucks den Punkt **Fingerabdruck hinzufügen** ❹, und folgen Sie den Anweisungen auf dem Bildschirm.

> **! Codesperre, Touch ID und die Sicherheit**
>
> Die Codesperre mag lästig scheinen, ist aber eine wichtige Sicherungsfunktion Ihres iPads. In Kombination mit Touch ID bietet sie einen optimalen Kompromiss aus Sicherheit und Bequemlichkeit. Wie Sie die Codesperre Ihren Wünschen anpassen und Touch ID konfigurieren, erfahren Sie in Kapitel 18, »Ihre Daten auf dem iPad schützen«.

Kapitel 2
Apps – die Programme auf dem iPad

Von Haus aus kommt das iPad mit zahlreichen Programmen – den sogenannten *Apps* –, mit denen Sie Ihr iPad sofort produktiv nutzen können. In diesem Kapitel stelle ich Ihnen die verschiedenen Apps im Überblick vor und zeige Ihnen, wie Sie Apps starten, zwischen verschiedenen Apps wechseln, zwei Apps nebeneinander benutzen und zwischen ihnen Daten austauschen können.

˄ Das iPad bringt von Haus aus zahlreiche nützliche und unterhaltsame Programme mit.

Kapitel 2: Apps – die Programme auf dem iPad

> **ℹ Apps sind keine Kleinigkeit!**
>
> *App* ist die Abkürzung von »Application«, was sich aus dem Englischen mit »Programm« übersetzen lässt. Die neckische Abkürzung könnte einen auf die Idee bringen, bei einer App handele es sich nur um ein Prögrämmchen, um Klein- und Spielkram. Doch weit gefehlt! Natürlich gibt es solche Apps, doch üblicherweise handelt es sich dabei um ausgewachsene, leistungsfähige Programme, die ihren Pendants auf einem »richtigen« Computer in nichts nachstehen.

Die Apps auf dem iPad

Das iPad verfügt über folgende vorinstallierte Apps:

App Store: Der App Store ist der Schlüssel zum Erfolg des iPads und Ihre Fundgrube für Programme aller Art. Im riesigen Angebot finden Sie nahezu alles – vom albernen Ulk- bis zum wissenschaftlichen Spezialprogramm. Mit dem App Store und der Installation und Verwaltung von Programmen auf dem iPad beschäftigen wir uns in Kapitel 16, »Neue Inhalte für Ihr iPad«.

Dateien: Mit Dateien haben Sie jederzeit bequemen Zugriff auf alle Dateien und Dokumente, die Sie auf Ihrem iPad gespeichert oder bearbeitet haben. Und nicht nur das: Die App kann auch auf Online-Speicherorte wie iCloud Drive, Dropbox, Microsoft OneDrive oder Google Drive zugreifen. Mit dieser App beschäftigen wir uns in Kapitel 4, »Im Maschinenraum: Systemweite Funktionen des iPads«.

Einstellungen: Was unter Windows die *Systemsteuerung* ist und beim Mac die *Systemeinstellungen* sind, sind auf dem iPad die *Einstellungen*. Hier legen Sie systemweite Parameter fest, bestimmen, wie sich eine App verhalten soll, regeln Hinweis- und Klingeltöne, Helligkeit und vieles mehr. Die Einstellungen werden uns im Buch immer wieder begegnen.

Erinnerungen: Eine kleine App zur Verwaltung Ihrer Aufgaben darf auf dem iPad natürlich nicht fehlen. Mit den Erinnerungen lassen sich Aufgaben in verschiedenen Kategorien verwalten und nach Datum sortie-

ren. Es ist problemlos möglich, Aufgabenlisten mit anderen Personen gemeinsam zu benutzen. Mehr zu diesem kleinen, aber nützlichen Programm erfahren Sie in Kapitel 10, »Notizen und Erinnerungen«.

FaceTime: Mit dem iPad können Sie per WLAN kostenlose Videotelefonate führen – vorausgesetzt, Ihr Gesprächspartner hat ein FaceTime-fähiges Gerät. Das ist beispielsweise bei allen neueren iOS-Geräten – also iPhone und iPad – der Fall, funktioniert aber auch zwischen iPad und Mac. Für FaceTime benötigen Sie eine *Apple-ID*. Mit FaceTime beschäftigen wir uns in Kapitel 11, »Nachrichten und FaceTime«.

Fotos: Dank seines brillanten Displays ist das iPad das ideale digitale Fotoalbum – nicht nur für unterwegs. Sie können Diashows abspielen, Fotos betrachten, Bilder bearbeiten, Ihre Fotos in Alben sortieren und manches mehr. Die App Fotos stelle ich Ihnen in Kapitel 13, »Fotos bearbeiten und verwalten«, ausführlich vor.

Freunde: Mit dieser App ist es möglich, sich gegenseitig den aktuellen Standort zu schicken und auf einer Karte anzeigen zu lassen. So wissen Sie, wo sich Ihre Freunde gerade befinden. Das ist dann besonders nützlich, wenn Sie sich verabredet haben, sich im Getümmel aber nicht finden. Oder wenn Sie wissen möchten, wo sich Ihre Freunde gerade aufhalten und wie lange es wohl noch dauert, bis sie zum vereinbarten Treffpunkt kommen. Mehr über diese App erfahren Sie in Kapitel 17, »Karten und Navigation«.

Home: Die neueste Entwicklung in Sachen Vernetzung ist das »Smart Home«, bei dem alle möglichen Dinge – Lampen, Heizungen, Überwachungskamera, Rollläden, Garagentüren und so weiter – vom PC oder Smartphone gesteuert werden können. Wenn Sie dabei Komponenten benutzen, die mit Apples *HomeKit* zusammenarbeiten, lassen sie sich über diese App steuern.

iBooks: Das iPad ist auch ein sehr guter E-Book-Reader, also ein Gerät, mit dem Sie elektronische Bücher lesen können. Zur Anzeige der E-Books dient die App iBooks, die gleichzeitig auch Ihr Zugang zu Apples digitalem Buchladen, dem iBooks Store, ist. Mehr zu iBooks lesen Sie in Kapitel 15, »E-Books und Hörbücher mit iBooks«.

iPhone-Suche: Lassen Sie sich durch den Namen der App nicht verwirren – der hat historische Gründe, die App funktioniert natürlich auch mit dem iPad. Wenn Sie Ihr iPad verloren oder verlegt haben und es nicht wiederfinden, können Sie es über diese App orten und sich auf einer Karte anzeigen lassen, eine Nachricht an das Gerät schicken und einen Ton abspielen. Falls Ihnen das iPad gestohlen wurde, lässt es sich auch aus der Ferne löschen und sperren, damit der Dieb wenigstens keine Freude an seiner Beute hat. Mehr dazu lesen Sie in Kapitel 18, »Ihre Daten auf dem iPad schützen«.

iTunes Store: Was der App Store für Programme ist, ist der iTunes Store für digitale Medien. In diesem digitalen Kaufhaus finden Sie Musik, Videos, Filme und Hörbücher. Er wird uns in Kapitel 16, »Neue Inhalte für Ihr iPad«, beschäftigen.

Kalender: Der Kalender erleichtert Ihnen Ihre kurz- und langfristige Alltagsplanung und hilft Ihnen dabei, keinen Termin zu versäumen. Das App-Symbol zeigt immer das aktuelle Tagesdatum. Mit dem Programm verwalten Sie verschiedene Kalender und synchronisieren Ihre Termine mit dem Kalender auf Ihrem Computer. Lesen Sie mehr zur App Kalender in Kapitel 7, »Mit Kalender Termine verwalten«.

Kamera: Das iPad besitzt zwei Kameras, eine Frontkamera, die Apple *FaceTime-Kamera* nennt, und auf der Rückseite eine Kamera, die *iSight* heißt. Mit ihr machen Sie nicht nur großartige Fotos, sondern können auch HD-Videos aufzeichnen. Automatische Gesichtserkennung, Bildstabilisator und der Touch-Fokus (Fokussierung auf Fingertipp) runden das Leistungsspektrum ab. Obendrein kann die Kamera automatisch QR-Codes erkennen und auswerten. Gesteuert werden beide Kameras über die gleichnamige App. Diese stelle ich Ihnen in Kapitel 12, »Fotografieren und Filmen mit dem iPad«, vor.

Karten: Mit diesem Programm haben Sie praktisch die gesamte Welt unter Ihrem Finger. Karten stellt nicht nur die üblichen Stadt- und Straßenkarten dar, sondern zeigt Ihnen auch die ganze Welt aus Satellitenperspektive. Die faszinierenden Möglichkeiten von Karten lernen Sie in Kapitel 17, »Karten und Navigation«, kennen.

Kontakte: Die Kontakte sind Ihr Adressbuch auf dem iPad. Hier können Sie alle Informationen zu Ihren Freunden und Bekannten verwalten. Es ist möglich, Ihren Adressbestand mit den Adressen auf Ihrem Computer abzugleichen, damit Sie überall Zugriff auf die aktuellen Adressen haben. Kapitel 6, »Kontakte verwalten«, stellt Ihnen die App im Detail vor.

Mail: Der Name ist Programm. Mit Mail schreiben, empfangen und bearbeiten Sie Ihre elektronische Post. Das Programm unterstützt mehrere Accounts, kommt mit gängigen Dateianhängen zurecht und erweist sich bei schlichtem Äußeren als flexibel und leistungsstark. Diesem Programm ist das Kapitel 9, »E-Mails schreiben und empfangen«, gewidmet.

Musik: Ihr iPad ist so ganz nebenbei auch ein leistungsfähiger Medienplayer. Ihre Musik lässt sich auf dem iPad in Wiedergabelisten sortieren, Sie können durch die Cover blättern und Ihre Lieblingssongs flink heraussuchen und abspielen. Sie ist außerdem Ihr direkter Zugang zu Apples Musik-Streamingdienst *Apple Music*. Die Musik-App lernen Sie in Kapitel 14, »Musik, Filme und Podcasts auf dem iPad genießen«, kennen.

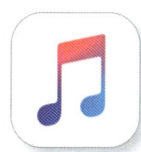

Nachrichten: Mit dem iPad können Sie mit anderen iOS-Geräten (iPhone, iPod touch und iPad) oder mit Macintosh-Computern Kurznachrichten austauschen. Dazu wird die kostenlose Apple-ID beziehungsweise ein iCloud-Account benötigt. Nachrichten wird in Kapitel 11, »Nachrichten und FaceTime«, vorgestellt.

Notizen: Eine rasche Notiz, ein Einkaufszettel, ein Romanentwurf – es gibt kaum etwas, was Sie auf dem iPad nicht notieren könnten. Die App Notizen verwaltet Ihre Einfälle zuverlässig und sicher und bietet auch einfache Malwerkzeuge für kleine Skizzen und kann als Scanner eingesetzt werden. Den Notizen widmen wir uns in Kapitel 10, »Notizen und Erinnerungen«.

Photo Booth: Dabei handelt es sich um eine Spaßapplikation, mit der Sie Fotos in Echtzeit verzerren, verbeulen oder anderweitig malträtieren können. Die lustigen Ergebnisse lassen sich natürlich speichern oder per E-Mail verschicken. Mit diesem Juxprogramm haben wir in Kapitel 12, »Fotografieren und Filmen mit dem iPad«, unseren Spaß.

Kapitel 2: Apps – die Programme auf dem iPad

Podcasts: Sie hören gerne Podcasts und möchten auch mit dem iPad darauf nicht verzichten? Mit dieser App ist das kein Problem. Mit ihr abonnieren und verwalten Sie Podcasts und spielen sie ab. Sollten Ihnen Podcasts bislang noch kein Begriff sein, erfahren Sie mehr dazu und zu dieser App in Kapitel 14, »Musik, Filme und Podcasts auf dem iPad genießen«.

Safari: Mit Safari surfen Sie auf dem iPad im Internet. Der Browser beherrscht die aktuellen Webstandards und bietet eine praktische *Reader*-Funktion, mit der Sie Webseiten besser lesen können. In Kapitel 8, »Mit Safari ins Internet«, werden wir uns Safari ausführlicher widmen.

Tipps: Mit der App präsentiert Ihnen Apple einmal in der Woche einen Tipp zum Umgang mit dem iPad. Das ist nett gemeint und ermuntert Sie dazu, einfach mal ein paar Dinge auszuprobieren – aber auch nicht mehr.

Uhr: Mit dem iPad wissen Sie immer, was die Stunde geschlagen hat – und zwar weltweit. Die Uhr-App enthält auch die Funktionen Stoppuhr, Wecker und Timer und kann Ihnen dabei helfen, einen gesünderen Schlafrhythmus zu finden. Was Ihnen diese App zu bieten hat, erfahren Sie in Kapitel 7, »Mit Kalender Termine verwalten«.

Videos: Das gestochen scharfe Display des iPads verlangt förmlich nach Filmen. Kein Problem, kopieren Sie Ihre Filme oder TV-Serien von Ihrem Computer aufs iPad, oder kaufen Sie sie im iTunes Store auf Ihrem iPad. Für die Wiedergabe ist die App Videos zuständig, die wir uns in Kapitel 14, »Musik, Filme und Podcasts auf dem iPad genießen«, genauer ansehen werden.

> **Noch mehr Apps**
>
> Neben den aufgeführten Standard-Apps liefert Apple bei einem neuen iPad noch einige professionelle und leistungsfähige Apps für den Büroalltag mit. Dazu gehören Pages (Textverarbeitung), Numbers (Tabellenkalkulation) und Keynote (Präsentation). Hierbei handelt es sich um leistungsfähige Office-Programme, die zusammen die iWork Suite bilden und Apples Alternative zu Microsoft Office sind. Diese Apps können Sie erst starten, wenn Sie im App Store mit einer Apple-ID angemeldet sind. Wie Sie eine Apple-ID anlegen, erfahren Sie im Abschnitt »Eine Apple-ID anlegen« ab Seite 53, mit dem App Store beschäftigen wir uns im Kapitel 16, »Neue Inhalte für Ihr iPad«.

Apps starten, verlassen und wechseln

Wie Sie auf dem iPad eine App starten, haben Sie bereits bei unserem kleinen Rundgang im ersten Kapitel gelernt: Sie tippen einfach das App-Symbol an. Doch schauen wir uns den Umgang mit Apps noch einmal etwas genauer an.

1. Eine App starten Sie mit einem Fingertipp auf das Symbol der App auf dem Home-Bildschirm.

2. Die App wird daraufhin bildschirmfüllend geöffnet. Um das Programm zu verlassen, drücken Sie einmal auf die Home-Taste – Sie sehen wieder den Home-Bildschirm.

3. Alternativ zum Druck auf die Home-Taste können Sie auch vier Finger aufs Display setzen und diese zusammenziehen.

> **Gesten aktivieren**
>
> Falls die Gestensteuerung bei Ihnen nicht funktioniert, dann wurde sie in den Einstellungen des iPads ausgeschaltet. Das lässt sich rasch ändern: Wählen Sie **Einstellungen ▸ Allgemein ▸ Multitasking & Dock**, und aktivieren Sie hier den Schalter **Gesten**.

4. Alle Programme, die Sie starten und wieder verlassen, werden vom iPad im Hintergrund verwaltet, um Ihnen einen schnellen Wechsel zwischen zwei Apps zu erlauben. Drücken Sie zweimal rasch nacheinander die Home-Taste, werden alle Programme, die Sie bislang aufgerufen haben, in verkleinerter Form nebeneinander gezeigt ❶. Diese Darstellung nennt Apple den *App-Umschalter*.

5. Auch hier gibt es eine Wischgeste als Alternative zum Doppeldruck auf die Home-Taste. Wenn Sie aktuell den Home-Bildschirm sehen, genügt eine kurze Wischgeste vom unteren Rand des Displays nach oben. Ist aktuell eine App aktiv, blenden Sie mit dieser Geste das Dock ein. Um zum App-Umschalter zu gelangen, führen Sie einfach eine etwas längere Wischbewegung von unten nach oben aus.

> **+ Unten ansetzen**
>
> Damit die Wischgeste vom unteren Bildschirmrand sicher funktioniert, setzen Sie den Finger etwas außerhalb des Displays an, also auf den schwarzen Rand, und wischen dann nach oben.

6. Durch die App-Miniaturen blättern Sie mit einer horizontalen Wischbewegung. Um zu einer anderen App zu wechseln, tippen Sie die Miniatur in dieser Übersicht an.

7. Drücken Sie in dieser Ansicht erneut auf die Home-Taste, gelangen Sie zur zuletzt aktiven App zurück.

8. Der Wechsel zwischen den verschiedenen Apps funktioniert auch ohne App-Umschalter: Wischen Sie mit vier Fingern nach links bzw. rechts, um durch die verschiedenen Apps zu blättern.

> **i Bleiben alle Apps ständig aktiv?**
>
> Standardmäßig wird ein Programm beim Verlassen über die Home-Taste angehalten und sein aktueller Zustand eingefroren. Wechseln Sie wieder zu dem Programm zurück, macht es exakt an der Stelle weiter, an der Sie es verlassen haben. Erst wenn der Arbeitsspeicher auf dem iPad knapp wird und iOS nicht mehr in der Lage ist, die Daten sämtlicher geöffneten Apps im Speicher zu halten, schließt das System die Apps, die Sie seit längerer Zeit nicht mehr aufgerufen haben. Allerdings wird es weiterhin in der Aufstellung der zuletzt aufgerufenen Programme angeführt.

∧ *Im Dock werden rechts die drei zuletzt benutzten Apps aufgeführt, zu denen Sie so mit einem Fingertipp wechseln können.*

9. Bei erst kürzlich aufgerufenen Apps müssen Sie nicht erst den App-Umschalter bemühen, denn die drei zuletzt aktiven Apps werden standardmäßig rechts außen im Dock aufgeführt ❷ und sind somit jederzeit schnell erreichbar. Ist aktuell eine App aktiv, wird das Dock nicht angezeigt. Blenden Sie es sich in diesem Fall einfach durch eine Wischgeste vom unteren Bildschirmrand nach oben ein.

> ### ➕ Schnell zurück zu einer App
>
> Mitunter kommt es vor, dass Sie von einer App an eine andere umgeleitet werden, z. B. dann, wenn Sie in einer Notiz einen Link zu einer Webseite antippen. Dann reicht die Notizen-App die Adresse an Safari weiter, wo die entsprechende Webseite geladen wird. Damit Sie in diesem und ähnlichen Fällen nicht erst den App-Umschalter aufrufen müssen, um zu Ihren Notizen zurückzukehren, wird oben links in der Statusleiste neben dem Symbol zur Empfangsqualität der Name der vorherigen App mit einem kleinen Pfeil angezeigt, in diesem Beispiel also **Notizen**. Tippen Sie darauf, kehren Sie sofort zu Notizen beziehungsweise zu der App, die Sie zuvor aufgerufen hatten, zurück.
>
>

Apps beenden

Normalerweise können Sie die Verwaltung der Apps getrost Ihrem iPad überlassen. Anders als Sie es vielleicht von Ihrem Computer kennen, müssen Sie sich beim iPad nicht darum kümmern, speicherfressende Apps explizit zu beenden – diese Sorge nimmt Ihnen das iPad ab. Doch in seltenen Fällen muss ein Programm manuell beendet und neu gestartet werden, z. B. um eine neue Einstellung zu laden oder weil die App durch einen Programmfehler nicht mehr reagiert.

1. Um eine App explizit zu beenden, rufen Sie den App-Umschalter auf. Tippen Sie dafür zweimal auf die Home-Taste, oder wischen Sie vom unteren Display-Rand nach oben.

2. Ziehen Sie nun die App, die Sie beenden möchten, mit dem Finger nach oben aus dem App-Umschalter hinaus.

Kapitel 2: Apps – die Programme auf dem iPad

Zwei Apps nebeneinander ausführen

Vom Computer sind Sie es gewöhnt, dass Sie mehrere Programme in eigenen Fenstern nebeneinander ausführen können. Das ist auf dem iPad in dieser Form nicht möglich, aber es gibt zwei ähnliche Funktionen beziehungsweise Darstellungsoptionen: *Slide Over* und *Split View* (die Darstellung wird von Apple auch *Geteilte Darstellung* genannt). Damit diese Funktionen genutzt werden können, muss eine App sie unterstützen, was bei den Standard-Apps, die Apple mitliefert, fast durchgehend der Fall ist.

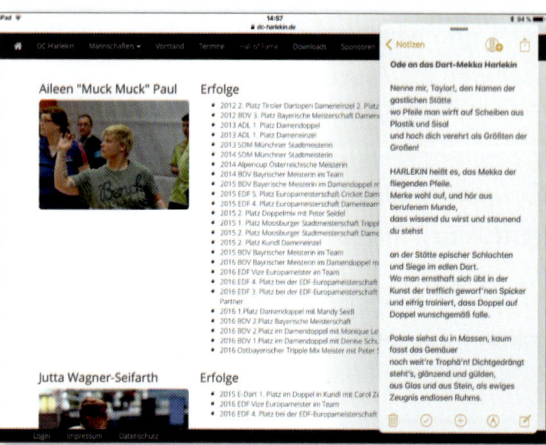

Bevor wir uns anschauen, wie das in der Praxis funktioniert, sollen zuerst die beiden verschiedenen Betriebsarten erläutert werden.

Slide Over: Bei Slide Over schwebt eine App in einem schmalen Fenster am rechten oder linken Rand über einer anderen App. Beide Apps lassen sich ganz normal bedienen. So können Sie etwa mit Safari im Internet surfen und am Rand die Notizen einblenden, um sich interessante Informationen sofort zu notieren. Mit einer Geste blenden Sie die überlagernde App rasch wieder aus. Der Clou: Wenn Sie nun zu einer anderen App wechseln, etwa Mail, dann genügt wieder nur eine Geste, um die zuvor ausgeblendete App – in diesem Beispiel also die Notizen – wieder hervorzuholen.

Split View: Vom Slide Over wechseln Sie mit einer Geste in den Split View. Hier wird der Bildschirm in zwei Fenster geteilt, wobei Sie festlegen können, wie viel Platz eine App einnehmen darf. Diese Zusammenstellung bleibt – anders als bei Split View – auch dann erhalten, wenn Sie zu einer anderen App wechseln. Mit einer weiteren Geste wechseln Sie zurück zu Slide Over.

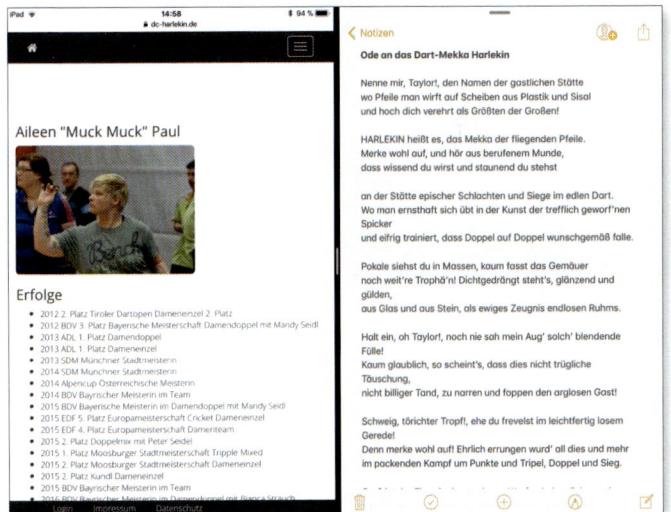

Slide Over

So viel zur Theorie. Schauen wir uns das Verfahren an einem konkreten Beispiel in der Praxis an: Die Notizen-App soll zuerst als Slide Over, anschließend im Split View mit anderen Apps eingesetzt werden. Beginnen wir mit Slide Over.

1. Starten Sie zuerst die App, die Sie als Slide Over mit einer anderen App benutzen möchten, in diesem Fall also die Notizen.

2. Wechseln Sie nun zur zweiten App, also etwa Safari. Da Safari standardmäßig im Dock liegt, ist das ganz einfach: Wischen Sie einmal vom unteren Bildschirmrand nach oben, um sich das Dock anzeigen zu lassen, und tippen Sie hier auf das Safari-Symbol.

3. Um nun die Notizen als Slide Over über Safari abzulegen, rufen Sie mit einer Wischgeste erneut das Dock hervor. Hier sehen Sie die Notizen im rechten Bereich des Docks unter den zuletzt benutzten Apps.

4. Berühren und halten Sie das Symbol der Notizen-App, und ziehen Sie es auf den Bildschirm ❶. Die App wird als schmales Fenster über Safari angezeigt. Lassen Sie die App nun los, erscheint sie als schwebendes Fenster am rechten Rand.

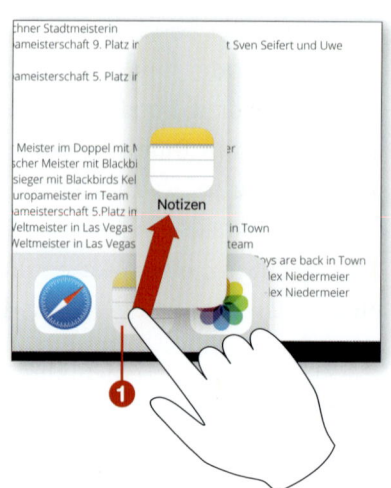

5. Sie können nun sowohl mit Safari als auch den Notizen wie gewohnt arbeiten.

6. Am oberen Rand der App sehen Sie eine Griffmarkierung ❷. Um die Notizen auszublenden, berühren und halten Sie diese Markierung und ziehen das Slide-Over-Fenster nach rechts aus dem Bildschirm heraus.

7. Mit einer erneuten Wischgeste vom rechten Rand nach innen wird die Notizen-App wieder als Slide Over angezeigt.

8. Um den Bereich des Bildschirms zu sehen, der von der Slide-Over-App verdeckt wird, berühren und halten Sie die Griffmarkierung und schieben die App nach links bzw. rechts.

9. Verlassen Sie jetzt Safari mit einem Druck auf die Home-Taste, und rufen Sie eine beliebige andere App auf, z. B. Karten.

10. Wischen Sie vom rechten Rand nach innen, wird die zuletzt im Slide-Over-Modus betriebene App erneut eingeblendet, in diesem Fall also die Notizen-App.

Split View

Im Slide-Over-Modus verdeckt eine App einen Teil des Bildschirms. Wenn Sie beide Apps vollständig angezeigt bekommen und nebeneinander verwenden möchten, wechseln Sie von Slide Over zu Split View. Das geht so:

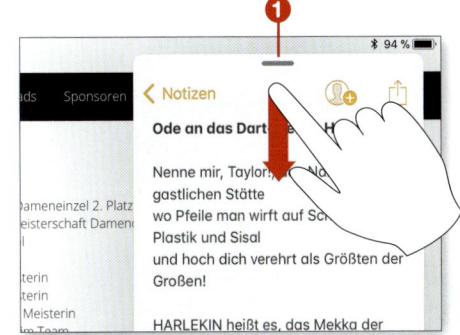

1. Legen Sie eine App wie erläutert als Slide Over über eine andere App ab, also etwa die Notizen über Safari.

2. Ziehen Sie nun das Slide-Over-Fenster an der Griffmarkierung ❶ am oberen Rand nach unten.

3. Nun werden beide Apps nebeneinander angezeigt, und es wird kein Bildschirminhalt mehr überlagert.

4. Über die Griffmarkierung ❷ zwischen den beiden Apps können Sie nun die Bildschirmaufteilung nach Ihren Wünschen einstellen.

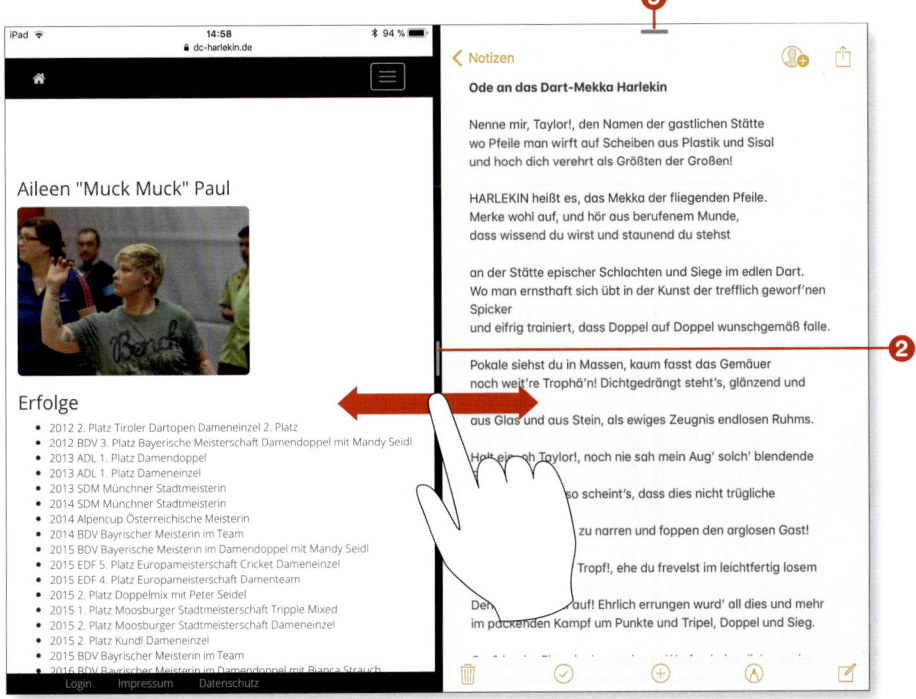

∧ Im Split View legen Sie über die Griffmarkierung fest, wie viel Platz eine App auf dem Bildschirm einnimmt.

5. Möchten Sie zum Slide-Over-Modus zurück, ziehen Sie die rechte App einfach an der Griffmarkierung ❸ nach unten.

6. Um eine der beiden Apps zu verlassen, damit nur noch eine App wie gewohnt gezeigt wird, ziehen Sie die Griffmarkierung ❷ in der Mitte nach rechts bzw. links, bis nur noch eine App gezeigt wird.

7. Verlassen Sie den Split-View-Modus mit einem Druck auf die Home-Taste, bleibt die Zusammenstellung der beiden Apps – in diesem Beispiel also von Safari und Notizen – erhalten. Rufen Sie etwa Safari wieder auf, sehen Sie erneut den zuvor verlassenen Split View.

Drag & Drop

Sobald Sie zwei Apps nebeneinander betreiben – ganz gleich, ob im Slide-Over- oder im Split-View-Modus –, lassen sich Inhalte von der einen App in die andere übernehmen, also z. B. ein Bild auf einer Webseite in eine Notiz. Dazu benutzen Sie, wie Sie es wohl von Ihrem Computer kennen, das sogenannte *Drag & Drop*. Dabei ziehen Sie den gewünschten Inhalt von der einen in die andere App und lassen ihn dort los.

1. Zum Test starten Sie Safari und legen Notizen als Slide Over bzw. als Split View ab.

2. Rufen Sie in Safari eine Webseite mit Bildern auf, die Sie gern in die Notizen übernehmen möchten.

3. Berühren und halten Sie das gewünschte Bild, bis es ein wenig über der Seite schwebt. Bewegen Sie nun das Bild, wird es verkleinert, und Sie können es verschieben.

4. Ziehen Sie das Bild nun in eine Notiz. Das Bild wird mit einem grünen Pluszeichen ❶ versehen, woran Sie erkennen, dass Sie diesen Inhalt nun hier ablegen können.

Apps auf dem Home-Bildschirm anordnen

5. Lassen Sie das Bild los. Es wird in die Notiz übernommen.

➕ Mehrere Objekte auswählen

In manchen Apps – etwa in Fotos – können Sie auch mehrere Objekte für Drag & Drop auswählen. Dazu berühren und halten Sie das erste Objekt, das Sie auswählen möchten, und tippen anschließend auf alle weiteren gewünschten Objekte. So lassen sich etwa in einem Rutsch mehrere Bilder aus der Fotos-App in eine E-Mail übernehmen.

Apps auf dem Home-Bildschirm anordnen

Die Anordnung der Apps auf dem Home-Bildschirm ist nicht in Stein gemeißelt, sondern lässt sich jederzeit von Ihnen nach Ihren Vorstellungen anpassen. Sie können die Symbole neu anordnen, zu Ordnern zusammenfassen oder auf neuen Bildschirmseiten ablegen. Dazu müssen Sie das iPad zuerst in einen speziellen Modus bringen.

1. Berühren und halten Sie eine beliebige App, bis die Symbole einen kleinen Wackeltanz aufführen und an einigen Symbolen ein **x** erscheint.

2. Nun können Sie die App-Symbole beliebig verschieben.

3. Ziehen Sie ein Symbol mit dem Finger über den rechten Rand hinaus, wechseln Sie zur nächsten Bildschirmseite, auf der Sie das Symbol ablegen können. Befinden Sie sich auf der letzten Seite, wird eine neue Bildschirmseite eingefügt.

4. Sobald Sie die App loslassen, wird sie an der gewünschten Stelle platziert.

5. Möchten Sie eine App für den schnellen Zugriff im Dock ablegen, ziehen Sie sie an die gewünschte Position und lassen sie dort los. Entsprechend entfernen Sie eine App so aus dem Dock. Im Dock finden gut zehn Apps Platz.

6. Verlassen Sie diesen »Wackelmodus« durch einen Druck auf die Home-Taste.

Wenn Sie nur eine App rasch verschieben möchten, benötigen Sie den Wackelmodus nicht. Berühren und halten Sie dazu die App, die ihren Platz ändern soll, bis das Symbol ein klein wenig über dem Bildschirm schwebt, und ziehen Sie es an die gewünschte Position.

Auf ähnliche Weise legen Sie auf dem iPad Ordner an, in denen Sie Ihre Apps gruppieren können.

1. Berühren und halten Sie eine App, die Sie zusammen mit einer anderen in einem Ordner ablegen möchten, und ziehen Sie die App auf diese zweite App.

2. Lassen Sie die App nun los, legt das iPad einen Ordner an. Dabei wird automatisch ein Name vergeben.

3. Um den Namen zu ändern, berühren und halten Sie ihn, bis der Name zu einem Eingabefeld ❶ wird. Gleichzeitig führen die Apps ihren kleinen Wackeltanz auf. Nun können Sie den Namen ändern, mit einem Tipp auf **Fertig** ❷ wird der Name übernommen.

Apps auf dem Home-Bildschirm anordnen

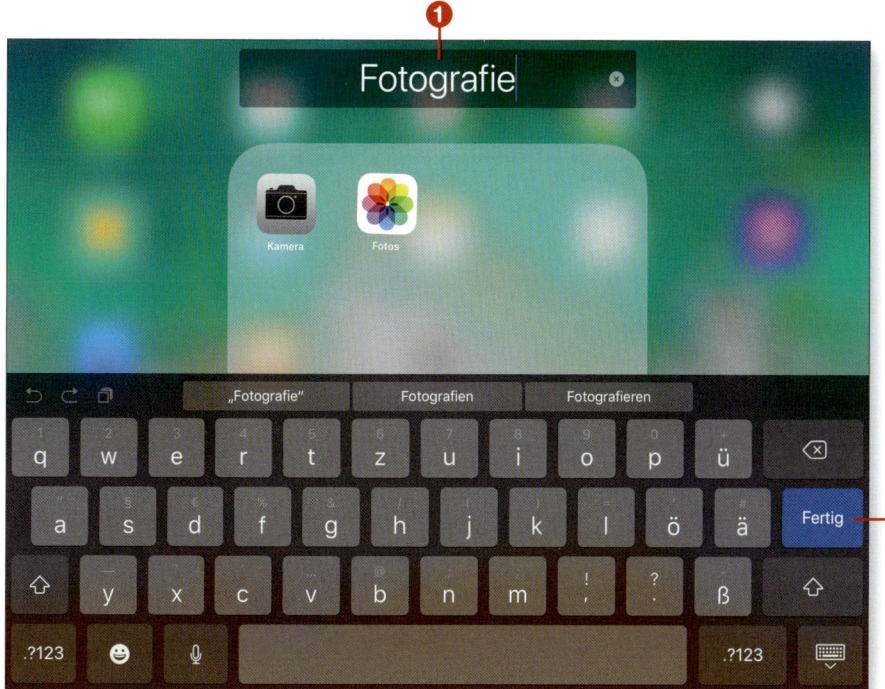

◂ *Ordner sorgen für mehr Übersicht auf dem Home-Bildschirm.*

4. Tippen Sie nun außerhalb des Ordners, wird der Ordner verlassen, wobei der Wackeltanz der Symbole beibehalten wird. In diesem Modus können Sie nun den Ordner verschieben oder weitere Apps in ihm ablegen, indem Sie die Symbole einfach auf den Ordner ziehen und dort ablegen.

5. Möchten Sie einen Ordner auflösen, ziehen Sie der Reihe nach alle Apps aus dem Ordner heraus und legen sie auf dem Home-Bildschirm ab. Sobald die letzte App entfernt wurde, verschwindet der Ordner.

6. Verlassen Sie den Wackelmodus mit einem Druck auf die Home-Taste.

> ### ➕ Alles auf Anfang
>
> Wenn Sie nun ein wenig herumexperimentiert haben und den Home-Bildschirm wieder in den Anfangszustand versetzen möchten, tippen Sie zuerst auf dem Home-Bildschirm auf **Einstellungen** und im Menü auf **Allgemein**. Wischen Sie den rechten Bereich des Bildschirms nach oben, um den letzten Eintrag **Zurücksetzen** anzuzeigen. Tippen Sie ihn an, und wählen Sie im folgenden Menü die Option **Home-Bildschirm**. Bestätigen Sie die Aktion mit einem Tipp auf **Zurücksetzen**.

Der Wackelmodus hat noch eine Besonderheit. Hier können Sie nicht nur eine, sondern mehrere Apps auf einmal verschieben. So lassen sich gleich mehrere Apps in einen Ordner oder auf eine andere Bildschirmseite bewegen. Das geht so:

1. Berühren und halten Sie eine beliebige App, bis die Symbole ihren kleinen Wackeltanz aufführen.

2. Bewegen Sie die erste App, die Sie verschieben möchten, und lassen Sie den Finger auf dem Display.

3. Tippen Sie nun mit dem Finger Ihrer anderen Hand der Reihe nach alle Apps an, die Sie gemeinsam verschieben möchten. Die Apps werden zu einem Stapel zusammengefügt, und es erscheint ein Zähler, der Ihnen anzeigt, wie viele Apps zu dem Stapel gehören.

4. Ziehen Sie den Stapel an die gewünschte Position, und lassen Sie ihn dort los.

5. Drücken Sie nun die Home-Taste, um zum normalen Betriebsmodus zurückzukehren.

Kapitel 3
Das iPad nimmt Kontakt auf

Das iPad ist ein ausgesprochen kontaktfreudiges Gerät, das erst so richtig aufblüht, wenn es eine Internetverbindung und Zugriff auf ein WLAN hat. Dann können Sie damit nicht nur im Internet surfen, E-Mails schreiben und Nachrichten verschicken, auch der Up- und Download von Inhalten ist kein Problem mehr, Sie können auf allerlei Datendienste zugreifen, via WLAN einen Drucker ansteuern und manches mehr. In diesem Kapitel erläutere ich Ihnen alle zentralen Einstellungen rund um Internet, Apple-ID, iCloud & Co.

> **Die Einstellungen**
>
> Viele der hier vorgestellten Funktionen werden in der App **Einstellungen** konfiguriert. Sie erkennen die App am Zahnradsymbol und öffnen sie mit einem Tipp auf dieses Symbol.

Über WLAN mit dem Internet verbinden

Während der Ersteinrichtung haben Sie in aller Regel Ihr iPad bereits über Ihr WLAN mit dem Internet verbunden. Aber natürlich kann das iPad nicht nur Ihr eigenes WLAN daheim, sondern jedes beliebige WLAN nutzen. Mit einem WLAN verbinden Sie sich folgendermaßen.

❶ Öffnen Sie die **Einstellungen**, und wählen Sie links in der Seitenleiste den Menüpunkt **WLAN**.

❷ Achten Sie darauf, dass der Schalter **WLAN** aktiviert ist. Sie sehen nun alle in Ihrer näheren Umgebung verfügbaren WLAN-Netze im Abschnitt **Netzwerk wählen**.

Kapitel 3: Das iPad nimmt Kontakt auf

❸ Das kleine Schlosssymbol zeigt Ihnen an, dass Sie für dieses Netzwerk ein Passwort benötigen. Daneben wird Ihnen die Signalstärke angezeigt.

❹ Mit einem Tipp auf das **i** erhalten Sie (technische) Informationen zum jeweiligen Netzwerk, die Sie aber in der Praxis so gut wie nie benötigen.

> Mit einem verfügbaren WLAN verbinden Sie das iPad blitzschnell.

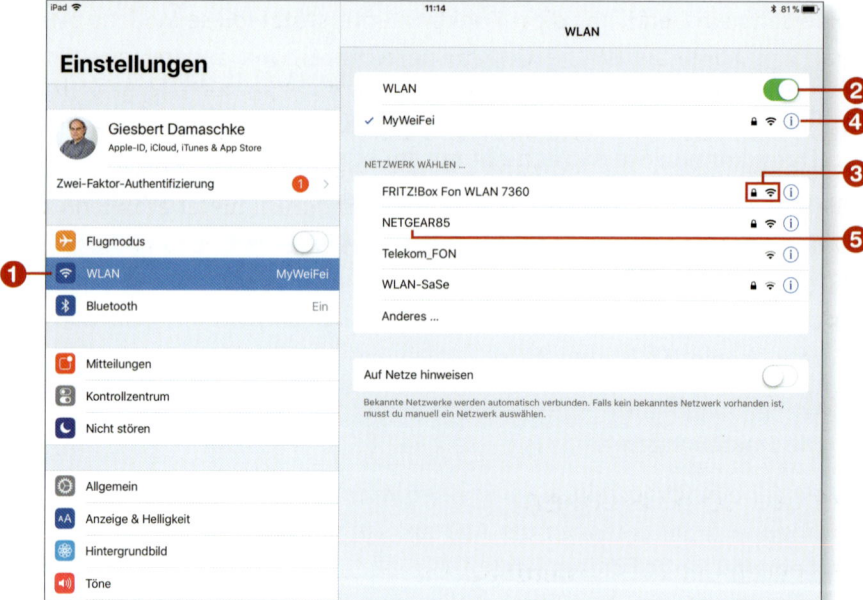

❺ Tippen Sie das gewünschte Netzwerk in der Liste an, um sich mit diesem WLAN zu verbinden und eine Internetverbindung herzustellen.

❻ Handelt es sich um ein gesichertes Netzwerk, geben Sie nun das Passwort ein. Wundern Sie sich nicht, das Passwort wird aus Sicherheitsgründen kurz nach der Eingabe durch Punkte ersetzt, sodass es nicht eingesehen werden kann.

❼ Um Kontakt zum WLAN aufzunehmen, tippen Sie auf **Verbinden**. Wenn das Passwort korrekt war, verbindet sich das iPad nun mit dem WLAN, und in der Statuszeile erscheint das tortenstückähnliche WLAN-Symbol. Sie können nun Apps, die eine Internetverbindung benötigen (etwa Safari und Mail), verwenden.

Das iPad merkt sich alle WLANs, mit denen es jemals verbunden war, und verbindet sich in Zukunft automatisch. Sie müssen also nur einmal das Passwort eingeben, um jederzeit Zugriff auf ein bekanntes WLAN zu bekommen.

> **Ins Internet über das Mobilfunknetz**
>
> Um mit dem iPad auch unterwegs im Internet zu surfen, benötigen Sie einerseits ein Gerät, das diese Funktion unterstützt (diese Modelle werden von Apple als *Wi-Fi + Cellular* bezeichnet), und andererseits eine SIM-Karte eines Mobilfunkanbieters. Legen Sie diese bei ausgeschaltetem iPad in das SIM-Kartenfach, und starten Sie das Gerät. Sie werden nun aufgefordert, die SIM-Karte mit dem vierstelligen Zahlencode, den Sie zusammen mit der Karte von Ihrem Mobilfunkanbieter erhalten haben, zu entsperren. Bei manchen Anbietern ist es notwendig, die SIM-Karte zunächst zu aktivieren. Beachten Sie dazu bitte die Hinweise Ihres Anbieters.

Eine Apple-ID anlegen

Schon während der Aktivierung des iPads werden Sie aufgefordert, Ihre Apple-ID einzugeben beziehungsweise eine kostenlose Apple-ID zu registrieren. Dabei handelt es sich um eine E-Mail-Adresse, mit der Sie sich bei Apple anmelden. Zu einer Apple-ID gehören ein Kundenkonto mit Ihren Kontaktdaten und, sofern Sie später Artikel aus dem iTunes Store oder App Store laden möchten, eine gültige Zahlungsweise.

Die Apple-ID – die von Apple mitunter auch *Apple-Account* oder *iTunes Store-Account* genannt wird – ist für den Einsatz des iPads nicht zwingend erforderlich. Doch wenn Sie Apples kostenlosen Onlinedienst iCloud nutzen, mit FaceTime Videotelefonate führen, Kurznachrichten mit iMessage verschicken, Programme aus dem App Store laden oder Musik im iTunes Store kaufen möchten, kommen Sie um eine Apple-ID nicht herum. Es wird also Zeit, eine Apple-ID anzulegen.

Dabei gibt es verschiedene Methoden, und bei jeder ist das Prozedere ein klein wenig anders. Generell gibt es dabei zwei Möglichkeiten:

- *Eigene E-Mail-Adresse*: Sie benutzen Ihre bereits vorhandene E-Mail-Adresse. Das scheint auf Anhieb zwar am einfachsten, birgt aber Risiken. Wenn sich später einmal Ihre E-Mail-Adresse ändert oder Sie keinen Zugriff mehr darauf haben (etwa weil Sie Ihren Anbieter oder Arbeitgeber gewechselt haben), bekommen Sie Probleme. Die lassen sich zwar lösen, aber das kann unter Umständen ausgesprochen mühselig werden. Wenn Sie trotzdem Ihre bestehende E-Mail-Adresse als Apple-ID eintragen möchten, dann rufen Sie die Einstellungen auf, tippen oben in der Seitenleiste auf **Beim iPad anmelden** und folgen den Anweisungen.

- *iCloud-Adresse*: Sie lassen sich von Apple eine (kostenlose) E-Mail-Adresse bei iCloud geben, die nach dem Muster »meinname@icloud.com« gebildet wird und die automatisch als Apple-ID benutzt wird. Damit haben Sie die Gewissheit, dass Ihre Apple-ID so lange gültig ist, solange Apple im Geschäft ist, und können zudem Ihre beruflichen/privaten E-Mails deutlich von denen von Apple trennen. Obendrein setzt Apple bei iCloud automatisch eine Zwei-Faktor-Authentifizierung ein, was heute als die beste und sicherste Methode gilt.

Im Folgenden erläutere ich Ihnen das Vorgehen mit einer iCloud-Adresse.

> **Zwei-Faktor-Authentifizierung**
>
> *Zwei-Faktor-Authentifizierung* ist zwar ein ungelenker Begriff, die gemeinte Sache aber ausgesprochen nützlich und auch einfach zu verstehen. Sie kennen das Verfahren vermutlich bereits aus Ihrem Alltag. Wenn Sie etwa am Geldautomaten Geld abheben möchten, benötigen Sie zum einen Ihre Geldkarte (erster Faktor) und zusätzlich Ihren PIN-Code (zweiter Faktor). Bei der iCloud-Anmeldung ist das ähnlich. Wenn Sie sich hier erstmals bei iCloud anmelden möchten, benötigen Sie zum einen Ihr Passwort (erster Faktor) und zum anderen Ihr Telefon, auf das Ihnen ein Code entweder als SMS oder Sprachnachricht geschickt wird. Dieser Code ist der zweite Faktor und muss bei der Anmeldung eingegeben werden. Sie müssen diesen Code nur bei der ersten Anmeldung eingeben. Sobald Sie sich einmal mit einem Gerät (iPad, iPhone, Browser) bei iCloud mit Ihrem Code angemeldet haben, wird das Gerät als vertrauenswürdig eingestuft. Bei der nächsten Anmeldung genügt dann Ihr Passwort.

Eine Apple-ID anlegen

Da Apple den Anmeldeprozess regelmäßig überarbeitet, kann es sein, dass sich das Vorgehen bei Ihnen etwas von dem hier gezeigten unterscheidet, aber das sollte Sie nicht weiter irritieren. Im Grunde müssen Sie nur eine Handvoll Felder und Formulare ausfüllen.

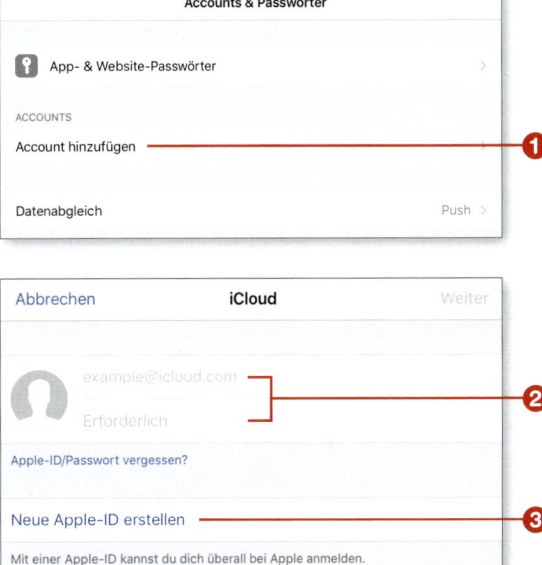

1. Wählen Sie in der Seitenleiste der **Einstellungen** den Punkt **Accounts & Passwörter**, und tippen Sie hier auf **Account hinzufügen** ❶.

2. Im nächsten Schritt werden Ihnen einige große Anbieter genannt, hier tippen Sie auf **iCloud**.

3. Nun werden Sie aufgefordert, Ihre Apple-ID einzugeben ❷. Da Sie noch keine ID haben, tippen Sie auf **Neue Apple-ID erstellen** ❸.

4. Nun werden einige Eckdaten abgefragt. Zuerst geben Sie über das Rollen-Element Ihr Geburtsdatum ein. Wischen Sie dazu die Tage, Monate und Jahre nach oben beziehungsweise unten, um das richtige Datum einzustellen. Tippen Sie danach rechts oben auf **Weiter**.

5. Geben Sie Ihren vollständigen Namen ein, und tippen Sie erneut rechts oben auf **Weiter**.

6. Im folgenden Fenster wählen Sie aus, ob Sie eine bestehende E-Mail-Adresse ❹ für Ihre Apple-ID verwenden (was ja gerade vermieden werden soll) oder über **Gratis-E-Mail von iCloud** ❺ eine neue anlegen wollen (was der Fall ist). Tippen Sie diesen Punkt an.

7. Im nächsten Dialog geben Sie Ihre Wunschadresse an. Eine iCloud-Adresse folgt immer dem Muster *name@icloud.com*, wobei Sie *name* frei wählen können. Nach einem Tipp auf **Weiter** prüft iCloud, ob die Adresse noch verfügbar ist. Falls das nicht der Fall ist, müssen Sie sich einen anderen Namen aussuchen.

8. Im nächsten Schritt legen Sie das Passwort fest. Das Passwort muss mindestens acht Zeichen lang sein, eine Ziffer sowie Groß- und Kleinbuchstaben enthalten. Ein Passwort wie *dasisteintest* wird also nicht akzeptiert, *DasIst1Test* allerdings schon (allerdings ist das wirklich kein gutes Passwort!).

9. Nun geben Sie Ihre Telefonnummer ein ❻ und legen fest, ob Sie den Bestätigungscode als **Textnachricht** ❼ oder als **Telefonanruf** ❽ erhalten möchten.

10. Nach einem Tipp auf **Weiter** erhalten Sie auf dem gewählten Weg einen Bestätigungscode, den Sie im nächsten Dialog eingeben.

11. Lesen Sie nun die Nutzungsbedingungen durch, und bestätigen Sie sie, indem Sie jeweils auf **Zustimmen** tippen.

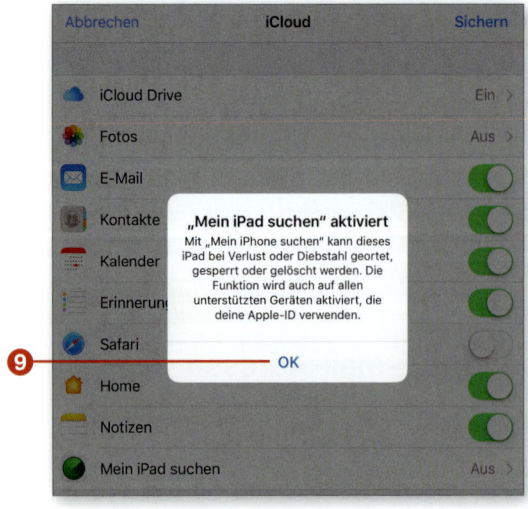

12. Damit Ihr iPad nicht missbräuchlich zur Einrichtung einer Apple-ID auf dem Gerät benutzt wird, müssen Sie die Einrichtung schließlich noch mit dem Code bestätigen, den Sie zum Entsperren Ihres iPads benutzen und den Sie bei der ersten Einrichtung des iPads festgelegt haben (lesen Sie dazu 19).

13. Abschließend werden Ihnen die aktuellen iCloud-Einstellungen gezeigt, wobei die Funktion **Mein iPad suchen** automatisch aktiviert wird. Bestätigen Sie diese Meldung mit einem Tipp auf **OK** ❾ (lesen Sie zu dieser sehr sinnvollen Funktion den Abschnitt »Mein iPad suchen« ab Seite 329).

Sie haben jetzt die Einrichtung einer Apple-ID erfolgreich abgeschlossen und sich gleichzeitig bei Cloud angemeldet. Dabei werden einige iCloud-Dienste automatisch aktiviert, was vielleicht gar nicht erwünscht ist – es ist also jetzt ein sehr guter Zeitpunkt, sich ein wenig mit iCloud zu beschäftigen.

So funktioniert iCloud

Mit iCloud bietet Apple einen kostenlosen Onlinedienst, über den Sie Ihre Daten zwischen iPad und Computer automatisch per Internet abgleichen können, sodass Sie auf allen Geräten immer den aktuellen Stand haben. Zudem bietet der Dienst wie gezeigt eine kostenlose E-Mail-Adresse.

Doch nicht nur das – iCloud synchronisiert auch die Daten zwischen verschiedenen Geräten, etwa Ihrem Rechner daheim, Ihrem Notebook unterwegs und Ihrem iPad. Dabei spielt es keine Rolle, ob Sie einen Windows-Rechner oder einen Mac verwenden. Außerdem bietet iCloud Ihnen mit dem *iCloud Drive* Speicherplatz für beliebige Daten im Internet und legt standardmäßig ein Backup Ihres iPads an. Dazu muss das iPad mit Strom versorgt werden (also etwa am Netzteil hängen) und via WLAN im Internet sein. Idealerweise wird das Backup automatisch nachts angelegt, während das iPad auflädt. (Mit dem Thema Backup beschäftigen wir uns ausführlicher im Abschnitt »Eine Datensicherung anlegen und verschlüsseln« ab Seite 324.)

Alle Ihre Daten – also Ihre Kontakte, Notizen, Erinnerungen, Ihr Kalender und so weiter – werden von iCloud automatisch auf den Servern von Apple gespeichert. Von dort werden sie, ebenfalls automatisch, auf alle mit iCloud eingerichteten Geräte kopiert, sobald die Geräte mit dem Internet verbunden sind. Einzige Bedingung: Sie sind auf allen Geräten mit derselben Apple-ID angemeldet. Wenn Sie auf einem dieser Geräte etwa einen Kalendereintrag hinzufügen, taucht dieser Eintrag auch auf allen verbundenen Geräten auf.

◂ Mit Apples kostenlosem Dienst iCloud haben Sie auch über den Webbrowser an Ihrem Computer – ganz gleich, ob Linux, Mac oder Windows – jederzeit Zugriff auf Ihre Daten.

Sie müssen nicht zwingend an Ihrem Computer sitzen oder Ihr iPad zur Hand haben, um auf Ihre mit iCloud gespeicherten Daten zugreifen zu können. Dafür genügen auch ein normaler Webbrowser und ein Computer mit Internetzugang, etwa bei einem Bekannten oder im Internetcafé. Rufen Sie in Ihrem Browser die Internetadresse *www.icloud.com* auf, und melden Sie sich dort mit Ihrer Apple-ID an. So können Sie praktisch mit jedem Computer unterwegs auf Ihre E-Mails, Adressen, Termine und Kontakte zugreifen.

> **! Abmelden nicht vergessen**
>
> Wenn Sie sich an einem fremden Computer bei iCloud angemeldet haben, sollten Sie sich zum Abschluss explizit abmelden. Klicken Sie dazu rechts auf Ihren Benutzernamen, und wählen Sie im Menü den Befehl **Abmelden**. Ansonsten kann es passieren, dass fremde Benutzer nach Ihnen Zugriff auf Ihre Daten haben – und das möchten Sie ja sicher nicht, oder?

Ihre iCloud-Einstellungen erreichen Sie in den Einstellungen entweder über Ihren Eintrag ganz oben in der Seitenleiste ❶ oder über **Accounts & Passwörter ▸ iCloud**. Hier legen Sie über die Schalter ❷ fest, welche Daten über iCloud gesichert beziehungsweise zwischen Ihren Geräten abgeglichen werden sollen.

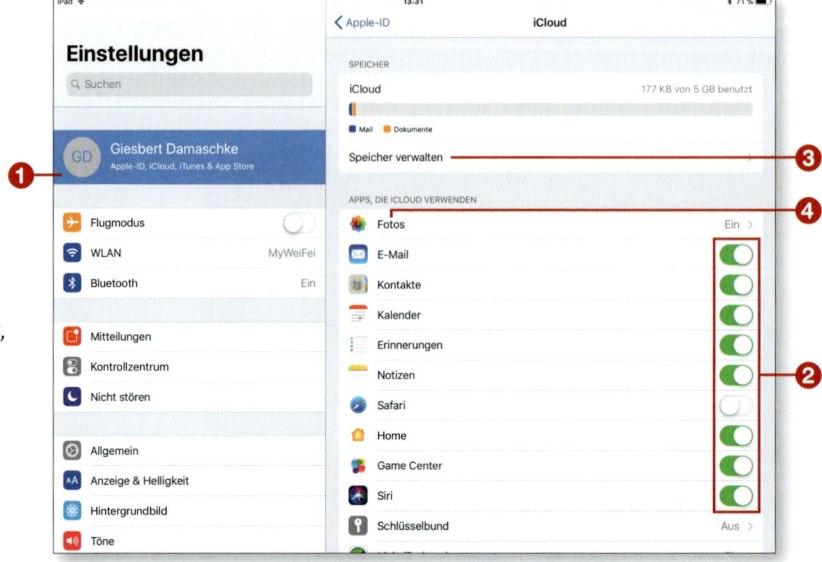

> *In den Einstellungen von iCloud legen Sie genau fest, welche Apps iCloud nutzen dürfen und welche Dienste Sie von iCloud in Anspruch nehmen wollen.*

Zu iCloud gehört ein Onlinespeicher von 5 GByte, in dem Ihre Daten abgelegt werden. Das scheint für eine Datensicherung sehr knapp bemessen. Doch keine Sorge: Alle Inhalte, die Sie in Apples digitalem Kaufhaus gekauft und von dort geladen haben – Apps, Musik, Videos, Bücher, Podcasts –, belasten den verfügbaren Speicher nicht. Über kurz oder lang sind 5 GByte allerdings meist zu wenig. Sollten Sie mehr Speicherplatz in iCloud benötigen, können Sie den Speicher gegen eine monatliche Gebühr auf bis zu 2 TByte ausbauen. Wie es um Ihren Speicher steht, wird Ihnen in den iCloud-Einstellungen unter **Speicher** angezeigt. Tippen Sie hier auf **Speicher verwalten** ❸, um genau zu sehen, welche Apps besonders viel Speicher schlucken. Hier können Sie nach einem Tipp auf **Speicherplan ändern** auch mehr Speicher dazubuchen.

Die verschiedenen Optionen von iCloud werde ich Ihnen in den folgenden Kapiteln immer wieder in Verbindung mit den entsprechenden Apps und Aufgaben vorstellen. Im Grunde sind sämtliche iCloud-Dienste sinnvoll und empfehlenswert – nur eine Funktion, die Apple automatisch aktiviert, sollten Sie zu Beginn gleich wieder ausschalten: die *iCloud-Fotomediathek*. Mit diesem Dienst werden sämtliche Fotos und Videos, die Sie mit dem iPad machen, automatisch auf die Server von Apple kopiert – und dann passiert es sehr schnell, dass die 5 GByte Speicher nicht ausreichen.

Um diese Funktion auszuschalten, tippen Sie auf **Fotos** ❹ und deaktivieren den Schalter bei **iCloud-Fotomediathek** mit einem Fingertipp. Falls Sie es sich später anders überlegen, können Sie diese Funktion jederzeit wieder aktivieren. Mit dem Dienst iCloud-Fotomediathek beschäftigen wir uns im Abschnitt »Fotostream und die iCloud-Fotomediathek« ab Seite 255.

Ein Konto für Mail, Kalender & Co einrichten

Nicht nur Apple mit iCloud, sondern auch Unternehmen wie Google, Microsoft und Yahoo bieten kostenlose Dienste an, die E-Mails, Kontakte oder Termine bündeln. Diese Dienste werden über einen Account – auf Deutsch: Konto – verwaltet, den Sie auf dem iPad einrichten. Ein

Kapitel 3: Das iPad nimmt Kontakt auf

iCloud-Konto haben Sie in den beiden vorherigen Abschnitten bereits eingerichtet, aber natürlich können Sie auch andere und weitere Konten hinzufügen, um etwa Ihre Google-E-Mails oder Ihren Terminkalender bei Microsoft auch mit dem iPad zu verwalten.

1. Rufen Sie zunächst vom Home-Bildschirm **Einstellungen ▸ Accounts & Passwörter** ❶ auf. Wählen Sie **Account hinzufügen** ❷.

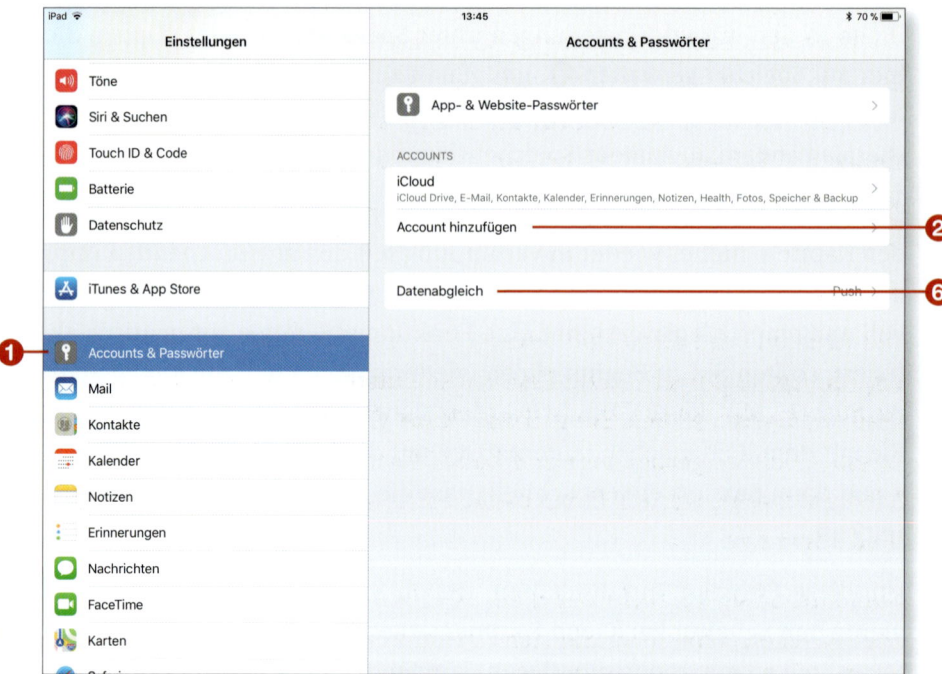

> Auf dem iPad können Sie beliebig viele Accounts von beliebigen Anbietern einrichten.

2. Legen Sie auf der Seite **Account hinzufügen** die Art des Accounts fest. Zur Auswahl stehen **iCloud**, **Exchange**, **Google**, **Yahoo**, **AOL**, **Outlook.com** und **Andere**.

3. Bei den namentlich aufgeführten Diensten und Anbietern nimmt Ihnen das iPad die Konfiguration weitgehend ab, Sie müssen sich lediglich mit Ihrem Benutzernamen und Ihrem Kennwort ausweisen.

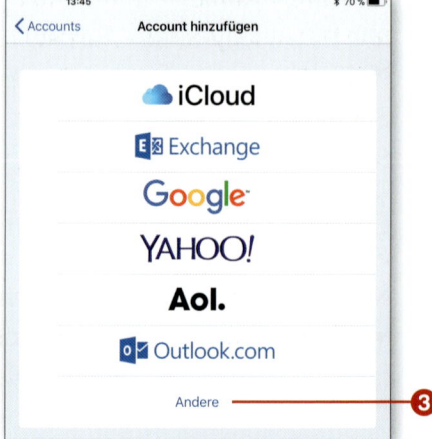

Unter **Andere** ❸ können Sie beliebige Accounts bei anderen Providern einrichten, etwa Ihren web.de- oder GMX-Account. Allerdings benötigen Sie je nach Anbieter einige zusätzliche technische Angaben, die Sie von Ihrem Anbieter erfahren.

4. Geben Sie nun in die entsprechenden Felder die Informationen zu Ihrem Konto ein, und tippen Sie auf **Weiter**.

5. Nach der Einrichtung legen Sie über die Schalter ❹ fest, welche Informationen des jeweiligen Accounts Sie nutzen möchten, und tippen auf **Sichern** ❺. Welche Punkte hier zur Verfügung stehen, hängt vom jeweiligen Anbieter ab.

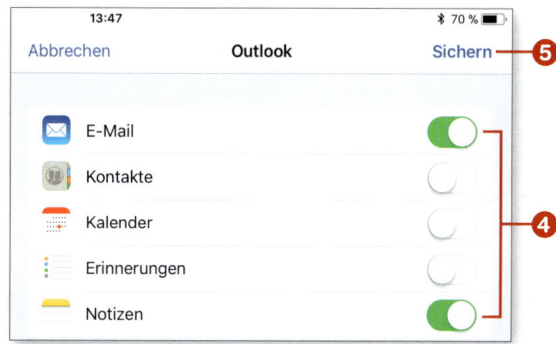

Der Account wird daraufhin hinzugefügt, und die Daten der ausgewählten Dienste sind nach kurzer Zeit in den entsprechenden Apps auf Ihrem iPad verfügbar. Haben Sie z. B. in Ihrem Outlook-Account Termine in Ihrem Kalender gespeichert und beim Hinzufügen des Accounts diesen Dienst aktiviert, werden Ihnen die Termine in der App Kalender auf dem iPad angezeigt.

Standardmäßig versucht das iPad, alle Daten automatisch und zeitnah abzugleichen, ohne dass Sie sich darum kümmern müssen. Dabei wird der Datenabgleich mit *Push* auf dem iPad aktiviert. Wenn diese Option von Ihrem Anbieter unterstützt wird, sorgen Server und iPad dafür, dass alle Daten möglichst sofort auf allen Geräten – also etwa Ihrem iPad und Ihrem Computer – zur Verfügung stehen. Trifft etwa eine E-Mail auf dem Server ein, werden Sie auf dem iPad sofort darüber informiert. Ändern Sie einen Termin auf dem iPad, wird diese Änderung sofort auf dem Server übernommen.

Falls Push nicht zur Verfügung steht, werden die Daten in festen Zeitintervallen oder manuell abgeglichen. Wie das iPad die Daten von Diensten wie Kalender, Kontakte und Mail abgleichen soll, legen Sie unter ❻ fest.

Inhalte teilen und drucken

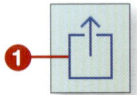

Eine Standardtaste in vielen Apps ist die **Teilen**-Taste ❶. Sie wird durch ein Rechteck mit einem Pfeil nach oben symbolisiert.

Über diese Taste rufen Sie ein spezielles Menü auf, in dem Sie den aktuell angezeigten Inhalt einer App – etwa Fotos, Kontakte, Webseiten, Notizen – auf verschiedenen Wegen für andere Programme auf dem iPad bereitstellen oder mit anderen Personen teilen können. Dieses Menü ist üblicherweise dreigeteilt:

> Viele Apps können ihre Inhalte auf verschiedene Weise teilen, also an andere Apps durchreichen, oder bestimmte Aktionen auslösen.

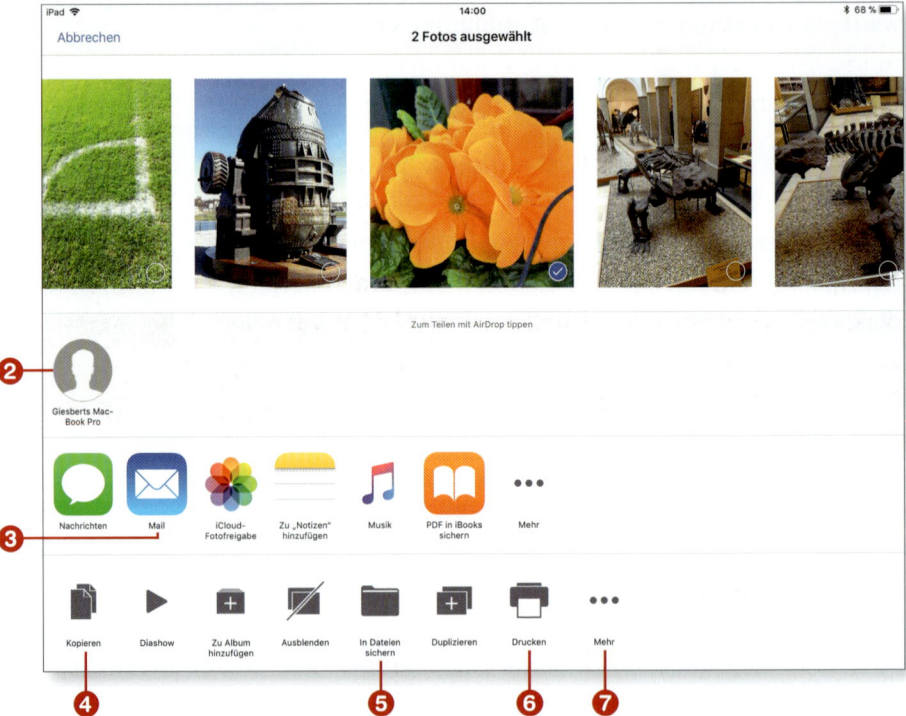

- *AirDrop*: Im oberen Bereich können Sie den Inhalt via AirDrop ❷ an andere iPhone- oder iPad-Besitzer oder einen Mac in Ihrer Nähe schicken. Was es damit auf sich hat und wie das funktioniert, erfahren Sie im nächsten Abschnitt.

- *Apps*: In der Mitte sehen Sie mal mehr, mal weniger App-Symbole. Hier ist es möglich, den Inhalt an die entsprechende App durchzureichen, also etwa ein Foto per E-Mail ❸ zu verschicken.

- *Aktionen*: In der unteren Zeile sehen Sie spezifische Aktionen der jeweiligen App. Hier finden Sie üblicherweise die Optionen **Kopieren** ❹, **In Dateien sichern** ❺ und **Drucken** ❻, der weitere Inhalt hängt von der jeweiligen App ab.

Bei den Apps und Aktionen sehen Sie jeweils die Taste **Mehr** ❼. Tippen Sie darauf, können Sie – je nach App – die angezeigten Optionen ein- und ausblenden, die Reihenfolge der Symbole ändern und neue Aktionen aufnehmen.

Die Druckfunktion des iPads nennt Apple *AirPrint*, da der Drucker ohne Kabelverbindung oder Anbindung an den Computer direkt vom iPad aus per WLAN angesteuert wird.

Sie müssen dazu nichts mühsam einrichten und auch keine Treiber installieren (wie Sie es womöglich von Ihrem Computer gewohnt sind), sondern können einfach mit wenigen Fingertipps drauflosdrucken. Damit der Ausdruck funktioniert, muss der Drucker allerdings AirPrint unterstützen (was inzwischen bei vielen WLAN-fähigen Druckern der Fall ist).

Inhalte mit AirDrop weitergeben

Über die Funktion *AirDrop* lassen sich schnell und unkompliziert Daten zwischen verschiedenen Geräten austauschen – vorausgesetzt, es handelt sich um Geräte von Apple. Denn AirDrop funktioniert nur mit iPhone, iPad, iPod touch und Macintosh-Computern.

Bei AirDrop bauen die Geräte ein sogenanntes *Ad-hoc-Netzwerk* auf, in dem alle Daten verschlüsselt übertragen werden. Dazu müssen die Geräte nicht online oder im WLAN eingeloggt sein, AirDrop funktioniert also auch bei schlechtem Mobilfunknetz auf der grünen Wiese fernab von allen WLANs.

Kapitel 3: Das iPad nimmt Kontakt auf

Aktivieren Sie zunächst AirDrop. Dazu rufen Sie mit einer Wischgeste vom unteren Bildschirmrand nach oben den App-Umschalter auf. Rechts sehen Sie das Kontrollzentrum (mit dem wir uns im nächsten Kapitel beschäftigen). Tippen Sie hier auf das AirDrop-Symbol ❶ (alternativ dazu können Sie auch **Einstellungen ▸ Allgemein ▸ AirDrop** wählen). Legen Sie fest, wer Ihnen Daten über die Verbindung schicken darf: entweder alle oder nur gespeicherte Kontakte. Um Probleme zu vermeiden, können Sie hier ruhig **Jeder** ❷ aktivieren – die Gefahr, dass diese Einstellung missbraucht wird, geht gegen null.

Prinzipiell können alle Daten per AirDrop übertragen werden, ganz gleich, ob Adresse eines Kontakts, Foto oder die Adresse einer Webseite. Voraussetzung ist nur, dass die jeweilige App, aus der Sie Daten verschicken möchten, AirDrop unterstützt.

Im **Teilen**-Menü werden automatisch sämtliche erreichbaren AirDrop-Empfänger angezeigt. Tippen Sie den gewünschten Empfänger ❸ an, um die Daten beziehungsweise die Datei zu übertragen. Damit AirDrop funktioniert, darf keines der Geräte im Standby-Modus sein.

Beim Empfänger erscheint nun eine Mitteilung, und er kann entscheiden, ob er die Übertragung **Annehmen** ❹ oder **Ablehnen** ❺ will. Wenn auf beiden Geräten die gleiche Apple-ID angemeldet ist, werden die Daten ohne Rückfrage übertragen. Das ist eine sehr praktische Funktion, wenn man, so wie ich etwa beim Schreiben dieses Buches, jede Menge Bildschirmfotos vom iPad an einen Mac übertragen muss.

Die AirDrop-Verbindung arbeitet dabei nicht nur in unmittelbarer Nähe, sondern auch bei einer Distanz von mehreren Metern – vorausgesetzt, die Geräte »sehen« sich, es befindet sich also keine Wand zwischen ihnen, und es liegt auch keine andere Beeinträchtigung vor. Bei einer Entfernung bis zu einem Meter geht die Übertragung ausgesprochen zügig, je weiter die Geräte voneinander entfernt sind, desto langsamer wird es allerdings.

Das iPad synchronisieren

Das iPad ist für sich genommen zwar bereits ein feines Gerät mit vielfältigen Möglichkeiten, doch sein volles Potenzial entfaltet es erst, wenn Sie es mit eigenen Inhalten wie Musik, E-Books, Filmen oder Fotos füllen und Ihre Termine und Adressen, die Sie auf Ihrem Computer verwalten, auch auf Ihrem iPad dabeihaben. Der Abgleich der Daten auf Ihrem Computer mit denen auf dem iPad wird *Synchronisation* oder kurz *Sync* genannt.

Einen Weg, Inhalte per Synchronisation auf das iPad zu bekommen, haben Sie bereits zu Beginn dieses Kapitels in den Abschnitten »So funktioniert iCloud« und »Ein Konto für Mail, Kalender & Co. einrichten« ab Seite 57 kennengelernt: den Datenabgleich über ein Konto bei Apple, Microsoft, Google oder anderen Anbietern. Und wie Sie im weiteren Verlauf des Buches noch erfahren werden, können Sie auch problemlos neue Inhalte aus dem App Store und dem iTunes Store kaufen und sie auf Ihr iPad laden.

Sie können Ihr iPad also prinzipiell benutzen, ohne es auch nur einmal mit Ihrem Computer zu verbinden. Allerdings sind damit einige Einschränkungen verbunden. So ist es z. B. nicht (oder genauer: nicht ohne zusätzliche Kosten) möglich, die Musik, die Sie bereits auf Ihrem Computer gespeichert haben, problemlos auf Ihr iPad zu übertragen.

Dafür bietet sich jedoch der traditionelle Weg des Datenabgleichs über das Programm *iTunes* auf Ihrem Computer an. Mit iTunes speichern und verwalten Sie Ihre Musik und Videos und kopieren sie von Ihrem Computer aufs iPad.

Außerdem legen Sie in iTunes fest, welche Inhalte aus anderen Programmen (etwa z. B. Adressen aus Ihrem Adressbuch, Termine aus Ihrem Kalenderprogramm oder Fotos aus beliebigen Ordnern auf Ihrer Festplatte) auf das iPad kopiert werden sollen.

Bei jedem Datenabgleich legt iTunes zudem automatisch ein – auf Wunsch verschlüsseltes – Backup Ihres iPads auf der Festplatte Ihres Computers an, aus dem Sie im Falle eines Falles das Gerät wiederherstellen können.

Sie müssen sich aber auch gar nicht für eine der beiden Methoden entscheiden, sondern können sie auch miteinander kombinieren. So lassen sich etwa Musik oder Fotos mit iTunes aufs iPad befördern, während Sie die iCloud-Synchronisation für Termine, Adressen und Notizen verwenden.

Der Datenabgleich mit iTunes wird uns in diesem Buch immer wieder beschäftigen, an dieser Stelle sollen das Programm und seine generelle Funktionsweise im Zusammenspiel mit Ihrem iPad kurz vorgestellt werden. Ich zeige Ihnen das Vorgehen am Beispiel von Musik, es funktioniert aber generell bei allen anderen Inhalten ähnlich.

1. Normalerweise startet das Programm iTunes automatisch, sobald Sie Ihr iPad per USB-Kabel an den Rechner anschließen. Falls dies nicht der Fall ist, starten Sie das Programm manuell.

2. Wählen Sie Ihr iPad in der oberen Symbolleiste von iTunes aus, und klicken Sie in der linken Seitenleiste die Kategorie an, aus der Sie Inhalte zwischen dem iPad und Ihrem Computer synchronisieren möchten – in unserem Beispiel also **Musik** ❶.

3. Aktivieren Sie die Checkbox **Musik synchronisieren** ❷, und legen Sie fest, ob Sie **Die ganze Mediathek** oder **Ausgewählte Playlists, Künstler, Alben und Genres** ❸ aufs iPad kopieren möchten.

Das iPad synchronisieren

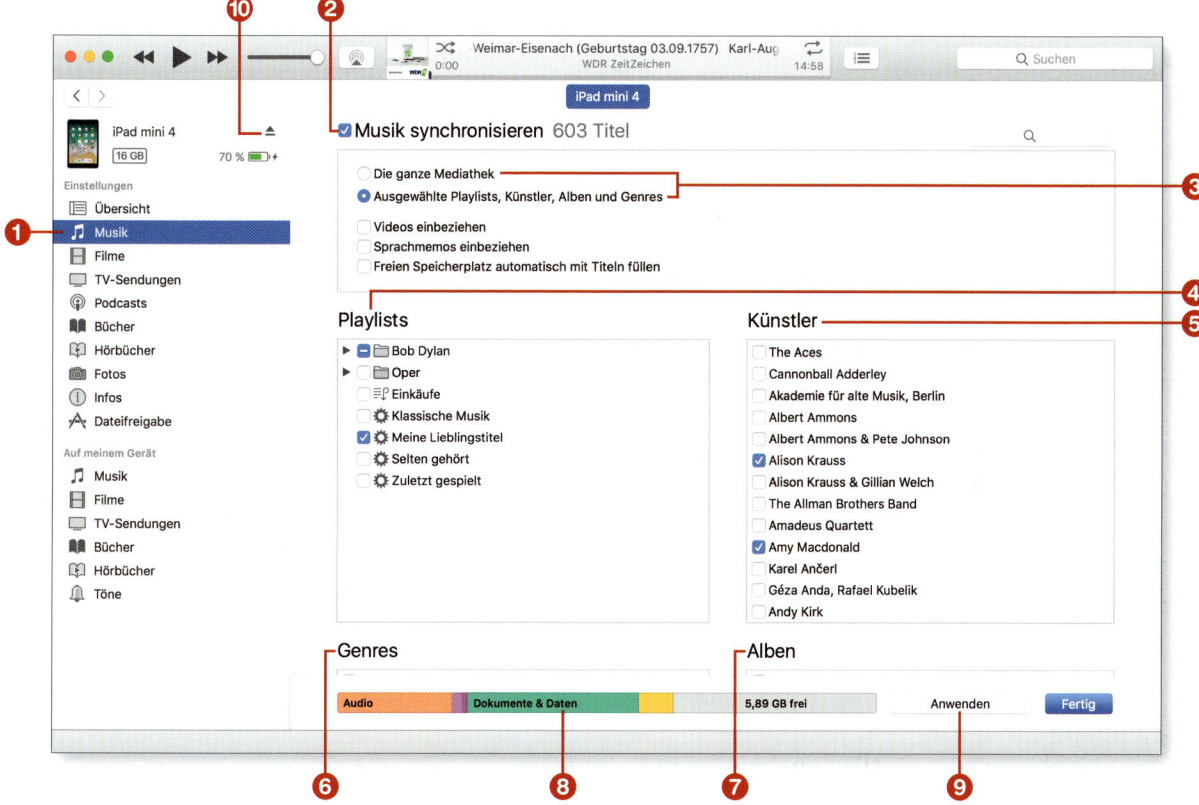

4. Falls Sie eine Auswahl treffen möchten, wählen Sie nun per Mausklick in den vier Bereichen **Playlists** ❹, **Künstler** ❺, **Genres** ❻ und **Alben** ❼ aus, welche Inhalte vom Computer aufs iPad kopiert werden sollen.

5. Die Speicherübersicht ❽ verrät Ihnen jederzeit, wie viel Platz beispielsweise Ihre Musik belegt und wie viel Speicherplatz Ihnen auf dem Gerät noch zur Verfügung steht.

6. Klicken Sie abschließend unten rechts auf die Schaltfläche **Anwenden** ❾. Die ausgewählten Inhalte werden daraufhin auf das iPad übertragen, sodass Sie sie dann immer griffbereit haben.

△ *Heute werden Inhalte überwiegend mit iCloud oder andere Onlinedienste aufs iPad geladen, aber der traditionelle Weg über iTunes funktioniert natürlich immer noch und hat nach wie vor seine Berechtigung.*

Vergessen Sie nicht, nach der Synchronisation die Verbindung zum iPad mit einem Klick auf die Schaltfläche **Auswerfen** ❿ zu trennen, bevor Sie das USB-Kabel aus einem der Geräte ziehen. Das ist zwar nicht zwingend notwendig – aber sicher ist sicher.

Kapitel 4
Im Maschinenraum – systemweite Funktionen des iPads

Bei der Inbetriebnahme des iPads habe ich einige Punkte vorerst übersprungen, z. B. die Sprachsteuerung mit Siri, das Kontrollzentrum oder die Mitteilungen. Dabei handelt es sich um systemweite Funktionen und Einstellungen, die beim ersten Kontakt mit dem iPad eher im Weg stehen, aber ungemein hilfreich und von großer Bedeutung werden, wenn man sich ein wenig mit dem iPad vertraut gemacht hat. Inzwischen sind wir beim vierten Kapitel – da wird es aber höchste Zeit, sich diese Funktionen genauer anzuschauen. Sie müssen dieses Kapitel aber nicht »am Stück« lesen, sondern können sich zunächst die Teile heraussuchen, die Sie gerade interessieren – und für alles andere kehren Sie später bei Bedarf hierhin zurück. Das Kapitel läuft Ihnen ja nicht weg. Versprochen!

Kontrollzentrum: schneller Zugriff auf zentrale Einstellungen

Über das *Kontrollzentrum* haben Sie einen schnellen Zugriff auf wichtige Einstellungen des iPads. Sie rufen es mit einem Fingerwisch vom unteren Bildschirmrand in die Mitte des Bildschirms auf, wobei Sie mit der Wischbewegung ruhig ein wenig außerhalb des Bildschirms ansetzen können. Das funktioniert immer, ganz gleich, ob vom Sperrbildschirm, Home-Bildschirm oder aus einer App heraus. Auf dem Sperrbildschirm wird nur das Kontrollzentrum gezeigt, ansonsten sehen Sie zusätzlich

Kapitel 4: Systemweite Funktionen des iPads

den App-Umschalter. Um das Kontrollzentrum zu schließen, drücken Sie entweder die Home-Taste oder tippen im App-Umschalter auf die App, zu der Sie wechseln möchten. Die zuletzt benutzte App steht immer als erste App oben rechts.

▲ Das Kontrollzentrum ist immer nur einen Fingerwisch entfernt.

Schauen wir uns die üblichen Regler und Schalter des Kontrollzentrums einmal der Reihe nach an.

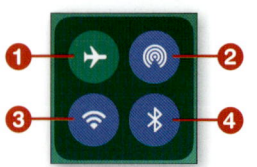

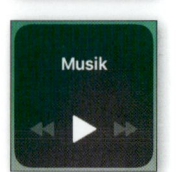

Im ersten Viererblock steuern Sie die Funkaktivitäten des iPads. Mit einem Tipp auf das **Flugzeug** ❶ wird der Flugmodus ein- und ausgeschaltet. In diesem Modus kappt das iPad vorübergehend sämtliche Funkverbindungen. Über die übrigen Tasten schalten Sie **AirDrop** ❷, **WLAN** ❸ und **Bluetooth** ❹ aus beziehungsweise ein.

Falls Sie über Ihr iPad gerade **Musik** hören, können Sie die Wiedergabe bequem vom Kontrollzentrum aus steuern, ohne zur Musik-App wechseln zu müssen. Lesen Sie dazu »Musik wiedergeben und Wiedergabe steuern« ab Seite 261.

Kontrollzentrum: schneller Zugriff auf zentrale Einstellungen

Über die beiden Regler steuern Sie die Bildschirmhelligkeit ❺ und die Lautstärke ❻.

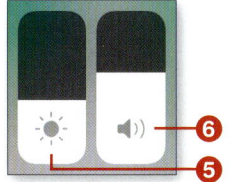

Über die **Bildschirmsynchronisation** können Sie Inhalte vom iPad auf einen Fernseher ausgeben und so z. B. einen Film mit der Familie schauen. Allerdings benötigen Sie dafür Apple TV.

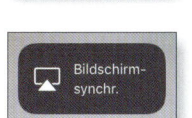

> **ℹ Night Shift und True Tone**
>
> Halten Sie den Helligkeitsregler etwas länger gedrückt, haben Sie die Möglichkeit, **Night Shift** zu aktivieren; beim iPad Pro finden Sie hier zudem **True Tone**. Mit Night Shift wird die Farbgebung so angepasst, dass Ihre Augen abends nicht überanstrengt werden. True Tone passt das Display automatisch an das Umgebungslicht an und sorgt dafür, dass Farben immer gleich angezeigt werden. Beide Funktionen sind auch über **Einstellungen ▸ Anzeige & Helligkeit** zu erreichen.

Mit einem Tipp auf das **Schloss** schalten Sie die Ausrichtungssperre ein oder aus. Bei aktivierter Ausrichtungssperre dreht sich der Bildschirminhalt nicht mehr mit, wenn Sie das iPad vom Quer- ins Hochformat drehen. Das ist ganz praktisch, wenn Sie z. B. ein E-Book im Liegen lesen möchten.

Über die **Glocke** aktivieren Sie den Stummmodus oder schalten ihn wieder aus. In diesem Modus gibt das iPad keine Systemtöne mehr wieder. Die Wiedergabe von Musik oder die Soundkulisse eines Spiels betrifft dies allerdings nicht.

Mit einem Tipp auf die **Mondsichel** aktivieren Sie den »Nicht stören«-Modus oder schalten ihn wieder aus. Lesen Sie dazu den Abschnitt »Den ›Nicht stören‹-Modus verwenden« ab Seite 211.

Die bisher vorgestellten Steuerelemente gehören zum Grundbestand des Kontrollzentrums und können von Ihnen nicht geändert werden. Für die übrigen drei trifft das nicht zu – die können Sie auf Wunsch auch ausblenden (dazu gleich mehr).

Mit einem Tipp auf die **Taschenlampe** aktivieren Sie dauerhaft das Blitzlicht auf der Rückseite des iPads und können so Licht ins Dunkel bringen. Berühren und halten Sie diese Taste, lässt sich die Helligkeit regeln.

Kapitel 4: Systemweite Funktionen des iPads

Mit einem Tipp auf die stilisierte **Stoppuhr** ❶ rufen Sie die Timer-Funktion der Uhr-App auf. Mit dieser App beschäftigen wir uns im Abschnitt »Die Uhr« ab Seite 130. Berühren und halten Sie diese Taste, können Sie auch direkt aus dem Kontrollzentrum einen Timer stellen.

Sie möchten rasch ein Foto mit dem iPad machen? Kein Problem: Tippen Sie auf das **Kamerasymbol**, und wechseln Sie zur Kamera-App des iPads (lesen Sie dazu Kapitel 12, »Fotografieren und Filmen mit dem iPad«). Doch damit nicht genug: Berühren und halten Sie das Symbol, können Sie ohne Umwege sofort eine Spezialfunktion der Kamera aktivieren: **Selfie**, **Video**, **Slo-Mo** (Zeitlupenvideo) ❷ und natürlich auch ein **Foto aufnehmen** ❸.

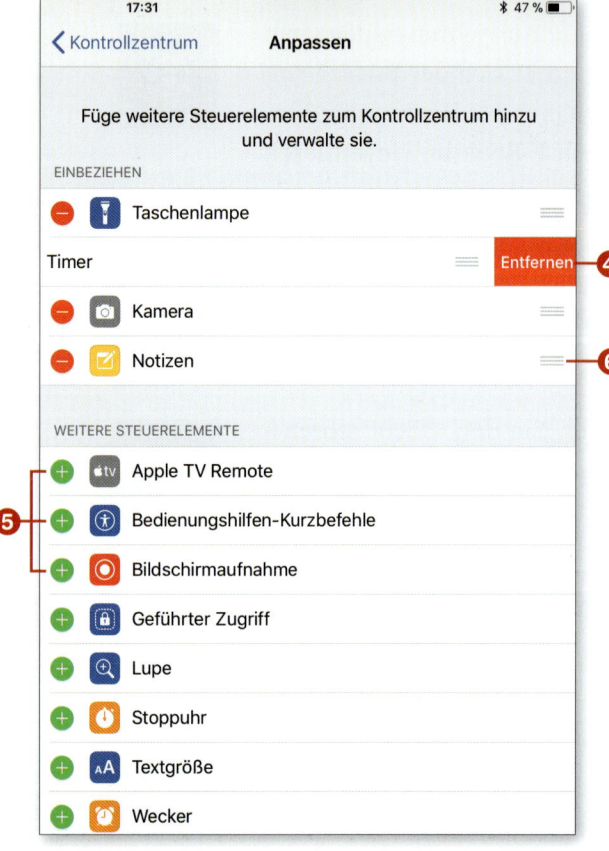

Welche Steuerelemente im Kontrollzentrum angezeigt werden sollen, können Sie (ein wenig) selbst bestimmen. Rufen Sie dazu **Einstellungen ▸ Kontrollzentrum ▸ Steuerelemente anpassen** auf.

Um ein Element zu entfernen, tippen Sie auf das rote Minuszeichen und anschließend auf **Entfernen** ❹. Entsprechend fügen Sie ein Element mit einem Tipp auf das grüne Pluszeichen ❺ hinzu. Über die Griffmarkierung ❻ rechts legen Sie die Reihenfolge fest, ziehen Sie ein Element in den Bereich **Weitere Steuerelemente**, wird es ebenfalls aus dem Kontrollzentrum entfernt.

Mitteilungen und die Mitteilungszentrale

Die *Mitteilungen* sind ein ständig aktiver Dienst, der im Hintergrund läuft, Sie auf aktuelle Termine in Ihrem Kalender, Nachrichten, E-Mails, (verpasste) FaceTime-Anrufe, Erinnerungen und Ähnliches mehr aufmerksam macht. Dieser Systemdienst kann von allen Apps auf Ihrem iPad genutzt werden, wobei Sie in den **Einstellungen** festlegen, ob und, wenn ja, wie eine App die Mitteilungen nutzen darf.

Es gibt drei verschiedene Arten von Mitteilungen, mit denen Sie das iPad auf Neuigkeiten hinweist:

- *Töne*: Das iPad spielt einen Hinweiston ab. Sie können für jede App festlegen, welcher Ton das ist.

- *Kennzeichenzähler*: Neue Mitteilungen werden als kleiner roter Zähler am Icon der App gezeigt. Haben Sie etwa zwei neue ungelesene E-Mails im Posteingang, erscheint eine kleine rote 2 am Icon der Mail-App.

- *Banner*: Am oberen Bildschirmrand wird ein Hinweis eingeblendet. Tippen Sie ihn an, wechseln Sie zur entsprechenden App. Ein Banner kann entweder nach kurzer Zeit von allein verschwinden oder so lange stehen bleiben, bis Sie darauf reagieren.

⌃ *Viele Apps schicken Ihnen kleine Banner auf den Bildschirm, um Sie über Neuigkeiten zu informieren.*

Sämtliche Mitteilungen, auf die Sie nicht direkt reagiert haben, stehen in der Mitteilungszentrale als Verlauf zur Verfügung. Diesen Verlauf öffnen Sie durch eine Wischgeste vom oberen Bildschirmrand nach unten, wobei Sie etwas außerhalb des Bildschirms ansetzen.

Tippen Sie auf eine Mitteilung, wechseln Sie zu der entsprechenden App, und die Mitteilung wird aus der Zentrale gelöscht. Sie können Mitteilungen auch manuell löschen, ohne sie geöffnet zu haben. Wenn sich etwa im Laufe des Tages eine Reihe von Mitteilungen angesammelt haben, die Sie aktuell nicht interessieren, tippen Sie einfach auf das × ❶, um sie alle auf einmal zu löschen. Um eine

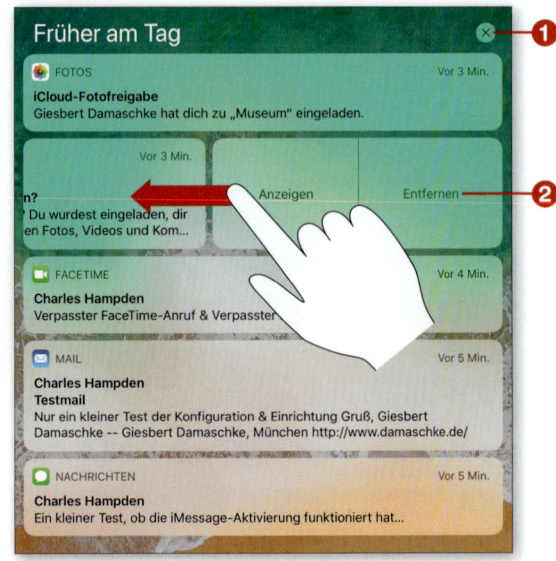

beliebige Mitteilung zu löschen, streichen Sie sie von links nach rechts durch und tippen auf **Entfernen** ❷. Mit einem Tipp auf die Home-Taste schließen Sie die Mitteilungszentrale. Alternativ dazu können Sie sie auch von unten nach oben über den Bildschirm wischen.

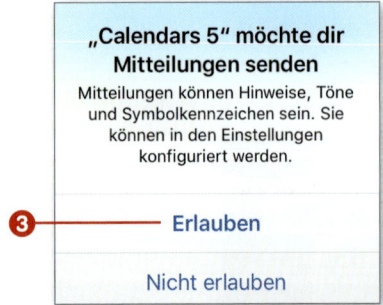

Die Apps, die zum Lieferumfang des iPads gehören, nutzen die Mitteilungen automatisch; Apps, die Sie installieren, benötigen dazu Ihre Erlaubnis ❸. Damit sollten Sie übrigens knausrig sein, andernfalls kann es passieren, dass im Laufe der Zeit ein regelrechtes Mitteilungsgewitter über Sie hereinbricht und Sie die wichtigen nicht mehr von den nicht ganz so wichtigen Mitteilungen unterscheiden können.

Aber keine Sorge, unter **Einstellungen ▸ Mitteilungen** ❹ lassen sich die Mitteilungen exakt kontrollieren. Hier sehen Sie sämtliche Apps ❺, die Ihnen Mitteilungen schicken. Tippen Sie eine App an ❻, um die Nutzung der Mitteilungen zu konfigurieren oder die Nutzung komplett zu untersagen. Bei einigen Apps wie etwa Mail lässt sich das auch in den Einstellungen der jeweiligen App erledigen.

Widgets einrichten

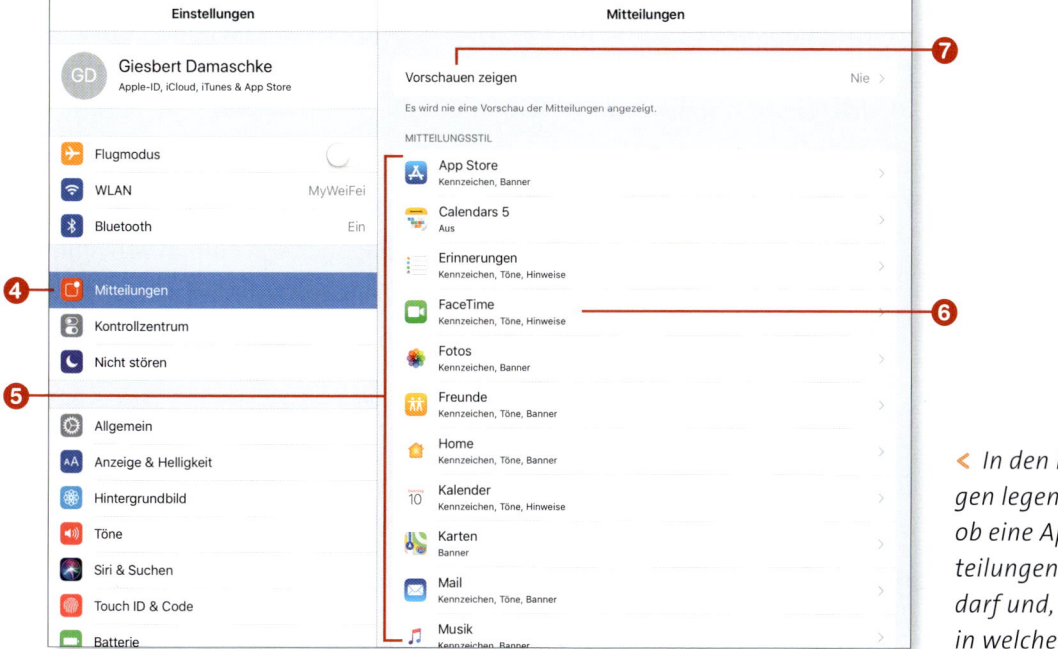

> In den Einstellungen legen Sie fest, ob eine App die Mitteilungen benutzen darf und, wenn ja, in welcher Form.

Üblicherweise blenden die Mitteilungen eine kleine Vorschau ein. Wenn Sie etwa eine neue Nachricht bekommen, zeigt der Hinweis auch gleich einen kurzen Auszug aus der Nachricht. Das ist ganz hilfreich, mitunter aber auch unerwünscht. Wenn Sie etwa bei einem Meeting Ihr iPad auf dem Tisch liegen haben und eine neue private Nachricht erhalten, muss ja nicht gleich jeder sehen, was Sie da bekommen haben. Mit einem Tipp auf **Vorschau zeigen** ❼ lässt sich generell festlegen, ob eine Vorschau **Immer** (also auch auf dem Sperrbildschirm), **Wenn entsperrt** oder **Nie** gezeigt werden soll.

Widgets einrichten

Ein Widget zeigt Ihnen Informationen aus Apps, die auf dem iPad installiert sind, etwa das aktuelle Wetter – das iPad besitzt zwar keine Wetter-App, kann Ihnen aber bei den Widgets dennoch das Wetter anzeigen –, Ihre anstehenden Termine oder fälligen Aufgaben. Der Widget-Bildschirm kann auf verschiedene Weise aufgerufen werden:

- **Home-Bildschirm**: Wischen Sie auf dem Home-Bildschirm so lange von links nach rechts, bis der Widget-Bildschirm erscheint. Um die Widget-Ansicht zu verlassen, wischen Sie von rechts nach links oder drücken die Home-Taste.

- **Mitteilungszentrale**: Haben Sie aktuell eine App geöffnet, erreichen Sie die Widgets über die Mitteilungszentrale. Wischen Sie dazu vom oberen Bildschirmrand nach unten und anschließend einmal von links nach rechts. Zum Verlassen wischen Sie vom unteren Bildschirmrand nach oben oder drücken die Home-Taste.

Manche Widgets haben mehr Informationen zu bieten, als in der Standardansicht gezeigt werden kann. Möchten Sie mehr sehen, tippen Sie auf **Mehr** ❶ oder, wenn sich Ihnen ein Widget zu breitmacht, entsprechend auf **Weniger** ❷.

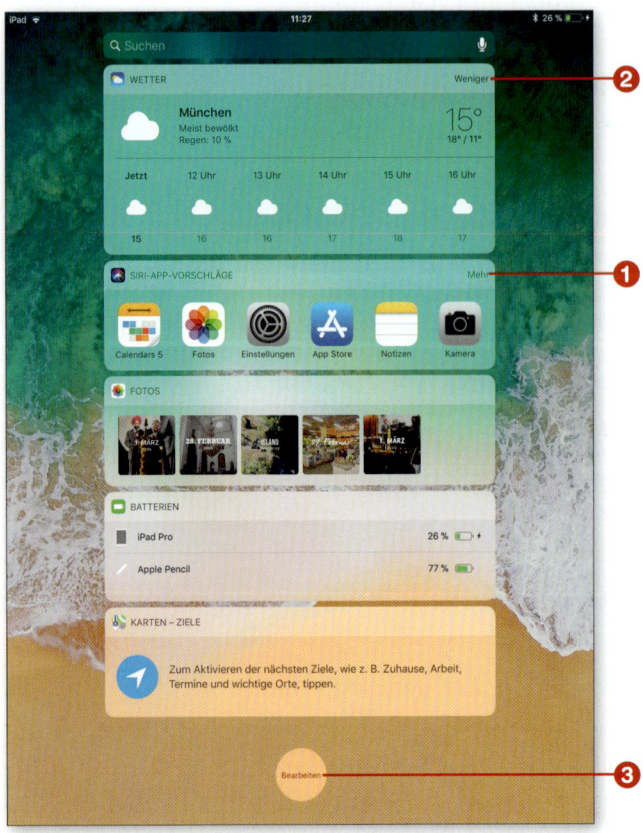

Welche Informationen der Widget-Bildschirm Ihnen in welcher Reihenfolge anzeigt, legen Sie selbst fest. Tippen Sie dazu auf **Bearbeiten** ❸, und wählen Sie die gewünschten Widgets mit einem Tipp auf das Pluszeichen ❹ aus. Um ein Widget aus der Anzeige zu entfernen, tippen Sie auf das Minuszeichen und anschließend auf **Entfernen** ❺. Über die Griffmarkierung ❻ legen Sie die Reihenfolge fest. Sie können ein Widget auch entfernen, indem Sie es über die Griffmarkierung in den Bereich **Weitere Widgets** ❼ ziehen. Mit einem Tipp auf **Fertig** ❽ übernehmen Sie Ihre Änderungen.

Hinweistöne festlegen

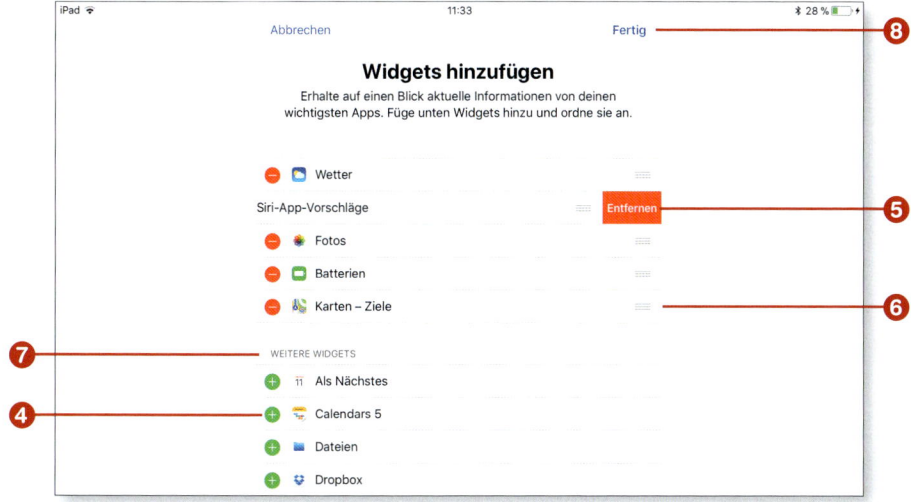

◀ Welche Widgets in welcher Reihenfolge gezeigt werden, liegt ganz bei Ihnen.

Zugegeben – anfangs wirken die Widgets vielleicht ein wenig seltsam, da Sie vermutlich noch überhaupt keine Informationen und Daten auf dem iPad haben, die in den Widgets sinnvollerweise angezeigt werden könnten. Doch das wird sich im Laufe der Zeit ändern. Ihre Möglichkeiten spielen die Widgets dann voll aus, wenn Sie weitere Apps auf dem iPad installiert haben, die ebenfalls Widgets zur Verfügung stellen. Wie Sie Apps installieren, erfahren Sie in Kapitel 16, »Neue Inhalte für Ihr iPad«.

Hinweistöne festlegen

Zahlreiche Apps machen auf dem iPad durch einen Signalton auf sich aufmerksam, etwa wenn eine neue E-Mail oder eine Nachricht eintrifft. Diese Hinweistöne können Sie zum einen in den **Mitteilungen,** aber für Standard-Apps auch etwas bequemer an zentraler Stelle unter **Einstellungen ▶ Töne** ❶ (auf Seite 78) festlegen. Tippen Sie hier auf die gewünschte Aktion ❷, und wählen Sie einen Ton.

> ### ➕ Jede Menge Töne
> Das iPad bietet rund 100 verschiedene Klingel- und Hinweistöne, angezeigt werden aber nur rund 40. Den Rest sehen Sie, wenn Sie in der Liste der Töne auf den Punkt **Klassisch** tippen.

Natürlich können Sie auch dafür sorgen, dass Ihr iPad bei einem Ereignis Ruhe gibt. Wählen Sie dazu im Auswahlmenü des entsprechenden Ereignisses die Option **Keine**.

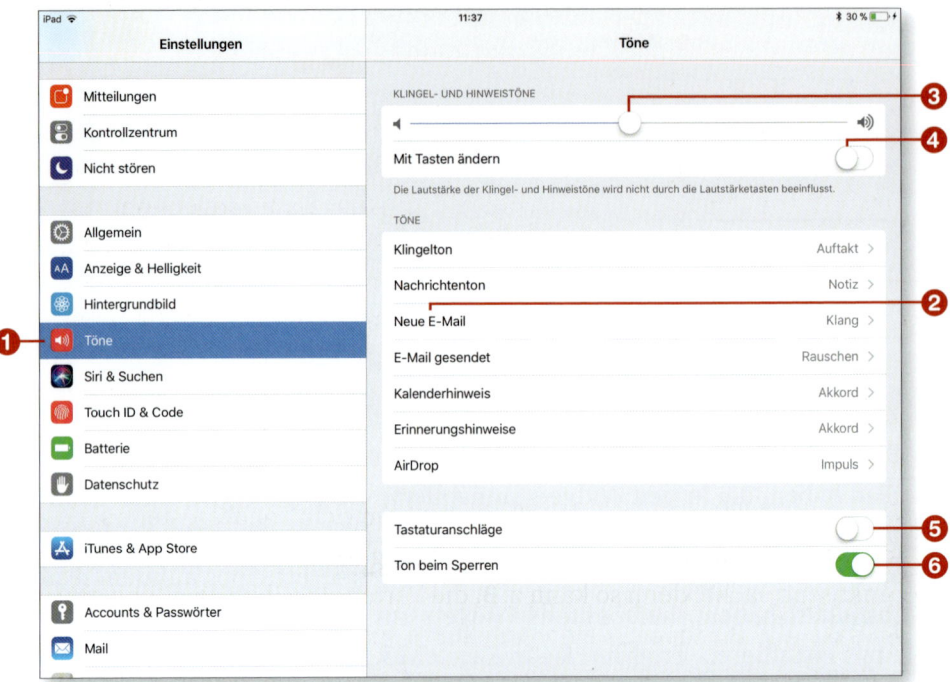

> *Die wichtigsten Systemtöne legen Sie an zentraler Stelle in den Einstellungen fest.*

Mit dem Regler ❸ legen Sie fest, wie laut ein Hinweis- oder Klingelton sein soll. Der Schalter **Mit Tasten ändern** ❹ bestimmt, ob Sie die Lautstärke der Hinweistöne über die seitlichen Tasten zur Regulierung der Lautstärke verändern können.

Standardmäßig ist diese Option ausgeschaltet, und Sie legen die Lautstärke der Hinweistöne – unabhängig von der sonstigen Lautstärkeeinstellung des iPads – über den Regler fest. So bleiben Hinweistöne immer in der gewünschten Lautstärke, während Sie die Lautstärke von Musik, Filmen oder Spielen unabhängig von diesen Tönen einstellen können.

Möchten Sie, dass Ihr iPad auch beim Wechsel in den Standby-Modus und beim Einsatz der Tastatur Ruhe gibt, schalten Sie die entsprechenden Schalter **Tastaturanschläge** ❺ beziehungsweise **Ton beim Sperren** ❻ aus.

Die Ortungsdienste des iPads

Dank seiner eingebauten Ortungsfunktionen weiß das iPad jederzeit, wo Sie sich aktuell befinden (oder genauer: wo sich Ihr iPad befindet).

> **Ortungsgenauigkeit**
>
> Nur die iPad-Modelle mit Mobilfunk besitzen echte GPS-Funktionen und können zudem die Standortdaten der Funkmasten zur Ortung heranziehen (diese Kombination aus GPS und Mobilfunk hört übrigens auf den Namen *Assisted GPS*). Die reinen WLAN-iPads können sich bei der Ortung nur auf die Daten der verfügbaren WLAN-Knoten und Bluetooth stützen, was generell ein wenig ungenau ist. In der Stadt mit einer Vielzahl verfügbarer WLANs arbeitet ein WLAN-iPad noch recht genau, in der freien Natur, fernab aller WLAN-Verbindungen, muss es zwangsläufig passen, während via GPS und Mobilfunk noch immer eine Ortung möglich ist.

Diese Information behält das iPad nicht für sich, sondern stellt sie allen installierten Programmen zur Verfügung. Das ist einerseits eine sehr praktische Sache, denn so kann z. B. die Karten-App Ihnen auf Fingertipp Ihre aktuelle Position auf einer Landkarte beziehungsweise im Stadtplan zeigen oder die Wettervorhersage bei den Widgets Ihnen das Wetter für Ihren aktuellen Aufenthaltsort anzeigen. Doch diese Funktion kann auch unerwünscht sein. So möchte man z. B. nicht unbedingt, dass die Kamera zu jedem Foto auch gleich die GPS-Daten der Position speichert, an der das Foto aufgenommen wurde.

Jede App, die auf die Ortungsdienste zugreifen möchte, zeigt Ihnen diesen Wunsch beim Start in einem Hinweisdialog an. Hier können Sie den Zugriff gestatten oder verweigern.

In den **Einstellungen** können Sie unter **Datenschutz ▶ Ortungsdienste** nachträglich einer App das Zugriffsrecht entziehen oder auch erteilen ❶. Wenn Sie auf die Ortungsdienste vollständig verzichten möchten, deaktivieren Sie hier den gleichnamigen Schalter ❷ (auf Seite 80).

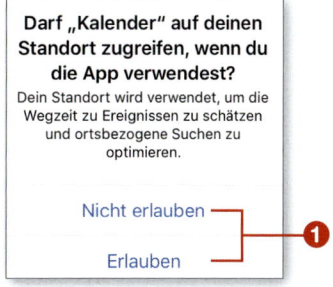

Kapitel 4: Systemweite Funktionen des iPads

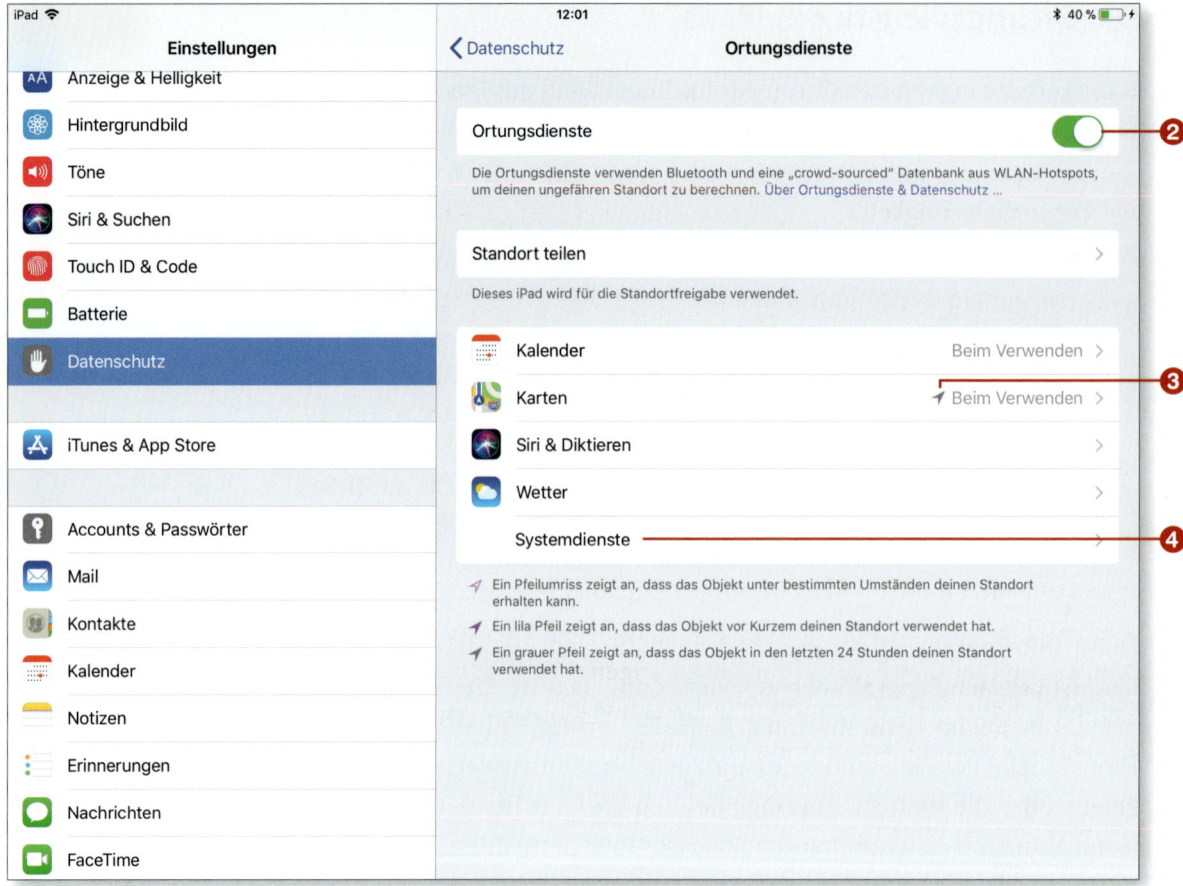

Sobald eine App Ihre aktuellen Ortsdaten benutzt, wird oben rechts in der Statusleiste eine kleine Kompassnadel eingeblendet. Dieses Zeichen finden Sie auch in den Einstellungen der Ortungsdienste wieder. Hier markiert es die Apps oder Systemdienste, die in den letzten 24 Stunden auf die Ortsdaten des iPads zugegriffen haben ❸ (in diesem Beispiel also die Karten-App).

Neben den Apps auf Ihrem iPad nutzen auch einige Systemfunktionen die Ortungsdienste, etwa um die Zeitzone oder die Position der Funktürme zu bestimmen, aber auch, um standortabhängige Anzeigen in anzeigenfinanzierten Apps einzublenden. Auch deren Zugriff können Sie gezielt ein- oder ausschalten. Tippen Sie dazu auf **Systemdienste** ❹.

Sprachsteuerung mit Siri

Wer die TV-Serie »Star Trek« kennt, der weiß, wie man dort mit Computern umgeht: Man redet mit ihnen, gibt ihnen Kommandos in natürlicher Sprache und erhält gesprochene Antworten. Das ist Science-Fiction, keine Frage. Doch mit *Siri* wird diese Zukunftsvision für das iPad ein wenig Realität.

Apple preist Siri als »intelligenten Assistenten« an, mit dem es sich ganz normal unterhalten lässt, um bestimmte Aktionen auszulösen: Ob SMS oder Telefon, Notiz oder Wetter, Aktienkurs oder Termine – all das können Sie dank Siri in einem kleinen Gespräch erledigen oder abfragen.

Allerdings: Siri versteht viel, aber nicht alles. Falls Sie Siri nicht schon bei der Einrichtung des iPads aktiviert haben, können Sie dies jederzeit in **Einstellungen ▸ Siri & Suchen** nachholen. Tippen Sie dort auf den Schalter **Für Siri Home-Taste drücken** ❶ (auf Seite 82), um die Funktion an- oder auszuschalten.

> **＋ Hey Siri!**
>
> Sie können Siri auch dann etwas fragen, wenn Sie Ihr iPad gar nicht in der Hand, sondern etwa im Standby-Betrieb in Rufnähe liegen haben. Dazu aktivieren Sie in den Einstellungen den Schalter **Auf „Hey Siri" achten** ❷ (auf Seite 82). In Zukunft müssen Sie nur »Hey Siri« sagen, und Siri meldet sich. Damit damit kein Schabernack getrieben werden kann, müssen Sie zur Einrichtung Siri ein paarmal »Hey Siri« vorsprechen, sodass das System Ihre Stimme erkennt und nur noch auf Sie reagiert (soweit zumindest die Theorie – in der Praxis funktioniert das mal mehr, mal weniger gut). »Hey Siri« wird automatisch aktiviert, wenn Sie Siri während der Inbetriebnahme des iPads einrichten.

Nach der Aktivierung steht Siri jederzeit nach einem etwas längeren Druck auf die Home-Taste zur Verfügung. Siri meldet sich mit einem Signalton und einem bunten Muster am unteren Bildschirmrand, das auf die Umgebungsgeräusche – also Ihre Anweisungen – reagiert.

Kapitel 4: Systemweite Funktionen des iPads

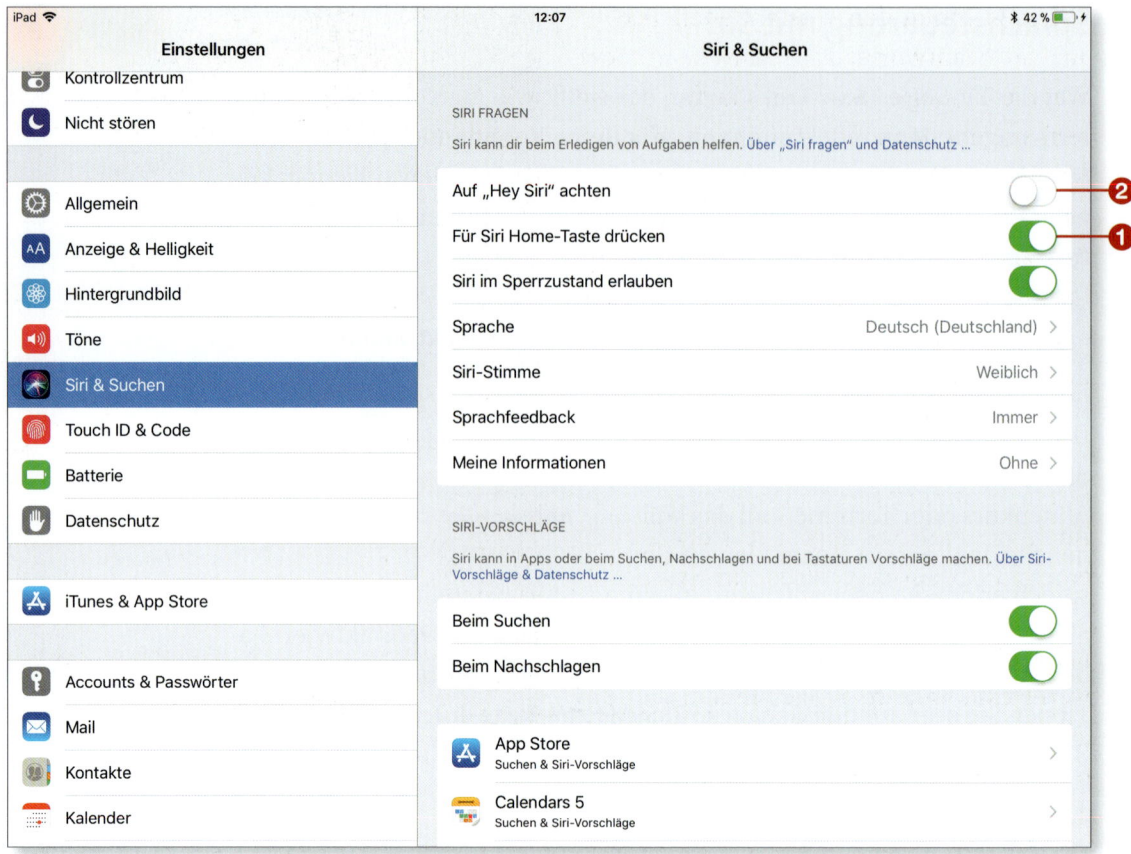

∧ Die Spracherkennung Siri beantwortet Fragen, sucht für Sie im Internet, kann Ihre Termine und E-Mails verwalten und noch manches mehr – probieren Sie's einfach mal aus. Wenn Sie damit nichts anfangen können (oder es Ihnen etwas unheimlich ist), dann schalten Sie es einfach wieder aus.

Um ein Gefühl dafür zu bekommen, was Siri alles kann, sagen Sie einfach »Hilfe«. Siri präsentiert nun eine (sehr) umfangreiche Beispielliste. Die eigentliche Analyse Ihrer gesprochenen Anweisungen erfolgt nicht auf dem iPad, sondern auf den Servern von Apple. Daher muss das iPad zwingend online sein, wenn Sie mit Siri arbeiten möchten. Fragen Sie Siri doch einfach mal nach der Uhrzeit (»Wie spät ist es?«) oder nach dem Wetter. Dabei müssen Sie sich übrigens nicht auf simple Fragen wie »Wie wird morgen das Wetter?« beschränken, sondern können auch Formulierungen wie »Brauche ich morgen einen Regenschirm?« benutzen. Siri kann auch Wissensfragen beantworten und Sportergebnisse nachschlagen.

Siri zeigt Ihnen den verstandenen Text ❸ an und beantwortet Ihre Anweisung oder Frage mit einem Text, der standardmäßig auch gesprochen wird. Mitunter (wie in diesem Beispiel) werden auch Grafiken oder Tabellen eingeblendet. Wenn Siri Sie falsch verstanden hat, tippen Sie auf **Zum Bearbeiten tippen** ❹, um die Frage oder Anweisung über die Tastatur einzugeben (ich hatte Siri übrigens nicht gefragt: »Wie hatte FC Bayern …«, sondern: »Wie hat der FC Bayern …«, aber kleine Missverständnisse werfen Siri nicht aus der Bahn). Dadurch lernt Siri Ihre Aussprache besser zu verstehen. Nach einem Tipp auf das bunte Siri-Symbol ❺ am unteren Bildschirmrand können Sie Siri die nächste Anweisung geben beziehungsweise eine weitere Frage stellen. Um Siri zu verlassen, drücken Sie die Home-Taste – oder Sie verabschieden sich mit »Tschüss« oder einer ähnlichen Formulierung.

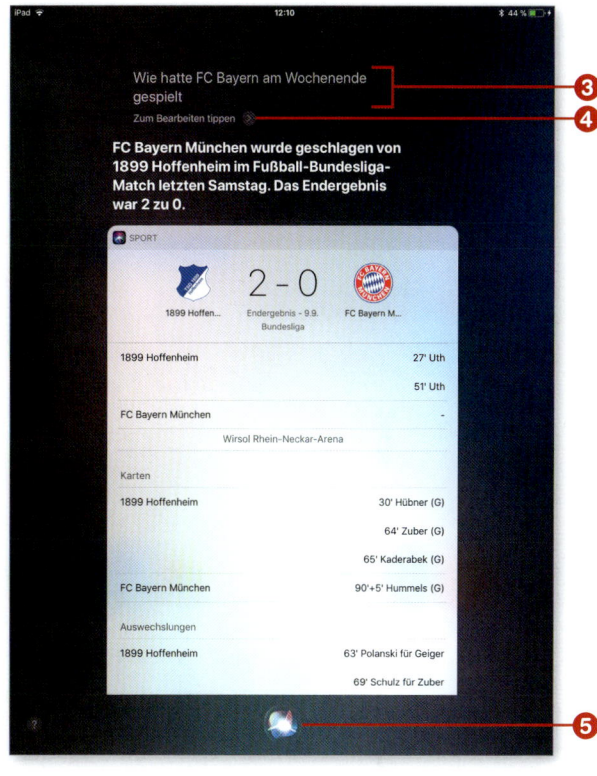

Siri lernt – und vergisst

Siri ist lernfähig und erkennt im Laufe der Zeit Ihre Stimme immer besser. Spielen mehrere Personen an Ihrem iPad mit Siri herum, verschlechtert sich allerdings die Qualität. In diesem Fall sollten Sie Siri aus- und wieder einschalten. Damit wird allerdings Ihr Stimmenprofil gelöscht, und die Lernphase beginnt von vorn.

Suchen und Nachschlagen

Das iPad ist mit einer globalen Suchfunktion ausgestattet, die es Ihnen ermöglicht, gezielt nach Informationen, Daten und Programmen auf Ihrem iPad, aber auch nach Informationen im Internet zu suchen. Es gibt zwei Möglichkeiten, auf die Suche zuzugreifen:

- *Home-Bildschirm*: Wischen Sie von der Mitte des Home-Bildschirms nach unten. Am oberen Rand erscheint ein Eingabefeld, und die Bildschirmtastatur wird eingeblendet.

- *Widget-Bildschirm*: Möchten Sie aus einer App heraus die Suche nutzen, wechseln Sie zur Mitteilungszentrale und anschließend zum Widget-Bildschirm. Hier sehen Sie am oberen Rand ein Eingabefeld für Ihre Suche.

Wie gewohnt werden Ihnen schon bei der Eingabe des Suchbegriffs mögliche Treffer gezeigt, sodass Sie nur selten den kompletten Begriff eintippen müssen.

Um einen gefundenen Eintrag zu öffnen, tippen Sie ihn in der Liste an. Die Trefferliste ist je nach Suchbegriff mehr oder weniger lang, wird aber nur selten auf eine Bildschirmseite passen. Wischen Sie also nach oben, um die komplette Liste zu sehen.

Welche Apps auf dem iPad bei der Suche berücksichtigt werden sollen, legen Sie unter **Einstellungen ▸ Siri & Suche** fest.

Zudem bietet die Suche Ihnen die Funktion *Nachschlagen*, mit der im internen Lexikon des iPads nach bestimmten Begriffen gesucht wird.

Stoßen Sie etwa auf einer englischsprachigen Webseite auf einen Begriff, den Sie gern übersetzt hätten, berühren und halten Sie ihn und wählen im Kontextmenü den Eintrag **Nachschlagen** ❶. Das iPad durchstöbert daraufhin die installierten Lexika und zeigt Ihnen die Treffer an, darunter auch eine Übersetzung ❷.

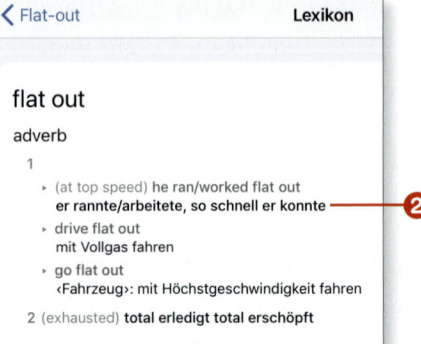

Lexika installieren und löschen

Standardmäßig sind drei Lexika auf dem iPad installiert: eine Version des *Dudens*, das *Oxford German Dictionary* für Übersetzungen aus dem Englischen und das *Apple-Lexikon* (das Begriffe rund um Apple und seine Produkte erläutert). Unter **Einstellungen** ▸ **Allgemein** ▸ **Lexikon** lassen sich weitere Lexika per Fingertipp installieren. Um ein Lexikon zu löschen, tippen Sie es erneut an.

Dateiverwaltung auf dem iPad

Die App **Dateien** entspricht ungefähr dem, was unter Windows der Explorer und unter macOS der Finder leistet. Die App bietet die Möglichkeit, auf alle auf dem iPad von verschiedenen Apps gespeicherten Dateien zuzugreifen. Im Vergleich zu den Dateimanagern von Windows und macOS sind die Fähigkeiten zwar eingeschränkt, aber im alltäglichen Einsatz des iPads macht sich das nur in Sonderfällen wirklich störend bemerkbar.

∧ *Die neue Dateiverwaltung für Ihr iPad*

Die App bietet Ihnen auch Zugriff auf die Dateien, die Sie bei Onlinediensten wie iCloud, Dropbox oder OneDrive gespeichert haben. Damit eine App die Möglichkeiten der Dateien-App nutzen kann, muss die App allerdings für iOS 11 aktualisiert worden sein und die Dateien-App unterstützen.

Die Dateien-App bietet in der Seitenleiste Zugriff auf die verschiedenen Speicherorte ❶ (auf Seite 86). Tippen Sie hier einen Ort an, um die dort gespeicherten Dateien ❷ angezeigt zu bekommen, die sich nach verschiedenen Kriterien ❸ sortieren lassen. Mit einem Tipp auf das Listensymbol ❹ wechseln Sie zur vom Computer her vertrauten Listenansicht, über die Suche ❺ können Sie gezielt nach Dateien und Ordnern suchen.

Unter **Favoriten** ❻ können Sie besonders oft benutzte Ordner eintragen. Dazu berühren und halten Sie den entsprechenden Ordner und wählen im Kontextmenü **Favorit**. Ein Etikett (*Tag*) vergeben Sie ebenfalls über das Kontextmenü. Alternativ dazu lassen sich Dateien und Ordner auch einfach mit Drag & Drop auf das gewünschte Etikett ❼ ziehen.

Kapitel 4: Systemweite Funktionen des iPads

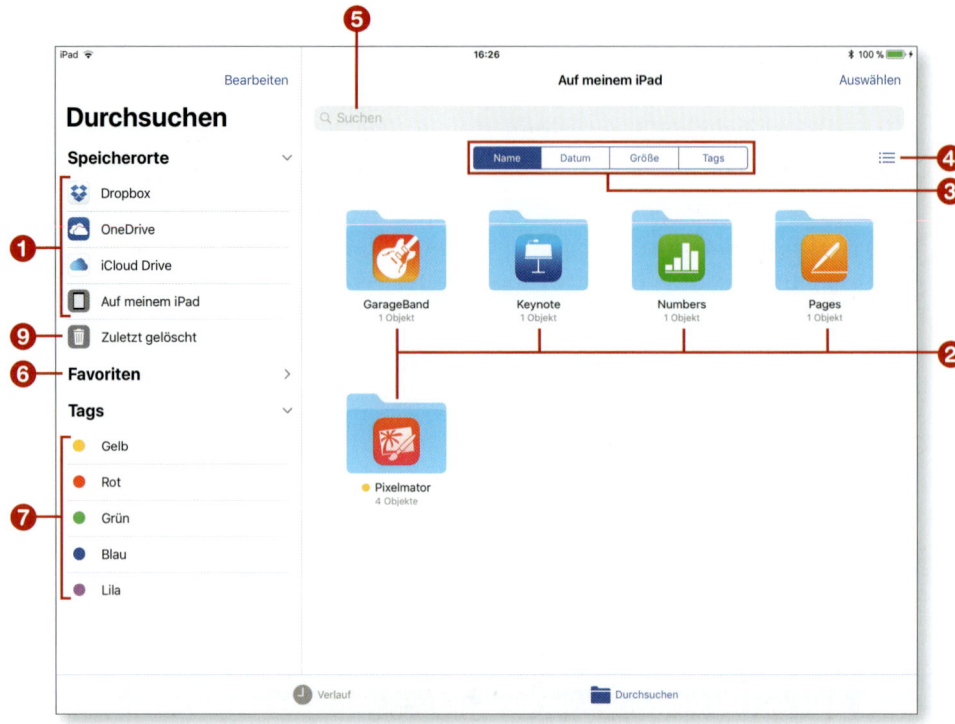

▲ *Die Dateien-App ist der Dateimanager auf dem iPad.*

Dateien lassen sich umbenennen, kopieren, duplizieren, löschen und an einen anderen Speicherort verschieben. Dazu berühren und halten Sie die Datei und wählen im Kontextmenü ❽ den gewünschten Befehl.

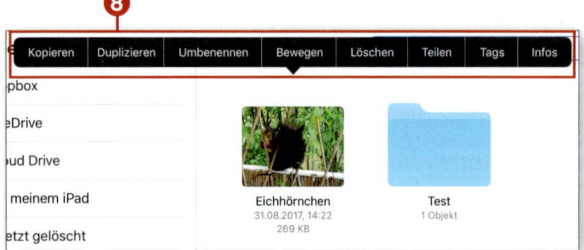

Alle gelöschten Dateien stehen unter **Zuletzt gelöscht** ❾ zur Verfügung und können von dort wiederhergestellt oder endgültig gelöscht werden.

> ➕ **Aktuelle Dateien**
>
> Berühren und halten Sie das Icon der Dateien-App auf dem Home-Bildschirm, werden Ihnen die zuletzt benutzten Dateien gezeigt. Mit einem Tipp darauf wird die Datei in der jeweiligen App geöffnet.

Die Markierungen

Mit den Markierungen bietet Apple gewissermaßen eine App, die Sie nur indirekt aufrufen können. Sie steht Ihnen immer dann zur Verfügung, wenn Sie sich ein Bild oder eine PDF-Datei anzeigen lassen – etwa in der Dateien-App, in Fotos oder iBooks –, und erlaubt Ihnen die Bearbeitung der Datei.

Die Markierungen rufen Sie mit einem Tipp auf das Stiftsymbol ❶ auf (in der Fotos-App stehen die Markierungen im **Bearbeiten**-Modus zur Verfügung). In der unteren Zeile sehen Sie die verschiedenen Stifte ❷ für Freihandzeichnungen, ein Lasso ❸ (damit lassen sich Teile der angebrachten Markierung einfangen und anschließend etwa duplizieren, verschieben oder löschen) und die Farbwahl ❹.

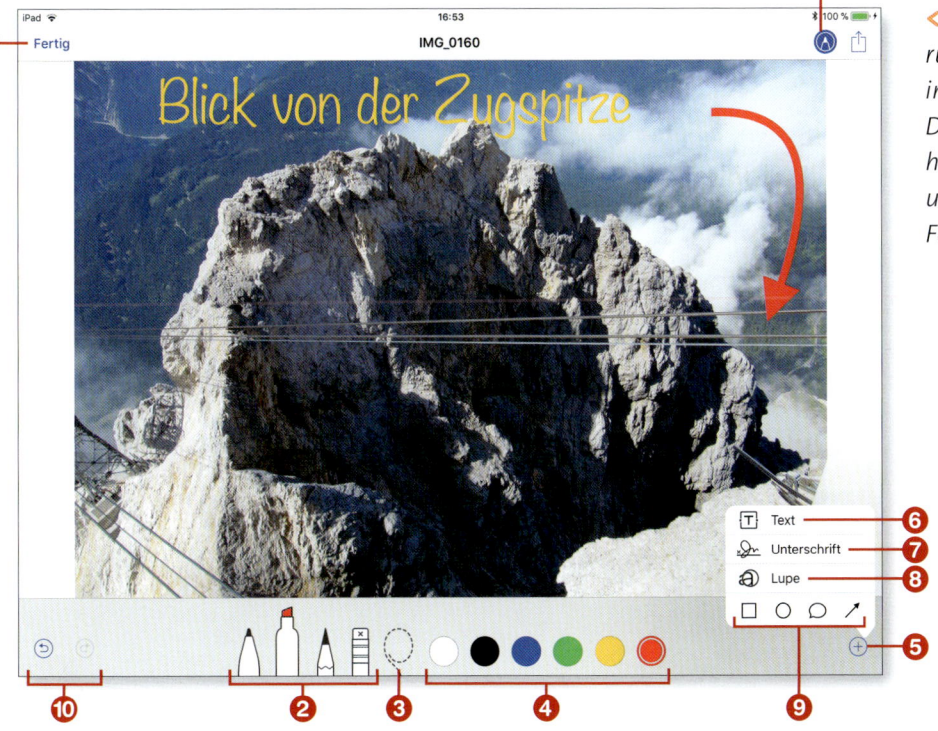

◁ *Mit den Markierungen lassen sich in Bildern und PDF-Dateien Texte, Freihandzeichnungen und verschiedene Formen anbringen.*

Tippen Sie auf das Pluszeichen rechts ❺, können Sie **Text** ❻ einsetzen, Ihre **Unterschrift** ❼ einfügen (etwa um ein PDF-Dokument zu unterschreiben), mit der **Lupe** ❽ bestimmte Bereiche vergrößert darstellen oder verschiedene Formen ❾ (auf Seite 87) einsetzen. Über die Pfeiltasten ❿ lassen sich die Bearbeitungen schrittweise zurücknehmen oder wiederherstellen. Berühren und halten Sie dieses Symbol, können Sie auch zum Original zurück ⓬. Mit einem Tipp auf **Fertig** ⓫ speichern Sie Ihre Markierungen.

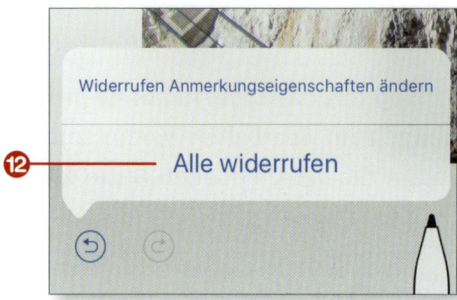

Je nach gewählter Markierung erscheint in der Fußzeile ein weiteres Symbol ⓭, um die angebrachte Markierung zu justieren. Bei Text können Sie z. B. Schrift, Schriftgröße und Ausrichtung festlegen, bei den verschiedenen Formen die Strichdicke und ob etwa ein Rechteck mit einer Farbe oder transparent ausgefüllt werden soll.

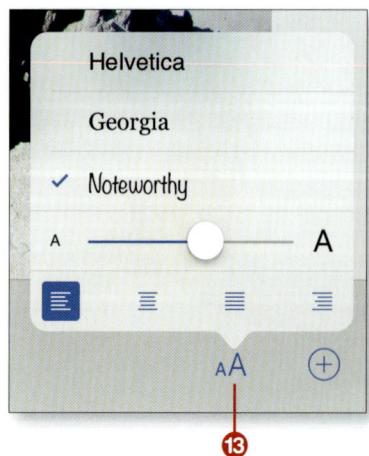

Kapitel 5
Schreiben und Zeichnen

Flexible Software ersetzt bei Ihrem iPad sture Hardware, wie Sie sie etwa von Ihrem Computer kennen: Denn an die Stelle einer fest verdrahteten Tastatur tritt beim iPad eine erstaunlich wandlungsfähige Bildschirmtastatur, die immer dann automatisch eingeblendet wird, wenn Sie irgendwo Text eingeben möchten. Beim iPad Pro bietet Apple zum Schreiben und Zeichnen als Zubehör das Smart Keyboard und den Apple Pencil an. Mit dem Smart Keyboard können Sie auch lange Texte problemlos am iPad schreiben, mit dem Pencil handschriftliche Notizen anlegen, Dokumente unterschreiben oder bequem Zeichnungen und Anmerkungen in Dokumenten einfügen.

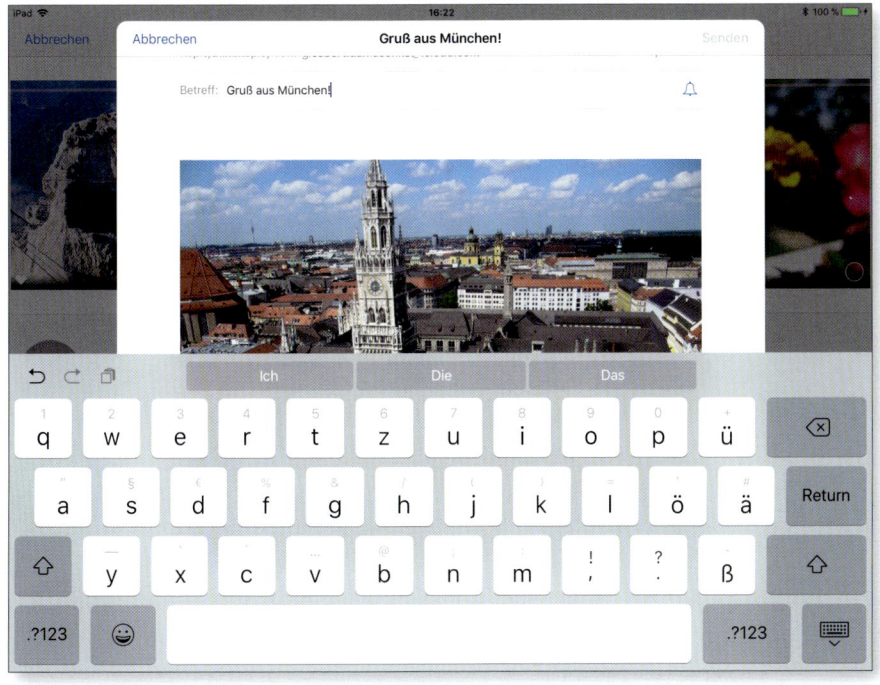

◂ *Die Tastatur steht immer dann zur Verfügung, wenn sie benötigt wird.*

Die Tastatur aufrufen

Statt einer physischen Tastatur mit fest montierten und fest belegten Tasten bietet das iPad eine äußerst anpassungsfähige Bildschirmtastatur, die immer dann erscheint, wenn sie benötigt wird, Sie also an irgendeiner Stelle Text eingeben möchten.

Auf der Bildschirmtastatur können Sie so tippen, wie Sie es von einer normalen Tastatur gewohnt sind. Na ja, fast. Ein wenig umgewöhnen müssen Sie sich da schon, und anfangs kann das Tippen auf dem Display für Irritationen sorgen. Vor allem deshalb, weil hier die von einer physischen Tastatur gewohnte fühlbare Rückmeldung fehlt. Standardmäßig sorgt aber ein Ton beim Tippen für Orientierung.

> **Und es hat »Klick!« gemacht ...**
>
> Wenn Sie das Klickgeräusch beim Tippen auf Dauer stört, können Sie es unter **Einstellungen** ▸ **Töne** ▸ **Tastaturanschläge** ausschalten. Tippen Sie erneut auf den Schalter, wird der Ton wieder aktiviert.

Doch von dieser anfänglichen Irritation sollten Sie sich nicht ins Bockshorn jagen lassen. Nach meiner Erfahrung gewöhnt man sich schon nach wenigen Tippversuchen an diese neue Art der Texteingabe.

Um die folgenden Erläuterungen nachvollziehen zu können, rufen Sie die App Notizen mit einem Tipp auf das entsprechende Symbol auf dem Home-Bildschirm auf (die App stelle ich Ihnen in Kapitel 10, »Notizen und Erinnerungen«, ausführlicher vor). Beim ersten Start sehen Sie einen fast leeren Bildschirm. Tippen Sie in den leeren Bereich rechts ❶ oder auf **Neue Notiz** ❷ (das Symbol mit dem stilisierten Blatt und Stift). Die Tastatur ❸ wird eingeblendet, die Schreibmarke ❹ – der Cursor – blinkt, und Sie können lostippen (der Cursor markiert die Position, an der das nächste getippte Zeichen erscheint).

Die Tastatur

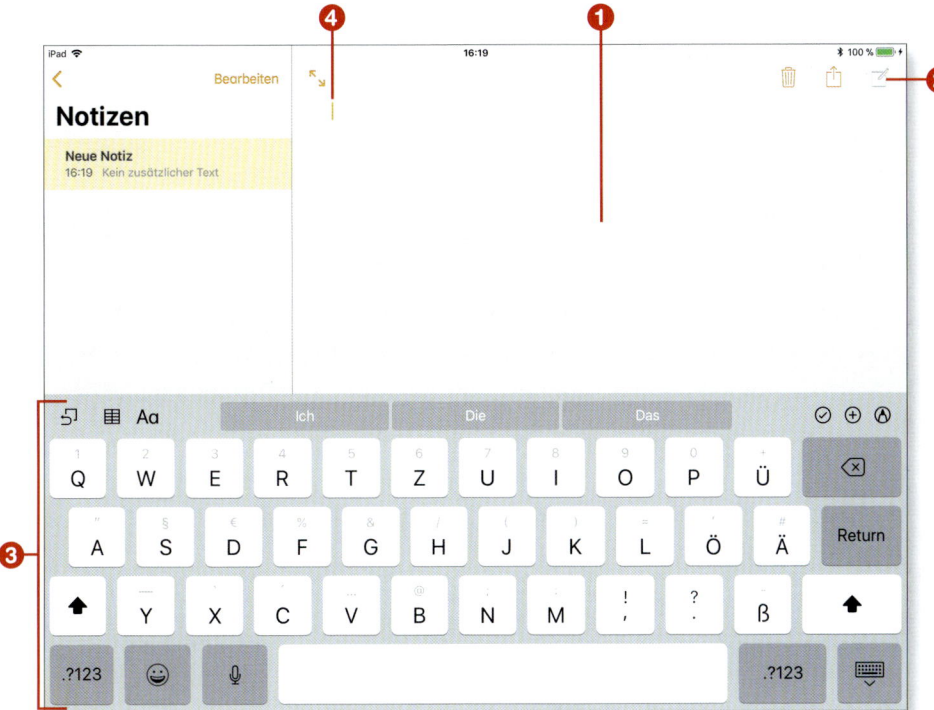

◂ Um die Tastatur kennenzulernen, rufen Sie die Notizen-App auf und legen eine neue leere Notiz an.

Die Tastatur

Die Tastenanordnung und -belegung auf dem iPad unterscheidet sich kaum von einer Computertastatur:

❶ Über die ⇧-Taste (siehe Seite 92) wechseln Sie das Tastaturlayout zwischen Klein- und Großbuchstaben. Bei aktivierter Großschreibung wird diese Taste hervorgehoben. Mit einem Doppeltipp auf diese Taste aktivieren Sie die Großschreibung dauerhaft. Tippen Sie erneut darauf, um klein weiterzuschreiben.

❷ Mit der Taste ⌫ löschen Sie ein Zeichen links von der Schreibmarke. Berühren und halten Sie die Taste, wird das Löschtempo beschleunigt; erst löschen Sie einzelne Zeichen, danach ganze Wörter.

❸ Über die Taste .?123 wechseln Sie zur Tastenbelegung mit Satzzeichen und Ziffern (diese Taste werden Sie vermutlich selten benötigen – warum, das erfahren Sie gleich).

Kapitel 5: Schreiben und Zeichnen

▲ Die Tastatur des iPads ähnelt einer üblichen Tastatur, hat aber einige Besonderheiten.

❹ Tippen Sie auf die Taste mit dem lachenden Gesicht, fügen Sie kleine Grafiken, die sogenannten *Smileys*, *Emojis* oder *Emoticons*, in Ihren Text ein.

❺ Über das Mikrofonsymbol starten Sie die Diktierfunktion (dazu mehr im Abschnitt »Das iPad bittet zum Diktat« ab Seite 105).

❻ Mit Return fügen Sie einen Zeilenumbruch ein.

❼ Im oberen Bereich sehen Sie die Kurzbefehlleiste, über die Sie bestimmte Funktionen schnell aufrufen können, etwa zum Fetten von Text oder zum Widerrufen einer Eingabe. Außerdem finden Sie hier Wortvorschläge. Die Belegung dieser Leiste sieht in jeder App ein wenig anders aus.

❽ Ein Tipp auf das Tastatursymbol blendet die Tastatur wieder aus.

➕ Die Schreibmarke positionieren

Anders als beim Schreiben am Computer haben Sie beim iPad keine Maus, um die Schreibmarke exakt zu platzieren – und ein Fingertipp ist meist zu unpräzise. Doch es gibt einen einfachen Trick: Mit einer Zwei-Finger-Bewegung über die Tastatur können Sie die Schreibmarke exakt positionieren.

Ziffern, Satz- und Sonderzeichen

Die Standardtastatur des iPads besitzt insgesamt drei Tastenbelegungen, wobei zwei Belegungen immer direkt erreichbar sind.

1. Die Tasten sind doppelt beschriftet. Tippen Sie eine Taste an, wird der Buchstabe eingegeben, der groß in Schwarz abgebildet ist.

2. Ziehen Sie eine Taste nach unten, wird das zweite, graue Zeichen vollständig gezeigt. Lassen Sie die Taste nun los, tippen Sie dieses zweite Zeichen. Um etwa »#42« einzutippen, ziehen Sie also das [Ä], das [R] und [W] nach unten.

3. Tippen Sie auf [.?123], wechseln Sie zur zweiten Belegung. Hier finden Sie nun die Ziffern und Sonderzeichen, die in der ersten Belegung grau dargestellt wurden. Hier sehen Sie als zusätzliche Belegung Zeichen wie [|], [\] oder [¥].

4. Mit einem Tipp auf [ABC] wechseln Sie zurück zur Buchstabentastatur, mit [#+=] gelangen Sie zur dritten Belegung, die Sie aber nur in seltenen Fällen benötigen, da Sie alle hier verfügbaren Zeichen auch über die zweite Belegung eingeben können.

Umlaute, Akzente und weitere Sonderzeichen

Standardmäßig zeigt die deutsche Tastaturbelegung des iPads Tasten für [Ä], [Ö], [Ü] und [ß] an. Was Sie allerdings vergeblich suchen werden, sind Akzente, Tilden und ähnliche Sonderzeichen (also etwa á, ô, é oder ñ). Doch keine Sorge, natürlich können Sie diese Zeichen eingeben, denn viele Tasten sind mehrfach belegt.

Um einen Akzent auf dem iPad per Bildschirmtastatur einzugeben, berühren und halten Sie den zugrunde liegenden Buchstaben, für ein ó also beispielsweise die Taste [O].

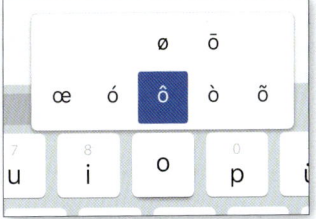

Es erscheint ein Auswahlmenü mit den möglichen Varianten des Buchstabens, also ø, ô, ó und weitere Varianten. Ziehen Sie Ihren Finger auf das gewünschte Zeichen, und lassen Sie nun die Taste los. Der Buchstabe wird daraufhin in Ihren Text eingefügt.

Entsprechend finden Sie ein ç unter [C], ein á unter [A], ein é unter [E] und so weiter.

In Zukunft haben Sie also keine Probleme mehr mit Namen und Wörtern wie François, Smørrebrød oder Olé!

Auch bei der zweiten Tastenbelegung erreichen Sie über einige Tasten verschiedene Sonderzeichen. Möchten Sie etwa die »französischen Anführungszeichen« » und « benutzen, berühren und halten Sie die Taste [„].

> **Zusätzliche Tastaturen**
>
> Das iPad bietet rund 60 verschiedene Tastaturen, damit Sie auch Texte auf Chinesisch, Russisch oder Arabisch eingeben können. Um diese Tastaturen hinzuzufügen, wählen Sie **Einstellungen** ▸ **Allgemein** ▸ **Tastatur** ▸ **Tastaturen** ▸ **Tastatur hinzufügen**. Hier können Sie nun die gewünschte Tastatur auswählen. Sobald Sie eine zusätzliche Tastatur hinzugefügt haben, wird aus dem Smiley auf der Tastatur eine Weltkugel. Berühren und halten Sie diese Taste, um zwischen den verschiedenen Tastaturen zu wechseln.

Die Vorschläge und Schreibhilfen

Um Ihnen die Texterfassung mit der Tastatur zu erleichtern, bietet das iPad einige Funktionen und Einstellungen, die Sie bei Ihren Schreibarbeiten unterstützen sollen.

Bei jeder Texteingabe versucht das iPad zu erraten, was Sie schreiben möchten, und macht Ihnen mehr oder weniger sinnvolle Vorschläge ❶. Tippen Sie einen Vorschlag an, um ihn zu übernehmen. Möchten Sie Ihre Schreibweise allerdings unkorrigiert beibehalten, geht das natürlich auch ❷.

Die Vorschläge und Schreibhilfen

Mitunter wird das aktuelle Wort markiert ❸ und der mittlere Vorschlag hervorgehoben ❹. Wenn Sie nun das Wort nicht weitertippen, sondern einfach die Leertaste drücken, wird der markierte Vorschlag automatisch eingefügt.

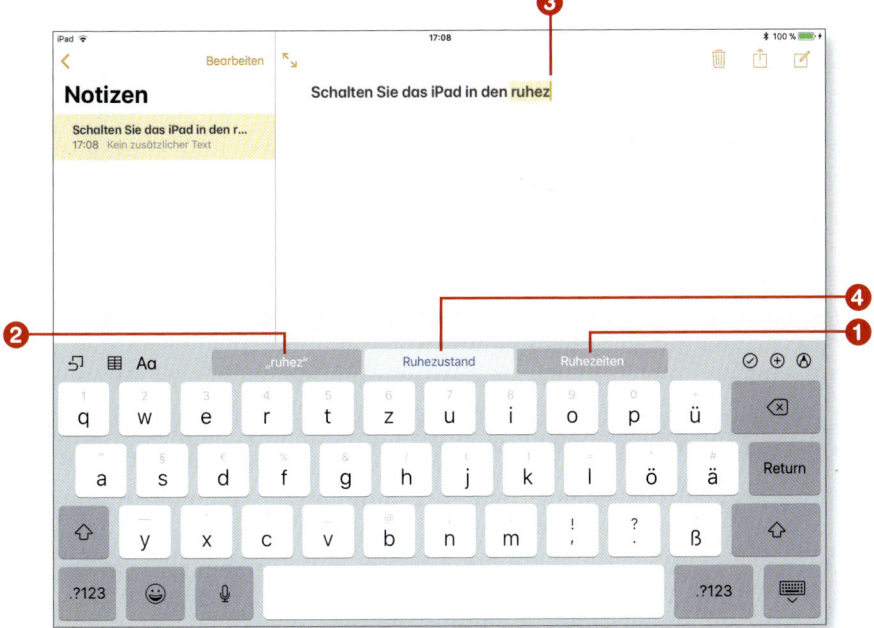

◂ *Die automatischen Wortvorschläge und Korrekturen sind anfangs etwas verwirrend, erweisen sich in der Praxis aber als ausgesprochen hilfreich.*

Das ist anfangs etwas verwirrend, aber mit etwas Übung kann dieses Verhalten der Tastatur eine große Hilfe sein. Zumal das iPad lernfähig ist und sich etwa Eigennamen und spezielle Bezeichnungen merkt, um sie Ihnen beim nächsten Mal als Korrektur oder Ergänzung vorzuschlagen.

Falls Sie die Vorschläge aber eher irritieren, blenden Sie sie einfach aus, wie das geht, erfahren Sie gleich.

Das iPad verfügt zusätzlich über eine Reihe von Schreibhilfen und Korrekturfunktionen, die Sie in den Einstellungen gezielt ein- und ausschalten können. Rufen Sie dazu **Einstellungen ▸ Allgemein ▸ Tastatur** auf.

 Schnell zu den Einstellungen

Wenn die Tastatur eingeblendet ist, gibt es eine Abkürzung zu den Einstellungen der Tastatur. Berühren und halten Sie das Smiley, und wählen Sie **Tastatureinstellungen**.

95

❶ Der Beginn eines Satzes verlangt üblicherweise nach einem großen Buchstaben. Daher ist die Feststelltaste bei einer neuen Notiz oder nach einem Punkt, dem ein Leerzeichen folgt, automatisch aktiviert. Möchten Sie das nicht, schalten Sie diesen Automatismus aus, indem Sie auf **Auto-Großschreibung** tippen.

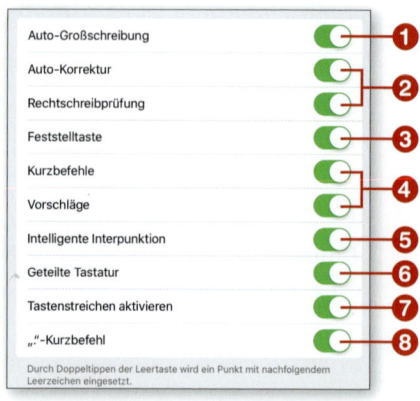

❷ Über **Auto-Korrektur** und **Rechtschreibprüfung** schalten Sie die Rechtschreibkorrektur ein oder aus (zur Korrekturfunktion gleich mehr).

❸ Ist die Funktion **Feststelltaste** aktiviert, stellen Sie mit einem Doppeltipp auf die ⇧-Taste auf Großbuchstaben um, ein weiterer Tipp oder ein Wechsel der Tastenbelegung führt zur normalen Belegung zurück. So lassen sich Abkürzungen wie WLAN oder IMAP schneller eintippen.

❹ **Kurzbefehle** und **Vorschläge** legen fest, ob die Kurzbefehlleiste samt Vorschlägen standardmäßig ein- oder ausgeblendet werden soll.

❺ Ist die **Intelligente Interpunktion** aktiviert, werden aus „geraden" Anführungszeichen „typografische" Anführungszeichen.

❻ Mit **Geteilte Tastatur** schalten Sie die Möglichkeit, die Tastatur zu teilen und abzudocken, aus beziehungsweise wieder ein.

> ➕ **Geteilte Tastatur**
>
> Berühren und halten Sie die Taste zum Ausblenden der Tastatur ❾, können Sie die Tastatur teilen und in der Mitte des Bildschirms platzieren. Das kann besonders im Hochformat das Tippen erleichtern. Um die Teilung aufzuheben, berühren und halten Sie die Taste erneut und wählen **Zusammenführen** beziehungsweise **Andocken**.
>
>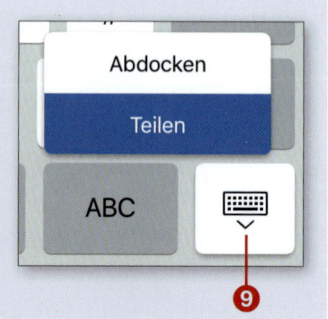

❼ Wenn Ihnen die doppelte Belegung der Tasten nicht gefällt, können Sie sie über **Tastenstreichen aktivieren** auch ausschalten. In diesem Fall müssen Sie aber für die Eingabe von Ziffern, Satz- und Sonderzeichen zur zweiten oder dritten Tastaturbelegung wechseln.

❽ „.‟-Kurzbefehl: Eine typische Zeichenkombination bei der Texteingabe ist ein Punkt, gefolgt von einem Leerzeichen. Denn damit werden das Ende eines Satzes und der Anfang des nächsten Satzes markiert. Da diese Kombination oft benötigt wird, hat Apple dem iPad das Tastenkürzel *Doppeltipp auf die Leertaste* spendiert, mit dem sich „. " schnell eintippen lässt. Haben Sie außerdem die **Auto-Großschreibung** aktiviert, können Sie am Satzende mit einem Doppeltipp auf die Leertaste sofort weiterschreiben und müssen sich nicht um Punkt, Leerzeichen und Großschreibung kümmern.

Eingaben korrigieren

Wenn Sie sich an Ihrem Computer einmal vertippt oder versehentlich etwas gelöscht haben, was Sie doch lieber hätten stehen lassen sollen, drücken Sie in der Regel einfach [Strg] + [Z] (Windows) beziehungsweise [cmd] + [Z] (macOS). Auf dem iPad gibt es dafür eigene Tasten: die beiden Pfeiltasten links außen in der Kurzbefehlleiste. Mit dem geschwungenen Pfeil nach links widerrufen Sie die letzte Eingabe, mit dem Pfeil nach rechts stellen Sie die widerrufene Eingabe wieder her. Das funktioniert natürlich nur, wenn Sie die Kurzbefehle eingeblendet haben. Alternativ dazu können Sie mit einem Tipp auf [123] auf die zweite Tastenbelegung umschalten und dort auf **Widerrufen** tippen.

Das iPad besitzt zudem eine automatische standardmäßig aktivierte Rechtschreibkorrektur, die die Vorschläge steuert. Haben Sie die Vorschläge ausgeschaltet, steht Ihnen die Korrekturfunktion dennoch zur Verfügung. In diesem Fall werden Sie beim Tippen feststellen, dass immer wieder Korrektur- oder Ergänzungsvorschläge an der Cursorposition eingeblendet werden.

Kapitel 5: Schreiben und Zeichnen

 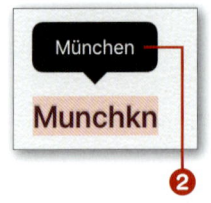

▲ *Die Rechtschreibkorrektur und Auto-Vervollständigung in Aktion*

1. Tippen Sie ein Leer- oder ein Satzzeichen an, wird die Korrektur beziehungsweise die Ergänzung übernommen.

2. Falls Sie die Eingabe noch nicht abgeschlossen haben, tippen Sie einfach weiter und ignorieren die eingeblendete Korrektur. Sie wird daraufhin ausgeblendet beziehungsweise der neuen Eingabe angepasst.

3. Falls das Wort allerdings abgeschlossen ist, Sie die Korrektur aber nicht übernehmen möchten, müssen Sie sie ausdrücklich verneinen. Dafür tippen Sie auf den eingeblendeten Wortvorschlag.

Die Korrekturfunktion ist nicht nur unmittelbar bei der Eingabe, sondern auch später noch aktiv. Erkennt sie ein Wort nicht, wird es, wie Sie es vielleicht vom Computer gewohnt sind, rot unterpunktet ❶. Tippen Sie auf ein so markiertes Wort, blendet das iPad Korrekturvorschläge ❷ ein, die Sie mit einem Tipp in Ihren Text übernehmen können.

Schneller schreiben mit der Textersetzung

In vielen Texten tauchen die immer gleichen Floskeln und Formulierungen auf, bei denen einem schnell die Lust vergeht, sie immer und immer wieder zu tippen. Das Paradebeispiel ist hier die Grußformel »Mit freundlichen Grüßen«, die daher gern als »mfg« abgekürzt wird. Das ist zwar üblich, aber doch etwas unschön.

Schön ist es dagegen, dass das iPad Ihnen die Tipparbeit abnehmen und ein »mfg« automatisch zu »Mit freundlichen Grüßen« erweitern kann.

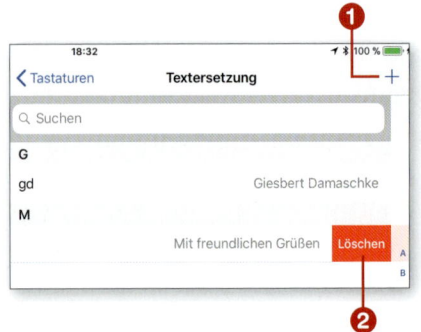

Die entsprechenden Einstellungen nehmen Sie unter **Einstellungen ▸ Allgemein ▸ Tastatur ▸ Textersetzung** vor. Hier definieren Sie das Kürzel – also etwa »mfg« – und die vollständige Formulierung, zu der es erweitert werden soll (in unserem Beispiel also zu »Mit freundlichen Grüßen«). Um einen Kurzbefehl zu definieren, tippen Sie auf das Pluszeichen ❶. Geben Sie zuerst den gewünschten Text (»Mit freundlichen Grüßen«) und anschließend den dazugehörenden Kurzbefehl (»mfg«) ein. Um einen Kurzbefehl zu entfernen, streichen Sie ihn von rechts nach links durch und tippen anschließend auf **Löschen** ❷.

Tippen Sie nun das definierte Kürzel, wird Ihnen im Text die vollständige Formulierung als Ergänzung oder Korrektur angeboten, die automatisch übernommen wird, wenn Sie nach dem Kürzel ein Leer- oder ein Satzzeichen eingeben.

Text kopieren, ausschneiden und einfügen

Häufig möchte man eine Textpassage aus einem Dokument kopieren, um sie in einem anderen Dokument (oder im gleichen Dokument an einer anderen Stelle) einzufügen. Dazu bietet das iPad eine *Copy & Paste*-Funktion, wie Sie sie vermutlich von Ihrem Computer kennen. Damit lassen sich beliebige Passagen markieren und in die Zwischenablage kopieren. Von dort aus können Sie sie dann an einer anderen Stelle im aktuellen Dokument oder in ein anderes Dokument, eine E-Mail oder eine Notiz einfügen.

1. Um einen Textbereich zu markieren, berühren und halten Sie die entsprechende Passage. Je nach App kann sich das Verhalten ein wenig unterscheiden, aber in der Regel wird zuerst eine Textlupe eingeblendet, um eine genaue Positionierung des Cursors zu ermöglichen.

2. Lassen Sie den Bildschirm los, wird das aktuelle Wort markiert und mit je einem Griffpunkt ❶ am Anfang und am Ende versehen. Über diese beiden Griffpunkte können Sie die Markierung problemlos erweitern – ziehen Sie sie einfach an die gewünschte Position.

3. Gleichzeitig wird ein Kontextmenü mit verschiedenen Optionen eingeblendet ❷. Welche das sind, hängt von der jeweiligen App ab, üblicherweise finden Sie hier aber die Punkte **Kopieren**, **Nachschlagen** und **Teilen**. Mit **Kopieren** übernehmen Sie die markierte Passage in die Zwischenablage, mit **Nachschlagen** übergeben Sie

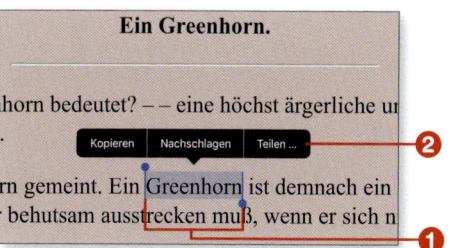

sie an das interne Wörterbuch von iOS (lesen Sie mehr dazu im Abschnitt »Suchen und Nachschlagen« auf Seite 83), und mit **Freigeben** können Sie die markierte Passage etwa bei Twitter publizieren oder an andere Apps auf dem iPad durchreichen.

Das gezeigte Verfahren funktioniert im Allgemeinen mit allen Dokumenten, die Sie sich anzeigen lassen, aber nicht bearbeiten. Sobald Sie ein Dokument bearbeiten – also die Tastatur eingeblendet ist –, bietet Ihnen die Kurzbefehlleiste einen bequemen Weg, um markierte Textpassagen zu kopieren, auszuschneiden und einzufügen.

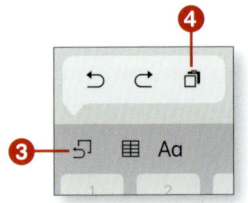

- *Einfügen*: Möchten Sie den Inhalt der Zwischenablage z. B. in eine Notiz einfügen, positionieren Sie die Schreibmarke an der gewünschten Stelle. Anschließend tippen Sie auf die Pfeiltaste ❸ links in der Kurzbefehlleiste und dann auf das Einfügen-Symbol ❹.

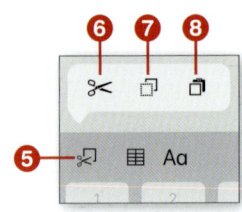

- *Kopieren/Ausschneiden/Überschreiben*: Um einen Text etwa aus einer Notiz zu kopieren oder auszuschneiden, markieren Sie die gewünschte Passage. Daraufhin wird das Pfeilsymbol zu einer Schere ❺. Tippen Sie darauf, können Sie die markierte Passage ausschneiden ❻, kopieren ❼ oder mit dem Inhalt der Zwischenablage überschreiben ❽.

Falls die Kurzbefehlleiste nicht angezeigt werden sollte, können Sie dennoch Textbereiche kopieren und ausschneiden. Dazu markieren Sie den gewünschten Bereich. Es wird nun ein Kontextmenü eingeblendet, dessen Inhalt je nach App ein wenig anders aussieht. In der Regel finden Sie hier aber die Menüpunkte **Ausschneiden**, **Kopieren** und **Einsetzen**.

Schreiben mit dem Smart Keyboard (nur iPad Pro)

Wenn Sie mit dem iPad viel und häufig schreiben, dann stößt die Softwaretastatur an ihre Grenzen, und es empfiehlt sich die Anschaffung einer externen Tastatur. Hier gibt es verschiedene Lösungen unterschiedlicher Hersteller für alle iPad-Modelle, speziell für das iPad Pro bietet Apple das *Smart Keyboard* an, das einige Besonderheiten zu bieten hat.

Schreiben mit dem Smart Keyboard (nur iPad Pro)

◂ *Das Smart Keyboard von Apple (Foto: © Apple.com)*

Das Smart Keyboard kombiniert eine Tastatur mit einer iPad-Pro-Schutzhülle. Es wird über den Smart Connector mit dem iPad Pro verbunden, wobei eine recht kräftige magnetische Verbindung für festen Halt sorgt. Die Tastatur muss nicht eigens aktiviert werden, sondern ist automatisch einsatzbereit, sobald das Smart Keyboard so gefaltet wird, dass die Tastatur vor dem Bildschirm liegt und die Kombination von iPad Pro und Smart Keyboard fast wie ein aufgeklapptes Notebook aussieht. Dabei rastet das Keyboard in einer Nut der Hülle ein. Sobald diese Verbindung gelöst wird, ist die Tastatur inaktiv und kann als Schutz über das Display des iPad Pro gelegt werden.

Wenn das Smart Keyboard angeschlossen ist, verschwindet die Softwaretastatur, und am unteren Rand des Bildschirms wird nur noch die Kurzbefehlleiste angezeigt, damit Sie weiterhin Zugriff auf die Wortvorschläge und Sonderfunktionen einer App haben.

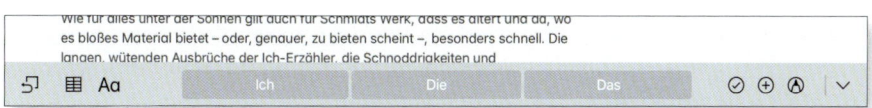

Die Belegung der Tastatur entspricht der eines Macintosh-Computers von Apple. Windows-Anwender werden vielleicht über einige ungewohnte Tasten stolpern, aber im Grunde ist die Umstellung ganz einfach. Als Faustregel können Sie sich merken, dass der [Strg]-Taste von

Kapitel 5: Schreiben und Zeichnen

Windows auf der Apple-Tastatur die [cmd]-Taste mit dem [⌘]-Symbol entspricht. Aus den von Windows her gewohnten Tastenkürzeln [Strg] + [C], [Strg] + [V] und [Strg] + [X] für Kopieren, Einfügen und Ausschneiden wird also [cmd] + [C], [cmd] + [V] und [cmd] + [X]. Entsprechend markieren Sie einen kompletten Text mit [cmd] + [A].

> **+ Emoticons eingeben**
>
> Wenn Sie bei angeschlossenem Smart Keyboard ein Emoticon eingeben möchten, tippen Sie auf der Tastatur auf die Weltkugel. Es wird nun das vertraute Emoticon-Menü eingeblendet. Tippen Sie hier auf das gewünschte Zeichen. Mit einem erneuten Tipp auf die Weltkugel wechseln Sie wieder zur normalen Tastatur.

Jede App hat ihre eigenen Tastenkürzel, um bestimmte Aktionen rasch über die Tastatur ausführen zu können. Dabei gibt es einige Kürzel, die praktisch immer funktionieren:

Tastenkürzel	Aktion
[cmd] + [H]	zurück zum Home-Bildschirm
[option] + [cmd] + [D]	das Dock ein- und ausblenden
[option] + [↹]	Aufruf des App-Umschalters, der so funktioniert, wie Sie es von Windows oder macOS gewohnt sind.
[cmd] + Leertaste	Aufruf der Spotlight-Suche

▼ *Jede App bietet eigene Tastenkürzel (hier: Notizen).*

Fett	⌘ B	Als erledigt markieren	⇧ ⌘ U
Kursiv	⌘ I	Tabelle	⌥ ⌘ T
Unterstrichen	⌘ U	In Notiz suchen	⌘ F
Titel	⇧ ⌘ T	Notizenliste durchsuchen	⌥ ⌘ F
Überschrift	⇧ ⌘ H	Neue Notiz	⌘ N
Text	⇧ ⌘ B	Bearbeiten beenden	⌘ ↵
Checkliste	⇧ ⌘ L		

Welche Tastenkürzel in einer App unterstützt werden, sehen Sie, wenn Sie in der App die [cmd]-Taste etwas länger drücken. Es wird dann eine Aufstellung der Tastenkürzel eingeblendet. Dabei benutzt Apple für die jeweiligen Tasten Symbole, die für Windows-Anwender wohl ungewohnt sind.

Schreiben mit dem Smart Keyboard (nur iPad Pro)

Taste	Kürzel	Funktion
`cmd`	⌘	Die Command- oder Befehlstaste entspricht `Strg` unter Windows.
`option`	⌥	Die Option-Taste wird häufig benutzt, um auf Sonderzeichen zuzugreifen. Mitunter wird sie auch als Alt- oder Wahl-Taste bezeichnet.
`control`	^	Die Control-Taste wird für erweiterte Tastenkürzel benutzt und spielt ansonsten praktisch keine Rolle.

Aber das Smart Keyboard erleichtert nicht nur das Tippen, sondern erweitert auch die Palette der Zeichen, die Sie direkt eintippen können. Es würde an dieser Stelle zu weit führen, sämtliche Zeichen aufzuführen, daher möchte ich Sie ermuntern, einfach einmal selbst auf Entdeckungsreise zu gehen: Halten Sie die `option`-Taste gedrückt, und drücken Sie anschließend eine beliebige andere Taste. Mit `option` + `G` erzeugen Sie etwa ein ©, mit `option` + `P` ein π und so weiter.

> ### ➕ Der Klammeraffe
> Der »Klammeraffe«, also das @-Zeichen, das Sie für die Eingabe einer E-Mail-Adresse brauchen, geben Sie auf der Apple-Tastatur durch die Kombination `option` + `L` ein.

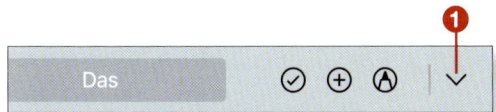

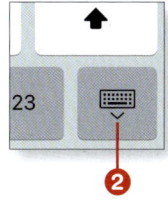

Auch mit dem Smart Keyboard hat die Softwaretastatur nicht vollständig ausgedient – es gibt z. B. kein Tastenkürzel, um die Diktierfunktion aufzurufen (zu dieser Funktion lesen Sie bitte den Abschnitt »Das iPad bittet zum Diktat« ab Seite 105). Die Softwaretastatur lässt sich daher jederzeit rasch einblenden. Dazu berühren und halten Sie in der Kurzbefehlleiste die Pfeiltaste ❶ rechts außen. Die Softwaretastatur erscheint, und Sie können nun z. B. mit einem Tipp auf das Mikrofon die Diktierfunktion aktivieren. Die Tastatur blenden Sie wie gewohnt über einen Tipp auf die entsprechende Taste ❷ wieder aus.

Zeichnen mit dem Pencil (nur iPad Pro)

Neben dem Smart Keyboard hat Apple noch ein wichtiges Zubehör für das iPad Pro im Programm, den *Apple Pencil*. Dabei handelt es sich um einen speziellen Stift, mit dem Sie auf dem iPad-Display zeichnen und schreiben können wie auf einem Blatt Papier. Zugegeben, etwas ungewohnt ist die glatte Glasfläche anfangs dann doch, aber man gewöhnt sich erstaunlich schnell daran. Beim Zeichnen reagiert der Pencil übrigens darauf, wie Sie ihn halten. Setzen Sie ihn direkt von oben an, zeichnen Sie eine dünne, halten Sie ihn etwas schräg, eine breite Linie.

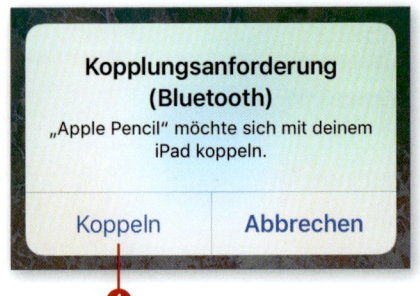

Mit dem Pencil lassen sich natürlich auch die üblichen Fingertipps ausführen, etwa um eine bestimmte Taste oder um einen Link zu berühren.

Anders als die Tastatur muss der Pencil zuerst via Bluetooth mit dem iPad verbunden werden (man spricht hier vom *Koppeln*). Dazu ziehen Sie die obere Kappe des Pencils ab und stecken ihn in den Lightning-Anschluss des iPads. Nach kurzer Zeit erscheint eine **Kopplungsanforderung**, die Sie mit einem Tipp auf **Koppeln** ❶ bestätigen.

Während das Smart Keyboard den benötigten Strom vom iPad bezieht, besitzt der Pencil einen eigenen Akku und muss gelegentlich aufgeladen werden. Dazu setzen Sie den mitgelieferten Adapter auf und schließen den Pencil damit an das Ladekabel des iPads an.

⌃ *Zum Aufladen schließen Sie den Pencil über einen Adapter ans Ladekabel an. (Bild: © Apple.com)*

Notfalls lässt sich der Pencil auch direkt an den Lightning-Anschluss des iPads anstöpseln, wobei Sie natürlich die Akkuleistung Ihres iPads verringern. Da die Kombination von Pencil und iPad obendrein eine etwas wacklige und gewagte Konstruktion ist, sollten Sie den Pencil wirklich nur im Notfall über diesen Weg aufladen.

> **Ladezustand des Pencils prüfen**
>
> Um den aktuellen Ladezustand des Pencils zu prüfen, rufen Sie das Batterie-Widget auf (dazu mehr im Abschnitt »Widgets einrichten« ab Seite 75). Hier sehen Sie, zu wie viel Prozent der Akku des Pencils geladen ist.

Sobald Sie den Pencil mit dem iPad Pro gekoppelt haben, ist er einsatzbereit, und Sie können damit etwa in der Notizen-App wie gewohnt zeichnen und schreiben. Standardmäßig aktiviert das iPad beim Anschluss des Pencils in der Notizen-App zum Zeichnen nur noch den Pencil, mit den Fingern können Sie dann scrollen und Wischgesten ausführen, ohne befürchten zu müssen, unwillkürlich zu zeichnen. Wenn Sie sowohl mit den Fingern als auch mit dem Pencil zeichnen möchten, schalten Sie unter **Einstellungen ▸ Notizen** den Schalter **Nur mit Apple Pencil zeichnen** aus.

Möchten Sie mit dem Pencil rasch etwas notieren oder zeichnen, müssen Sie dafür nicht extra Ihr iPad entsperren und die Notizen-App aufrufen. Es genügt, wenn Sie im Sperrbildschirm mit dem Pencil einmal aufs Display tippen. Falls das bei Ihnen nicht funktioniert, schalten Sie diese Funktion unter **Einstellungen ▸ Notizen** unter **Zugriff im Sperrbildschirm** ein.

Das iPad bittet zum Diktat

Sie müssen einen Text nicht unbedingt über die Tastatur eingeben, sondern können ihn auch diktieren. Die Diktierfunktion muss nicht trainiert werden, arbeitet erstaunlich genau und setzt einfache Texte auf Anhieb fast immer fehlerfrei um. Erkennungsfehler treten aber dennoch auf. Besonders problematisch ist es, wenn Sie verschiedene Sprachen mischen, also etwa englische Namen und Begriffe in Ihrem Text benutzen. Hier produziert die Diktierfunktion mitunter lustige Missverständnisse, wenn etwa aus »Executive« das Wort »Sektenführer« wird.

> **Diktierfunktion benötigt eine Internetverbindung**
>
> Damit die Diktierfunktion eingesetzt werden kann, müssen Sie online sein – was das iPad im Normalfall auch ist. Alles, was Sie sagen, wird automatisch zu den Servern von Apple geschickt, wo die Sprachaufzeichnung in Text umgewandelt wird. Diesen Text schickt der Server wieder zurück an das iPad, das ihn in das aktuelle Dokument einfügt. Dieses Verfahren sorgt zwar dafür, dass das iPad die sehr rechenaufwendige Spracherkennung nicht selbst erledigen muss (was von einem mobilen Gerät praktisch nicht geleistet werden kann) – aber wenn die Onlineverbindung schlecht ist oder die Server von Apple überlastet sind, funktioniert die Spracherkennung entweder nur sehr schleppend oder sogar überhaupt nicht.

Die Diktierfunktion lässt sich in den Einstellungen aktivieren. Wählen Sie dazu **Einstellungen ▸ Allgemein ▸ Tastaturen**, und schalten Sie **Diktierfunktion aktivieren** ein. Da für die Analyse Ihres gesprochenen Textes Ihre Spracheingabe und einige andere Daten an die Server von Apple geschickt werden, müssen Sie diese Einstellung noch einmal explizit bestätigen.

Am besten ist es, Sie spielen mit der Funktion einfach ein wenig herum, um ein Gefühl dafür zu bekommen, was möglich ist – und was nicht.

1. Sie starten die Diktatfunktion mit einem Tipp auf das Mikrofonsymbol der Bildschirmtastatur. Ein Glockenton signalisiert die Aufnahmebereitschaft. Gleichzeitig werden die Taste **Fertig** und eine Signalkurve eingeblendet, die den Aufnahmepegel anzeigt.

2. Sprechen Sie nun den Text, den das iPad schreiben soll. Wie bei der normalen Texteingabe über die Bildschirmtastatur wird der Text an der aktuellen Position der Schreibmarke eingefügt.

3. Wenn Sie das Diktat beendet haben, tippen Sie auf das durchgestrichene Mikrofonsymbol, das unterhalb der Signalkurve angezeigt wird. Ein erneuter Glockenton signalisiert das Ende der Aufnahme. Möchten Sie mit dem Diktat fortfahren, tippen Sie erneut auf das Mikrofonsymbol.

Damit das iPad Ihren Text nicht ohne Punkt und Komma notiert, beherrscht die Diktierfunktion eine Reihe von Steuerkommandos, mit denen Sie nicht nur Satzzeichen, sondern auch neue Zeilen oder Absätze einfügen. Das Repertoire dieser Kommandos ist sehr umfangreich:

- Um ein Satzzeichen zu schreiben, sprechen Sie es aus: »Punkt«, »Komma«, »Bindestrich«, »Semikolon«, »Doppelpunkt«, »Fragezeichen«, »Ausrufezeichen«, »Klammer auf«, »Klammer zu« und so weiter.

- Indem Sie »Neue Zeile« beziehungsweise »Neuer Absatz« diktieren, fügen Sie eine neue Zeile beziehungsweise einen neuen Absatz ein. Möchten Sie alles in Groß- beziehungsweise Kleinbuchstaben schreiben, leiten Sie dies mit »Kleinschreibung/Großschreibung anfangen« ein und beenden es mit »Kleinschreibung/Großschreibung beenden«.

- Es mag vielleicht etwas ungewohnt sein, aber auch Sonderzeichen sprechen Sie aus, um sie Ihrem Text hinzuzufügen: »Klammeraffe« (@), »Dollarzeichen« ($), »Eurosymbol« (€), »Prozentzeichen« (%), »Und-Zeichen« (&), »Pluszeichen« (+), »Minuszeichen« (–), »Sternchen« (*) oder »Nummernzeichen« (#).

- Die Diktierfunktion erkennt auch Datumsangaben und Ähnliches. Sagen Sie etwa »Zwölfter September zweitausendundsiebzehn«, wird daraus »12. September 2017«. Den Text »Siebzehn Euro und dreizehn Cent« notiert die Funktion als »17,13 €«. Die Uhrzeit »Sieben Uhr einunddreißig« erscheint als »7:31 Uhr«. Längenangaben wie »Zehn Zentimeter« werden als »10 cm« umgesetzt.

Kapitel 5: Schreiben und Zeichnen

- Auch Emoticons stellen die Diktierfunktion vor keine Probleme. Mit »Smiley Gesicht« erhalten Sie »:-)«, aus »trauriges«, »zwinkerndes« oder »lachendes Gesicht« werden die entsprechenden Symbole »:-(«, »;-)« und »:-D«.

- Zu guter Letzt können Sie auch römische Ziffern diktieren. Ein »Römisch zehn« wird dann zu »X«, aus »Römisch zweitausendundvierzehn« ein »MMXIV«.

Kapitel 6
Kontakte verwalten

Die App Kontakte ist Ihr Adressbuch auf dem iPad. So haben Sie nicht nur jederzeit die gewünschte Telefonnummer, E-Mail-Adresse und Anschrift zur Hand, sondern können auch von anderen Apps wie Karten, Mail oder FaceTime aus auf die hier gespeicherten Daten zugreifen. Speichern Sie auch die Geburtsdaten Ihrer Kontakte, verpassen Sie zukünftig durch das Zusammenspiel mit der App Kalender keinen Geburtstag mehr.

∧ *Über dieses Symbol rufen Sie die Kontakte auf.*

Um Ihre Adressbestände auf das iPad zu bekommen, stehen Ihnen verschiedene Möglichkeiten offen. Vermutlich haben Sie bereits jede Menge Adressen auf Ihrem Computer gespeichert, die Sie auch gern auf Ihrem iPad haben möchten. Kein Problem, Sie können sie einfach per Datenabgleich auf Ihr iPad übertragen (wie das geht, erfahren Sie im Abschnitt »Das iPad synchronisieren« ab Seite 65). Aber selbst wenn dem nicht so ist, können Sie natürlich genauso einfach neue Kontakte direkt auf dem iPad anlegen. Zu guter Letzt können Sie Kontaktdaten, die Ihnen als VCF-Datei per E-Mail zugeschickt wurden, Ihren Kontakten auf dem iPad hinzufügen. *VCF* ist die Abkürzung für *vCard File* und ein Standardformat zum Austausch von Kontaktdaten zwischen verschiedenen Geräten.

Adressen, die Sie auf dem iPad gespeichert haben, lassen sich drahtlos (etwa mithilfe Ihres iCloud- oder Google-Kontos) oder per iTunes mit Ihrem Computer abgleichen, sodass Sie sowohl auf Ihrem Computer als auch auf Ihrem iPad immer die gleichen aktuellen Kontaktdaten zur Hand haben.

Kapitel 6: Kontakte verwalten

Der Aufbau der Kontakte-App

Der Aufbau der Kontakte-App orientiert sich an einem klassischen Adressbuch. Nach dem Start zeigt die App einen zweispaltigen Seitenaufbau, der Ihnen auch bei den Apps Mail, Notizen und Erinnerungen begegnet. In der Seitenleiste ❶ sehen Sie eine alphabetische Liste aller gespeicherten Kontakte. Im Hauptbereich des Fensters ❷ werden die Daten des in der Seitenleiste gewählten Kontakts angezeigt. Als ersten Eintrag in der Seitenleiste sehen Sie Ihren eigenen Eintrag ❸, den das iPad bei der Einrichtung automatisch anlegt, darüber ein Eingabefeld ❹ für die Suche in Ihren Kontakten.

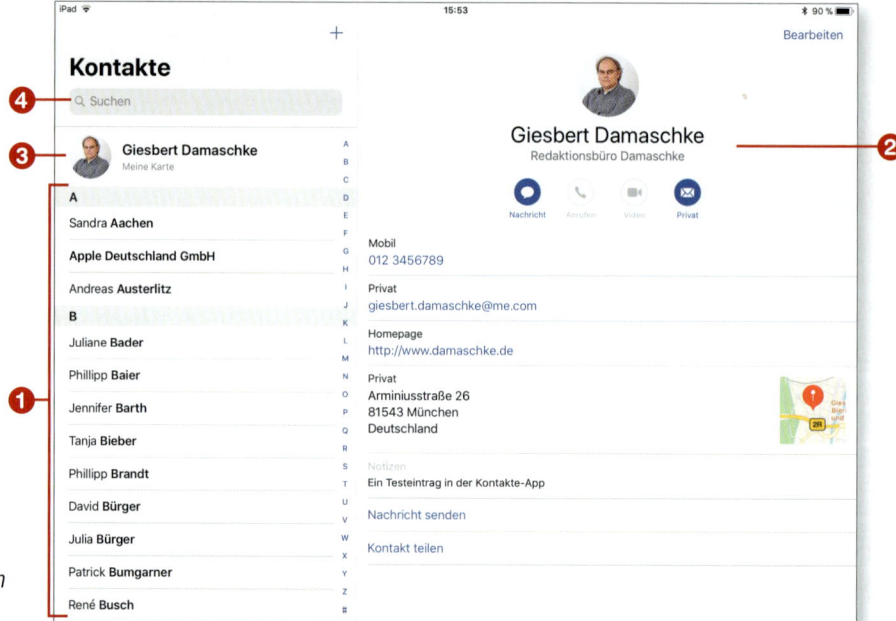

> Der Aufbau der Kontakte-App zeigt die vertraute Ansicht eines typischen Adressbuches.

➕ Darstellung anpassen

Standardmäßig zeigt die App Ihre Kontakte nach dem Muster »Vorname Name« an und sortiert nach dem Namen. Wenn Sie die Liste lieber in der Form »Name Vorname« dargestellt haben möchten, wählen Sie **Einstellungen ▸ Kontakte**. Hier können Sie die **Sortierfolge** und die **Anzeigefolge** nach Ihren Wünschen anpassen.

Kontakte anlegen und bearbeiten

Um Adressen und Kontaktdaten unterwegs direkt mit dem iPad zu erfassen, öffnen Sie die App Kontakte auf dem Home-Bildschirm.

1. Tippen Sie in der Seitenleiste oben rechts auf das Pluszeichen, um ein neues leeres Kontaktformular aufzurufen.

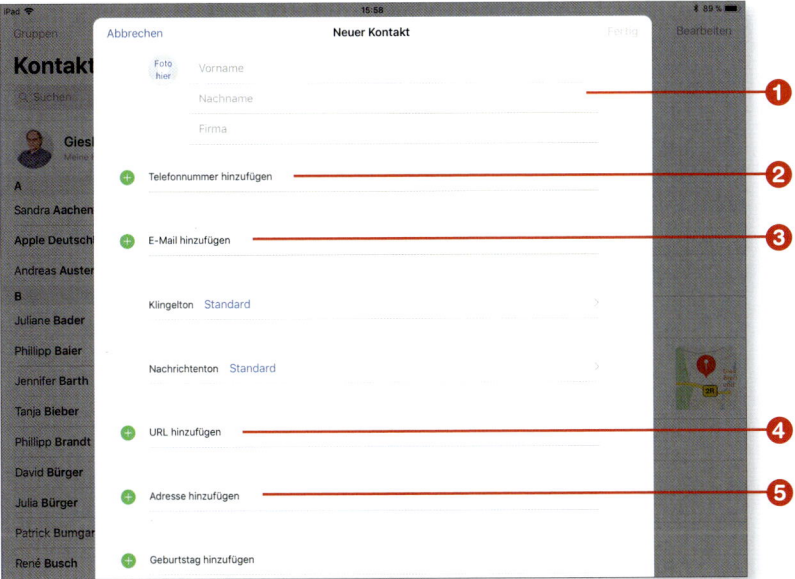

2. In diesem Formular stehen Ihnen die üblichen Standardfelder für Name ❶, Telefonnummer ❷, E-Mail-Adresse ❸, Homepage ❹ und Postanschrift ❺ zur Verfügung. Sobald Sie in eines der Felder tippen, wird die Bildschirmtastatur eingeblendet, und Sie können die gewünschten Angaben machen. Schieben Sie den neuen Kontakteintrag nach oben, werden weitere Felder wie **Social Media** (also Accounts von Facebook, Twitter & Co) oder **Notizen** angezeigt.

3. Möchten Sie den Kontakteintrag mit einem Foto versehen, tippen Sie auf **Foto hier** ❻. Sie können nun mit dem iPad ein Foto aufnehmen ❼ oder ein Bild auswählen ❽, das auf dem iPad gespeichert ist.

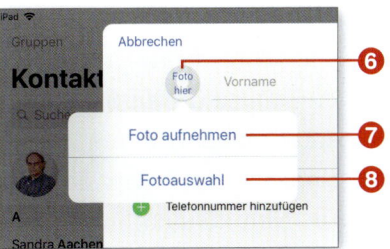

Kapitel 6: Kontakte verwalten

4. Auf den ersten Blick scheint es lediglich möglich zu sein, jeweils nur einen Eintrag in einer Kategorie anzulegen, also nur eine Telefonnummer, nur eine E-Mail-Adresse und nur eine Webadresse. Doch das täuscht: Sobald Sie etwa eine Telefonnummer erfasst haben, wird eine weitere Eingabezeile für Telefonnummern eingeblendet.

5. Standardmäßig gibt Ihnen das iPad bei den Einträgen für Telefonnummer, E-Mail-Adresse und Webadresse verschiedene Bezeichnungen oder, wie es auf dem iPad heißt, *Etiketten* vor wie etwa **Privat**

❾. Diese lassen sich natürlich ändern. Tippen Sie dazu auf ein Etikett, um dann im folgenden Eingabemenü etwa aus einer privaten Telefon- eine Mobiltelefon- oder eine Faxnummer zu machen.

6. Haben Sie alle Daten eingetragen, tippen Sie oben rechts auf **Fertig** und speichern so den neuen Eintrag.

> ### Andere Länder, andere Standards
>
> Standardmäßig bietet Ihnen die Kontakte-App bei der Anlage eines neuen Kontakts als Land **Deutschland** an. Wenn Sie allerdings eine Adresse aus den USA oder England eintragen möchten, passen die Strukturen einer deutschen Adresse mit Straße, PLZ und Ort nicht mehr. In diesem Fall tippen Sie zuerst auf **Deutschland** ❿ und wählen anschließend das gewünschte Land aus. Die Felder zur Eingabe der Adresse werden dann entsprechend angepasst. Wählen Sie etwa **Vereinigtes Königreich** (für England beziehungsweise Großbritannien), ändern sich die Felder in Straße, Ort, Bezirk und PLZ.

Kontaktdaten sind häufig Änderungen unterworfen. Nicht immer hat man gleich alle Daten richtig erfasst, oder man möchte später Tippfehler korrigieren. Mitunter soll ein Eintrag auch komplett gelöscht werden. Dazu lassen Sie sich den entsprechenden Eintrag anzeigen und tippen oben rechts auf **Bearbeiten** ⓫. Nun können Sie die Felder än-

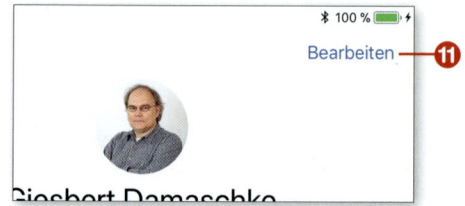

dern, neue Felder hinzufügen und bestehende Felder oder auch gleich den kompletten Eintrag löschen.

Um einen Eintrag aus den Kontakten zu entfernen, wählen Sie ihn aus, tippen auf **Bearbeiten** und anschließend am Fuß des Eintrags auf **Kontakt löschen** und bestätigen erneut mit **Kontakt löschen**.

> ➕ **Notizen hinzufügen**
>
> Möchten Sie zu einem Kontakt eine Notiz hinzufügen, können Sie sich den Tipp auf **Bearbeiten** sparen. Tippen Sie einfach in das Feld **Notizen**, und schreiben Sie drauflos – Ihre Eingabe wird automatisch gespeichert.

Ihre Visitenkarte

Sie sollten auch für sich selbst einen Eintrag in den Kontakten anlegen beziehungsweise – da das iPad diesen Eintrag in der Regel bei der Einrichtung automatisch anlegt – Ihren Eintrag überprüfen und vervollständigen.

Denn auf die hier hinterlegten Daten greifen verschiedene Dienste auf dem iPad zurück, etwa wenn der Webbrowser Safari für Sie ein Formular automatisch ausfüllen soll oder wenn Sie Siri anweisen, Ihnen die Route zu Ihrer Wohnung zu zeigen.

Damit das iPad ganz sicher weiß, welcher Ihrer Kontakteinträge Ihr eigener ist, legen Sie dies unter **Einstellungen ▸ Kontakte ▸ Meine Infos** fest.

Das Eingabeformular anpassen

Von Haus aus bietet Ihnen das Eingabeformular eine Reihe von häufig benutzten Standardeinträgen und -etiketten an. Es lassen sich aber weitere Felder wie etwa **Spitzname** oder **2. Vorname** aufnehmen. Ähnlich verhält es sich mit den Etiketten, die Sie um beliebige eigene Einträge erweitern können.

Kapitel 6: Kontakte verwalten

1. **Neue Felder**: Um ein neues Feld in das Formular aufzunehmen, wählen Sie am Fuß des Formulars den Eintrag **Feld hinzufügen**. Tippen Sie anschließend auf das gewünschte Feld.

2. **Eigene Etiketten**: Tippen Sie einen Eintrag an und anschließend auf das aktuelle Etikett ❶. Hier wählen Sie **Eigenes Etikett hinzufügen** ❷.

Kontakte suchen

Suchen Sie einen bestimmten Eintrag in Ihren Kontakten, kann das je nach Menge der eingegebenen Kontakte recht mühselig werden. Die App bietet Ihnen daher verschiedene Möglichkeiten, um schnell zu den gesuchten Einträgen zu gelangen.

1. Wenn Sie nur eine überschaubare Anzahl Kontaktdaten eingetragen haben oder die Übersicht links schon fast an der gewünschten Stelle steht, wischen Sie die Liste mit dem Finger nach oben oder unten, um zum gesuchten Eintrag zu gelangen.

2. Tippen Sie am Rand der Seitenleiste auf den entsprechenden Buchstaben des alphabetischen Registers, werden Ihnen die Einträge des gewünschten Bereichs Ihrer Adressensammlung angezeigt.

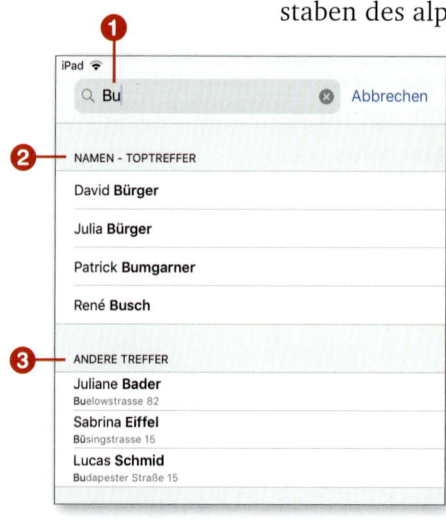

3. Bei einer sehr umfangreichen Adressensammlung erweist sich die Suche als sehr hilfreich. Tippen Sie oben in der Seitenleiste in das Suchfeld ❶.

4. Es wird daraufhin automatisch die Bildschirmtastatur eingeblendet, über die Sie den gesuchten Begriff eingeben. Die Liste der gefundenen Einträge wird mit jedem eingegebenen Buchstaben aktualisiert, meist genügt es schon, die ersten Buchstaben eines Kontakts einzugeben, um ihn zu finden.

5. Tippen Sie in der Trefferliste auf das entsprechende Suchergebnis, um sich die Kontaktinformationen anzeigen zu lassen.

Die Trefferliste ist unterteilt in **Namen** ❷ und **Andere Treffer** ❸. Hier listet das iPad alle Einträge auf, bei denen der gesuchte Begriff nicht im Namen, sondern etwa in der Adresse oder den Notizen auftaucht.

Kontaktinformationen in anderen Apps nutzen

Alle Inhalte eines Kontakteintrags sind mit verschiedenen Apps auf dem iPad verknüpft. Sobald Sie einen Eintrag antippen, wird die entsprechende App gestartet und die in Kontakte gespeicherte Information an diese übergeben.

Unterhalb des Namens sehen Sie in einem Kontakt vier Tasten. Je nachdem, welche Information en in einem Kontakteintrag hinterlegt sind, sind diese aktiv (blau) oder inaktiv (grau).

> **Nur mit Apple-ID**
>
> Um eine Nachricht zu verschicken oder FaceTime für Audio- und Videotelefonate nutzen zu können, müssen die beiden Dienste sowohl bei Ihnen als auch beim Empfänger mit einer Apple-ID aktiviert worden sein. Mit den beiden (kostenlosen) Diensten beschäftigen wir uns in Kapitel 11, »Nachrichten und FaceTime«.

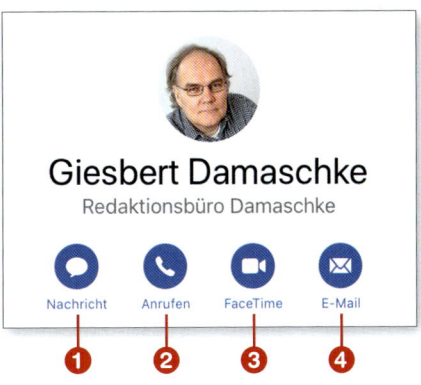

❶ **Nachricht**: Tippen Sie darauf, wechselt die Kontakte-App zur Nachrichten-App, und Sie können eine Nachricht an den Kontakt schicken.

❷ **Anrufen**: Über diese Option können Sie mit Ihrem Kontakt via Internet telefonieren, wozu FaceTime benutzt wird.

❸ **Video**: Die Kontakte-App wechselt zu FaceTime und startet ein Videotelefonat via Internet.

❹ **E-Mail**: Die App übergibt eine hinterlegte E-Mail-Adresse an die Mail-App, in der ein neues leeres E-Mail-Formular geöffnet wird, in das als Empfänger der Kontakt eingetragen wird. Wenn nur eine E-Mail-Adresse für diesen Kontakt existiert, erscheint hier als Beschriftung das entsprechende Etikett – etwa: **Privat** –, andernfalls öffnet sich ein Fenster, in dem Sie die gewünschte E-Mail-Adresse auswählen. Die Mail-App lernen Sie in Kapitel 9, »E-Mails senden und empfangen«, kennen.

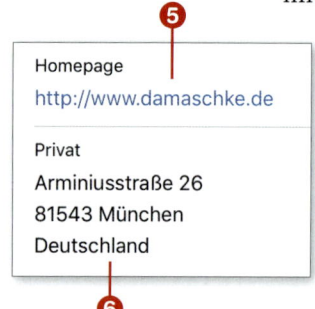

Was mit E-Mail-Adressen und Telefonnummern geht, geht natürlich auch mit den anderen Informationen, die Sie in einem Kontakteintrag gespeichert haben. Tippen Sie etwa auf eine Internetadresse ❺, reicht Kontakte die Adresse an Safari durch, wo die entsprechende Webseite geöffnet wird.

Ähnlich funktioniert das mit der Postanschrift ❻. Tippen Sie auf eine Adresse, wird die Karten-App geöffnet und die Adresse auf einer großen Karte markiert. Sie können sich dann beispielsweise die Fahrtstrecke von Ihrem aktuellen Ort zu dieser Adresse anzeigen lassen. Wie das genau geht, erfahren Sie im Abschnitt »Navigation und Routenplanung« ab Seite 309.

Sie können alle gespeicherten Informationen eines Kontakts aber auch kopieren und in ein anderes Dokument (etwa eine E-Mail oder eine Notiz) übernehmen. Berühren und halten Sie dazu den gewünschten Eintrag, und tippen Sie dann auf das Etikett **Kopieren** ❼.

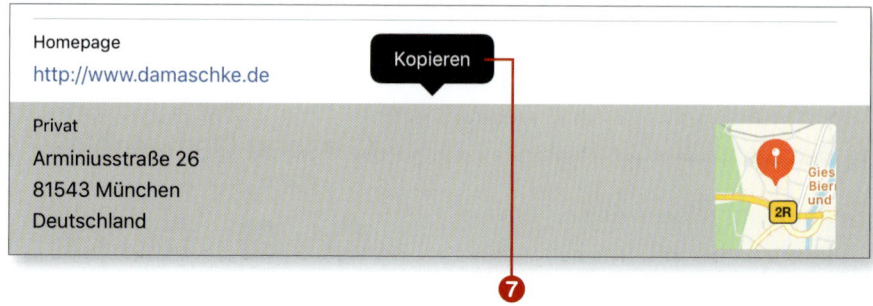

Kontakte als VCF-Datei senden und empfangen

Sie können jeden Kontakt, den Sie auf Ihrem iPad gespeichert haben, auch an andere weitergeben. Dabei verschicken Sie die Informationen des Eintrags als digitale Visitenkarte im VCF-Format. So kann der Empfänger der VCF-Datei den Kontakt mit wenigen Mausklicks in sein Adressbuch übernehmen. Der Versand eines Kontakteintrags funktioniert denkbar einfach.

Lassen Sie sich den gewünschten Kontakt anzeigen, und tippen Sie am Fuß des Eintrags auf **Kontakt teilen**. Wählen Sie im folgenden Fenster die Art, wie Sie den Kontakt weitergeben möchten. Sie können die Kontaktinformationen nun über AirDrop, als Nachricht oder per E-Mail senden.

Der Austausch von Kontaktdaten funktioniert natürlich in beide Richtungen. Sie können eine VCF-Datei nicht nur versenden, sondern eine empfangene Datei auch problemlos in Ihre Kontakte aufnehmen.

1. Wenn Sie eine E-Mail oder Nachricht mit einer VCF-Datei im Anhang bekommen haben, tippen Sie auf das Symbol des Anhangs ❶.

2. Der Kontakteintrag wird angezeigt, und Sie haben nun die Möglichkeit, die Daten entweder als neuen Kontakt aufzunehmen ❷ oder mit einem bestehenden Kontakt zusammenzuführen ❸.

3. Falls es bereits einen gleichlautenden Kontakteintrag gibt, haben Sie zudem die Möglichkeit, diesen zu aktualisieren ❹. Das entspricht der Option **Zu Kontakt hinzufügen**, nur dass Sie in diesem Fall nicht noch bestimmen müssen, zu welchem Kontakt die Daten hinzugefügt werden sollen.

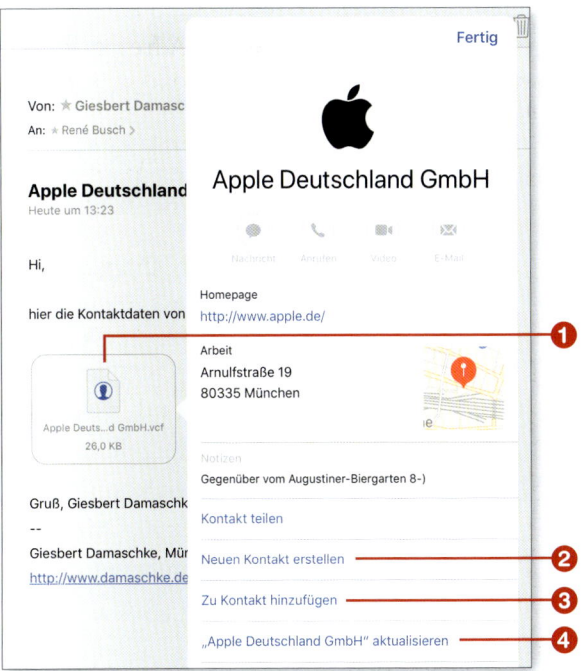

Kontakte mit Drag & Drop weitergeben

Kontakte lassen sich auch schnell per Drag & Drop etwa einer E-Mail anhängen. Das ist ein wenig Übungssache, funktioniert aber nach kurzer Zeit sehr gut. Dazu müssen Sie einen Finger immer auf dem Display lassen und mit dem Finger der zweiten Hand verschiedene Gesten ausführen.

1. Berühren und halten Sie den Eintrag, den Sie als VCF-Datei weiterreichen möchten. Sobald der Eintrag ein wenig hervorgehoben wird, bewegen Sie leicht den Finger, um den Eintrag aufzunehmen. Lassen Sie den Finger dabei auf dem Bildschirm!

2. Wenn Sie mehrere Einträge auf einen Schwung per E-Mail verschicken möchten, tippen Sie nun mit dem Finger der anderen Hand die gewünschten Einträge an. Die Einträge werden als Stapel mit einem blauen Zähler angezeigt.

3. Wischen Sie mit dem Finger der zweiten Hand einmal vom unteren Bildschirmrand nach oben, um das Dock aufzurufen.

4. Tippen Sie hier auf das Mail-Symbol.

5. In Mail öffnen Sie eine neue E-Mail.

6. Bewegen Sie nun den Finger, mit dem Sie die gewählten Einträge halten, in das leere E-Mail-Formular, und lassen Sie die Einträge dort los. Dass Sie die gehaltenen Einträge durch Loslassen einfügen können, erkennen Sie daran, dass der Zähler grün hinterlegt und um ein Pluszeichen erweitert wurde.

Kapitel 7
Mit Kalender Termine verwalten

Ein Kalender ist ein Standardprogramm, das auch auf dem iPad natürlich nicht fehlen darf. In der Kalender-App tragen Sie Ihre Termine ein, notieren wichtige Ereignisse und lassen sich von der App an Geburtstage erinnern. Kalendereinträge lassen sich problemlos mit einem Kalender auf Ihrem Computer oder Terminen, die Sie in einem Onlinekalender verwalten, abgleichen, sodass Sie unterwegs immer auf dem aktuellen Stand sind (wie das geht, erfahren Sie im Abschnitt »Das iPad synchronisieren« ab Seite 65). Auch das Teilen eines Kalenders mit Familienmitgliedern oder Kollegen ist mit dem iPad dank iCloud ein Kinderspiel.

∧ *Das Icon der Kalender-App*

> **Zugriff auf die Ortsdaten**
>
> Beim ersten Start der Kalender-App werden Sie gefragt, ob Sie der App den Zugriff auf die Ortsdaten erlauben möchten. Das sollten Sie tun, denn so kann Sie das iPad nicht nur an kommende Termine erinnern, sondern Ihnen auch sagen, wie lange Sie etwa bei einem Auswärtstermin unterwegs sein werden. Mehr zu den Ortungsdiensten lesen Sie in Kapitel 4.

Die Kalender-App im Überblick

Der Kalender bietet verschiedene Ansichten, damit Sie jederzeit schnell zu einem gewünschten Datum wechseln können. Standardmäßig startet der Kalender in der Tagesansicht mit der Anzeige des aktuellen Datums, beim nächsten Start übernimmt er die Einstellung, die Sie zuletzt gewählt haben. Die jeweilige Kalenderansicht wählen Sie mit einem Tipp auf den entsprechenden Tab ❶ (Seite 120) in der Symbolleiste.

> **Kalenderwochen anzeigen**
>
> Standardmäßig zeigt der Kalender keine Kalenderwochen an. Doch die lassen sich einblenden. Rufen Sie dazu **Einstellungen ▸ Kalender** auf, und aktivieren Sie dort den Schalter **Kalenderwochen**.

In der Tagesansicht sehen Sie links das Zeitraster ❷ des aktuellen Tages, rechts die Details des aktuell gewählten Eintrags ❸. Über die oben angezeigte Wochenübersicht ❹ wechseln Sie mit einem Tipp zu einem anderen Tag. Streichen Sie über die Wochenanzeige, blättern Sie wochenweise im Kalender. Streichen Sie über die Anzeige des aktuellen Tages, blättern Sie entsprechend tageweise vor oder zurück. Mit einem Tipp auf **Heute** ❺ wechselt die Anzeige immer zum aktuellen Tag. Der gewählte Tag wird mit einem Kreis markiert ❻. Mit einem Tipp auf **Kalender** ❼ wechseln Sie zwischen verschiedenen Kalendern oder blenden bestimmte ein oder aus. Unter **Eingang** ❽ werden Ihnen Termineinladungen von anderen Personen angezeigt.

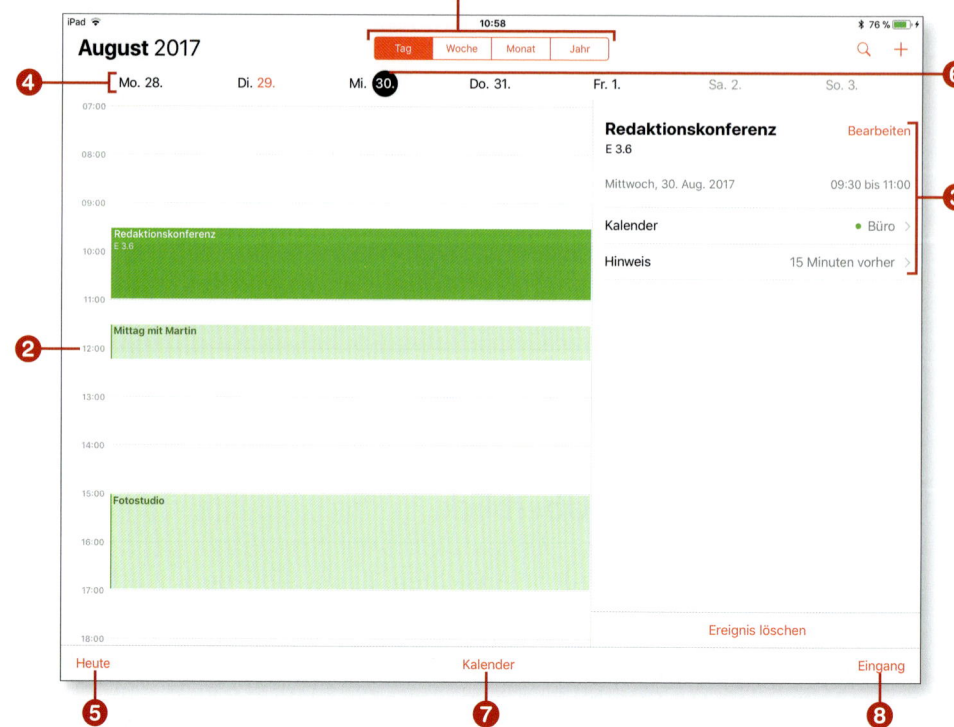

Die Kalender-App im Überblick

Die Wochenansicht zeigt Ihnen die Termine einer Woche von Montag bis Sonntag in einer Übersicht an. Hier blättern Sie mit einem Wisch über den Bildschirm wochenweise vor oder zurück. Tippen Sie einen Eintrag an, werden Ihnen die Details in einem Fenster gezeigt. Haben Sie ganztägige Termine oder Geburtstage in Ihrem Kalender eingetragen, werden Ihnen diese in der Tages- und Wochenansicht in einer eigenen Zeile ❾ unterhalb der Menüleiste angezeigt. Falls Sie die Anzeige der Kalenderwochen aktiviert haben, werden diese ebenfalls eingeblendet ❿.

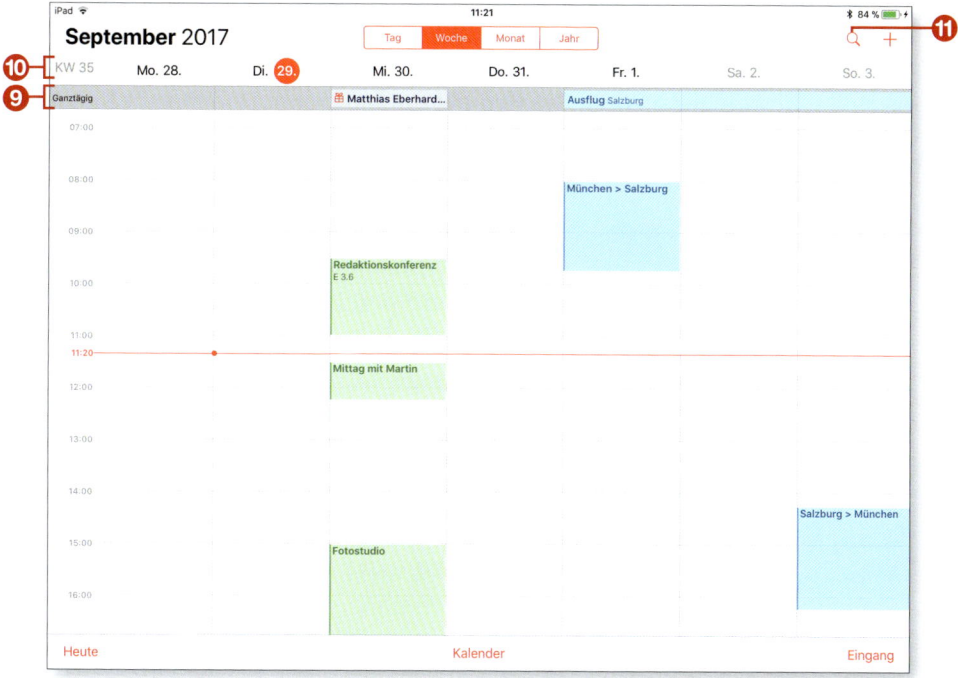

In der Monatsansicht füllt der Monatskalender den kompletten Bildschirm. Mit einer Wischgeste nach oben beziehungsweise unten blättern Sie monatsweise im Kalender vor oder zurück. Um aus dieser Ansicht zu einem bestimmten Tag zu wechseln, tippen Sie das gewünschte Datum doppelt an. Sie wechseln dann in die Tagesansicht.

Die Jahresansicht zeigt Ihnen eine komplette Jahresübersicht. Auch in dieser Ansicht blättern Sie mit einer Wischgeste nach oben oder unten im Kalender, allerdings jahresweise. Um in der Jahresansicht einen bestimmten Tag auszuwählen, tippen Sie zuerst in den gewünschten Monat und anschließend doppelt auf das Datum.

Kapitel 7: Mit Kalender Termine verwalten

Zu guter Letzt kann die Listenansicht ganz praktisch sein, um sich einen schnellen Überblick über alle kommenden Termine zu verschaffen. Die Liste hat Apple jedoch etwas versteckt. Um sie aufzurufen, tippen Sie auf das Lupensymbol ⓫ (Seite 121) in der Symbolleiste. Sie können nun direkt mit einer Wischgeste von unten nach oben durch die Termine blättern.

Termine auf dem iPad eintragen

Ein Termin ist rasch eingetragen. In der Kalender-App spielt es dabei keine Rolle, in welcher Ansicht Sie sich derzeit befinden. Dabei zeigt Ihnen das Formular für einen neuen Termin je nach Einstellungen Ihres iPads unterschiedlich viele Felder. Gehen wir die wichtigsten Einträge einmal durch.

1. Um einen Termin – oder in der iPad-Sprache: ein *Ereignis* – in den Kalender einzutragen, tippen Sie in der Symbolleiste auf das Plussymbol oben rechts ❶.

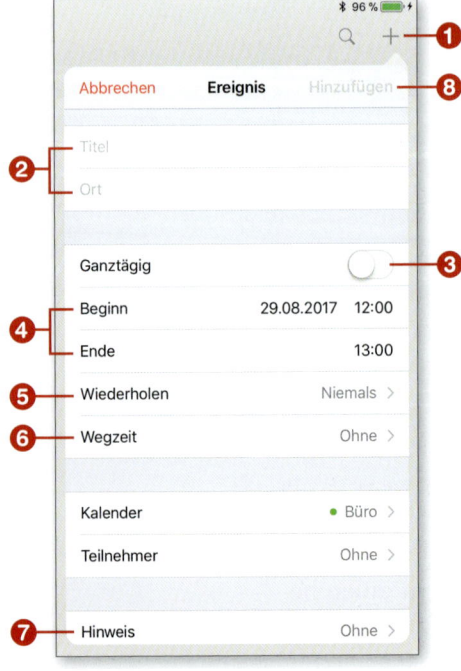

2. Geben Sie nun die Details des Ereignisses ein, wobei das aktuell gewählte Datum, die aktuelle Uhrzeit, eine Dauer von einer Stunde und – falls Sie mit mehreren Kalendern arbeiten – der Standardkalender automatisch vorgegeben werden.

3. Zu Beginn tragen Sie **Titel** und **Ort** ❷ ein. Bei einer konkreten Adresse wird Ihnen im Kalendereintrag ein entsprechender Kartenausschnitt angezeigt. Sie können hier natürlich auch Angaben wie »Konferenzraum« oder Ähnliches eintragen.

4. Für einen ganztägigen Termin aktivieren Sie den entsprechenden Schalter ❸, bei anderen Terminen tippen Sie auf **Beginn** und **Ende** ❹, um den Zeitpunkt des Termins einzutragen.

5. Für regelmäßig wiederkehrende Termine können Sie unter **Wiederholen** ❺ festlegen, in welchem Rhythmus der Termin im Kalender auftauchen soll.

6. Wenn Sie für den Termin eine Fahrzeit einkalkulieren müssen, können Sie sie unter **Wegzeit** ❻ eintragen, die das iPad dann z. B. bei einer Erinnerung an den Termin berücksichtigt.

7. Möchten Sie sich an einen Termin erinnern lassen, tippen Sie auf das Feld **Hinweis** ❼ und wählen den Zeitpunkt (z. B. **2 Stunden vorher**). Sie können pro Termin zwei Erinnerungen anlegen und sich so etwa am Vortag und eine Stunde vor dem Termin erinnern lassen.

8. Scrollen Sie das Formular nach oben, sehen Sie unten noch die Felder **URL** und **Notizen**, in denen Sie Webadressen und Notizen zum Termin hinterlegen können.

> **ⓘ Erinnerungen einstellen**
>
> In welcher Form die Erinnerung auf Ihrem iPad angezeigt werden soll (etwa als Banner oder als Hinweis), legen Sie, wie im Abschnitt »Mitteilungen und die Mitteilungszentrale« ab Seite 73 beschrieben, in den Einstellungen unter **Mitteilungen ▸ Kalender** fest.

9. Nach einem Tipp auf **Hinzufügen** ❽ wird der Eintrag im Kalender gespeichert.

Termine suchen, bearbeiten und löschen

Damit Sie auch bei einem vollen Terminkalender einen bestimmten Termin finden, tippen Sie auf das Lupensymbol rechts in der Symbolleiste. Geben Sie das gesuchte Stichwort ein, und der Kalender zeigt Ihnen blitzschnell die passenden Einträge. Dabei werden auch die Notizen zu einem Termin durchsucht, Sie können also zusammenhängende Termine mit einem bestimmten Stichwort markieren und sie über dieses Stichwort schnell auffinden. Tippen Sie in der Trefferliste den gewünschten Termin an, um ihn sich anzeigen zu lassen.

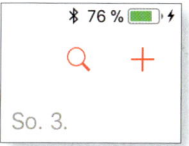

Kapitel 7: Mit Kalender Termine verwalten

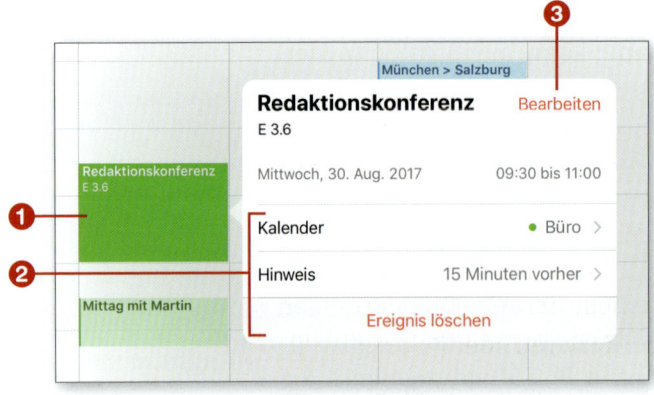

Manchmal wird ein Treffpunkt verlegt, ein Termin verschoben oder komplett abgesagt, oder Sie erhalten nachträglich wichtige Informationen, die Sie sich zu einem Ereignis notieren wollen. Kein Problem, Termine lassen sich auch schnell und unkompliziert in der App bearbeiten.

❶ Tippen Sie auf den gewünschten Eintrag, um sich die Ereignisdetails in einem separaten Fenster anzeigen zu lassen.

❷ Die Angaben für **Kalender** und **Hinweise** können Sie hier direkt ändern, mit einem Tipp auf **Ereignis löschen** wird der Eintrag nach einer Sicherheitsabfrage gelöscht.

❸ Nach einem Tipp auf **Bearbeiten** können Sie den Eintrag anpassen. Ihnen wird das Eingabefenster angezeigt, das Sie bereits beim Anlegen eines Termins kennengelernt haben.

Hat sich nur der Zeitpunkt eines Termins geändert, lässt sich das in der Tages- und Wochenansicht sehr einfach durchführen.

Berühren und halten Sie einen Eintrag in einer dieser Ansichten, lässt er sich auf einen anderen Zeitpunkt oder auch zu einem anderen Tag verschieben. Der Eintrag wird zudem oben und unten um einen Griffpunkt ergänzt, über den Sie die Dauer des Termins regeln können.

Mit mehreren Kalendern arbeiten

Der Name der Kalender-App ist vielleicht ein wenig irreführend, wird hier doch nicht nur ein Kalender verwaltet, sondern es besteht durchaus die Möglichkeit, mehrere anzulegen.

Diese unterschiedlichen Kalender können gezielt ein- oder ausgeblendet werden, womit sich etwa private und berufliche Termine sauber trennen lassen. Zudem ist es möglich, Kalender von Kollegen oder Bekannten für die gemeinsame Nutzung einzubinden oder im Internet publizierte Kalender zu abonnieren (etwa die Spielpläne Ihrer Lieblingsfußballmannschaft oder die Ferientermine der verschiedenen Bundesländer).

> **Feier- und Geburtstage**
>
> Von Haus aus bringt die Kalender-App drei besondere Kalender mit: **Deutsche Feiertage**, **Geburtstage** und **Von Siri in Apps gefunden**. Diese drei Kalender werden vom iPad verwaltet, Sie können sie lediglich ein- oder ausblenden.

Standardmäßig bietet Ihnen die Kalender-App einen Kalender an, der schlicht »Kalender« heißt. Wenn Ihnen das nicht reicht, können Sie problemlos weitere Kalender hinzufügen.

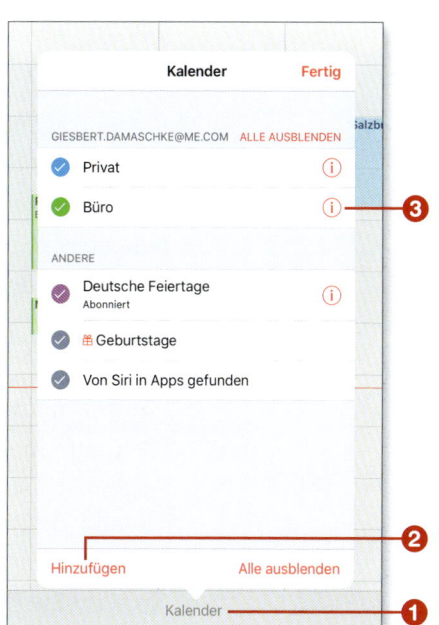

1. Um einen neuen Kalender anzulegen, tippen Sie in der Kalender-App unten auf **Kalender** ❶ und wählen hier **Hinzufügen** ❷.

2. Geben Sie einen Namen für Ihren Kalender ein, legen Sie eine Farbe fest, und speichern Sie den neuen Kalender mit einem Tipp auf **Fertig**.

3. Sobald Sie mit mehr als einem Kalender arbeiten, wird das Formular zur Erfassung eines neuen Termins um ein entsprechendes Feld erweitert.

Wollen Sie einen Kalender im Nachhinein bearbeiten, um beispielsweise die Bezeichnung zu ändern oder eine andere Farbe zuzuweisen, lassen Sie sich mit einem Tipp auf **Kalender** alle Kalender anzeigen und tippen auf das rote **i** ❸ neben dem gewünschten Kalender. Hier können Sie über **Kalender löschen** den Kalender nach einer Sicherheitsabfrage entfernen.

> **!** **Vorsicht beim Löschen von Kalendern!**
>
> Löschen Sie nicht leichtsinnig einen Kalender – denn damit verschwinden auch alle in ihm gespeicherten Termine auf Nimmerwiedersehen!

Möchten Sie einen Kalender nicht dauerhaft entfernen, aber für eine Weile ausblenden – etwa im Urlaub Ihren Arbeitskalender –, tippen Sie ihn einfach an. Entsprechend blenden Sie ihn später wieder ein.

Termine mit anderen Personen teilen

Möchten Sie einen Termin mit mehreren Teilnehmern organisieren, können Sie die anderen Personen schon während der Planung des Termins einladen – vorausgesetzt, Sie verwalten Ihren Kalender bei einem Anbieter, der diese Funktion unterstützt, also etwa bei den Onlinediensten iCloud oder Google.

Dazu tragen Sie in den Ereignisdetails unter **Teilnehmer** ▸ **Teilnehmer hinzufügen** die gewünschten Personen ein. Sobald Sie den Termin speichern, verschickt das iPad automatisch eine Benachrichtigung an die eingetragenen Personen, die den Termin dann annehmen oder ablehnen können (worüber Sie umgehend informiert werden).

Wenn Sie selbst eine Einladung zu einem Termin bekommen, erscheint diese üblicherweise als Hinweis auf dem Bildschirm. Ziehen Sie den Hinweis nach unten, können Sie direkt auf die Einladung antworten, ohne zuerst zur Kalender-App wechseln zu müssen.

Sobald derjenige, der Sie eingeladen hat, eine Änderung vornimmt – etwa den Termin verschiebt oder das Ereignis im Kalender umbenennt –, werden Sie über diese Änderung informiert und können sie automatisch übernehmen (oder natürlich auch ablehnen).

Einen gemeinsamen Termin, den Sie akzeptiert haben, können Sie nachträglich auch wieder absagen – es kann ja immer sein, dass Ihnen kurzfristig etwas dazwischenkommt. Dazu lassen Sie sich den Termin anzeigen und tippen anschließend auf **Ablehnen**.

Kalender gemeinsam nutzen

Wenn Sie Ihre Kalender über iCloud verwalten, haben Sie die Möglichkeit, einen Kalender im Internet zu veröffentlichen oder einen Kalender zur gemeinsamen Nutzung mit anderen Personen freizugeben (vorausgesetzt, diese Personen sind ebenfalls bei iCloud angemeldet beziehungsweise verfügen über eine Apple-ID).

1. Tippen Sie dazu in der Fußzeile der Kalender-App auf **Kalender** und anschließend in der Kalenderübersicht auf das rote **i** neben dem Kalender, den Sie freigeben möchten.

2. Sie können den Kalender entweder nur für bestimmte Personen freigeben oder ihn für jeden im Internet veröffentlichen (dazu gleich mehr im nächsten Abschnitt »Kalender freigeben und abonnieren« ab Seite 128). Tippen Sie auf **Neue Person** ❶ (auf Seite 128), geben Sie im nächsten Fenster die E-Mail-Adresse der gewünschten Person ein, und tippen Sie anschließend auf **Hinzufügen**.

3. Nun legen Sie die Zugriffsrechte der eingeladenen Person fest. Standardmäßig hat jeder Teilnehmer Lese- und Schreibrechte im freigegebenen Kalender, kann Beiträge also nicht nur sehen, sondern auch verändern und neue Termine im Kalender eintragen. Um das zu ändern, tippen Sie hinter dem Namen der hinzugefügten Person auf die Schaltfläche **Anzeigen u. bearbeiten** ❷.

4. Schalten Sie **Bearbeitung zulassen** ❸ aus, beschränken Sie den Zugriff auf reine Leserechte.

5. Hier können Sie außerdem über die Taste **Nicht mehr teilen** ❹ den Zugriff für die Person ganz ausschalten.

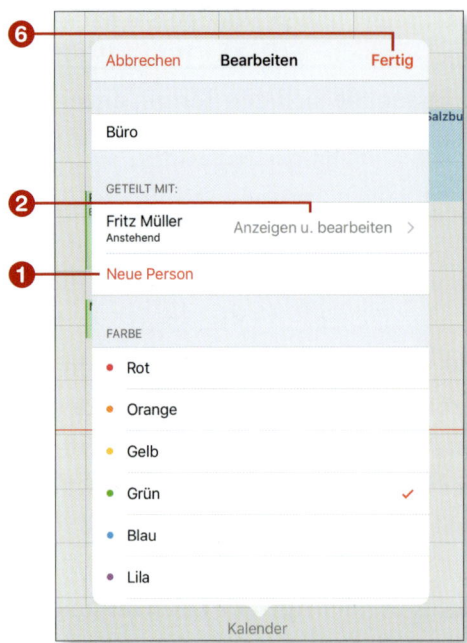 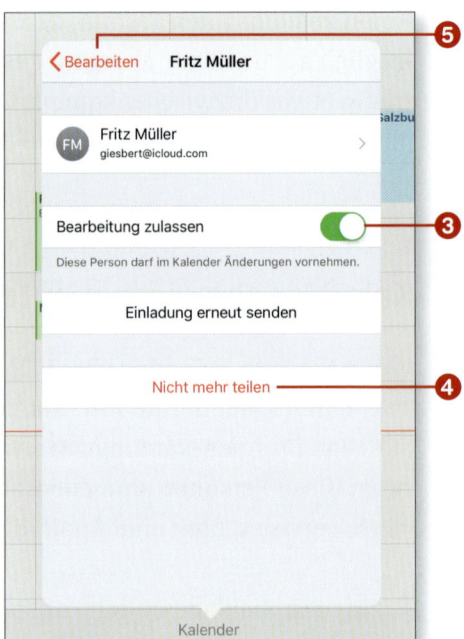

6. Mit einem Tipp auf **Bearbeiten** ❺ kehren Sie zur vorherigen Bildschirmseite zurück. Dort schließen Sie über **Fertig** ❻ den Vorgang ab. Das iPad verschickt nun per E-Mail eine Einladung an die hinzugefügte Person. Arbeitet der Empfänger mit einem Mac, iPhone oder iPad, erhält er die Einladung auch direkt in der Kalender-App.

> **Kalendereinladung**
>
> Wenn Sie zur gemeinsamen Nutzung eines Kalenders eingeladen werden, erhalten Sie einen entsprechenden Hinweis in der Kalender-App, und Sie können die Einladung nun annehmen oder ablehnen.

Kalender freigeben und abonnieren

Sie können einen Kalender nicht nur für bestimmte Personen aus Ihren Kontakten freigeben, sondern ihn auch im Internet veröffentlichen, wo er von anderen Anwendern abonniert werden kann. So können Sie beispielsweise Interessierte über Veranstaltungstermine aller Art infor-

Kalender freigeben und abonnieren

mieren. In diesem Fall wird ein Kalender schreibgeschützt veröffentlicht, es können also nur Sie Termine in diesen Kalender eintragen.

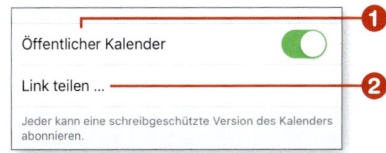

Die Abonnenten benötigen keinen iCloud-Account, sondern lediglich ein Kalenderprogramm, das den Standard *CalDAV* unterstützt (was praktisch jedes Kalenderprogramm tut). Um einen Kalender im Internet zu veröffentlichen, tippen Sie auf den Schalter **Öffentlicher Kalender** ❶. Der Kalender wird nun zu iCloud hochgeladen, gleichzeitig erscheint der Eintrag **Link teilen** ❷. Nach einem Tipp darauf können Sie den Link per AirDrop, E-Mail oder Nachricht an Freunde und Bekannte verschicken. Er lässt sich auch kopieren, damit Sie ihn etwa auf Ihrer Webseite veröffentlichen können.

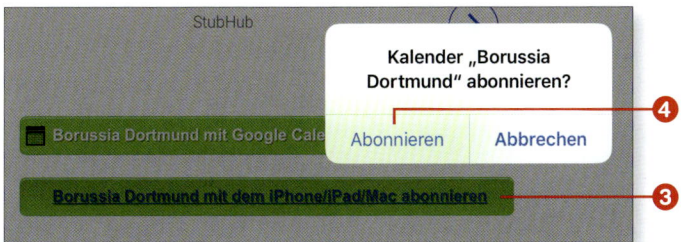

Natürlich können Sie auf dem iPad auch Kalender, die von anderen via Internet veröffentlicht wurden, abonnieren. Alles, was Sie dazu benötigen, ist die Internetadresse des Kalenders. Die finden Sie entweder auf den Webseiten des Anbieters, oder Sie bekommen sie vom Anbieter des Kalenders per E-Mail zugeschickt.

Am einfachsten fügen Sie einen solchen Kalender hinzu, indem Sie auf der Webseite des Anbieters den entsprechenden Link ❸ antippen und das Abo bestätigen ❹ (keine Sorge, es entstehen dabei keine Kosten).

Ein solcher Kalender wird auf dem iPad als eigener Account behandelt. Um das Abo zu beenden, wählen Sie den Kalender unter **Einstellungen ▸ Accounts & Passwörter** aus und tippen anschließend auf **Account löschen**.

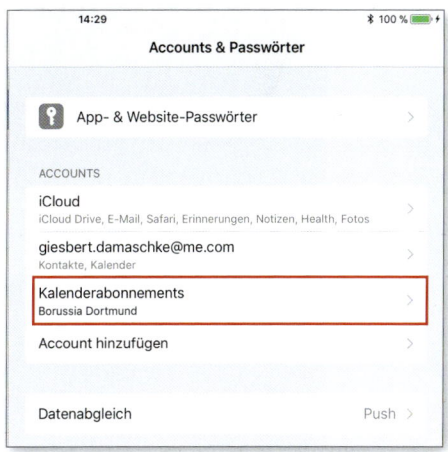

Kapitel 7: Mit Kalender Termine verwalten

Die Uhr

^ *Über dieses Symbol öffnen Sie die App Uhr.*

Mit der Uhr des iPads wissen Sie nicht nur stets, wie spät es ist, sondern haben immer und überall die Weltzeit im Griff, einen wackeren Wecker zur Hand, eine Stoppuhr parat und einen Timer dabei. In Kombination mit der Kalender-App wird Ihnen so mit Sicherheit Ihre Alltagsorganisation mit dem iPad gelingen.

Die verschiedenen Anwendungsbereiche der App erreichen Sie über die fünf Schaltflächen in der Fußzeile. Tippen Sie auf **Weltuhr** ❶, wird Ihnen die aktuelle Uhrzeit zu (fast) jedem Ort der Welt samt Zeitdifferenz zu Ihrer Zeitzone angezeigt. Die Orte werden zudem auf einer Weltkarte dargestellt. Einen neuen Ort nehmen Sie mit einem Tipp auf das Pluszeichen ❷ in die Liste auf. Wenn Sie vier Orte eingetragen haben, wischen Sie einmal von rechts nach links über die Uhren und öffnen so eine neue Bildschirmseite. Um die Reihenfolge der Orte zu ändern oder einen Ort zu löschen, tippen Sie auf **Bearbeiten** ❸.

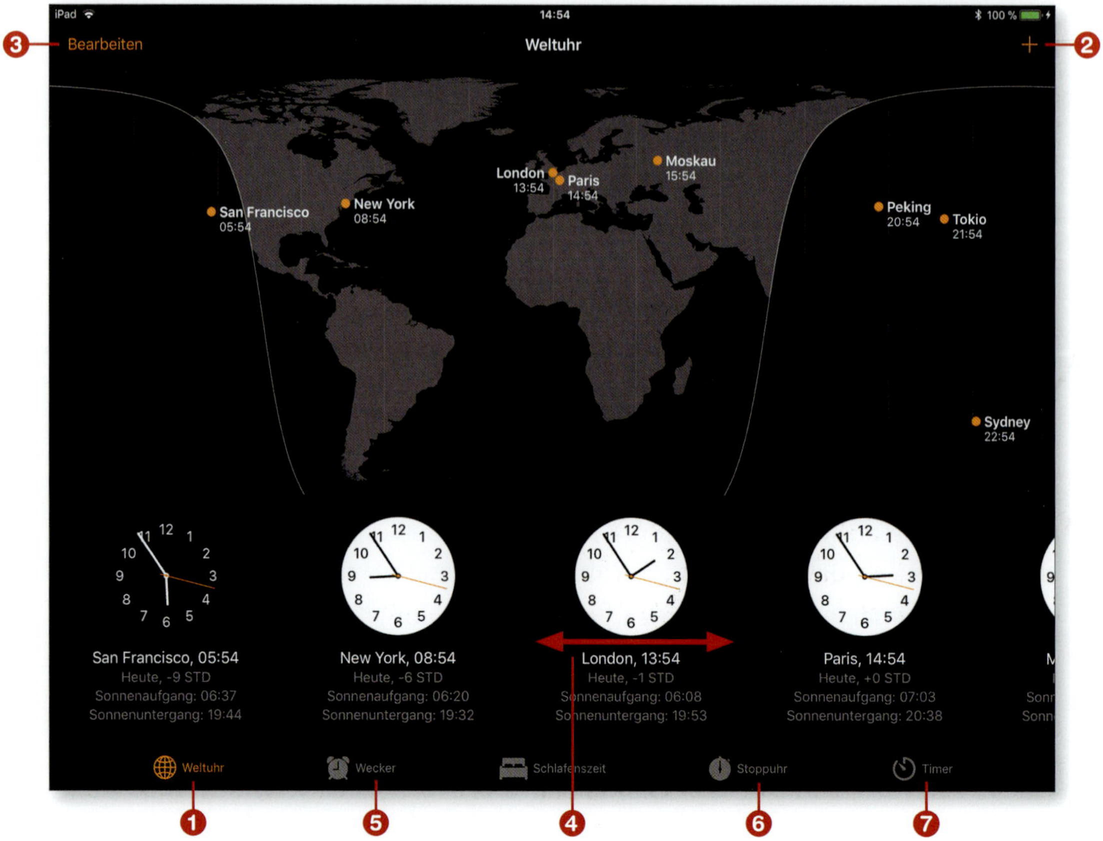

Die Reihenfolge der Orte lässt sich auch einfach in der Uhrenanzeige ändern. Berühren und halten Sie eine Uhr ❹, können Sie sie an die gewünschte Position verschieben.

Im Bereich **Wecker** ❺ können Sie beliebig viele Wecker einrichten, die sich einzeln ein- und ausschalten lassen. Standardmäßig ist ein Wecker nur an einem Tag aktiv. Möchten Sie am nächsten Tag erneut um die gleiche Zeit geweckt werden, schalten Sie den Wecker erneut ein oder definieren über den Punkt **Wiederholen**, an welchen Tagen ein Wecker aktiv sein soll. Nach einem Tipp auf **Bearbeiten** können Sie einen Wecker löschen.

Auch der Einsatz des iPads als **Stoppuhr** ❻ ist denkbar einfach. Rufen Sie diesen Bereich über die entsprechende Schaltfläche in der Fußzeile auf. Nach einem Tipp auf die Taste **Start** läuft die Stoppuhr, und die **Start**-wird zur **Stopp**-Taste. Ein Tipp darauf hält die Uhr an. Möchten Sie die Zwischenzeiten messen, tippen Sie zwischendurch links auf **Runde**. Die Runden werden im unteren Bereich einzeln ausgewiesen, die Stoppuhr selbst zeigt immer die Gesamtzeit, die aktuelle Rundenzeit wird Ihnen darunter in etwas kleinerer Schrift angezeigt.

Möchten Sie, dass Ihr Drei-Minuten-Ei auch tatsächlich nur drei Minuten kocht, wechseln Sie in der App in den Bereich **Timer** ❼, stellen ihn über die Drehräder in der Mitte auf »0 Stunden 3 Minuten« und tippen dann auf **Start**. Das iPad beginnt nun einen Drei-Minuten-Countdown und meldet sich am Schluss mit dem Signalton, den Sie mit einem Tipp auf das Notensymbol unterhalb der Zeitanzeige einstellen. Während der Timer fleißig zählt, können Sie mit Ihrem iPad wie gewohnt weiterarbeiten oder es in den Standby-Modus versetzen – der Timer meldet sich, sobald es an der Zeit ist.

Die Funktion **Schlafenszeit** ❽ (Seite 132) soll Ihnen dabei helfen, einen gesunden Schlafrhythmus zu finden. In der Praxis funktioniert das so, dass Sie das iPad daran erinnert, dass Sie allmählich zu Bett gehen sollten, wenn Sie zu einer gewünschten Zeit entspannt aufwachen wollen. Damit das iPad Ihre Schlafgewohnheiten kennt, fragt die Funktion zuerst einige Angaben ab (etwa: »Wann möchten Sie aufwachen?« »Wie lange möchten Sie schlafen?« »An welchen Tagen soll die Funktion aktiv sein?« »Mit welchem Klang möchten Sie geweckt werden?«). Alle Angaben lassen sich über **Optionen** ❾ jederzeit anpassen. Die Zeiten, wann Sie zu Bett gehen beziehungsweise aufstehen und wie lange Sie schlafen möchten, lassen sich auch einstellen, indem Sie Anfang ❿ beziehungsweise Ende ⓫ der Schlafphase mit dem Finger verschieben. Möchten Sie die Funktion deaktivieren, schalten Sie sie einfach aus ⓬.

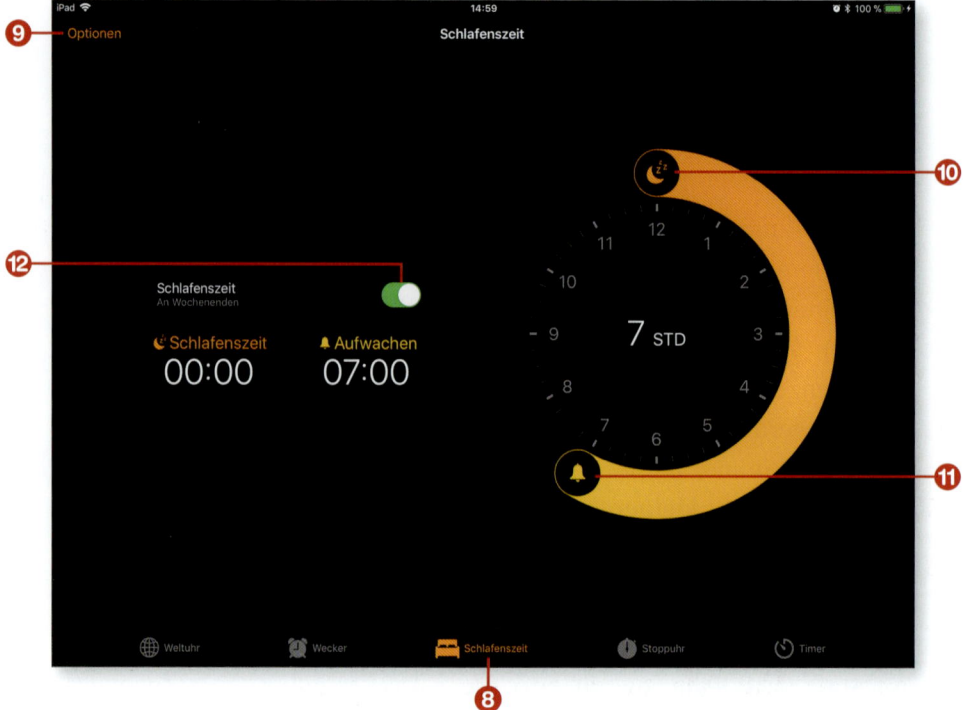

Kapitel 8
Mit Safari ins Internet

Unterwegs mal eben rasch etwas in Wikipedia nachschlagen, Nachrichten lesen oder sich über aktuelle Sportergebnisse informieren? Kein Problem, schließlich haben Sie mit Safari einen modernen Webbrowser auf Ihrem iPad, mit dem Sie jederzeit ins Internet kommen. Dabei bietet der Browser neben den gewohnten Standards auch einige pfiffige Zusatzfunktionen. In diesem Kapitel lernen Sie die Möglichkeiten von Safari kennen.

↑ *Das Icon von Safari*

Der Webbrowser Safari im Überblick

Am oberen Rand von Safari sehen Sie die Menüleiste mit dem Eingabefeld als zentralem Element. In dieses Feld geben Sie die Adresse einer Webseite (URL) ein. Gleichzeitig dient das Eingabefeld als Zugang zu den Suchmaschinen im Internet und für die Suche auf der aktuell gezeigten Webseite.

Statt einer Webadresse können Sie hier also auch Ihre Suchbegriffe eingeben und das Internet durchstöbern. Standardmäßig benutzt Safari für Ihre Suchanfragen *Google*, Sie können aber auch mit den Diensten *Bing*, *DuckDuckGo* oder *Yahoo* suchen (mehr dazu lesen Sie im Abschnitt »Suchen und Finden mit Safari« ab Seite 138).

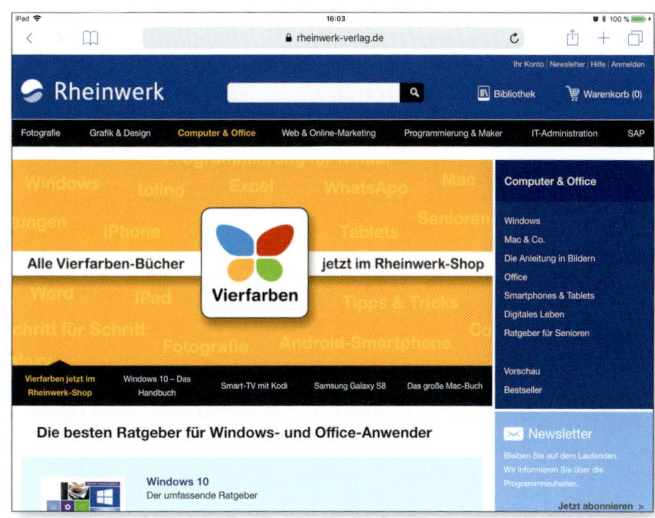

Kapitel 8: Mit Safari ins Internet

Links und rechts neben diesem Feld sehen Sie sechs verschiedene Schaltflächen: Über die beiden Pfeiltasten ❶ blättern Sie im Verlauf Ihrer aktuellen Surftour durchs Netz zurück beziehungsweise nach vorn. Tippen Sie auf das Lesezeichensymbol ❷, um Ihre Lesezeichen aufzurufen. Über die **Teilen**-Taste ❸ rufen Sie das **Teilen**-Menü auf, über das Sie die Internetadresse auf verschiedene Weise weitergeben, in sozialen Netzwerken veröffentlichen, die aktuelle Webseite ausdrucken oder durchsuchen und an andere Apps auf dem iPad durchreichen können. Mit dem Pluszeichen ❹ öffnen Sie einen neuen leeren Tab, in dem Sie eine weitere Webseite laden können. Dabei ist die Zahl der gleichzeitig geöffneten Tabs praktisch nicht begrenzt. Tippen Sie auf die Schaltfläche **Mehrere Seiten** ❺, erhalten Sie eine Übersicht über alle aktuell geöffneten Seiten, zwischen denen Sie hier auch problemlos wechseln können. Tippen Sie eine Seite in der Übersicht an, um sie aufzurufen. Ein Tipp auf den kreisförmigen Pfeil ❻ lädt die aktuell angezeigte Webseite erneut. Das ist praktisch, wenn sich der Inhalt einer Webseite – etwa bei Nachrichten- und News-Seiten – regelmäßig ändert. Bei manchen Webseiten erscheint links in der Adressleiste ein kleines Textsymbol ❼. Damit wechseln Sie in die sogenannte *Reader-Ansicht* von Safari, mit der wir uns im nächsten Abschnitt beschäftigen.

Sobald Sie eine Webseite aufgerufen haben und ein wenig scrollen, wird die Menüleiste verkleinert, die Symbole werden ausgeblendet, und es bleibt nur der Domainname der aktuellen Webseite stehen. Tippen Sie die verkleinerte Leiste einmal an, wird sie wieder vollständig angezeigt.

Webseiten aufrufen

Um eine Webseite aufzurufen, tippen Sie in das Eingabefeld. Im Eingabefeld erscheint nun die blinkende Schreibmarke, und gleichzeitig wird die Bildschirmtastatur eingeblendet. Geben Sie die gewünschte Adresse ein, und tippen Sie anschließend auf der Bildschirmtastatur auf die Taste

Webseiten aufrufen

Öffnen ❶. Während Sie die URL eintippen, durchsucht Safari den Verlauf und blendet zudem in Echtzeit Suchergebnisse aus dem Internet ein ❷. So können Sie bereits besuchte Webseiten sehr schnell erneut aufrufen oder eine passende Suche im Internet starten.

Bei der Eingabe der Adressendung einer Webseite (der sogenannten *Top-Level-Domain*), also etwa ».com« oder ».de«, erleichtert Ihnen die Tastatur die Eingabe über die Punkttaste.

Berühren und halten Sie diese Taste, blendet Safari die gängigsten Adressendungen (**.de**, **.net**, **.eu**, **.com** usw.) ein. Ziehen Sie den Finger auf die gewünschte Adressendung, und lassen Sie dann die Taste los – sie wird (zusammen mit dem obligatorischen Punkt) automatisch an Ihre Eingabe im Adressfeld angehängt.

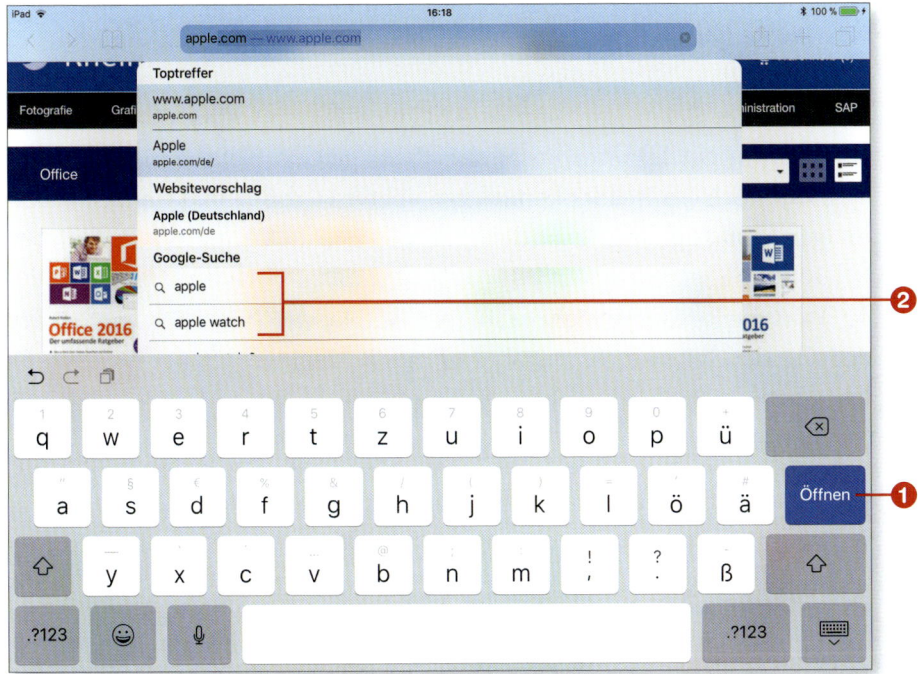

▲ *Geben Sie per Punkttaste Adressendungen schneller ein.*

Die angezeigte Webseite lässt sich problemlos zoomen, damit Sie auch kleinen Text gut lesen können. Legen Sie dazu Daumen und Zeigefinger auf den Bereich des Bildschirms, den Sie vergrößern möchten, und bewegen Sie sie auseinander. Leider unterdrücken manche Webseiten diese Zoomfunktion. In diesen Fällen kann auch Safari nichts machen.

Viele Webseiten enthalten nicht nur Text, sondern auch zahlreiche Bilder und andere Elemente, die bei der Lektüre mitunter etwas stören. Wenn Sie diese Inhalte ausblenden wollen, bietet Ihnen Safari mit der Reader-Ansicht eine pfiffige Funktion.

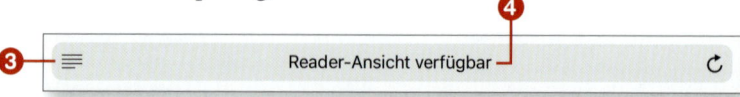

Hierbei extrahiert Safari den eigentlichen Text aus einer Webseite und stellt ihn in gut lesbarer Form dar. Zwar gibt es Webseiten, vor deren Struktur auch der Reader kapituliert, aber im Großen und Ganzen arbeitet er zuverlässig.

1. Falls die Reader-Ansicht verfügbar ist, blendet Safari links neben der Adresse der Seite ein Textsymbol ❸ ein. Zudem wird in der Adresszeile kurz der Text **Reader-Ansicht verfügbar** ❹ angezeigt.

2. Mit einem Tipp auf das Textsymbol wechseln Sie in die Reader-Ansicht, das Symbol wird daraufhin dunkel unterlegt ❺. Mit einem erneuten Tipp verlassen Sie diese Ansicht wieder.

3. Mit einem Tipp auf AA ❻ in der Adresszeile öffnen Sie ein Menü, über das Sie die Schrift und Schriftgröße des Textes ändern können. Auch die Hintergrundfarbe lässt sich in diesem Menü ändern.

Die Reader-Ansicht ist leider nicht bei allen Webseiten möglich, aber wenn sie zur Verfügung steht, sind Texte auf Webseiten deutlich besser lesbar.

Mehrere Seiten gleichzeitig öffnen

Wenn Sie eine neue Webseite öffnen, die aktuelle aber nicht verlieren möchten, öffnen Sie im Browser auf dem Computer die neue Webseite in der Regel in einem neuen Tab oder Fenster. Das geht auch mit Safari auf dem iPad.

1. Einen neuen Browsertab öffnen Sie mit einem Tipp auf die Plus-Schaltfläche ❶ (Seite 138) in der Menüzeile. Safari blendet einen neuen leeren Tab ein, in dem Sie die gewünschte Webseite laden können. Sie können beliebig viele Seiten gleichzeitig in Tabs öffnen.

2. Um zwischen zwei Tabs zu wechseln, tippen Sie in der Tableiste auf den Seitentitel ❷ der entsprechenden Seite.

3. Ab und an möchten Sie vielleicht ein wenig aufräumen und die nicht mehr benötigten Seiten wieder schließen. Um die aktuelle Seite zu schließen, tippen Sie auf das × ❸ links im Titel des jeweiligen Tabs.

4. Sollten Sie allerdings viele Tabs geöffnet haben, kann es schwierig werden, den richtigen Tab in der Tableiste zu erwischen. Daher bietet Ihnen Safari einen weiteren Weg, um schnell zwischen Seiten oder Tabs zu wechseln: Tippen Sie auf die Taste **Mehrere Seiten** ❹.

5. Ihnen werden nun alle aktuell geöffneten Seiten als Miniaturen in einer Übersicht angezeigt. Mit einem Tipp auf eine Miniatur wechseln Sie zum entsprechenden Tab beziehungsweise zur entsprechenden Seite.

6. Über das Suchfeld ❺ können Sie nach Titel und Adressen der geöffneten Webseiten suchen und so bei sehr vielen gleichzeitig geöffneten Tabs schnell die gesuchte Seite finden.

7. In der Übersicht über alle geöffneten Seiten können Sie ebenfalls über die Plus-Schaltfläche ❻ neue Seiten öffnen.

Kapitel 8: Mit Safari ins Internet

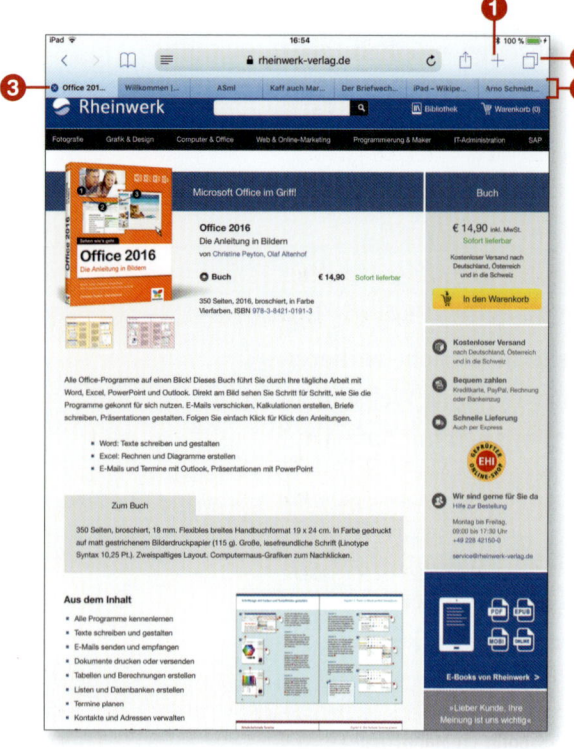

8. In der Übersicht schließen Sie einen Tab mit einem Tipp auf das × ❼ an der gewünschten Seite. Da die Übersicht dabei geöffnet bleibt, lassen sich so schnell mehrere Seiten nacheinander schließen.

➕ Alle Tabs auf einmal schließen

Möchten Sie sämtliche Tabs auf einmal schließen, berühren und halten Sie das Symbol für mehrere Seiten. Hier können Sie nun mit einem Tipp sämtliche geöffneten Tabs auf einen Rutsch schließen. Das funktioniert auch in der Übersicht über alle geöffneten Tabs, hier berühren und halten Sie den Eintrag **Fertig**.

Suchen und Finden mit Safari

Das Tolle am Internet ist, dass Sie hier Informationen zu allen, aber auch wirklich allen Themen finden. Vorausgesetzt, Sie wissen, wie Sie sie suchen. Dafür gibt es die Suchmaschinen.

Suchen und Finden mit Safari

> **Suchmaschine wählen**
>
> Womit Safari im Internet suchen soll, legen Sie unter **Einstellungen ▶ Safari ▶ Suchmaschine** fest. Hier können Sie zwischen Bing, DuckDuckGo, Google und Yahoo wählen.

Um im Internet zu suchen, tippen Sie in das Adressfeld und geben über die Bildschirmtastatur den Suchbegriff in das Eingabefeld ein ❶. Das Adressfeld dient also gleichzeitig auch als Suchfeld.

Dabei unterstützt Sie die Suche mit Suchvorschlägen aus der eingestellten Suchmaschine ❷, den Treffern, die die iPad-interne Suche *Spotlight* liefert – in der Regel sind dies passende Einträge in Wikipedia ❸, hier können aber auch Treffer aus der App Karten, dem App Store oder aus dem Web auftauchen –, und Treffern aus Ihren Lesezeichen und dem Verlauf ❹.

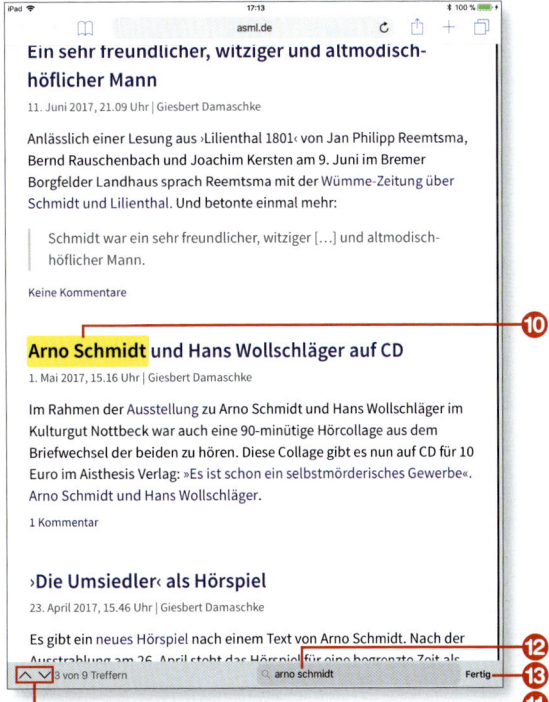

Tippen Sie auf einen der Suchvorschläge, um die entsprechenden Seiten zu öffnen. Wenn nichts Passendes dabei ist, tippen Sie auf **Öffnen** ❺, um die vollständige Trefferliste der Suchmaschine angezeigt zu bekommen.

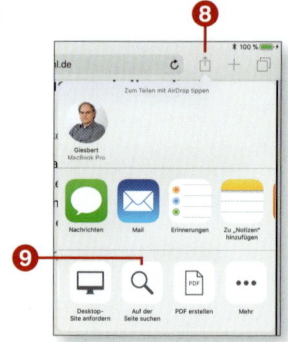

▲ *Für die Suche im Internet und auf Webseiten wird die Adresszeile als Eingabezeile benutzt.*

Obendrein ist es möglich, nach dem eingegebenen Begriff auf der aktuell angezeigten Webseite zu suchen ❻ (Seite 140). Sollte dieser Eintrag von der Tastatur verdeckt sein, blenden Sie sie mit einem Tipp auf die entsprechende Taste ❼ (Seite 140) aus.

Die Suche auf einer Webseite ist übrigens auch etwas schneller zu erreichen. Tippen Sie dazu auf das **Teilen**-Symbol ❽, und wählen Sie hier in der unteren Reihe den Eintrag **Auf der Seite suchen** ❾.

Bei der Suche auf einer Webseite wird der gefundene Begriff gelb markiert ❿. Über die Pfeiltasten links unten ⓫ springen Sie von einem Treffer zum nächsten. Möchten Sie den Suchbegriff ändern, tippen Sie ihn ⓬ an und geben den neuen Begriff ein. Mit **Fertig** ⓭ schließen Sie die Suche.

Links auf Webseiten aufrufen

Möchten Sie einem Link auf einer Webseite folgen, machen Sie genau das, was Sie auch am Computer tun: Sie klicken ihn an. Auf dem maus- und stiftlosen iPad heißt das natürlich: Sie tippen ihn mit dem Finger an, um die verlinkte Seite zu öffnen.

Dabei kennt Safari neben den üblichen Links zu anderen Webseiten noch einige Sonderfälle, die es sich genauer anzuschauen lohnt, da sie eine enorme Hilfe sein können.

Bei einer als Link ausgeführten E-Mail-Adresse auf einer Webseite öffnet ein Tipp auf die Adresse die Mail-App, in der die Adresse bereits als Empfänger übernommen wurde.

Sobald Safari auf einer Webseite eine Telefonnummer erkennt, wird sie als Link dargestellt. Tippen Sie diesen Link an, können Sie zur Nachrichten-App wechseln und die Nummer wählen. Das funktioniert recht zuverlässig, allerdings hält Safari gelegentlich auch normale Ziffern für eine Telefonnummer und stellt sie als Link dar.

Zudem gibt es spezielle Links, die eine Applikation auf dem iPad öffnen. Bei einem Tipp auf diesen Link verlassen Sie Safari und wechseln zu dieser Applikation. Ein Beispiel dafür sind etwa Links zum App Store.

Wenn Sie einen Link berühren und halten, wird er etwas hervorgehoben. Lassen Sie ihn nun los, öffnet Safari ein Kontextmenü zu diesem Link, das Ihnen weitere Möglichkeiten bietet. Der Inhalt des Kontextmenüs hängt dabei von der Art des Links ab – und davon, wie Sie Ihr iPad halten (mehr dazu im nächsten Abschnitt »Zwei Webseiten nebeneinander darstellen«).

Bei einem normalen Link zu einer anderen Webseite haben Sie hier etwa die Möglichkeit, den Link wie gewohnt – also im aktuellen Tab ❶ – oder in einem neuen Tab zu öffnen ❷. Hier können Sie die verlinkte Seite Zur Leseliste hinzufügen ❸ (was es damit auf sich hat, erfahren Sie im Abschnitt »Lesezeichen und Leseliste verwenden« ab Seite 142) oder die URL des Links kopieren ❹, um ihn etwa in eine Notiz zu übernehmen. Wie die konkrete Webadresse lautet, zu der ein Link führt, erfahren Sie hier ebenfalls ❺. Möchten Sie einen Link an eine andere App weiterreichen, wählen Sie Teilen ❻.

Zwei Webseiten nebeneinander darstellen

Bereits in Kapitel 2 habe ich Ihnen *Split View* vorgestellt, also die Möglichkeit, zwei Apps nebeneinander darzustellen (lesen Sie dazu den Abschnitt »Zwei Apps nebeneinander ausführen« ab Seite 42). Diesen Modus beherrscht auch Safari, hier können Sie zwei Webseiten unabhängig voneinander nebeneinander anzeigen lassen.

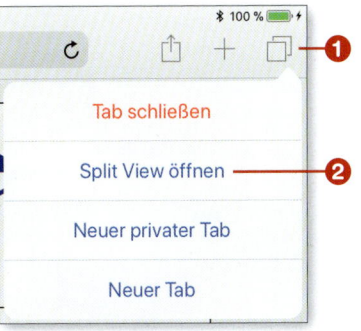

Split View steht Ihnen allerdings nur im Querformat zur Verfügung, drehen Sie also gegebenenfalls Ihr iPad. Um danach in diesen Modus zu wechseln, berühren und halten Sie das Symbol Mehrere Seiten ❶ und wählen den Menübefehl Split View öffnen ❷. Safari stellt nun zwei Browserfenster nebeneinander dar, in denen Sie wie gewohnt Webseiten öffnen können. Schließen Sie eine der beiden Seiten, wird Split View automatisch beendet und die verbleibende Seite bildschirmfüllend dargestellt.

Kapitel 8: Mit Safari ins Internet

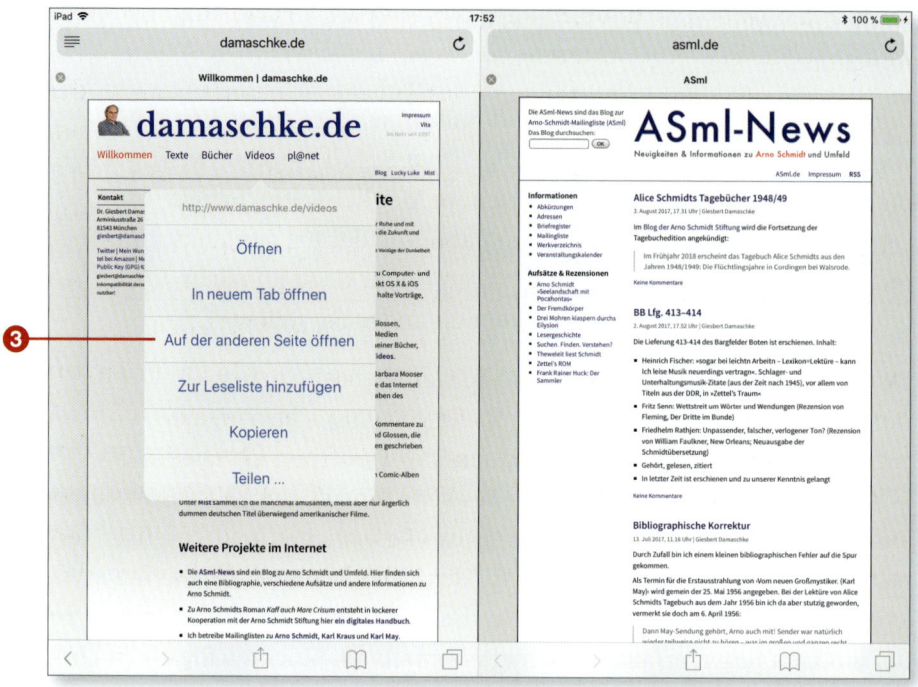

↑ *Im Split-View-Modus stellt Safari zwei Webseiten nebeneinander dar.*

In dieser Darstellung ändert sich das Kontextmenü eines Links und bietet nun den Eintrag **Auf der anderen Seite öffnen** ❸. Tippen Sie darauf, wird eine verlinkte Webseite im Fenster daneben geöffnet und die aktuelle Seite nicht verlassen.

> **➕ Split View mit Drag & Drop**
>
> Sie können den Split View von Safari auch direkt aufrufen. Berühren und halten Sie dazu einen Tab, ziehen Sie ihn an den linken oder rechten Rand, und lassen Sie ihn dort los.

Lesezeichen und Leseliste verwenden

Beim Surfen im Internet werden Sie sicherlich immer wieder auf wichtige oder interessante Seiten stoßen, die Sie sich gerne merken und später noch mal aufrufen möchten.

142

Lesezeichen und Leseliste verwenden

Dazu legen Sie in Safari folgendermaßen ein Lesezeichen an. Tippen Sie auf die **Teilen**-Taste ❶ und anschließend auf **Lesezeichen** ❷. Standardmäßig wird als Name des Lesezeichens der Titel der Webseite benutzt, der aber oftmals viel zu lang und unhandlich ist. Tippen Sie ihn an ❸, um ihn Ihren Wünschen anzupassen. Safari kann Lesezeichen in beliebigen Ordnern verwalten, die hier **Standort** ❹ heißen. Tippen Sie den Eintrag **Favoriten** an, um einen Ordner auszuwählen, in dem Sie das Lesezeichen ablegen möchten (wie Sie Ordner anlegen, erfahren Sie im Abschnitt »Lesezeichen organisieren« ab Seite 145). Mit einem Tipp auf **Sichern** ❺ speichern Sie das Lesezeichen. Lesezeichen, die Sie schnell im Zugriff haben möchten, sollten Sie **Als Favorit sichern** ❻. Die hier eingetragenen Lesezeichen werden automatisch eingeblendet, sobald Sie in das Adressfeld in der Menüleiste tippen oder eine neue leere Seite in Safari öffnen. Auf Wunsch blendet Safari die Favoriten auch in Form einer Menüleiste ein. Aktivieren Sie dazu unter **Einstellungen ▸ Safari** den Schalter **Favoritenleiste einblenden**.

 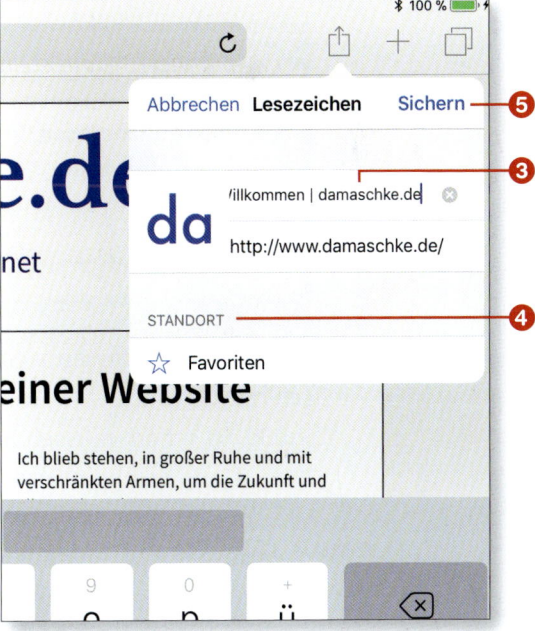

> ➕ **Favoriten festlegen**
>
> Wenn Sie Ihre Lesezeichen in verschiedenen Ordnern oder Unterordnern verwalten, können Sie in den Safari-Einstellungen festlegen, welchen Ordner Safari bei den Favoriten anzeigen soll, sodass Sie auch diesen (mit den darin enthaltenen Lesezeichen) im schnellen Zugriff haben. Rufen Sie dazu **Einstellungen ▸ Safari ▸ Favoriten** auf, und wählen Sie den gewünschten Ordner aus der Liste aus.

Stoßen Sie bei Ihrer Surftour im Netz auf interessante Artikel, die Sie später in Ruhe lesen, für die Sie aber nicht extra ein Lesezeichen anlegen möchten, tippen Sie auf **Zur Leseliste hinzufügen** ❼ (Seite 143). Auf Wunsch kann Safari sich hier nicht nur die Webadressen merken, sondern gleich die komplette Seite speichern. So lässt sich ein Eintrag auf der Leseliste auch dann aufrufen, wenn Sie aktuell offline sind (etwa im Flugzeug). Beim ersten Mal fragt Safari nach, später lässt sich diese Option unter **Einstellungen ▸ Safari** im Abschnitt **Leseliste** ein- und ausschalten.

Zu guter Letzt lassen sich Lesezeichen mit der Option **Zum Home-Bildschirm** ❽ (Seite 143) dem Home-Bildschirm hinzufügen (um diesen Punkt zu sehen, müssen Sie die Symbolreihe eventuell nach links schieben). Dann erscheint das Lesezeichen wie eine App auf dem Home-Bildschirm und lässt sich von dort mit einem Tipp aufrufen. Diese Lesezeichen löschen Sie genauso wie eine App. Lesen Sie dazu den Abschnitt »Apps löschen« auf Seite 302.

Um ein Lesezeichen oder einen Eintrag in der Leseliste aufzurufen, tippen Sie auf das Lesezeichen-Symbol ❾.

Am linken Bildschirmrand erscheint ein Menü, in dem Sie am oberen Rand drei Schaltflächen sehen. Über das Buchsymbol ❿ greifen Sie auf

Lesezeichen organisieren

die Lesezeichen zu und können mit einem Fingertipp die gewünschte Webseite aus der Liste aufrufen beziehungsweise sich den Inhalt eines Lesezeichenordners anzeigen lassen. Um auf die gespeicherten Seiten der Leseliste zuzugreifen, tippen Sie auf das Brillensymbol ⓫. Über das Uhrensymbol ⓬ können Sie sich den Verlauf anzeigen lassen, also eine Liste aller Webseiten, die Sie in der letzten Zeit besucht haben.

Lesezeichen organisieren

Safari legt Ihre Lesezeichen in der Reihenfolge ab, in der Sie sie gespeichert haben. Das können Sie natürlich jederzeit ändern, die Lesezeichen in Ordner verschieben, eigene Ordner anlegen oder Lesezeichen auch wieder löschen.

1. Um einen neuen Ordner anzulegen, rufen Sie zuerst mit einem Tipp auf das Buchsymbol in der Menüzeile die Lesezeichen auf und tippen in der Seitenleiste unten auf **Bearbeiten**.

2. Die Seitenleiste wird daraufhin für Veränderungen freigegeben, und ihre Darstellung ändert sich ein wenig. Tippen Sie unten links auf den Befehl **Neuer Ordner** ❶.

3. Geben Sie dem Ordner einen Namen, und legen Sie mit einem Tipp auf **Ort** fest, auf welcher Ebene er angelegt werden soll. Es sind auch Unterordner in Ordnern möglich. Bestätigen Sie das Anlegen des neuen Ordners mit einem Tipp auf **Fertig** auf der Tastatur.

4. Wenn Sie möchten, können Sie auch die Position der Lesezeichen ändern. Berühren und halten Sie dazu die Griffmarkierung ❷ rechts, und ziehen Sie den Eintrag an die gewünschte Position.

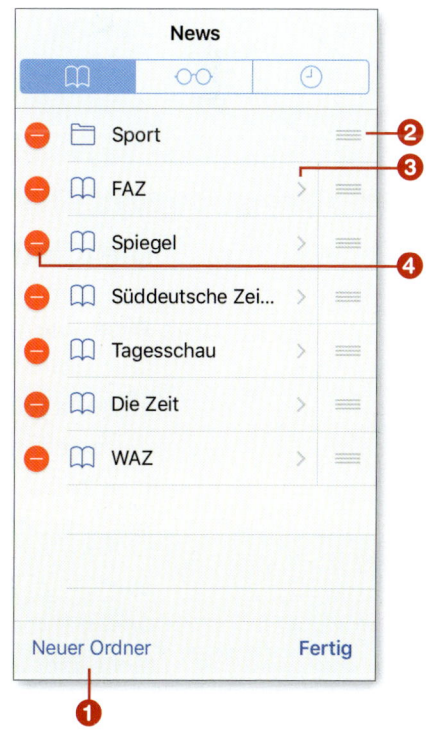

Lesezeichen schnell ordnen

Sie müssen nicht extra in den Bearbeiten-Modus wechseln, um die Reihenfolge von Ordnern und Lesezeichen zu ändern. Berühren und halten Sie einen Eintrag in den Lesezeichen, lässt er sich ebenfalls verschieben.

5. Mit einem Tipp auf den Pfeil ❸ (Seite 145) blenden Sie die Details eines Lesezeichens ein, hier können Sie den Namen ändern, die URL korrigieren oder das Lesezeichen auch in einen anderen Ordner verschieben.

6. Möchten Sie ein Lesezeichen oder einen Lesezeichenordner löschen, tippen Sie auf die rote Markierung ❹ vor dem Eintrag.

7. Mit einem Tipp auf **Fertig** schließen Sie die Bearbeitung der Lesezeichen ab.

Lesezeichen und Leseliste schnell löschen

Lesezeichen lassen sich auch direkt in der Übersicht der Lesezeichen löschen – wischen Sie dazu einfach von rechts nach links über den entsprechenden Eintrag, und tippen Sie auf **Löschen**. Genauso löschen Sie auch einen Eintrag in der Leseliste.

Die iCloud-Tabs

Wenn Sie Ihre Lesezeichen via iCloud synchronisieren und mit einem Mac arbeiten, werden nicht nur die Lesezeichen, sondern auch die aktuell auf allen Geräten geöffneten Webseiten synchronisiert. Apple nennt diese Seiten die *iCloud Tabs*. So können Sie etwa auf Ihrem Mac daheim eine Webseite öffnen und sie unterwegs in Safari auf dem iPad weiterlesen, ohne die Adresse einzutippen oder ein Lesezeichen anzulegen.

Die iCloud-Tabs sehen Sie, wenn Sie in Safari auf das Symbol für **Mehrere Seiten** tippen. In der Übersicht werden Ihnen nun unterhalb der Übersicht über alle auf dem iPad geöffneten Tabs in einer Liste die Seiten angezeigt, die Sie auf anderen Geräten geöffnet haben (in diesem Beispiel also die Seiten auf meinem Mac ❶ und meinem iPhone ❷). Mit einem

Tipp auf einen der Einträge eines anderen Geräts öffnen Sie diese Adresse dann in Safari auf dem iPad. Es ist möglich, vom iPad aus einen Tab auf einem anderen Gerät zu schließen. Dazu streichen Sie ihn von rechts nach links durch und bestätigen mit einem Tipp auf **Schließen** ❸.

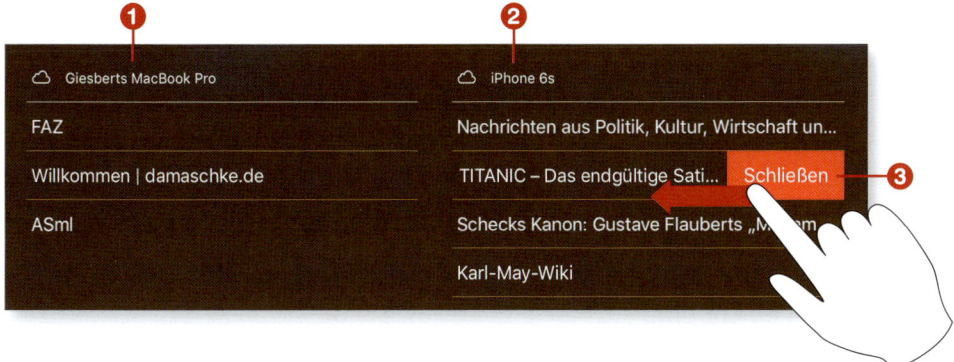

Bilder und Dateien von Webseiten speichern

Oft stößt man im Internet auf Fotos und Bilder, die man gern seiner eigenen Bildersammlung einverleiben möchte. Auch das ist mit dem iPad möglich: Sie können die meisten Bilder von einer Webseite auf dem iPad speichern, sofern dies vom Webseitenbetreiber nicht unterbunden wird. Sie können sie dann nach dem Speichern so behandeln wie alle anderen Fotos oder hinzugefügten Bilder auf Ihrem iPad (lesen Sie dazu mehr in Kapitel 13, »Fotos bearbeiten und verwalten«).

Dazu berühren und halten Sie das gewünschte Bild, bis es etwas zu schweben beginnt. Lassen Sie es nun los, erscheint ein Kontextmenü, in dem Sie das Bild mit einem Tipp auf **Bild sichern** Ihrer Fotomediathek hinzufügen. Tippen Sie im Kontextmenü auf den Befehl **Kopieren**, wird das Bild in der Zwischenablage gespeichert, und Sie können es beispielsweise in eine Notiz oder E-Mail einfügen.

Ähnlich verfahren Sie auch mit anderen Dateien auf dem iPad. Rufen Sie etwa einen Link zu einer PDF-Datei in Safari auf, öffnet Safari die Datei und zeigt ihren Inhalt an. Tippen Sie auf das **Teilen**-Menü ❶ (auf Seite 148), können Sie die Datei entweder an andere Apps durchreichen (etwa an **iBooks** ❷) oder sie auf dem iPad speichern ❸.

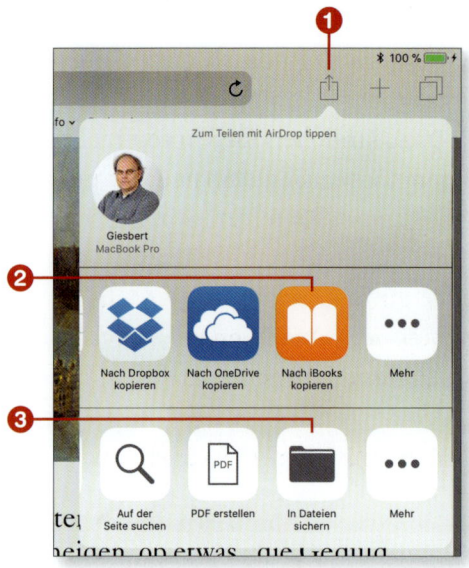 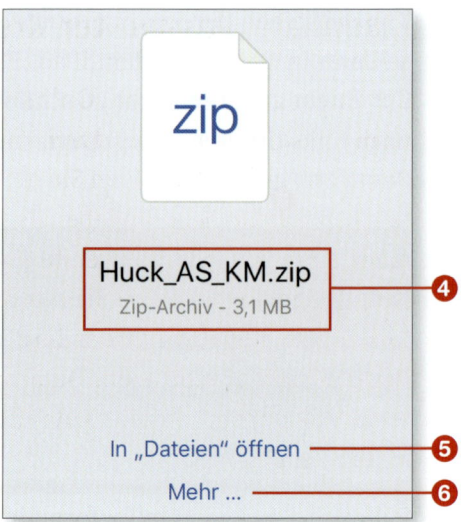

Das funktioniert auch mit Dateiformaten, mit denen Safari von Haus aus nichts anzufangen weiß, etwa mit ZIP-Dateien. Tippen Sie auf einer Webseite auf einen Link, zeigt Ihnen Safari nur das Symbol für eine ZIP-Datei, deren Namen und Umfang ❹, bietet Ihnen aber an, die Datei in der App **Dateien** zu öffnen ❺ (diese kann ZIP-Dateien nämlich öffnen). Mit einem Tipp auf **Mehr** ❻ lässt sich eine ZIP-Datei auch an andere Apps weiterreichen.

> **Webseiten als PDF speichern**
>
> Safari bietet die Möglichkeit, eine Webseite als PDF zu speichern. Dabei werden lange Webseiten, die im Druck auf mehrere Seiten verteilt würden, in eine lange PDF umgewandelt. Tippen Sie dazu auf das **Teilen**-Symbol ❶, und wählen Sie hier in der unteren Symbolleiste den Punkt **PDF erstellen**. Die so erzeugte PDF-Datei kann durch einen Tipp auf das **Stift**-Symbol ❷ mit Markierungen und Anmerkungen versehen und durch einen Tipp auf das **Teilen**-Symbol anschließend an andere Applikationen weitergegeben oder in der App **Dateien** gespeichert werden. Zu den Markierungen lesen Sie den Abschnitt »Die Markierungen« ab Seite 87.

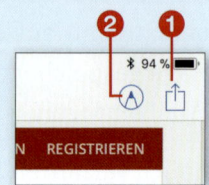

Formulare, Passwörter, Kreditkarten

Der Zugang zu Webforen, Onlineshops und ähnlichen Angeboten im Internet wird in der Regel durch die Eingabe eines Benutzernamens und Passworts geschützt. Wenn Sie nicht ständig diese Daten eingeben möchten, kann Safari Ihre Eingaben auch speichern und beim nächsten Aufruf einer Seite das entsprechende Formular automatisch ausfüllen. Safari kann Ihnen auch – wenn Sie das wünschen – das Ausfüllen von Kontaktformularen abnehmen oder Ihre Kreditkartendaten automatisch in ein Bestellformular eintragen. Damit das funktioniert, muss diese Hilfe unter **Einstellungen ▸ Safari ▸ Autom. ausfüllen** aktiviert sein (was standardmäßig der Fall ist).

Füllen Sie nun ein Onlineformular aus, bietet Safari Ihnen an, das Formular automatisch auszufüllen ❶. Von Safari ausgefüllte Felder werden gelb hervorgehoben. Über die Pfeiltasten ❷ springen Sie im Formular von einem zum anderen Feld. Das funktioniert allerdings nur dann, wenn Safari die Formularfelder eindeutig erkennt – was nicht immer der Fall ist.

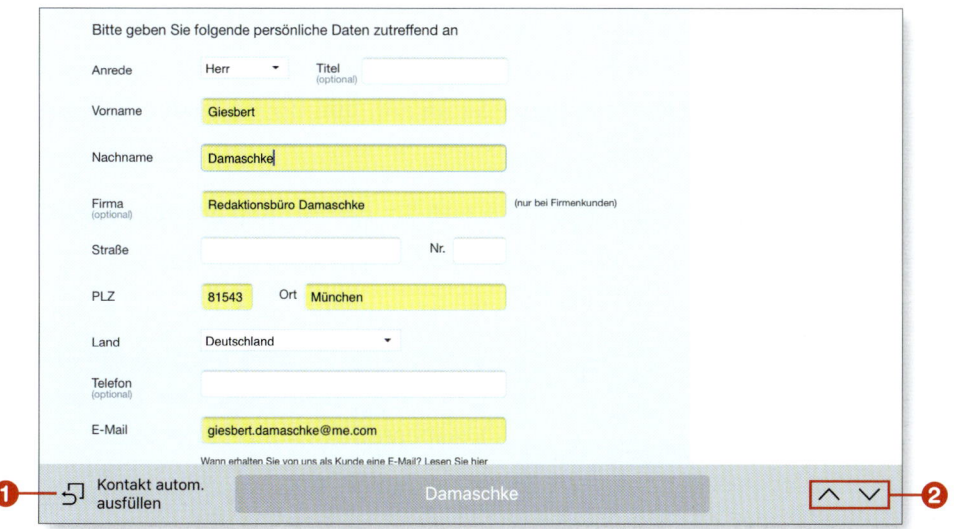

▲ *Wunder dürfen Sie beim automatischen Ausfüllen nicht erwarten, aber in der Praxis spart diese Funktion manche Tipperei.*

Kapitel 8: Mit Safari ins Internet

Sehr viel zuverlässiger funktioniert dagegen das automatische Eintragen von Passwörtern. Melden Sie sich in Safari zum ersten Mal bei einem Onlinekonto an und geben dort Ihren Benutzernamen und Ihr Passwort ein, fragt Safari nach, ob das Passwort gespeichert werden soll. Tippen Sie hier auf **Passwort sichern**, merkt sich Safari Ihre Zugangsdaten und trägt sie beim nächsten Mal automatisch ein.

> ➕ **Passwörter nachschlagen und löschen**
>
> Haben Sie einmal Ihre Zugangsdaten vergessen, sie aber auf dem iPad gespeichert, können Sie sie unter **Einstellungen ▸ Safari ▸ Passwörter** nachschlagen. Möchten Sie ein gespeichertes Passwort löschen, streichen Sie es einfach in der Liste von rechts nach links durch und bestätigen mit einem Tipp auf **Löschen**. Der Zugriff auf die gespeicherten Passwörter ist durch Ihren Code geschützt, den Sie zum Entsperren des iPads benutzen.

Auch Kreditkartendaten kann sich Safari merken und sie bei Bedarf automatisch in ein Formular eintragen. Dabei müssen Sie die Daten noch nicht einmal eintragen – es genügt, eine Kreditkarte zu fotografieren, damit Safari sich die Daten merkt.

1. Rufen Sie dazu **Einstellungen ▸ Safari** auf, und tippen Sie hier auf **Autom. ausfüllen**.

2. Aktivieren Sie (falls das nicht schon der Fall ist) den Schalter **Kreditkarten**.

3. Tippen Sie auf **Gesicherte Kreditkarten**. Hier müssen Sie sich mit Ihrem Code ausweisen, den Sie zum Entsperren des iPads benutzen.

4. Tippen Sie auf **Neue Kreditkarte** und hier auf **Kamera verwenden**.

5. Fotografieren Sie nun mit dem iPad Ihre Kreditkarte, übernimmt Safari automatisch Ihre Daten.

Schützen Sie Ihre Daten

Wenn Sie mit Safari im Internet unterwegs sind, hinterlassen Sie zwangsläufig Spuren im Netz und auf dem iPad. Hier werden etwa die Adressen aller von Ihnen besuchten Webseiten gespeichert, viele Webseiten hinterlegen kleine Dateien, sogenannte *Cookies*, mit deren Hilfe Sie beim nächsten Besuch der Seite erkannt werden (was oft erwünscht ist), Anzeigenserver können Ihren Weg durchs Web verfolgen (was meist nicht erwünscht ist) und Ähnliches mehr. Welche Daten Safari speichern soll, lässt sich in den Safari-Einstellungen ein wenig steuern. Vor allem aber lassen sich sämtliche gespeicherte Daten problemlos löschen.

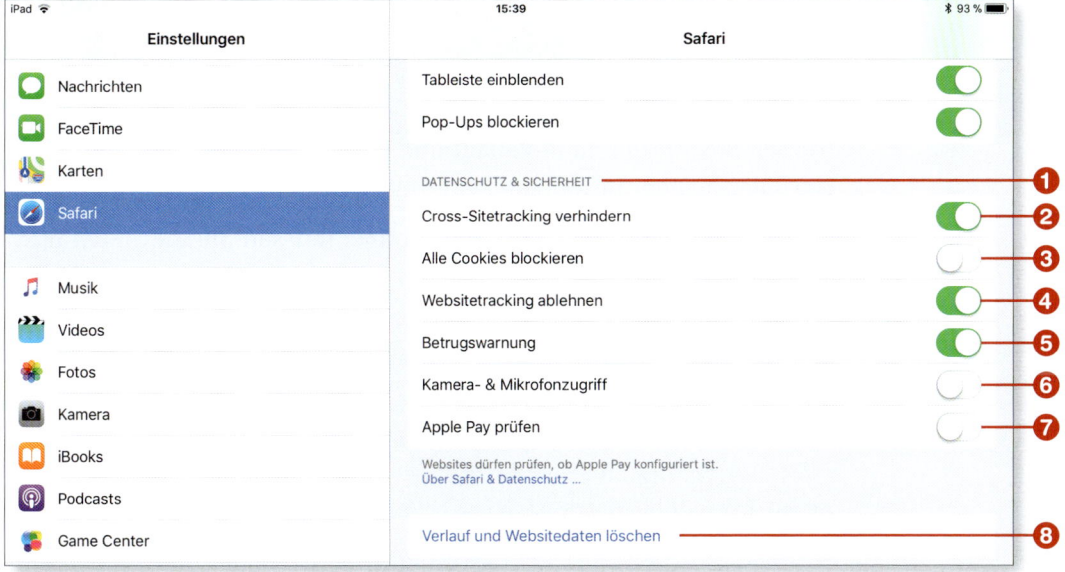

▲ *In den Datenschutzeinstellungen von Safari können Sie unter anderem anfallende private Daten löschen.*

❶ Rufen Sie zunächst **Einstellungen ▸ Safari** auf, und schieben Sie gegebenenfalls das Menü nach oben, bis Sie den Bereich **Datenschutz & Sicherheit** sehen.

❷ Hier sollten Sie den Punkt **Cross-Sitetracking verhindern** aktivieren, um den Datenschnüfflern ein Schnippchen zu schlagen.

❸ Den Schalter **Alle Cookies blockieren** sollten Sie dagegen ausgeschaltet lassen, da ansonsten manche Webseiten nicht mehr funktionieren.

④ Der Schalter **Websitetracking ablehnen** ist beim aktuellen Stand der Technik nur ein frommer Wunsch, der nicht viel ausrichtet, aber auch nicht schadet.

⑤ Der Schalter **Betrugswarnung** ist dagegen wichtig. Ist er aktiv, warnt Sie Safari vor dem Aufruf von betrügerischen Webseiten.

⑥ Möchten Sie generell nicht, dass eine Webseite auf die Kamera und das Mikro Ihres iPads zugreifen darf, schalten Sie den Zugriff hier aus. Ist dieser Schalter aktiv, kann eine Webseite Kamera und Mikro nutzen – etwa für einen Chat –, muss Sie aber zuvor um Erlaubnis fragen.

⑦ Da es Apples Bezahldienst **Apple Pay** derzeit (September 2017) nicht in Deutschland gibt, können Sie diese Option auch ruhig ausgeschaltet lassen.

⑧ Tippen Sie auf den Link **Verlauf und Websitedaten löschen**, entfernen Sie die Liste aller bisher besuchten Webseiten, alle Cookies und ähnliche Hinterlassenschaften besuchter Webseiten.

> ➕ **»Privates Surfen« aktivieren**
>
> Möchten Sie nur bei Ihrem nächsten Ausflug im Internet keine Spuren in Safari hinterlassen (z. B. weil Sie ein Geschenk für Ihre Frau oder Ihren Mann kaufen möchten), bietet Ihnen Safari eine nützliche Funktion: das *private Surfen*. Tippen Sie in der Menüzeile auf die Schaltfläche **Mehrere Seiten**, und wählen Sie danach in der Seitenübersicht **Privat**. Die besuchten Webseiten werden daraufhin nicht im Verlauf gespeichert, anfallende Cookies werden beim Schließen eines Tabs im privaten Modus automatisch gelöscht.

Die Inhaltsblocker

Manche Webseiten sind mit Anzeigen und *Tracking-Scripts*, die Ihren Weg durchs Netz protokollieren, derart überladen, dass Sie nicht nur Schwierigkeiten haben, den eigentlichen Inhalt auf diesen Seiten zu er-

Die Inhaltsblocker

kennen, sondern obendrein auch noch lange warten müssen, bis sich die Seiten endlich aufgebaut haben.

Hier bietet Safari die Möglichkeit, *Inhaltsblocker* in Safari zu integrieren. Diese Blocker analysieren den Inhalt einer Seite und schmeißen alles raus, was nicht direkt etwas mit der Seite zu tun hat.

Diese Inhaltsblocker sind meist kostenpflichtige Zusatzprogramme, die Sie aus dem App Store beziehen können (wie Sie Programme aus dem App Store laden, erkläre ich Ihnen in Kapitel 16, »Neue Inhalte für Ihr iPad«).

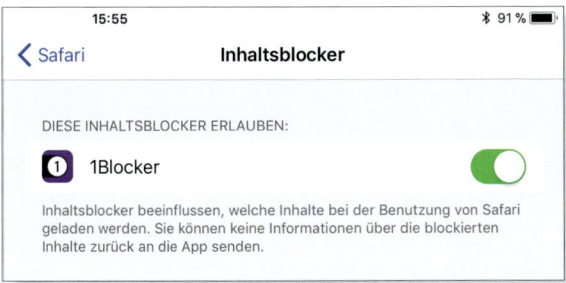

Sobald ein solcher Inhaltsblocker installiert ist, finden Sie unter **Einstellungen ▸ Safari** im Abschnitt **Allgemein** den Punkt **Inhaltsblocker**, über den Sie den jeweiligen Blocker aktivieren können.

> **Blocker vorübergehend ausschalten**
>
> Möchten Sie eine Seite bei aktiviertem Inhaltsblocker in ihrer Originalform laden, berühren und halten Sie das Symbol zum erneuten Laden ❶ der Seite. Es erscheint ein Menü, in dem Sie den Blocker für den erneuten Aufruf der Seite vorübergehend ausschalten ❷.

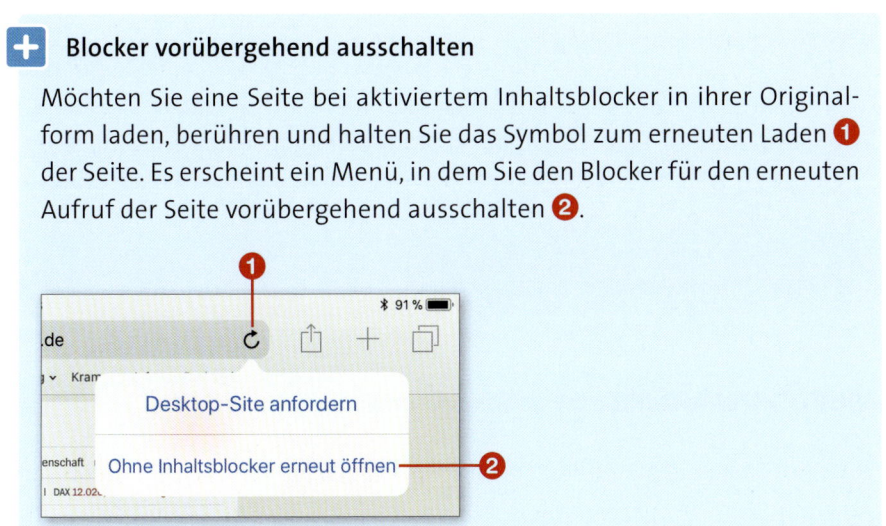

Kapitel 9: E-Mails senden und empfangen

Kapitel 9
E-Mails senden und empfangen

Mit der Mail-App auf Ihrem iPad haben Sie jederzeit vollen Zugriff auf Ihre elektronische Post. Sie können E-Mails empfangen, verwalten und schreiben – also all das tun, was Sie auch am Computer erledigen. Nur etwas komfortabler und bequemer. Wie Sie das Programm für Ihre Zwecke einsetzen, erfahren Sie in diesem Kapitel.

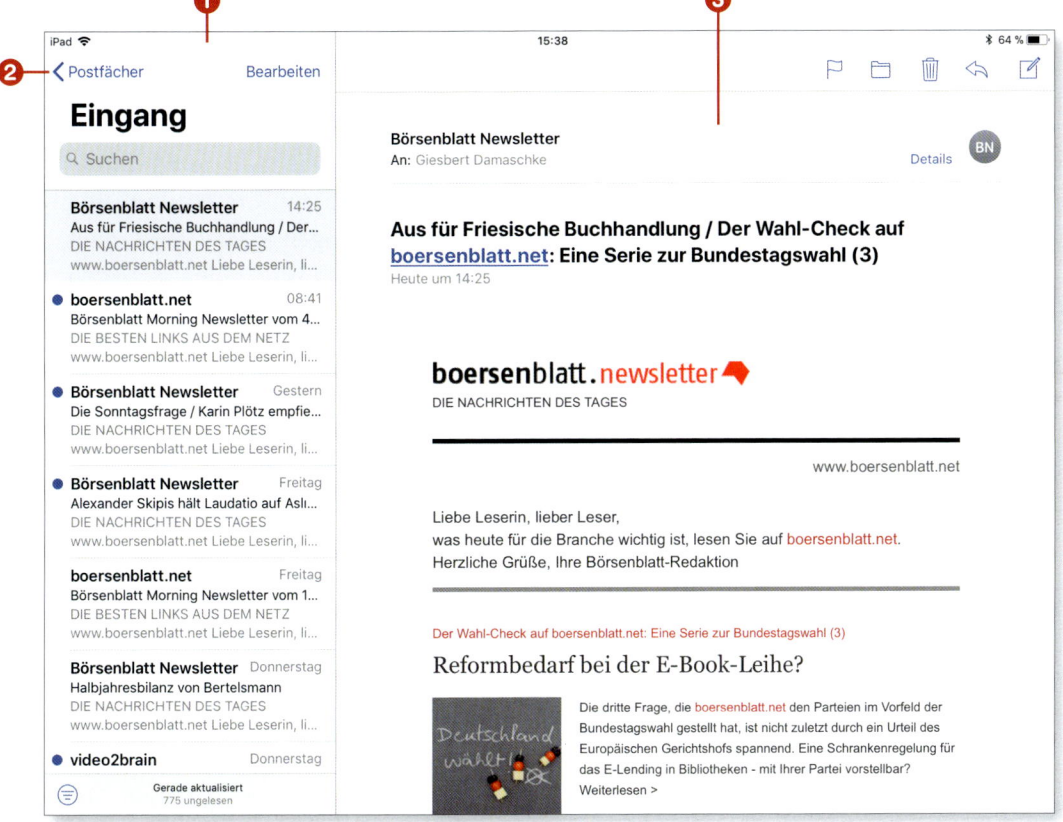

Kapitel 9: E-Mails senden und empfangen

Die Mail-App im Überblick

↑ *Das Icon der Mail-App*

Wie sich die Mail-App beim Start präsentiert, hängt davon ab, wie Sie Ihr iPad halten. Im Querformat wird der Bildschirm immer zweigeteilt dargestellt, im Hochformat wird die aktuell gewählte E-Mail bildschirmfüllend angezeigt.

Über eine Seitenleiste ❶ (auf Seite 155) wählen Sie Accounts, Postfächer und die einzelnen E-Mails. Die Seitenleiste wird im Querformat dauerhaft angezeigt, im Hochformat blenden Sie sie mit einer einfachen Wischgeste vom linken Rand aufs Display ein. Wählen Sie hier ein Postfach oder eine E-Mail, wird sie automatisch wieder ausgeblendet.

Mit einem Tipp auf **Postfächer** ❷ blenden Sie alle Postfächer und, falls vorhanden, die verschiedenen E-Mail-Accounts ein. Der größte Teil des Bildschirms wird für die Anzeige der aktuell in der Seitenleiste gewählten E-Mail verwendet ❸.

> **+ Vorschau ändern**
>
> In der Seitenleiste zeigt Ihnen die App Mail standardmäßig eine zweizeilige Vorschau auf eine E-Mail. So können Sie manchmal schon im Vorfeld entscheiden, ob eine E-Mail wichtig ist oder nicht, ohne sie öffnen zu müssen. Wie viele Zeilen Ihnen die Mail-App als Vorschau auf Ihre E-Mails anzeigen soll, legen Sie unter **Einstellungen ▸ Mail** unter dem Menüpunkt **Vorschau** fest. Sie können sich bis zu fünf Zeilen anzeigen lassen oder die Vorschau ausschalten.

Die Mail-App verwaltet Ihre elektronische Post in verschiedenen Postfächern. Die Anzeige der Postfächer ist zweigeteilt. Im oberen Bereich sehen Sie Postfächer, die Ihre E-Mails nach bestimmten Kriterien filtern, darunter die Standardpostfächer.

❶ Im Postfach **Eingang** landen alle neu eingetroffenen E-Mails. Die kleine Zahl rechts außen bei einem Postfach gibt an, wie viele ungelesene E-Mails in diesem Postfach enthalten sind.

❷ Im Postfach **VIP** werden die E-Mails von Absendern gesammelt, die Sie als VIPs markiert haben, also E-Mails von besonders wichtigen Personen. Damit beschäftigen wir uns im Abschnitt »Wichtige E-Mails

Die Mail-App im Überblick

nicht verpassen: das VIP-Postfach und die Mitteilungen« ab Seite 171.

❸ Unter **Entwürfe** werden die E-Mails gespeichert, die Sie bereits begonnen, aber noch nicht beendet beziehungsweise abgeschickt haben.

❹ Der Name des Postfachs **Gesendet** ist Programm – hier werden alle E-Mails gesammelt, die Sie geschrieben und abgeschickt haben.

❺ Ein leidiges Thema sind unerwünschte Werbemails. Diese landen auf dem iPad in der digitalen Mülltonne, dem Postfach **Werbung**.

❻ Alle E-Mails, die Sie nicht mehr benötigen, werden zunächst in das Postfach **Papierkorb** verschoben, aus dem Sie sie dann endgültig löschen (dazu später mehr).

❼ In das Postfach **Archiv** verschieben Sie E-Mails, die Sie nicht mehr im Posteingang benötigen, aber auch nicht löschen möchten.

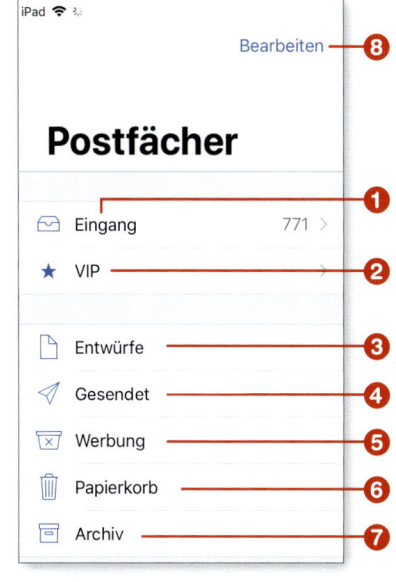

Die Liste der gezeigten Postfächer können Sie jederzeit anpassen. Dazu tippen Sie auf **Bearbeiten** ❽. Nun können Sie im oberen Bereich verschiedene Postfächer gezielt ein- oder ausblenden. Tippen Sie dazu jeweils auf den Kreis ❾ vor dem Postfachnamen.

Interessant sind hier vor allem die *intelligenten Postfächer*. Dabei handelt es sich um Postfächer, die aus dem gesamten Mailbestand E-Mails mit bestimmten Merkmalen zusammensuchen und Ihnen gesammelt anzeigen.

❿ Im Postfach **Markiert** werden alle E-Mails aufgeführt, die Sie markiert haben. Was es damit auf sich hat, erfahren Sie im Abschnitt »E-Mails markieren und organisieren« ab Seite 166.

⓫ Das Postfach **Ungelesen** ist vor allem dann praktisch, wenn Sie mit mehreren Accounts arbeiten. Hier werden alle ungelesenen Nachrichten aller Accounts angezeigt.

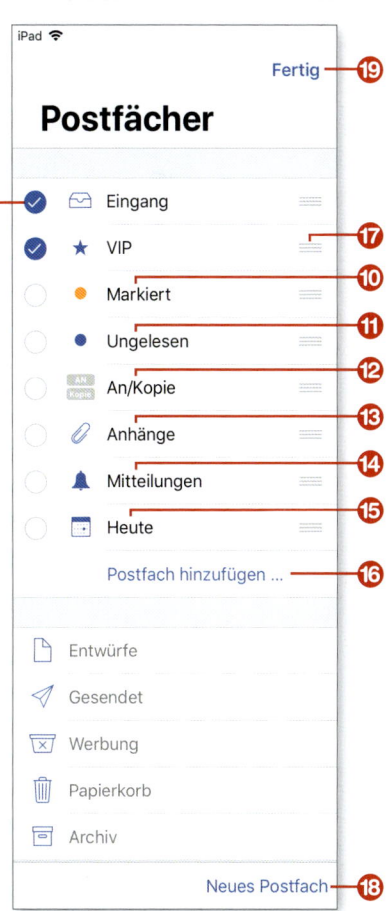

⑫ Das Postfach **An/Kopie** versammelt alle E-Mails, bei denen Ihre Adresse im **An**- oder im **Kopie**-Feld der E-Mail steht. So lassen sich schnell anonyme Massenaussendungen wie Newsletter ausblenden.

⑬ Alle E-Mails, die einen Dateianhang im Gepäck haben, werden Ihnen im Postfach **Anhänge** angezeigt.

⑭ Die E-Mails, bei denen Sie die Mitteilungsfunktion aktiviert haben, werden im Postfach **Mitteilungen** angezeigt (mehr dazu im Abschnitt »Wichtige E-Mails nicht verpassen: das VIP-Postfach und die Mitteilungen« ab Seite 171).

⑮ Alle E-Mails, die Sie **Heute** bekommen haben, landen in diesem Postfach.

Über die Schaltfläche **Postfach hinzufügen** ⑯ lassen sich weitere Postfächer Ihres Accounts in das obere Feld der Postfächer aufnehmen. Die Reihenfolge der oberen Postfächer lässt sich über die Griffmarkierung ⑰ ändern. Mit **Neues Postfach** ⑱ legen Sie ein neues allgemeines Postfach an. Haben Sie alle gewünschten Änderungen vorgenommen, tippen Sie abschließend auf **Fertig** ⑲.

E-Mails empfangen

Wie im Abschnitt »Ein Konto für Mail, Kalender & Co einrichten« auf Seite 59 erläutert, schaut das iPad in regelmäßigen Abständen nach, ob neue elektronische Post eingetroffen ist, Sie müssen sich also normalerweise nicht um den Empfang von E-Mails kümmern – das macht das iPad automatisch. Wann die E-Mails zuletzt aktualisiert wurden, sehen Sie unten in der Seitenleiste.

Möchten Sie auf Nummer sicher gehen, können Sie das iPad auch anweisen, nach neuen E-Mails zu suchen. Dazu ziehen Sie die Seitenleiste nach unten und lassen sie wieder los.

Auf welche Art und Weise die Mail-App Sie über neu eingetroffene E-Mails informieren soll, legen Sie – wie im Abschnitt »Mitteilungen und die Mitteilungszentrale« ab Seite 73 erläutert – unter **Einstellungen** ▶ **Mitteilungen** fest.

E-Mails schreiben, speichern und senden

Sie wollen aber mit Sicherheit nicht nur E-Mails empfangen, sondern auch von Ihrem iPad verschicken. Nichts leichter als das!

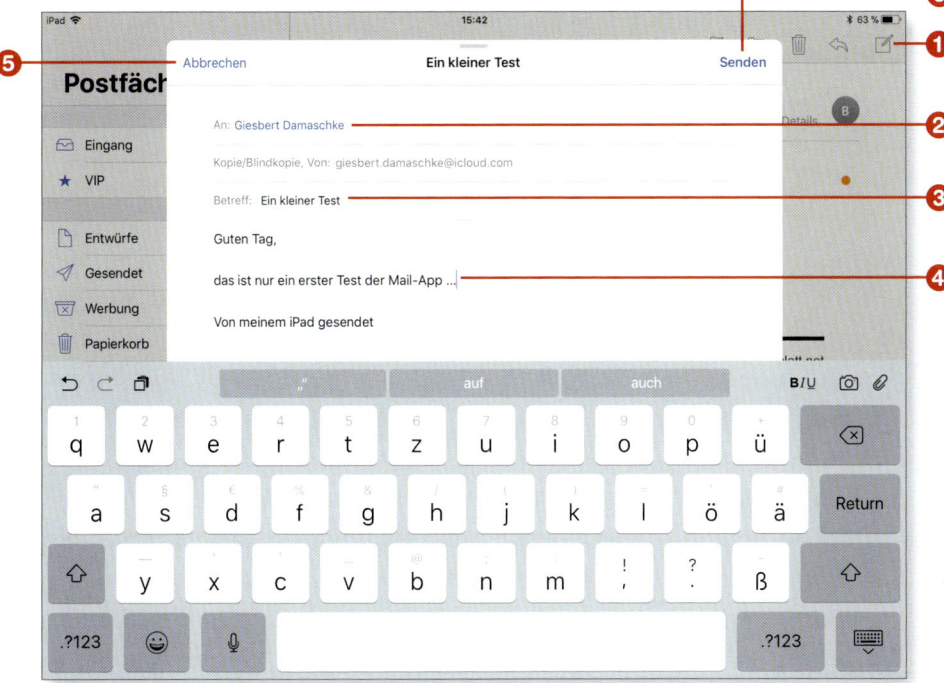

❶ Um eine neue E-Mail zu schreiben, wählen Sie rechts die Schaltfläche **Neue E-Mail** (das stilisierte Blatt Papier mit einem Stift).

❷ Es öffnet sich daraufhin ein neues E-Mail-Formular, und die Bildschirmtastatur wird eingeblendet. Geben Sie in das Feld **An:** die E-Mail-Adresse beziehungsweise den Namen des Empfängers ein. Letzteres funktioniert nur dann, wenn Sie ihn bereits zu Ihren Kontakten hinzugefügt (lesen Sie dazu den Abschnitt »Kontakte anlegen und bearbeiten« ab Seite 111) oder bereits eine E-Mail von ihm erhalten haben.

❸ Tippen Sie als Nächstes in die Betreffzeile, und geben Sie Ihrer E-Mail eine treffende Bezeichnung.

❹ Ihre Nachricht geben Sie schließlich in den leeren Bereich des E-Mail-Formulars ein.

❺ Möchten Sie das Schreiben der E-Mail unterbrechen, tippen Sie im E-Mail-Formular auf die Schaltfläche **Abbrechen**. Es erscheint ein Dialog, in dem Sie den Entwurf löschen oder sichern können. Entscheiden Sie sich für **Entwurf sichern**, wird Ihre E-Mail im Postfach **Entwürfe** abgelegt, und Sie können sie später weiterbearbeiten.

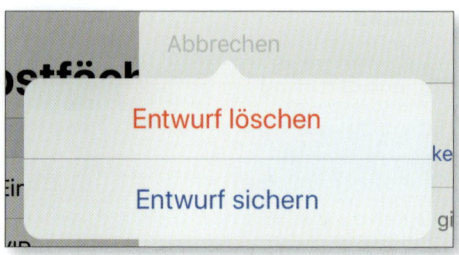

❻ Mit einem Tipp auf **Senden** schicken Sie Ihre E-Mail auf die Reise. Von jeder gesendeten E-Mail wird automatisch eine Kopie im Postfach **Gesendet** abgelegt.

Beim Schreiben einer E-Mail können Sie auch mit Textformatierungen wie Kursiv, Fett und Unterstrichen arbeiten. Über die Taste B*I*U blenden Sie ein Menü zur Formatierung ein. Mit einem Tipp auf **B** schalten Sie die Fettung ein, über **I** aktivieren Sie die Kursivierung, und das **U** steht für Unterstreichung. Jede Formatierung lässt sich mit einer erneuten Anwahl wieder ausschalten. Auch nachträglich: Markieren Sie etwa eine gefettete Passage und wählen anschließend **B**, wird die Fettung wieder aufgehoben.

> **Wofür steht »B*I*U«?**
>
> Dass ein **U** für »unterstreichen« steht, leuchtet einem ja noch ein – aber warum **B** und **I** für fett und kursiv? Ganz einfach: Es handelt sich um die Abkürzungen für die englischen Begriffe *bold* (hier: fett) und *italic* (hier: kursiv). Entsprechend steht das **U** auch gar nicht für »unterstreichen«, sondern für das englische *underline*.

Von Haus aus verschickt das iPad E-Mails mit Werbung für sich selbst. Jede E-Mail bekommt standardmäßig die Signatur **Von meinem iPad gesendet**. Das können Sie unter **Einstellungen ▸ Mail ▸ Signatur** ändern.

E-Mails beantworten und weiterleiten

Jede eintreffende E-Mail lässt sich auf dem iPad beantworten oder an andere Adressen weiterleiten. Tippen Sie dazu in einer geöffneten E-Mail auf die **Teilen**-Taste ❶, und wählen Sie die gewünschte Option aus dem Menü aus.

Mit **Antworten** ❷ schreiben Sie eine Antwort an den Absender der E-Mail. Ging die E-Mail nicht nur an Sie, sondern an mehrere Empfänger, erscheint im Menü zusätzlich die Schaltfläche **Allen antworten** ❸, mit der Sie Ihre Antwort nicht nur an den Absender, sondern auch an alle weiteren Empfänger adressieren.

Tippen Sie auf **Weiterleiten** ❹, wenn Sie die E-Mail an andere Empfänger weiterschicken möchten.

Die Optionen **Antworten** und **Weiterleiten** erreichen Sie übrigens auch über die Seitenleiste. Ziehen Sie die entsprechende E-Mail ein wenig von rechts nach links, bis das Menü mit den drei Schaltflächen **Mehr** ❺, **Markieren** ❻ und **Papierkorb** ❼ erscheint. Tippen Sie auf **Mehr**, und wählen Sie die gewünschte Option im eingeblendeten Menü aus. So können Sie auf eine E-Mail antworten beziehungsweise sie weiterleiten, ohne die E-Mail explizit öffnen zu müssen.

Die E-Mail-Konversationen

Viele E-Mails sind eine Antwort auf eine andere E-Mail. Ein einfaches Beispiel: Sie schicken mehreren Freunden per E-Mail die Fotos Ihres letzten Wochenendausflugs und nehmen als Betreff »Ein paar Fotos«. Die Freunde antworten und bedanken sich für die Bilder oder möchten vielleicht einen Termin für ein baldiges Treffen in weiteren E-Mails ausmachen. In kürzester Zeit befinden sich also zahlreiche E-Mails mit dem Betreff »Re: Ein paar Fotos« in Ihrem Posteingang. Mitunter verliert man dann ein wenig den Überblick und läuft Gefahr, andere E-Mails im Posteingang zu übersehen.

Kapitel 9: E-Mails senden und empfangen

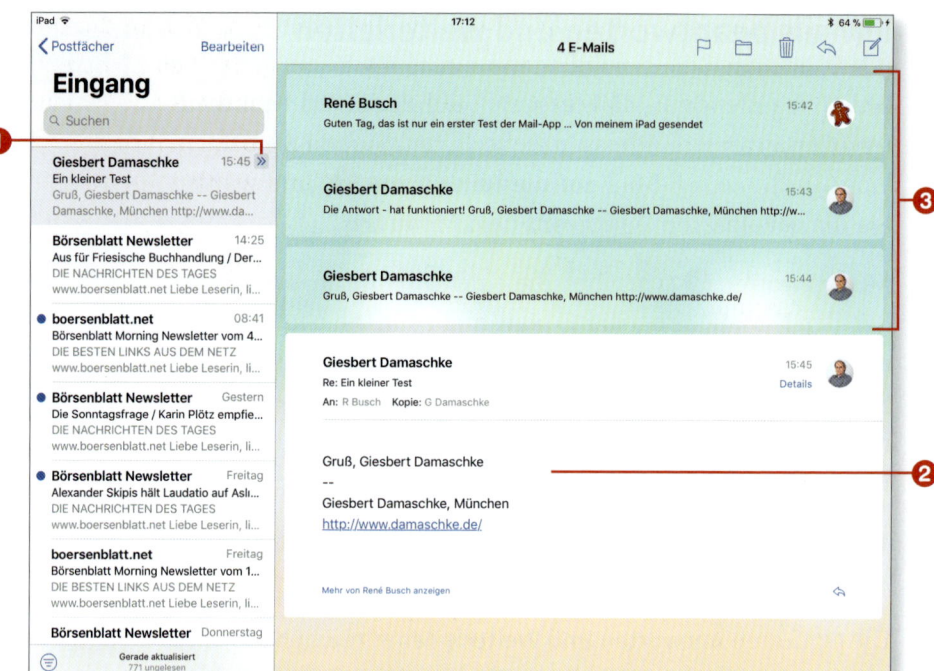

> Standardmäßig fasst Mail zusammengehörige E-Mails zu einer Konversation zusammen.

Die Mail-App fasst solche zusammengehörigen E-Mails mit gleichem Betreff innerhalb eines Postfachs automatisch zusammen, was Apple *Nach Konversation* nennt. Ein Doppelpfeil nach rechts ❶ neben der E-Mail in der Seitenleiste zeigt an, dass sich hinter diesem Eintrag mehrere E-Mails verbergen. Wählen Sie eine Konversation aus, zeigt Ihnen Mail im großen Fenster alle E-Mails, die zu einer Konversation gehören. Tippen Sie auf den Doppelpfeil, öffnet Mail die Konversation, und Sie können sich nun gezielt eine einzelne E-Mail der Konversation anzeigen lassen.

Der Vorteil besteht darin, dass Sie so auch ältere E-Mails, die zu einer Konversation gehören, nicht erst mühsam wieder hervorsuchen müssen, sondern gleich im Zugriff haben. Zudem werden auch die E-Mails aufgenommen, die zur Konversation gehören, sich aber nicht im aktuellen Postfach befinden, also z. B. Ihre Antworten, die ja nicht im Postfach **Eingang**, sondern **Gesendet** liegen.

Standardmäßig wird nur die aktuellste E-Mail ❷ angezeigt, alle übrigen (meist bereits gelesenen) stehen in Kurzform darüber ❸. Tippen Sie eine solche E-Mail an, wird sie geöffnet, mit einem erneuten Tipp darauf als einzelne E-Mail angezeigt.

Unter **Einstellungen ▸ Mail** lässt sich das Verhalten von Mail in diesem Punkt ändern. Möchten Sie die **Neueste Nachricht ganz oben** ❹ haben, aktivieren Sie den entsprechenden Schalter, soll Mail die E-Mails nicht in Kurzform darstellen, schalten Sie **Gelesene Nachrichten reduzieren** ❺ aus. Der Schalter **Vollständige Konversationen** ❻ regelt, ob auch E-Mails aus anderen Postfächern eingeblendet werden sollen. Mit einem Tipp auf den Schalter **Nach Konversation** ❼ schalten Sie die Ansicht nach Konversationen komplett aus.

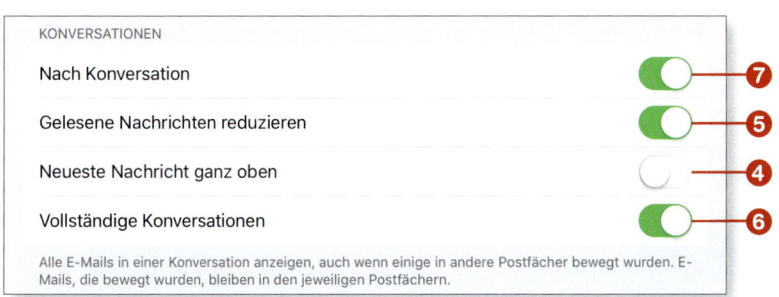

‹ *Wenn Ihnen die Ansicht nach Konversationen nicht zusagt, schalten Sie sie einfach aus.*

Dateien per E-Mail verschicken

Dateien, die Sie auf Ihrem iPad gespeichert haben, lassen sich problemlos einer E-Mail als Anhang mit auf den Weg geben. Das wird oft aus einer App wie Fotos, Dateien oder Notizen über die **Teilen**-Funktion erledigt. Dabei wird die aktuelle Datei an eine neue E-Mail als Anhang eingefügt.

Möchten Sie einer E-Mail, die Sie aktuell schreiben, eine Datei anhängen, tippen Sie auf die Kamera ❶, wenn Sie ein Foto anhängen möchten, oder auf die Büroklammer ❷, wenn Sie eine Datei aus der Dateien-App anhängen möchten (diese App stelle ich Ihnen im Abschnitt »Dateiverwaltung auf dem iPad« ab Seite 85 vor). Die jeweilige Datei wird an der Position der Schreibmarke eingefügt.

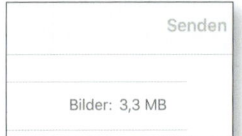

Da es sich bei Fotos normalerweise um sehr große Dateien handelt, empfiehlt es sich, die Dateien vor dem Versand zu verkleinern. Wie groß ein Foto als Anhang ist, sehen Sie in der Kopfzeile der E-Mail.

Tippen Sie dazu im Kopfbereich der E-Mail, sehen Sie nach dem Einfügen eines Bildes, welche Größe es haben wird. Tippen Sie auf diese Größenangabe, erscheint eine weitere Kopfzeile namens **Bildgröße**, in der Sie die gewünschte Größe des Bildes wählen können ❸.

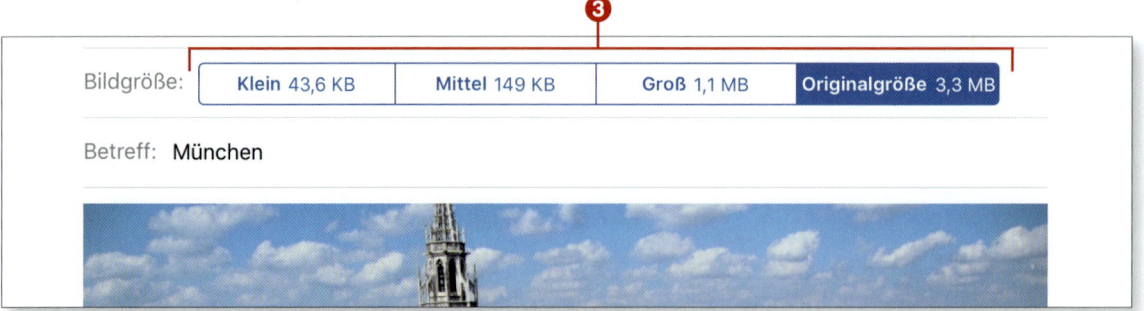

> **! Vorsicht, Falle!**
>
> Das iPad übernimmt eine neu gewählte Bildgröße als Standard für alle weiteren versendeten Fotos. Haben Sie also etwa einmal ein Foto mit der Einstellung **Klein** verschickt, werden bei Ihrer nächsten E-Mail eingefügte Fotos ebenfalls geschrumpft. Vor dem Versand eines Fotos sollten Sie also immer einen Blick auf die aktuelle Bildgröße werfen.

E-Mail-Anhänge speichern

Mitunter bekommt man E-Mails, die eine Datei im Gepäck haben, also über einen Anhang verfügen, etwa ein Bild, ein PDF-Dokument oder eine Excel-Tabelle. Die App Mail markiert diese E-Mails in der Seitenleiste mit einer Büroklammer ❶. In der E-Mail selbst werden Dateianhänge, die in der Regel automatisch geladen werden, durch einen Platzhalter ❷ angezeigt. Falls das einmal nicht der Fall sein sollte, tippen Sie den Platzhalter des Anhangs an.

E-Mail-Anhänge speichern

Anhänge, deren Format Mail von Haus aus unterstützt, öffnen Sie mit einem Tipp auf das Dateisymbol. Dabei unterstützt das iPad neben dem PDF- und TXT-Format auch die gängigen Formate von Microsoft Office und die der Apple-Bürosoftware Pages, Numbers und Keynote.

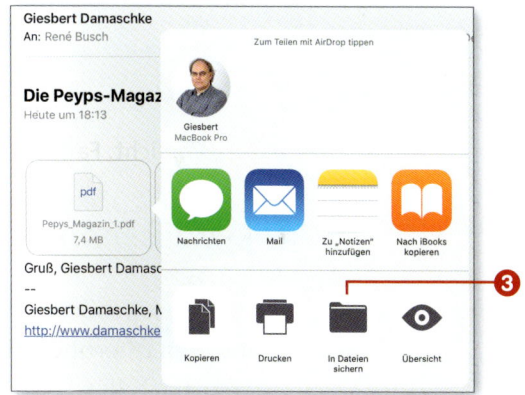

Um eine Datei von Mail aus an eine andere App auf dem iPad durchzureichen, berühren und halten Sie das Anhangsymbol. Es wird daraufhin ein kleines Fenster mit einer Liste der auf Ihrem iPad installierten Apps, die das Dateiformat unterstützen, eingeblendet. Tippen Sie die gewünschte App an. Um einen Anhang auf dem iPad zu speichern, wählen Sie **In Dateien sichern** ❸.

> ➕ **Anhänge bearbeiten**
>
> Bilder- und PDF-Dateien, die Sie als Dateianhang bekommen, können Sie in Mail direkt mit dem Markierungswerkzeug bearbeiten, das ich Ihnen im Abschnitt »Die Markierungen« ab Seite 87 vorstelle. Dazu lassen Sie sich den Dateianhang mit einem Fingertipp anzeigen und rufen das Markierungswerkzeug mit einem Tipp auf das Stiftsymbol auf.

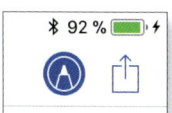

Ein Postfach filtern

Mail bietet die Möglichkeit, in einem Postfach nur bestimmte E-Mails angezeigt zu bekommen, etwa nur ungelesene E-Mails oder nur die E-Mails, die einen Anhang haben. Dazu tippen Sie in der Seitenleiste unten links auf das Filtersymbol ❶.

Standardmäßig ist der Filter **Ungelesen** ❷ aktiv, Sie sehen also nur noch ungelesene E-Mails. Möchten Sie den Filter anpassen, tippen Sie auf **Gefiltert nach: Ungelesen**. Sie können den Filter nun etwa um **Nur E-Mails mit Anhang** ❸ erweitern. Um eine Filteroption zu entfernen, tippen Sie sie erneut an. Nach einem Tipp auf **Fertig** ❹ wird der Filter auf das aktuelle Postfach angewandt.

Um den Filter wieder auszuschalten, tippen Sie erneut auf das Filtersymbol.

E-Mails markieren und organisieren

Bei einer großen Zahl an E-Mails in einem Postfach verliert man schon mal den Überblick. Hier empfiehlt es sich, wichtige E-Mails zu markieren oder nach der Lektüre erneut als ungelesen auszuzeichnen. Lassen Sie sich die beiden intelligenten Postfächer **Markiert** und **Ungelesen** anzeigen (lesen Sie dazu den Abschnitt »Die Mail-App im Überblick« ab Seite 156), haben Sie so wichtige E-Mails sofort im Blick.

> **+ Markierungsstil ändern**
>
> Standardmäßig werden E-Mails mit einem orangefarbenen Punkt markiert. Wenn Sie möchten, können Sie unter **Einstellungen ▶ Mail ▶ Markierungsstil** statt eines Punktes eine kleine Fahne wählen.

Sie können dann auf verschiedenen Wegen Ihre E-Mails markieren und entsprechenden Postfächern zuordnen.

E-Mails markieren und organisieren

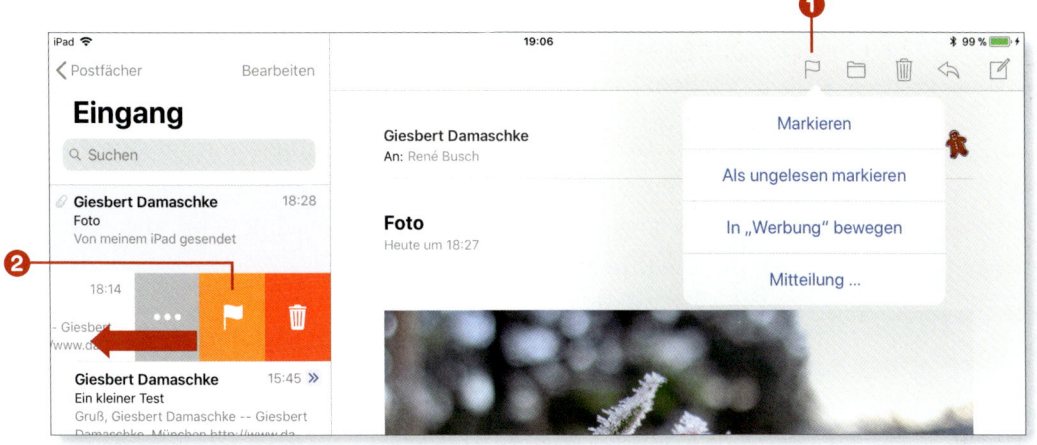

∧ *Wichtige E-Mails lassen sich problemlos markieren.*

Die aktuell angezeigte E-Mail lässt sich mit einem Tipp auf das Fähnchen ❶ markieren oder als ungelesen kennzeichnen. Das geht auch bei E-Mails in der Seitenleiste, ohne dass Sie sie öffnen müssten. Um eine E-Mail zu markieren, schieben Sie den Eintrag der E-Mail nach links, bis das kleine Menü mit den drei Tasten angezeigt wird. Tippen Sie hier auf das Fahnensymbol ❷. Mit einer etwas schwungvollen Wischbewegung nach rechts wird eine gelesene E-Mail als ungelesen markiert (und umgekehrt).

Möchten Sie mehrere E-Mails auf einen Streich markieren, tippen Sie in der Seitenleiste oben auf **Bearbeiten**. Tippen Sie nun alle gewünschten E-Mails an ❸, wählen Sie unten links in der Seitenleiste **Markieren** ❹ und anschließend die gewünschte Option.

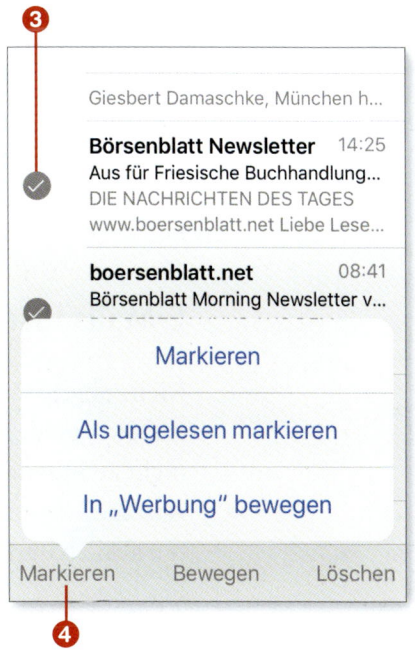

Neben den Markierungen sorgen aber vor allem eigene Postfächer für mehr Übersicht und Ordnung im Posteingang, in die Sie zusammengehörende E-Mails sortieren. Diese Postfächer entsprechen einem Ordner im *Finder* (Mac) beziehungsweise *Explorer* (Windows).

1. Um ein neues Postfach anzulegen, lassen Sie sich in der App Mail zunächst alle Postfächer in der Seitenleiste anzeigen und tippen oben rechts auf **Bearbeiten**.

2. Unten rechts in der Seitenleiste sehen Sie nun die Schaltfläche **Neues Postfach**.

3. Geben Sie im folgenden Einblendfenster den Namen des neuen Postfachs an ❺, und legen Sie fest, wo es angelegt werden soll ❻. Anschließend speichern Sie Ihre Eingaben mit **Sichern** ❼.

Um Ihre E-Mails nun in ein anderes Postfach zu verschieben, haben Sie auch dazu verschiedene Möglichkeiten.

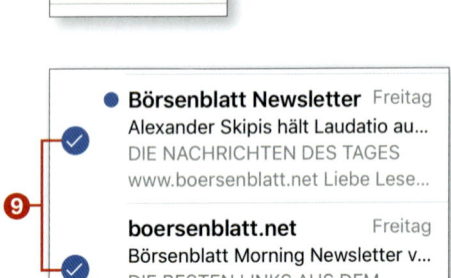

- Die aktuell angezeigte E-Mail verschieben Sie mit einem Tipp auf das Ordnersymbol ❽ rechts oben. Wählen Sie anschließend in der Seitenleiste das gewünschte Postfach.

- Möchten Sie mehrere E-Mails auf einmal verschieben, tippen Sie in der Seitenleiste oben auf die Schaltfläche **Bearbeiten**, markieren die gewünschten E-Mails ❾ und wählen anschließend unten in der Seitenleiste **Bewegen** ❿.

Um eine einzelne E-Mail in der Seitenleiste zu verschieben, ziehen Sie den Eintrag der E-Mail im Postfach nach links und tippen hier auf die drei Punkte. Wählen Sie im Menü **E-Mail bewegen**.

E-Mails löschen oder archivieren

Nicht alle E-Mails, die einem so ins Postfach purzeln, möchte man tatsächlich auch haben. Auch von allen gesendeten E-Mails benötigt man nicht zwingend eine Kopie. Da heißt es dann Abschied nehmen und weg damit. Sie sollten also ab und an auch mal ein paar E-Mails löschen.

E-Mails löschen oder archivieren

Haben Sie aktuell eine E-Mail geöffnet, löschen Sie sie am schnellsten mit einem Tipp auf den **Papierkorb** ❶.

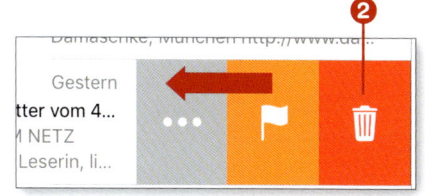

E-Mails lassen sich aber auch in der Seitenleiste des Postfachs löschen. Ziehen Sie dazu den entsprechenden Eintrag von rechts nach links, bis Sie die drei Tasten sehen. Tippen Sie hier auf **Papierkorb** ❷. Schneller geht das Löschen, wenn Sie schwungvoll von rechts nach links über den Eintrag wischen. In diesem Fall landet die E-Mail sofort im Papierkorb.

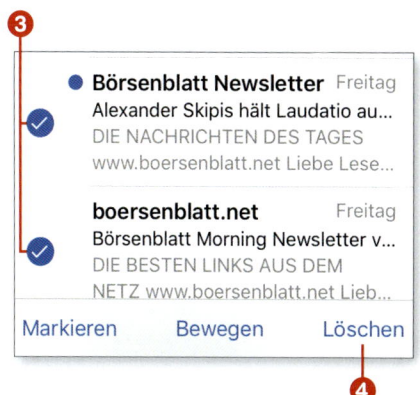

Wenn Sie mehrere E-Mails auf einmal löschen möchten, ist es natürlich sehr lästig, jede einzeln auswählen zu müssen. Das müssen Sie auch nicht. Tippen Sie oberhalb der Seitenleiste auf die Schaltfläche **Bearbeiten**. Markieren Sie nun die zu löschenden E-Mails ❸, und tippen Sie anschließend auf **Löschen** ❹.

Alle E-Mails, die Sie auf diese Weise löschen, landen nicht sofort im digitalen Orkus, sondern im Papierkorb. Von dort können Sie sie endgültig löschen oder auch wieder daraus hervorholen. Um eine E-Mail aus dem Papierkorb zu fischen, bewegen Sie sie vom Papierkorb in den gewünschten Ordner, um sie endgültig zu löschen, löschen Sie sie im Papierkorb. Da der Papierkorb ein Postfach wie jedes andere ist, funktionieren Bewegen und Löschen von E-Mails genauso wie bei anderen Postfächern.

> ➕ **Löschen bestätigen**
>
> Standardmäßig verschiebt die Mail-App eine E-Mail, die Sie gelöscht haben, sofort in den Papierkorb. Möchten Sie hier noch einmal eine Sicherheitsabfrage einbauen, um zu verhindern, dass Sie im Überschwang eine E-Mail versehentlich löschen, wählen Sie **Einstellungen ▸ Mail** und aktivieren hier den Schalter **Löschen bestätigen**.

Statt eine E-Mail zu löschen, können Sie sie auch archivieren. In diesem Fall bewegen Sie die E-Mails in das Standardpostfach **Archiv**. Der Unterschied besteht im Grunde nur darin, dass der Papierkorb in der Regel nach einer bestimmten Frist – etwa 30 Tagen – automatisch gelöscht wird, während die E-Mails im Archiv unberührt bleiben. Manche

Mailanbieter, etwa Google, archivieren E-Mails standardmäßig, in diesem Fall wird aus dem Papierkorbsymbol ein Archivkarton ❺. Auch in diesem Fall können Sie E-Mails direkt löschen. Dafür berühren und halten Sie das Symbol und wählen dann **E-Mail löschen** ❻. Möchten Sie mehrere E-Mails archivieren, markieren Sie sie wie gezeigt in der Seitenleiste und berühren und halten den Link **Archiv**.

E-Mails suchen

Wenn Sie viele E-Mails auf Ihrem iPad verwalten, kann es schon mal etwas schwieriger werden, rasch eine bestimmte E-Mail zu finden. Hier unterstützt Sie das Programm mit einer Suchfunktion. Diese steht Ihnen am oberen Rand der jeweiligen Postfachübersicht zur Verfügung.

1. Ziehen Sie die Seitenleiste des Postfachs ein wenig nach unten, bis Sie das Suchfeld sehen. Tippen Sie in das Suchfeld, und geben Sie Ihren Suchbegriff ein ❶.

2. Schon während der Eingabe bietet Ihnen Mail mögliche Treffer an, die nach verschiedenen Oberbegriffen wie **Personen** ❷ oder **Betreff** ❸ geordnet sind. Tippen Sie hier z. B. auf **Personen**, werden E-Mails gesucht, bei denen der gesuchte Name als Absender oder Empfänger auftaucht.

3. Um eine Volltextsuche nach dem gesuchten Begriff über alle Inhalte (Namen, Betreffzeilen, Text der E-Mail) durchzuführen, tippen Sie auf **Nach »[Ihr Suchbegriff]« suchen** ❹.

4. Standardmäßig sucht Mail in allen Postfächern. Möchten Sie die Suche auf das aktuelle Postfach beschränken, ziehen Sie die Trefferliste unterhalb des Suchfeldes nach unten und tippen auf **Aktuelles Postfach** ❺. In der Seitenleiste werden Ihnen nun die Treffer zu Ihrem Suchbegriff angezeigt. Wischen Sie durch diese Liste, um die gewünschte E-Mail zu finden, und tippen Sie sie an, um sie aufzurufen.

➕ Besser suchen

Sie können nicht nur mehrere Suchbegriffe kombinieren – etwa alle E-Mails vom Absender »Apple«, bei denen »ID« im Betreff auftaucht –, sondern auch gezielt nach Daten. Geben Sie in das Suchfeld »letzte« ein, werden die Suchvorschläge um die Kategorie **Daten** ❻ erweitert. Hier können Sie nach E-Mails vom letzten Tag, der letzten Woche, des letzten Monats und des letzten Jahres suchen. Das funktioniert auch mit »gestern« oder »vorgestern«, mit Monatsangaben (»August 2017«) oder einzelnen Ziffern (mit »5« werden Ihnen E-Mails vom 5. des aktuellen Monats und vom Mai des aktuellen Jahres angeboten). Konkrete Daten (»5.8.2017«) werden allerdings nicht erkannt.

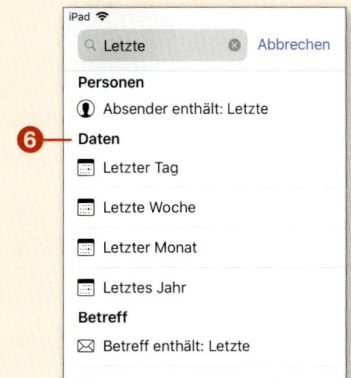

Wichtige E-Mails nicht verpassen: das VIP-Postfach und die Mitteilungen

Auf E-Mails, die Sie besonders im Auge behalten möchten, kann die Mail-App Sie auf zwei verschiedene Arten aufmerksam machen. Zum einen gibt es das intelligente Postfach **VIP**, in dem alle E-Mails von Personen aufgeführt werden, die Sie als besonders wichtig markiert haben (*VIP* steht für *very important person*). Zum anderen können Sie sich bei einer eintreffenden Antwort auf eine E-Mail durch eine Mitteilung informieren lassen.

1. Um eine Person als VIP zu markieren, öffnen Sie eine E-Mail des Absenders. Falls der Absendername bereits blau markiert ist, tippen Sie darauf ❶. Andernfalls tippen Sie zuerst auf **Details** und anschließend auf den Namen.

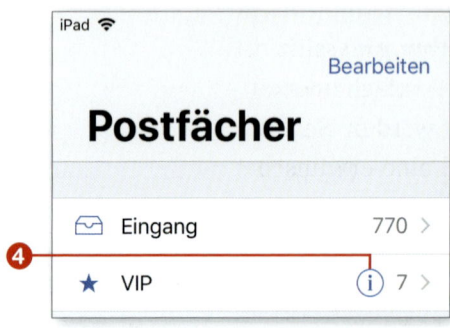

2. Scrollen Sie in dem Eintrag nach unten, bis Sie **Zu VIP hinzufügen** ❷ (Seite 172) sehen. Tippen Sie darauf, um E-Mails dieses Absenders zukünftig im Postfach **VIP** angezeigt zu bekommen.

3. Alternativ dazu können Sie VIPs auch über das Postfach **VIP** zuweisen. Wählen Sie dazu dieses Postfach in der Postfachliste aus, und tippen Sie auf die Schaltfläche **VIP hinzufügen** ❸. Falls Sie bereits einen VIP zugewiesen haben, tippen Sie nicht auf das Postfach, sondern auf das kleine **i** ❹, das rechts angezeigt wird. Wählen Sie nun den gewünschten Eintrag aus Ihren Kontakten.

4. Damit Sie E-Mails von Ihren wichtigsten Kontakten sofort erkennen, können Sie über die Schaltfläche **VIP-Hinweise** ❺ festlegen, dass Sie beim Eintreffen einer VIP-E-Mail etwa mit einem besonderen Signalton informiert werden.

5. Um einen VIP-Eintrag zu löschen, streichen Sie ihn im Postfach **VIP** von rechts nach links durch und tippen auf **Löschen** ❻.

Manche E-Mails sind Ihnen sicherlich wichtiger als andere, und Sie möchten sicher sein, dass Sie die Antwort auf eine wichtige E-Mail nicht verpassen. Das ist in der Regel kein Problem – es sei denn, Sie bekommen sehr viele E-Mails. Dann kann es passieren, dass Sie eine wichtige Antwort womöglich in der E-Mail-Flut schlichtweg übersehen. In diesem Fall hilft ein einfaches Mittel: Lassen Sie sich eine Nachricht schicken, wenn eine Antwort auf eine wichtige E-Mail eintrifft. Hierzu haben Sie verschiedene Möglichkeiten.

Möchten Sie bereits beim Schreiben einer E-Mail sicher sein, dass Sie bei jeder Antwort auf Ihre E-Mail eine kurze Nachricht bekommen, tippen Sie in der Betreffzeile auf das Glockensymbol ❼ und wählen im Menü **Mitteilung** ❽. Das geht auch nachträglich: Dazu lassen Sie sich die entsprechende E-Mail anzeigen und tippen das Fähnchen an. Hier wählen

Sie **Mitteilung** und bestätigen anschließend noch einmal mit einem Tipp auf **Mitteilung**. Um diese Mitteilungsfunktion wieder auszuschalten, tippen Sie in diesem Menü auf **Mitteilungen stoppen**.

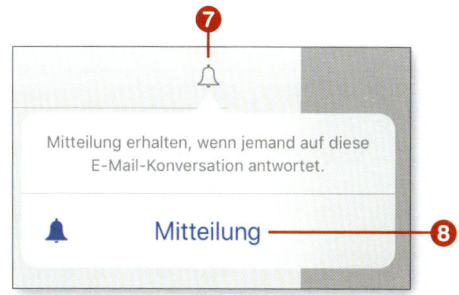

Werbung entsorgen

Nicht jede E-Mail, die Ihnen in den Posteingang flattert, ist auch erwünscht. Mitunter handelt es sich dabei um unerwünschte Werbemails (auch *Spam* genannt), auf die man auch gern verzichtet hätte.

Viele E-Mail-Anbieter untersuchen daher alle eintreffenden E-Mails auf typische Werbemerkmale und filtern solche E-Mails bereits im Vorfeld aus. E-Mails, die bereits von Ihrem Mailanbieter als Werbung klassifiziert worden sind, landen in der Mail-App in einem eigenen Postfach und können (und sollten!) von Zeit zu Zeit von Ihnen überprüft werden. Schließlich arbeitet kein Filter perfekt, und gelegentlich wird eine erwünschte E-Mail fälschlich als Werbung eingestuft.

Mitunter rutscht auch eine unerwünschte E-Mail durch den Filter und landet in Ihrem Posteingang. In diesem Fall sollten Sie die unerwünschte E-Mail nicht einfach löschen, sondern explizit als Werbung kennzeichnen, damit die Filter Ihres E-Mail-Anbieters in Zukunft ähnliche E-Mails automatisch erkennen und aussortieren.

Um eine E-Mail als Werbung zu klassifizieren, tippen Sie in der Symbolleiste auf das Fähnchen ❶ und wählen **In »Werbung« bewegen** ❷. Das geht natürlich auch in der Seitenleiste, ohne dass Sie die E-Mail öffnen müssen. Ziehen Sie dazu den entsprechenden Eintrag nach links, bis das Menü mit den drei Tasten gezeigt wird. Hier tippen Sie auf die drei Punkte und wählen **Markieren ▶ In »Werbung« bewegen**.

◁ *Unerwünschte E-Mails sollten Sie konsequent als Werbung markieren.*

Kapitel 10
Notizen und Erinnerungen

Ob Einkaufszettel, Telefonnotiz, Aufgabenliste oder gar der Entwurf für den nächsten Bestseller – mit Notizen und Erinnerungen stehen Ihnen auf dem iPad zwei einfache, aber flexible Apps zur Verfügung, mit denen Sie keine Aufgabe mehr vergessen und Ihnen keine Idee mehr verloren geht, weil Sie sie sofort notieren können.

∧ *Das Icon der App Notizen*

> **i Arbeiten mit der Tastatur**
> Wie Sie die Tastatur einsetzen und beispielsweise Textbereiche markieren oder formatieren, lesen Sie in Kapitel 5, »Schreiben und Zeichnen«.

Eine Notiz schreiben

Widmen wir uns zuerst der App Notizen. Wie der Name schon sagt, handelt es sich dabei um ein Programm für die schnelle Texterfassung, dem Apple allerdings einige ungemein praktische Extras wie etwa einen Dokumentenscanner spendiert hat. Da die App Notizen eng mit anderen Apps auf dem iPad verzahnt ist, können Sie von verschiedenen Orten aus rasch eine Notiz anlegen beziehungsweise Informationen als Notiz auf dem iPad speichern.

Der Einsatz des Programms ist denkbar simpel: Starten, Notieren, fertig. Beim ersten Start präsentiert sich Notizen ausgesprochen sparsam. Sie sehen im Grunde einen komplett leeren Bildschirm mit wenigen dezenten Symbolen.

Das ändert sich allerdings sofort, wenn Sie auf den Bildschirm tippen. Dann wird die Tastatur eingeblendet, ein blinkender Cursor wartet auf

Kapitel 10: Notizen und Erinnerungen

Ihre Eingabe, und in der Seitenleiste erscheint der Eintrag **Neue Notiz**. Sobald Sie Text eingeben, wird der Anfang des Textes als Titel der Notiz in der Seitenleiste eingetragen ❶. Im Hochformat wird die Seitenleiste nur bei Bedarf angezeigt, im Querformat ist sie immer zu sehen. Möchten Sie sich vollständig auf das Schreiben der Notiz konzentrieren, tippen Sie auf den Doppelpfeil ❷, um die Notiz bildschirmfüllend anzuzeigen.

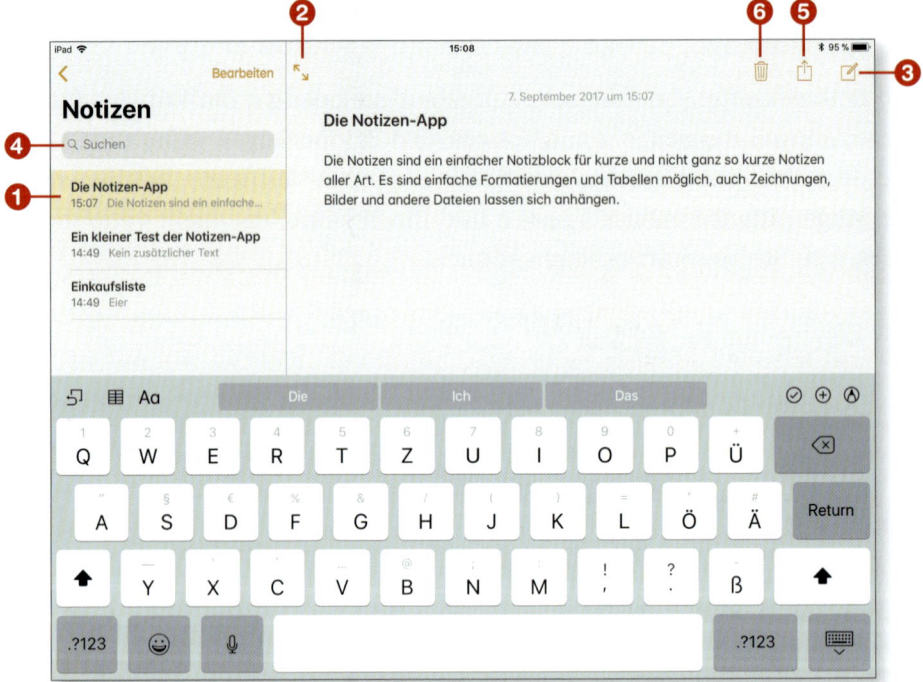

> *Die Notizen-App speichert alle Notizen automatisch, Sie können sich voll aufs Schreiben konzentrieren.*

Sie können beliebig viele Notizen anlegen, tippen Sie einfach auf das entsprechende Symbol ❸, um eine neue Notiz zu beginnen. In der Seitenleiste werden alle Notizen standardmäßig chronologisch aufgeführt. Im Querformat ist die Leiste ständig zu sehen, im Hochformat blenden Sie sie mit einem Fingerwisch vom linken Rand nach rechts ein.

> **➕ Notizen sortieren**
>
> Standardmäßig werden die Notizen chronologisch fallend sortiert, die aktuellste beziehungsweise zuletzt bearbeitete Notiz steht also immer oben. Das können Sie allerdings unter **Einstellungen ▸ Notizen** ändern. Tippen Sie hier auf **Sortieren nach**, und wählen Sie hier zwischen **Bearbeitungsdatum** – das ist der Standard – **Erstellungsdatum** und **Titel**.

Eine Notiz schreiben

Sie müssen sich nicht darum kümmern, Ihre Notizen zu speichern – das übernimmt das iPad automatisch. Sobald Sie die Tastatur ausblenden, die App verlassen oder eine neue Notiz anlegen, wird die aktuelle Notiz gespeichert. Es ist also praktisch unmöglich, eine Notiz zu verlieren, das iPad sichert jede noch so unbedeutende Änderung an Ihren Aufzeichnungen.

Sie können natürlich jederzeit eine bereits vorhandene Notiz bearbeiten und erweitern. Tippen Sie dazu in der Seitenleiste auf den entsprechenden Eintrag, und legen Sie los. Sobald Sie eine Notiz bearbeitet haben, wird ihr Datum aktualisiert, und sie rutscht automatisch an den Anfang der Liste in der Seitenleiste (falls Sie die Sortierreihenfolge nicht geändert haben).

Wenn Sie eine Notiz nicht auf Anhieb finden, hilft Ihnen die Suchfunktion. Falls das Suchfeld ❹ bei Ihnen nicht angezeigt wird, ziehen Sie die Seitenleiste nach unten.

Die **Teilen**-Taste ❺ sorgt dafür, dass Sie die aktuelle Notiz etwa per E-Mail oder als Nachricht verschicken können. Mit einem Tipp auf das Papierkorbsymbol ❻ löschen Sie die aktuelle Notiz.

> **Gemeinsame Notizen**
>
> Wenn Sie die Notizen mit iCloud verwalten, können Sie Ihre Notizen nicht nur für sich allein auf Ihrem iPad bearbeiten, sondern mit anderen Personen teilen, um via iCloud gemeinsam an einer Notiz zu arbeiten. Das funktioniert allerdings nur zwischen iOS-Geräten mit mindestens iOS 10 und dem Mac, auf dem mindestens macOS Sierra installiert sein muss. Um eine Notiz für andere freizugeben, tippen Sie auf das kleine Männchen in der Symbolleiste und wählen einen Weg, wie Sie den Link zur Notiz weitergeben möchten, etwa per Mail oder als Nachricht. Der Empfänger kann dann diesen Link antippen und die freigegebene Notiz ebenfalls sehen und bearbeiten. Um die Freigabe aufzuheben, tippen Sie erneut auf das Männchen und wählen **Nicht mehr teilen**.
>
>

Notizen formatieren

Zur besseren Strukturierung und Gestaltung Ihrer Notizen stehen Ihnen einige Formatierungen zur Verfügung. Sie können mit den drei verschiedenen Absatzformaten *Titel*, *Überschrift* und *Text* arbeiten, (un)nummerierte Listen einsetzen, Checklisten erzeugen und Text **fetten**, *kursivieren* und underline{unterstreichen}. Außerdem lassen sich Tabellen einfügen.

Die Formatierungen funktionieren genauso, wie Sie es vermutlich von Ihrer Textverarbeitung her kennen. Um eine Formatierung zu wählen, tippen Sie auf die Taste **Aa** ❶ in der Kurzbefehlleiste der Tastatur und treffen Ihre Wahl.

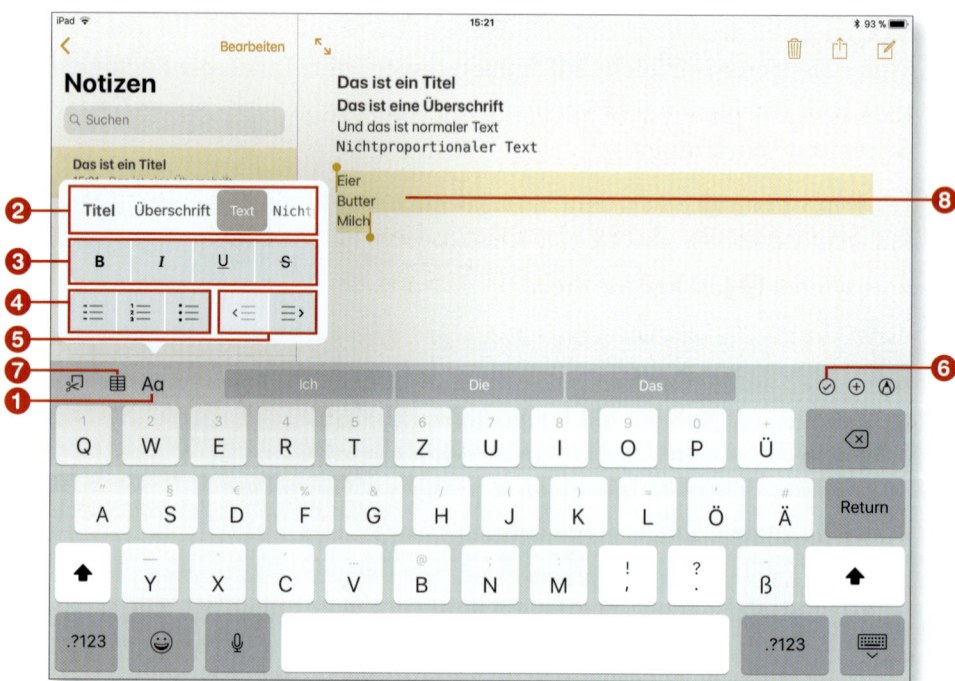

▲ *Die Notizen-App stellt die wichtigsten Formatierungen zur Gestaltung Ihrer Notizen bereit.*

In der obersten Zeile ❷ legen Sie die Absatzformatierung fest (**Titel**, **Überschrift**, **Text**, **Nichtproportional**). In der zweiten Zeile ❸ können Sie mit den üblichen Kürzeln Fettung (**B**), Kursivierung (**I**), Unterstreichung (**U**) und Durchstreichung (**S**) ein- bzw. ausschalten. Sie können einen von drei Listentypen ❹ wählen und Abschnitte aus- und einrücken ❺. Möchten Sie eine Checkliste schreiben, deren einzelne Einträge Sie mit einem Fingertipp abhaken, tippen Sie auf das entsprechende Symbol rechts auf der Tastatur ❻. Mit einem Tipp auf das Tabellensymbol ❼ fügen Sie Ihrer Notiz eine Tabelle hinzu.

Um einen bereits geschriebenen Text nachträglich zu forrmatieren, markieren Sie den gewünschten Text ❽ und wählen die entsprechende Formatierung. Bei Absatzformatierungen genügt es, wenn Sie in den entsprechenden Absatz tippen, um etwa **Text** in eine **Überschrift** zu ändern.

Tabellen in Notizen

Nach einem Tipp auf das Tabellensymbol wird an der Stelle der Schreibmarke eine Tabelle mit zwei Spalten und zwei Zeilen eingefügt. Das ist normalerweise natürlich zu wenig. Um eine neue Zeile einzufügen, tippen Sie in die letzte Zelle und wählen auf der Tastatur **Weiter**.

∧ *Tabellen lassen sich beliebig um Spalten und Zeilen erweitern.*

Für eine neue Spalte tippen Sie in ein Feld der Spalte, neben der Sie eine neue Spalte einfügen möchten. Nun wird links neben der aktuellen Zeile ❶ und oberhalb der Spalte eine neue Taste eingeblendet. Tippen Sie auf die Taste oberhalb der Spalte, können Sie eine **Spalte hinzufügen** ❷ oder auch die aktuell markierte **Spalte löschen** ❸. Eine neue Spalte wird immer rechts neben die aktuelle Spalte eingefügt. Das funktioniert übrigens auch mit Zeilen, hier können Sie entsprechend Zeilen hinzufügen und löschen.

Im Spalten- bzw. Zeilenmenü haben Sie auch die Möglichkeit, die Spalte/Zeile zu kopieren ❹ (Seite 179) oder auszuschneiden ❺. Mit einem Tipp auf **BIU** ❻ lässt sich der Inhalt einer kompletten Spalte/Zeile fetten, kursivieren und unterstreichen. Möchten Sie nur den Inhalt einer Zelle formatieren, markieren Sie ihn und wählen im Kontextmenü **BIU** und anschließend die gewünschte Formatierung.

Um eine Tabelle zu kopieren, per Mail oder Nachrichten weiterzuleiten, in Text umzuwandeln oder komplett zu löschen, tippen Sie in eine beliebige Zelle und wählen anschließend das Tabellensymbol ❼.

Fotos und Zeichnungen einfügen

Sie können mit den Notizen nicht nur Text notieren, sondern auch kleine Skizzen anfertigen oder Fotos in Ihre Notiz einfügen.

Um ein Foto an der Cursorposition einzufügen, tippen Sie auf das Pluszeichen ❶. Sie haben nun die Möglichkeit, ein Bild aus der **Fotomediathek** ❷ zu wählen (also ein Bild, das Sie in der Fotos-App gespeichert haben) oder ein neues Foto oder Video ❸ aufzunehmen.

Ähnlich einfach ist es, wenn Sie Ihrer Notiz eine Skizze oder Zeichnung hinzufügen möchten. Hier gibt es zwei Möglichkeiten.

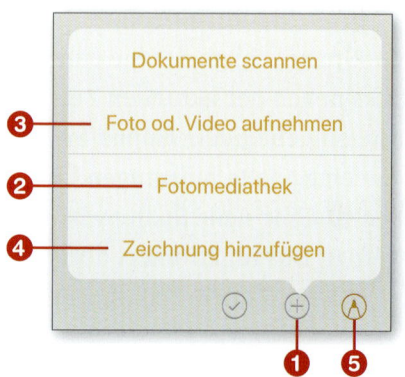

1. Wählen Sie **Zeichnung hinzufügen** ❹. Der Bildschirm wird nun komplett zu einer Zeichenfläche. Eine solche Zeichnung wird der Notiz als Anhang angefügt.

2. Tippen Sie auf das Stiftsymbol ❺. Nun wird die Zeichnung als Bestandteil der Notiz übernommen.

Sie können einer Notiz beliebig viele Zeichnungen und Fotos hinzufügen. Um eine Zeichnung oder ein Foto zu entfernen, berühren und halten Sie es und tippen auf **Löschen**.

> **Skizzen automatisch speichern**
>
> Wenn Sie Ihre Skizzen nicht nur in den Notizen, sondern auch in der Fotos-App zur Hand haben möchten, wählen Sie **Einstellungen ▶ Notizen** und aktivieren dort den Punkt **Medien in „Fotos" sichern**.

Dokumente scannen

Die Notizen-App kann auch als Dokumentenscanner eingesetzt werden. Dabei wird das Dokument fotografiert, beschnitten, begradigt und einer Notiz als Anhang hinzugefügt.

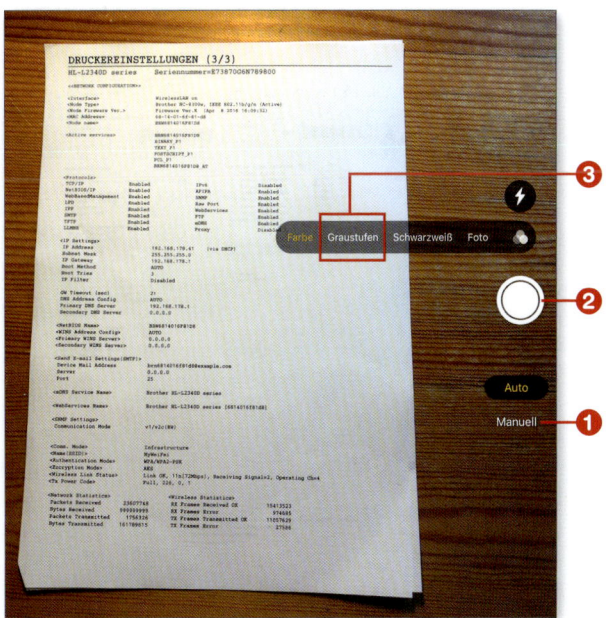

1. Tippen Sie auf die Plustaste, und wählen Sie **Dokumente scannen**. Das iPad aktiviert nun die Kamera, und Sie können ein beliebiges Dokument fotografieren.

2. Halten Sie das iPad über das Dokument. Im Idealfall erkennt das iPad das Dokument automatisch und fotografiert es. Das funktioniert aber nur bei glatten, nicht geknickten Seiten, ohne störende Gegenstände im Blickfeld der Kamera. Falls die Umgebung eine automatische Erkennung nicht zulässt, wählen Sie **Manuell** ❶ und fotografieren das Dokument mit einem Tipp auf den Auslöser ❷.

3. Standardmäßig fotografiert das iPad in Farbe, was bei vielen Dokumenten überflüssig ist und mitunter zu schlecht lesbaren Ergebnissen führt. Tippen Sie in diesem Fall auf das Filtersymbol, und wählen Sie **Graustufen** ❸.

4. Falls das Dokument nur aus einer Seite besteht, tippen Sie auf **Sichern**, andernfalls fotografieren Sie die weiteren Seiten und speichern das Dokument zum Abschluss mit **Sichern**.

Die fotografierten Dokumentenseiten sind nun als Anhang der aktuellen Notiz gespeichert. In der Notiz lassen sich die einzelnen Seiten noch korrigieren, also nachträglich beschneiden und begradigen, drehen oder in Graustufen verwandeln. Tippen Sie dazu die gewünschte Seite an.

Um ein gescanntes Dokument an eine andere App weiterzugeben oder mit der Dateien-App zu speichern, berühren und halten Sie das Dokument und wählen **Teilen**. Das gescannte Dokument wird als PDF-Datei weitergegeben.

Notizen aus anderen Apps heraus erstellen

Eine kleine, aber feine und ungemein praktische Fähigkeit des iPads besteht darin, dass Sie aus Apps heraus direkt eine Notiz erstellen können. Lesen Sie z. B. eine interessante Webseite und möchten sich nicht nur die Adresse der Seite merken, sondern auch gleich etwas zu dieser Seite notieren, ist das genauso wenig ein Problem, wie ein Foto an die Notizen-App zu schicken oder eine Adresse aus der Karten-App als Notiz abzulegen.

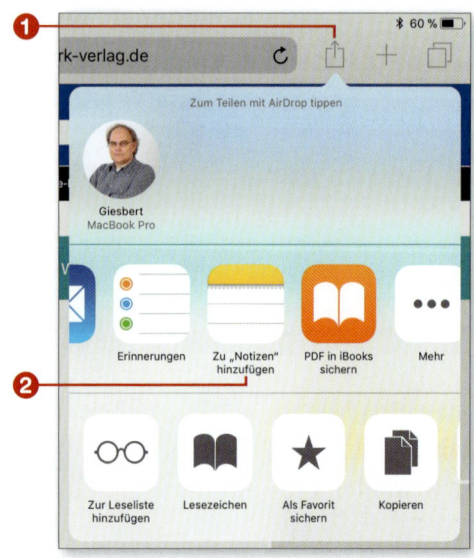

1. Dazu tippen Sie in der jeweiligen App auf das **Teilen**-Symbol ❶ und wählen hier **Zu „Notizen" hinzufügen** ❷.

2. Es erscheint ein Eingabefenster, in dem der jeweilige Inhalt, der in die Notizen wandern soll, aufgeführt wird ❸.

3. In diesem Fenster können Sie auch gleich eine Notiz hinzufügen ❹.

Notizen aus anderen Apps heraus erstellen

4. Standardmäßig werden so übergebene Inhalte als Anhang zu einer neuen Notiz gespeichert, Sie können sie aber auch an bestehende Notizen anhängen. Tippen Sie dazu auf **Notiz auswählen** ❺.

5. Tippen Sie auf **Sichern** ❻, wird der gewählte Inhalt als Notiz gespeichert.

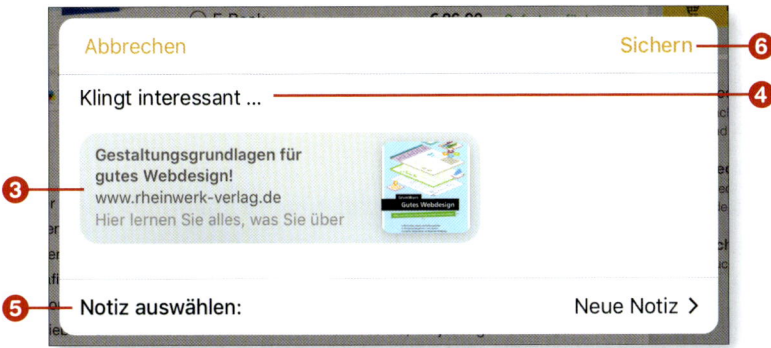

▲ Es gibt fast nichts, was Sie einer Notiz nicht als Anhang hinzufügen können.

Sie werden schnell merken, wie praktisch diese Funktion ist. Planen Sie z. B. eine Reise, können Sie so eine Notiz zur Reiseplanung in der Notizen-App anlegen und an diese Notiz dann passende Webseiten, Bilder und Karten anhängen. So haben Sie auf einem Notizzettel alle Informationen beisammen.

➕ Anhänge verwalten

Wenn Sie viele Notizen mit Anhängen haben, können Sie schon einmal den Überblick bei der Suche nach einem bestimmten Anhang verlieren. Hier hilft ein Tipp auf das Anhangsymbol in der Seitenleiste. Sie sehen nun sämtliche Anhänge, sortiert nach Dateityp. Mit einem Tipp öffnen Sie einen Anhang, möchten Sie die dazugehörige Notiz sehen, tippen Sie auf **In Notiz zeigen**.

◀ Mit einem Tipp auf das Anhangsymbol haben Sie sämtliche Anhänge sofort im Überblick.

Notizen in Ordnern verwalten

Je mehr Notizen Sie anlegen, desto umfangreicher wird die Liste der gespeicherten Notizen und desto eher verlieren Sie den Überblick. Da empfiehlt es sich, Notizen in Ordnern zu verwalten. Um einen Ordner anzulegen, tippen Sie oben links in der Seitenleiste auf die Pfeilschaltfläche. Sie erhalten so in der Seitenleiste eine Übersicht über alle Ordner. Hier tippen Sie auf **Neuer Ordner** ❶. Wenn Sie Notizen aus mehreren Accounts verwalten, werden Sie vor dem Anlegen des Ordners gefragt, zu welchem Account der Ordner gehört ❷. Geben Sie dem Ordner einen Namen, und tippen Sie auf **Sichern**.

Eine Notiz lässt sich sehr leicht in einen Ordner verschieben. Dazu wischen Sie in der Seitenleiste von rechts nach links über den Eintrag der Notiz und wählen **Bewegen**.

Sollen mehrere Notizen auf einen Streich verschoben werden, tippen Sie in der Seitenleiste auf **Bearbeiten**, markieren die gewünschten Notizen ❸ und wählen **Bewegen** ❹.

In beiden Fällen wird Ihnen nun die Liste Ihrer Ordner angezeigt, und Sie können die Notizen mit einem Tipp auf den gewünschten Ordner verschieben.

> **➕ Notizen mit Drag & Drop bewegen**
>
> Sie können Notizen auch mit Drag & Drop bewegen. Berühren und halten Sie dazu die gewünschte Notiz, und bewegen Sie sie ein wenig. Tippen Sie nun alle anderen Notizen an, die Sie bewegen möchten. Lassen Sie den Finger auf dem Display. Tippen Sie mit einem Finger Ihrer anderen Hand auf den Pfeil links oben, um zur Ordnerübersicht zu gelangen, ziehen Sie die gehaltenen Notizen auf den gewünschten Ordner, und lassen Sie den Stapel dort los.

Notizen sperren

Sensible oder private Notizen können Sie mit einem Passwort vor allzu neugierigen Zeitgenossen schützen. Im Folgenden schildere ich, wie Sie dabei vorgehen.

1. Öffnen Sie die Notiz, die Sie für den unbefugten Zugriff sperren möchten.

2. Tippen Sie auf die **Teilen**-Taste ❶, und wählen Sie hier den Punkt **Notiz sperren** ❷.

3. Legen Sie ein Passwort fest, und bestätigen Sie mit **OK**. Die Notiz wird nun mit dem Passwort versehen, aber noch nicht gesperrt. Ein einmal vergebenes Passwort gilt in Zukunft für alle gesperrten Notizen.

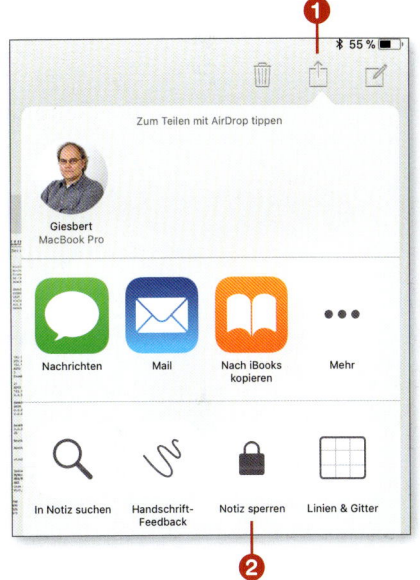

4. Um die Notiz zu sperren, tippen Sie auf das Schloss, das nun in der Symbolleiste angezeigt wird. Jetzt ist die Notiz gesperrt und kann nur noch über das festgelegte Kennwort beziehungsweise Touch ID geöffnet werden.

5. Um die Sperre wieder zu entfernen, lassen Sie sich die Notiz anzeigen, entsperren sie und wählen im **Teilen**-Menü anschließend den Punkt **Sperre entfernen**.

Natürlich lässt sich ein vergebenes Kennwort auch noch nachträglich ändern.

1. Rufen Sie vom Home-Bildschirm **Einstellungen ▸ Notizen** auf.

2. Wählen Sie den Menüpunkt **Passwort**.

3. Hier können Sie nun das **Passwort ändern**, Touch ID nachträglich ein- oder ausschalten oder das **Passwort zurücksetzen**. Damit wird für neue Notizen ein neues Passwort benutzt, die bisher geschützten Notizen behalten ihr Passwort.

Notizen und Ordner löschen

Notizzettel haben oft das Schicksal, dass sich ihr Inhalt meist nach kurzer Zeit erledigt hat und der Zettel weggeworfen wird. Auf dem iPad ist das nicht anders, nur fällt hier kein Altpapier an, sondern die Notiz löst sich spurlos auf.

Wie Sie die aktuelle Notiz löschen, wissen Sie schon – Sie tippen einfach auf den Papierkorb. Doch Sie müssen eine Notiz nicht erst öffnen, um sie löschen zu können. Schieben Sie den entsprechenden Eintrag zur Notiz in der Seitenleiste einfach von rechts nach links, und wählen Sie **Löschen**.

Möchten Sie mehrere Notizen auf einen Streich löschen, tippen Sie in der Seitenleiste auf **Bearbeiten** und tippen dann alle Notizen an, die Sie loswerden möchten. Anschließend tippen Sie auf **Löschen**.

So lassen sich auch komplette Ordner entfernen, wobei Sie zwischen zwei Optionen wählen können: **Ordner und Notizen löschen** ❶ oder **Nur Ordner löschen** ❷. In letzterem Fall werden die in dem zu löschenden Ordner enthaltenen Notizen in den Standardordner **Notizen** verschoben.

Notizen werden nicht sofort vom iPad gelöscht, sondern zunächst im Ordner **Zuletzt gelöscht** zwischengelagert. Von dort werden sie nach 30 Tagen endgültig entfernt. In diesen 30 Tagen können Sie die gelöschten Notizen jederzeit wieder zurückholen. Wechseln Sie dazu einfach in den Ordner **Zuletzt gelöscht**, und bewegen Sie die Notiz in den gewünschten Ordner.

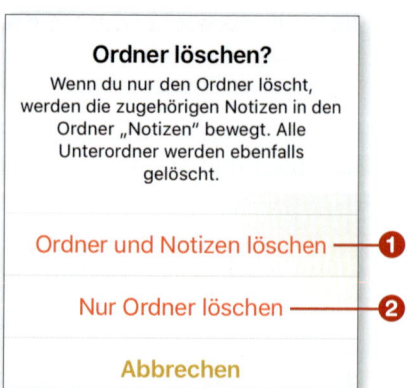

Aufgaben verwalten mit Erinnerungen

Mit der App Erinnerungen hat Apple dem iPad eine kleine Aufgabenverwaltung spendiert. Dabei präsentiert sich die App fast so sparsam wie die Notizen-App. Auch hier begegnet Ihnen erneut die zweigeteilte Bildschirmansicht mit einer Seitenleiste links und den Erinnerungen rechts.

Aufgaben verwalten mit Erinnerungen

Anders als in Apps wie Mail oder Notizen ist die Seitenleiste in Erinnerungen immer eingeblendet, ganz egal, ob Sie das iPad im Hoch- oder Querformat halten.

Die Erinnerungen werden wie in einem stilisierten Block notiert und in verschiedenen Listen geordnet, die in der Seitenleiste aufgeführt werden. Standardmäßig bietet Erinnerungen nur eine Liste, nämlich **Erinnerungen** 1, Sie können aber beliebig viele Listen anlegen. Wie das geht, erfahren Sie im Abschnitt »Mit mehreren Aufgabenlisten arbeiten« ab Seite 191. Unter **Geplant** 2 finden Sie alle Aufgaben, die mit einem Termin versehen sind.

∧ *Das Icon der App Erinnerungen*

1. Um einer Liste eine neue Aufgabe hinzuzufügen, wählen Sie die gewünschte Liste 3 in der Seitenleiste aus.

2. Tippen Sie anschließend rechts in eine leere Zeile mit dem Pluszeichen 4. Die Schreibmarke erscheint, die Bildschirmtastatur wird eingeblendet, und Sie können Ihre Aufgabe eingeben.

3. Mit einem Tipp auf **Return** 5 schließen Sie die Eingabe ab. Die Eingabemarke springt in die nächste Zeile, und Sie können eine neue Aufgabe eingeben.

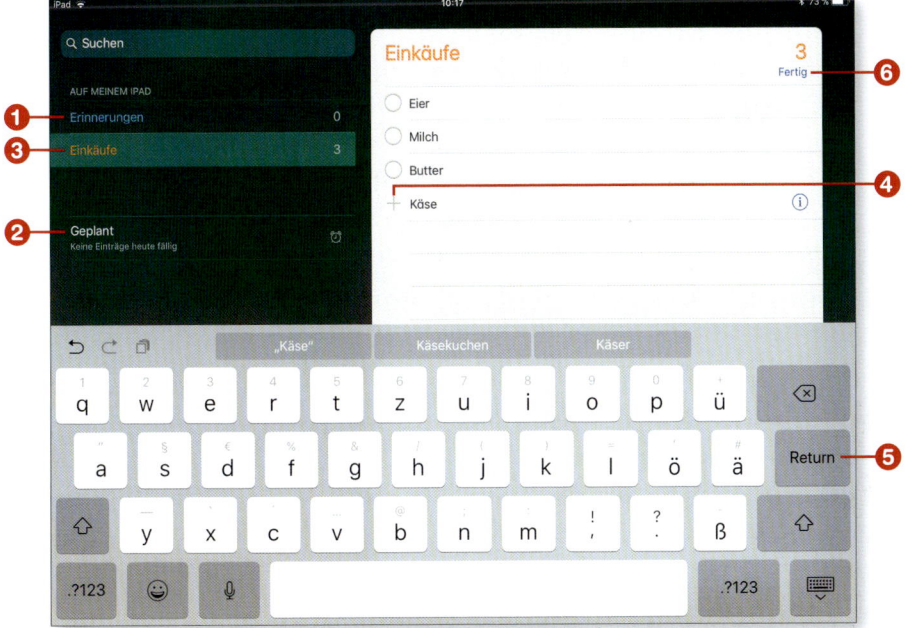

◂ *Mit der Erinnerungen-App lassen sich Aufgaben schnell und einfach verwalten.*

4. Um die Erfassung vollständig abzuschließen, tippen Sie in der Liste auf **Fertig** ❻ (Seite 187).

5. Die Einträge werden in der Reihenfolge aufgeführt, in der Sie sie eingegeben haben. Möchten Sie die Reihenfolge ändern, tippen Sie auf **Bearbeiten**.

6. Verschieben Sie nun die Einträge mithilfe der Griffmarkierung ❼ rechts nach oben oder unten an die gewünschte Position in der Liste.

7. Tippen Sie auf das rote Minuszeichen ❽, um die Erinnerung aus der Liste zu löschen.

8. Mit einem Tipp auf **Fertig** ❾ schließen Sie zu guter Letzt die Bearbeitung ab und kehren wieder zur Liste zurück.

Erinnerungen mit Details versehen

Ein kurzer Eintrag ist schnell erstellt, aber oft benötigt man mehr Platz zur Beschreibung einer Aufgabe als die eine Zeile, die die App standardmäßig bietet. Kein Problem: Sie können jede notierte Aufgabe während der Erfassung und auch nachträglich um diverse Details erweitern.

1. Dazu tippen Sie die entsprechende Aufgabe in einer der Listen an und öffnen anschließend mit einem Tipp auf das **i** ❶ das Dialogfenster **Details**.

Erinnerungen mit Details versehen

2. Sie haben nun verschiedene Anpassungsmöglichkeiten. Mit einem Tipp auf den aktuellen Text des Eintrags ❷ können Sie diesen ändern.

3. Tippen Sie auf den Schalter **Tagesabhängig** ❸, legen Sie einen Termin fest, an dem Sie die App an diese Aufgabe erinnert (Sie sehen – die App trägt ihren Namen zu Recht). Zusätzlich können Sie mit einem Tipp auf den Menüpunkt **Wiederholen** ❹ mehrere Erinnerungen zu einer Aufgabe einrichten.

4. Wichtigen Aufgaben können Sie in dem gleichnamigen Bereich eine entsprechende **Priorität** ❺ zuweisen.

5. Wenn Sie einmal etwas mehr Text für Ihre Aufgabe benötigen, können Sie einen Eintrag jederzeit um beliebige **Notizen** ❻ erweitern. Tippen Sie dazu einfach in diesen Bereich, die Bildschirmtastatur wird dann automatisch aktiviert.

6. Bestätigen Sie Ihre Änderungen mit einem Tipp auf **Fertig** ❼.

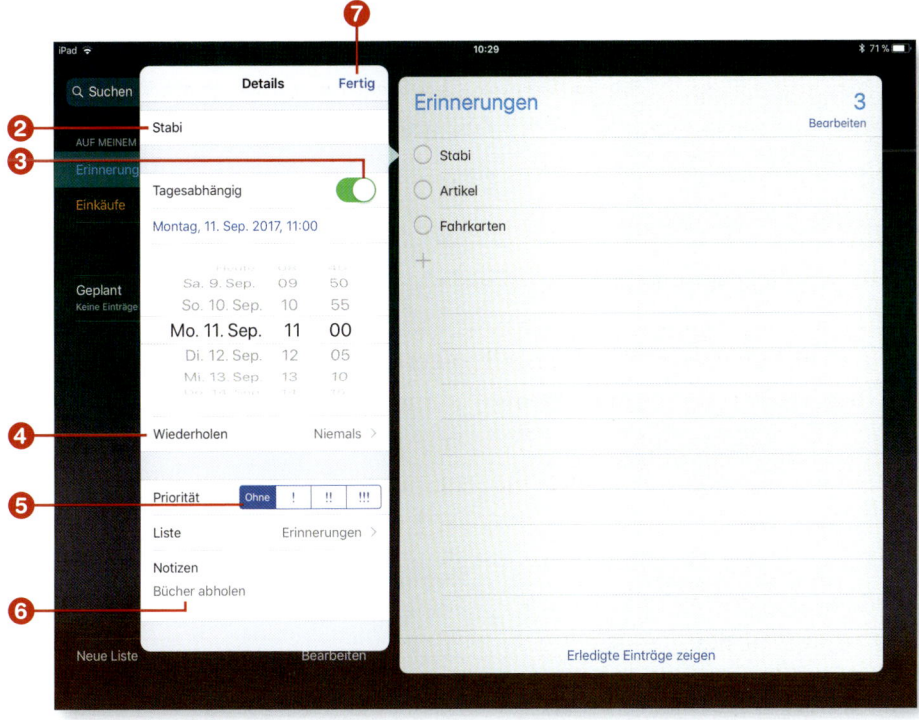

▲ Soll eine Aufgabe zu einem bestimmten Zeitpunkt erledigt werden, tragen Sie ihn in den Details ein.

Aufgaben erledigen und löschen

Aufgaben sind natürlich nicht dazu da, um fein säuberlich eingetragen zu werden – sie müssen auch erledigt und gelöscht werden. Das ist ausgesprochen einfach: Tippen Sie dazu einfach in den Kreis vor einer Aufgabe. Der Kreis wird ausgefüllt und die Aufgabe als erledigt markiert ❶. Die entsprechend markierten Einträge werden beim nächsten Aufruf der Liste ausgeblendet.

Um eine Aufgabe zu löschen, streichen Sie sie von rechts nach links durch und tippen auf **Löschen** ❷. Anders als in der App Notizen ist das Löschen in der App Erinnerungen ohne Netz und doppelten Boden. Eine gelöschte Aufgabe kann also nicht wiederhergestellt werden, sondern verschwindet sang- und klanglos im digitalen Orkus.

Sobald Sie eine Aufgabe erledigt haben, erscheint unten der Link **Erledigte Einträge zeigen**. Mit einem Tipp darauf sehen Sie alle erledigten Aufgaben – allerdings nur aus der aktuell gewählten Liste; der Eintrag wird nun zu **Erledigte ausblenden** ❸.

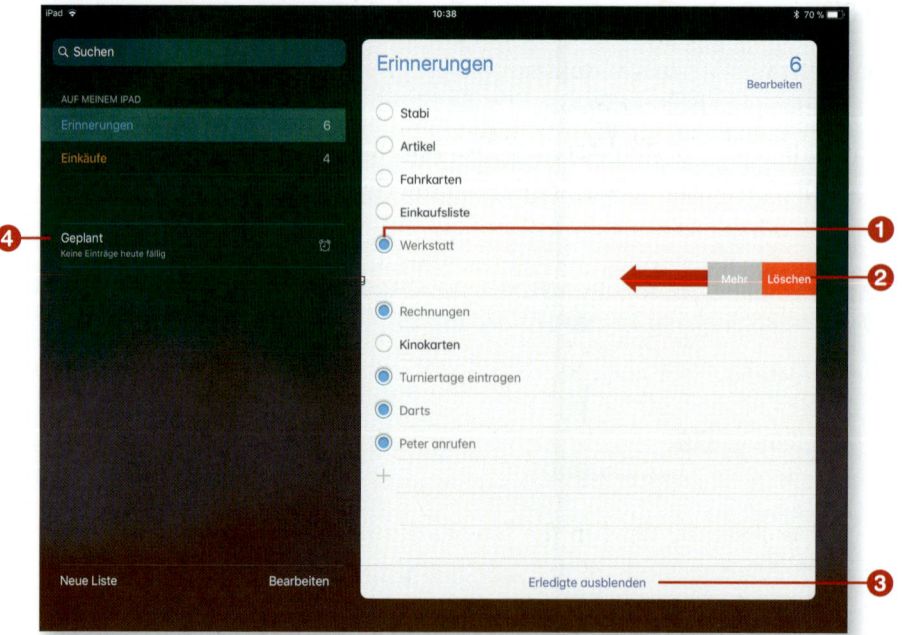

> Erledigte Aufgaben lassen sich abhaken oder gleich ganz löschen.

Um sich alle erledigten Einträge der letzten Zeit aus allen Listen anzeigen zu lassen, tippen Sie zuerst auf **Geplant** ❹ und dort auf **Erledigte Einträge** zeigen. Dort haben Sie auch die Möglichkeit, eine versehentlich als erledigt markierte Aufgabe durch einen Tipp auf den Kreis zurückzuholen. Leider gibt es keine Möglichkeit, alle erledigten Aufgaben auf einen Streich zu löschen.

Mit mehreren Aufgabenlisten arbeiten

Die Aufgaben beziehungsweise Erinnerungen werden in verschiedenen Listen verwaltet. So können Sie die verschiedenen Aufgaben nach Projekten in entsprechenden Listen sortieren und kommen bei Ihren Listen nicht durcheinander.

Um eine neue Liste anzulegen, tippen Sie in der Seitenleiste unten auf die Schaltfläche **Neue Liste** ❶. Geben Sie der Liste einen Namen ❷, wählen Sie eine Farbe ❸, und speichern Sie die Liste mit **Fertig** ❹.

Die Listen werden in der Reihenfolge gespeichert, in der Sie sie anlegen, wobei die neuesten Listen zu Beginn stehen. Möchten Sie das ändern, tippen Sie in der Seitenleiste auf **Bearbeiten** ❺ und verschieben die Listen nach oben oder unten, indem Sie die Griffmarkierung rechts antippen und halten.

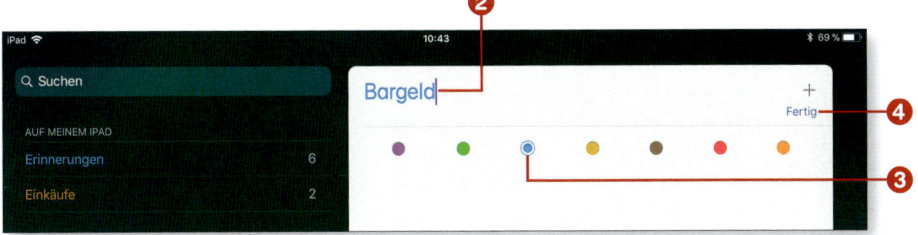

Eine neue Aufgabe wird in die jeweils aktuelle Liste eingetragen, aber natürlich können Sie eine Aufgabe auch nachträglich verschieben. Sobald Sie mehr als eine Liste verwalten, werden die Details eines Eintrags um ein entsprechendes Feld **Liste** ergänzt, über das Sie den Eintrag einer anderen Liste zuweisen können.

> **+ Aufgaben mit Drag & Drop verschieben**
>
> Eine Aufgabe lässt sich problemlos mit Drag & Drop von einer Liste auf eine andere schieben. Berühren und halten Sie dazu die Aufgabe, ziehen Sie sie auf die entsprechende Liste, und lassen Sie sie dort los. Möchten Sie mehrere Aufgaben auf einen Rutsch verschieben, berühren und halten Sie die erste Aufgabe, und bewegen Sie sie ein wenig. Tippen Sie nun alle anderen Aufgaben an, und ziehen Sie schließlich den Stapel auf die gewünschte Liste.

Gemeinsame Aufgabenlisten führen

Sie müssen Ihre Aufgaben nicht allein bewältigen – Sie können das auch im Team erledigen. Dazu geben Sie Aufgabenlisten frei, indem Sie eine Einladung verschicken. Der Empfänger bestätigt die Einladung, und schon taucht Ihre Liste auch bei ihm auf, und Sie können gemeinsam Aufgaben eintragen, bearbeiten und natürlich auch erledigen.

Das ist, sei's im Büro, sei's in der Familie, eine ausgesprochen praktische Sache. Einzige Voraussetzung: Alle Teilnehmer müssen ein iOS-Gerät (oder einen Mac) besitzen und ihre Aufgaben mit der Erinnerungen-App über iCloud verwalten. Im Folgenden zeige ich, wie das funktioniert.

Gemeinsame Aufgabenlisten führen

1. Wählen Sie in der Seitenleiste die Liste aus, die Sie freigeben möchten, und tippen Sie in der gewählten Liste oben rechts auf die Schaltfläche **Bearbeiten**.

2. Tippen Sie hier auf den Listenpunkt **Teilen** ❶ und im folgenden Fenster **Teilen mit** auf den Befehl **Person hinzufügen** ❷.

3. Geben Sie die gewünschte Person ein, oder tippen Sie auf das Pluszeichen, um den entsprechenden Eintrag aus Ihren Kontakten zu wählen. Sie können beliebig viele Personen eintragen, tippen Sie dann auf **Hinzufügen**.

4. Schließen Sie danach den Dialog **Teilen mit** mit einem Tipp auf die Schaltfläche **Fertig** ❸.

Daraufhin wird die Einladung zur Aufgabenliste per E-Mail verschickt. Nimmt der Empfänger die Einladung an, können Sie die Aufgaben der Liste nun im Team in Angriff nehmen.

Kapitel 11
Nachrichten und FaceTime

Neben der Mail-App, die Sie in Kapitel 9 kennengelernt haben, bietet das iPad noch zwei weitere Apps, mit denen Sie Ihre Kontakte erreichen können. Mit der Nachrichten-App schicken Sie bequem Mitteilungen, Bilder, Videos und kurze Sprachnachrichten an Ihre Kontakte. Mit FaceTime bietet Ihnen das iPad eine App, mit der Sie Telefonate per Internet führen können. Kleiner Haken: Beide Apps funktionieren nur im Apple-Universum, alle Beteiligten benötigen also ein iPad, iPhone oder einen Mac-Computer.

∧ *Über dieses Symbol starten Sie die Nachrichten-App.*

> **Apple-ID erforderlich**
>
> Sowohl Nachrichten als auch FaceTime sind kostenlos, allerdings an eine Apple-ID gebunden. Ohne Apple-ID lassen sich diese beiden Apps und die mit ihnen verbundenen Dienste nicht nutzen.

Nachrichten – iMessage auf dem iPad

Mit *iMessage* stellt Apple einen kostenlosen Nachrichtendienst für iOS-Geräte zur Verfügung, den Sie mit der Nachrichten-App auf dem iPad nutzen können.

Beim ersten Aufruf der App Nachrichten werden Sie aufgefordert, sich mit Ihrer Apple-ID anzumelden. Geben Sie die Apple-ID und das Passwort in die entsprechenden Felder ❶ ein, und tippen Sie auf **Anmelden** ❷. Sobald Sie diese kleine Hürde genommen haben, können Sie mit Freunden und Bekannten kostenlos Nachrichten austauschen und chatten.

Kapitel 11: Nachrichten und FaceTime

Vorausgesetzt, Ihre Freunde und Bekannten besitzen ebenfalls ein iOS-Gerät oder einen Mac.

Nachrichten senden

Haben Sie sich mit Ihrer Apple-ID angemeldet, sind Sie bereit, um Nachrichten per iMessage von Ihrem iPad zu senden und natürlich auch auf Ihrem Gerät zu empfangen. Wie das geht, stelle ich Ihnen in diesem Abschnitt vor.

Die App präsentiert sich zweigeteilt. In der Seitenleiste sehen Sie eine chronologische Liste aller Personen, mit denen Sie Nachrichten ausgetauscht haben (der Bereich ist zu Beginn natürlich noch leer). Im rechten Bereich des Bildschirms sehen Sie die Nachrichten des in der Seitenleiste ausgewählten Eintrags.

1. Möchten Sie eine neue Nachricht schreiben, tippen Sie auf das Symbol mit dem Stift ❶. Es öffnet sich das Formular für eine neue Nachricht, und die Bildschirmtastatur wird eingeblendet.

2. Geben Sie in das Feld **An:** ❷ den Namen des Empfängers ein, oder wählen Sie ihn mit einem Tipp auf das Pluszeichen ❸ aus Ihrem Adressbuch. Wenn Sie die Nachricht an mehrere Empfänger schicken möchten, wiederholen Sie diesen Schritt. Eine Antwort auf eine Nachricht mit mehreren Empfängern wird ebenfalls bei allen Empfängern angezeigt.

3. Tippen Sie nun in das Eingabefeld ❹, und geben Sie Ihre Nachricht über die Bildschirmtastatur ein.

4. Standardmäßig sehen Sie neben dem Eingabefeld zwei Symbole ❺. Sobald Ihre Nachricht etwas länger wird, werden diese durch einen Pfeil ❻ ersetzt. Um sich die Symbole wieder anzeigen zu lassen, tippen Sie auf diesen Pfeil.

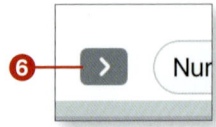

Bilder und Videos verschicken

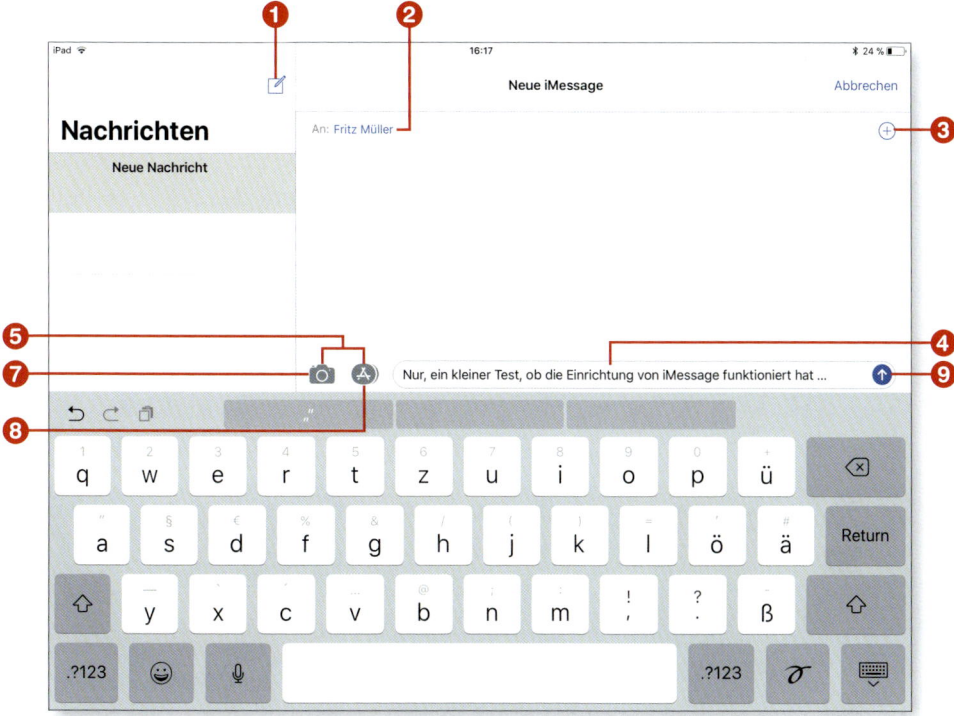

5. Mit einem Tipp auf das Kamerasymbol ❼ können Sie Ihrer Nachricht ein Bild oder ein Video mit auf den Weg geben. Mehr dazu lesen Sie im Abschnitt »Bilder und Videos verschicken« auf dieser Seite.

6. Über das andere Symbol ❽ fügen Sie Sticker und kleine Zeichnungen in Ihre Nachricht ein. Wie das geht, erfahren Sie im Abschnitt »Nachrichten mit Digital Touch und Stickern« ab Seite 200.

7. Mit einem Tipp auf den Senden-Pfeil ❾ schicken Sie Ihre Nachricht auf die Reise.

Bilder und Videos verschicken

Mit den Nachrichten lassen sich nicht nur normale Texte und Emoticons verschicken, sondern natürlich auch Fotos oder Videos. Dabei greifen Sie entweder auf die Bilder zu, die auf Ihrem iPad bereits gespeichert sind oder nehmen rasch ein Foto oder Video auf.

Kapitel 11: Nachrichten und FaceTime

1. Tippen Sie auf das Kamerasymbol ❶ neben dem Eingabefeld. Falls das Symbol nicht zu sehen ist, tippen Sie auf den kleinen Pfeil links neben dem Eingabefeld.

2. Sie sehen nun zum einen das Bild, das die Kamera des iPads aktuell aufnimmt ❷, rechts daneben die Bilder ❸, die sich derzeit im Album **Aufnahmen**/**Alle Fotos** der Fotos-App befinden. Wischen Sie von rechts nach links über die Anzeige, blättern Sie durch alle Bilder im Album. Wählen Sie das gewünschte Foto durch Antippen aus.

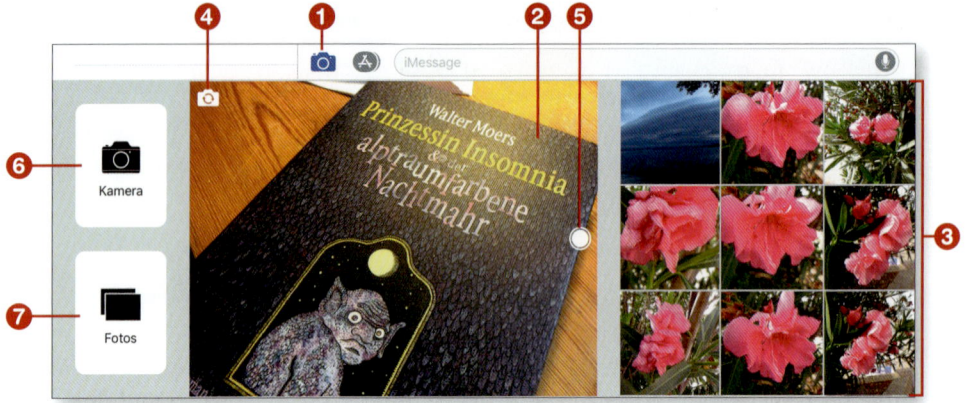

▲ *Nachrichten lassen sich problemlos um Fotos und Videos ergänzen.*

3. Um zwischen Rückseiten- und Vorderseitenkamera zu wechseln, tippen Sie auf das Kamerasymbol ❹ im Vorschaubild. Mit einem Tipp auf den Auslöser ❺ wird das Foto aufgenommen und sofort in die Nachricht eingefügt.

4. Das Bild wird daraufhin in das Eingabefeld eingefügt, und Sie können noch einen Kommentar beziehungsweise eine persönliche Nachricht hinzufügen oder es gleich mit einem Tipp auf das Pfeilsymbol an den Empfänger senden.

Möchten Sie den vollen Leistungsumfang der Kamera ausnutzen oder auf andere Alben in der Fotos-App zugreifen, tippen Sie auf **Kamera** ❻ beziehungsweise **Fotos** ❼. Das iPad wechselt zur Kamera- beziehungsweise Fotos-App. Sie können nun auch Videos aufnehmen und beliebige Bilder aus allen Apps der Fotos-App wählen.

> **Fotos bearbeiten**
>
> Möchten Sie ein Foto vor dem Versand bearbeiten, tippen Sie es an. Sie können es nun mit den Möglichkeiten der Fotos-App bearbeiten, die ich Ihnen im Abschnitt »Fotos auf dem iPad bearbeiten« ab Seite 246 vorstelle.

Sprachnachrichten verschicken

Solange Sie keinen Text in das Eingabefeld eingegeben haben, sehen Sie rechts ein Mikrofonsymbol. Berühren und halten Sie diese Taste, können Sie eine Audionachricht aufnehmen. Die Aufnahme läuft, solange Sie den Finger auf dem Display lassen. Im Textfeld erscheinen die Frequenzkurve und die Dauer der Aufnahme. Heben Sie den Finger vom Display, stoppt die Aufnahme. Mit einem Tipp auf die Play-Taste ❶ können Sie sich Ihre Sprachnachricht noch einmal anhören, ein Tipp auf das × ❷ löscht die Nachricht, mit einem Tipp auf den Pfeil ❸ schicken Sie die Sprachnachricht ab.

▲ Auch mit kurzen Sprachaufzeichnungen kommt die Nachrichten-App zurecht.

> **Speicherdauer von Sprachnachrichten**
>
> Sprachnachrichten werden automatisch zwei Minuten nach der Wiedergabe gelöscht. Möchten Sie das nicht, wählen Sie **Einstellungen ▸ Nachrichten**. Im Abschnitt **Audionachrichten** tippen Sie auf **Löschen**. Hier können Sie nun zwischen **Nach 2 Minuten** und **Nie** wählen.

Kapitel 11: Nachrichten und FaceTime

Nachrichten mit Digital Touch und Stickern

Neben Text-, Bild- und Tonnachrichten bietet das iPad auch einige vorinstallierte Effekte, mit denen Sie Ihre Nachrichten aufhübschen können. Diese Effekte nennt Apple *Digital Touch*. Um Digital Touch einzusetzen, tippen Sie auf das App-Store-Symbol ❶ und anschließend auf das Herzsymbol ❷.

Die Tastatur wird nun ausgeblendet, und es erscheint ein Zeichenfeld, das Sie mit einem Tipp auf den Pfeil ❸ zur vollen Bildschirmgröße aufziehen können. Es gibt nun verschiedene Aktionen.

- *Scribble*: Zeichnen Sie mit dem Finger in Neonfarben im Eingabefeld. Über die Farben-Schaltfläche ❹ wählen Sie die Zeichenfarbe, mit einem Tipp auf das Kamerasymbol ❺ nehmen Sie ein Video auf, in das Sie während der Aufnahme hineinzeichnen können. Sobald Sie zeichnen, erscheint rechts ein blauer Pfeil. Tippen Sie darauf, wird Ihre Zeichnung als Animation verschickt, der Empfänger sieht Ihnen dann gewissermaßen beim Zeichnen zu.

- *Tap*: Tippen Sie einmal auf den Bildschirm, erscheint ein Kreis auf den Bildschirm, der langsam zerbröselt. Diese Nachricht wird sofort verschickt.

- *Feuerball*: Drücken Sie mit einem Finger auf den Bildschirm, verschicken Sie sofort eine kleine feurige Animation.

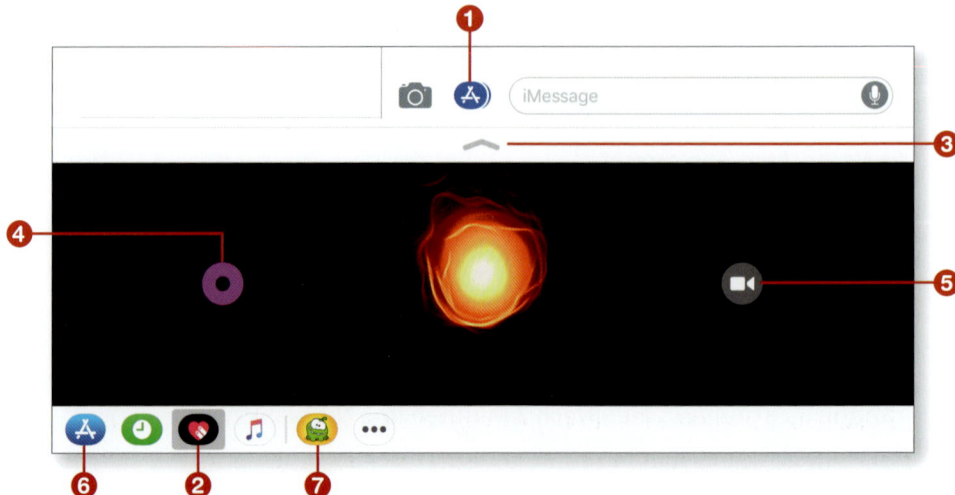

> *Nachrichten lassen sich mit Animationen und Stickern aufhübschen.*

- *Kuss*: Ein Zweifinger-Tipp schickt umgehend einen Kussmund auf die Reise.

- *Herzschlag*: Berühren und halten Sie den Bildschirm mit zwei Fingern, verschicken Sie sofort ein pulsierendes Herz.

- *Zerbrochenes Herz*: Berühren und halten Sie den Bildschirm mit zwei Fingern, und ziehen Sie die beiden Finger nach unten – der Empfänger erhält umgehend ein brechendes Herz.

> **Am besten ausprobieren**
>
> Da die meisten Digital-Touch-Nachrichten sofort und ohne Rückfrage verschickt werden, empfehle ich Ihnen, die Effekte zuerst einmal in Nachrichten an sich selbst auszuprobieren. Es wäre ja etwas misslich, wenn Sie einen Herzschlag verschicken möchten und beim Empfänger ein zerbrochenes Herz ankommt.

Neben Digital Touch können Sie Ihre Nachrichten auch mit Stickern schmücken, also mit kleinen Bildchen und Animationen. Damit das funktioniert, müssen Sie allerdings zuerst Sticker installieren. Für die Sticker hat Apple einen eigenen App Store eingerichtet, aus dem Sie Stickerpakete auf Ihr iPad laden. Diese Pakete sind in der Regel kostenpflichtig (sie kosten rund 1 Euro), manche sind aber auch kostenlos. Tippen Sie auf das App-Store-Symbol ❻ neben der Eingabezeile, und wählen Sie **Store**. Hier suchen Sie sich ein passendes Stickerpaket aus und laden es mit einem Fingertipp. Sticker, die Sie bereits geladen haben, werden rechts aufgeführt ❼.

Nachrichten mit Effekten verschicken

Manchmal soll eine Nachricht besonders auffallen. Für diesen Fall bietet iMessage Ihnen eine Reihe von Texteffekten und Hintergrundanimationen. Dabei wird ein Text etwa in einer Sprechblase animiert, über den Bildschirm fliegen Luftballons, es regnet Konfetti, oder der Empfänger sieht ein kleines Feuerwerk. Die Animation wird einmal abgespielt, sobald die Nachricht angezeigt wird. Um eine Nachricht mit einem Effekt auszustatten, gehen Sie folgendermaßen vor.

1. Schreiben Sie Ihre Nachricht, und berühren und halten Sie den blauen Pfeil ❶.

2. Sie können nun einen Sprechblasen-Effekt ❷ oder eine Hintergrundanimation ❸ auswählen. Damit Sie wissen, was Sie verschicken, sehen Sie eine kleine Vorschau. Um einen bestimmten Hintergrund zu wählen, wischen Sie horizontal über das Display.

3. Mit einem Tipp auf den blauen Pfeil schicken Sie Ihre Nachricht samt Effekt ab.

Handschriftliche Notizen

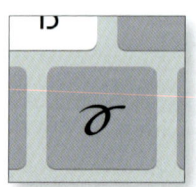

Vielleicht ist Ihnen bereits diese seltsame Taste mit dem geschwungenen Symbol aufgefallen. Tippen Sie darauf, können Sie mit iMessage handschriftliche Notizen verschicken. Dabei wird der untere Bereich des Bildschirms zu einer Zeichenfläche, auf der Sie mit dem Finger oder dem Apple Pencil schreiben. Sie haben übrigens mehr Platz, als es den Anschein hat: Wischen Sie mit zwei Fingern horizontal über das Feld, um die ganze Breite auszunutzen. Tippen Sie unten auf das kleine Uhrensymbol ❶, sehen Sie alle von Ihnen bisher verschickten handschriftlichen Notizen. Über **Widerrufen** ❷ können Sie die letzte Eingabe rückgängig machen. Mit einem Tipp auf das Tastatursymbol ❸ kehren Sie zur normalen Tastatur zurück, mit **Fertig** ❹ übernehmen Sie Ihre Notiz in eine Nachricht.

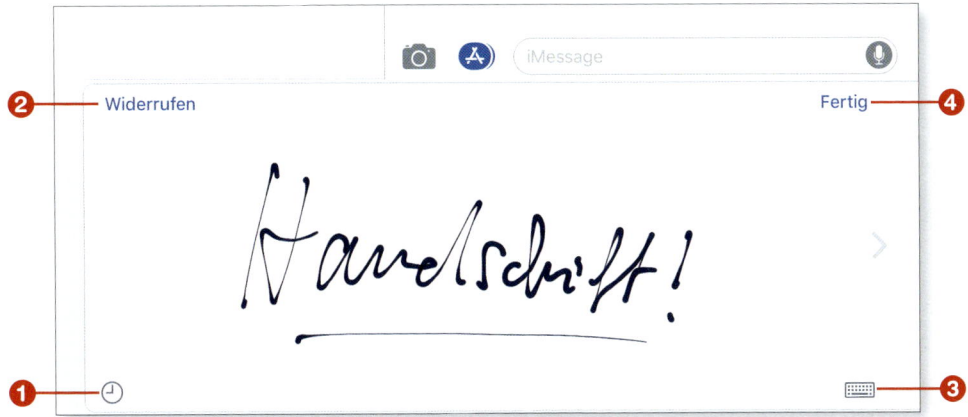

↑ Auch handschriftliche Notizen lassen sich per iMessage verschicken.

Nachrichten empfangen und beantworten

Auf eintreffende Nachrichten macht Sie das iPad standardmäßig durch ein Banner am oberen Bildschirmrand aufmerksam, wobei der Anfang der Nachricht bereits eingeblendet wird.

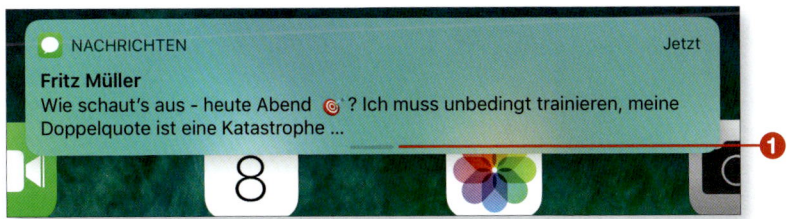

Um eine eingetroffene Nachricht zu lesen, tippen Sie entweder auf den eingeblendeten Hinweis oder rufen die App Nachrichten auf und wählen die neue Nachricht aus. Hier können Sie nun Ihre Antwort wie gewohnt schreiben und auf die Reise schicken.

Eine neue Nachricht können Sie auch sofort vollständig lesen und beantworten, ohne erst zur Nachrichten-App zu wechseln. Ziehen Sie das Banner dazu einfach an der Griffmarkierung ❶ nach unten.

Dabei hat Apple der Nachrichten-App noch eine ganz amüsante Möglichkeit spendiert, schnell auf eine Nachricht zu reagieren. Apple nennt dies

Kapitel 11: Nachrichten und FaceTime

Tapback. Dabei werden kleine Sticker direkt an eine Nachricht geheftet. Berühren und halten Sie dazu in der Nachrichten-App eine Nachricht, und wählen Sie einen der angebotenen Sticker ❷ aus. Der Sticker wird an die Nachricht geheftet und erscheint auch beim Empfänger sofort an der gleichen Stelle.

Da alle Nachrichten über Apples iCloud-Server verschickt werden, »weiß« der Dienst natürlich auch, ob eine abgeschickte Nachricht den Empfänger erreicht hat. In diesem Fall erscheint in der Nachrichtenübersicht das Wort **Zugestellt** unterhalb der Nachricht.

Sobald Sie die erste Nachricht empfangen und gelesen haben, fragt Sie das iPad, ob Sie eine **Lesebestätigung senden** möchten. Wenn Sie dies bejahen ❸, wird die entsprechende Funktion aktiviert, und der Empfänger sieht dann unterhalb der Nachricht nicht nur, dass sie zugestellt, sondern auch, dass sie gelesen wurde. Möchten Sie das nicht, dann tippen Sie auf **Später** ❹.

Unter **Einstellungen ▸ Nachrichten** lässt sich die Lesebestätigung jederzeit über den Schalter **Lesebestätigungen** ein- oder ausschalten.

> ### ➕ Unbekannte Absender filtern
>
> Für die Anzeige des Absenders greift Nachrichten auf Ihre Kontakte zurück. Falls der Absender dort verzeichnet ist, werden sein Name und ein eventuell vorhandenes Profilbild angezeigt. Bei unbekannten Absendern sehen Sie hier dessen Mailadresse oder Telefonnummer. Möchten Sie die
>
>
>
> Nachrichten von unbekannten Absendern im Überblick haben, aktivieren Sie unter **Einstellungen ▸ Nachrichten** den Schalter **Unbekannte Absender filtern**. Die Seitenleiste der Nachrichten-App wird daraufhin zur besseren Übersicht in zwei Register unterteilt: **Kontakte & SMS** und **Unbekannte Absender**.

Nachrichten kopieren, weiterleiten und löschen

Sie können alle Nachrichten, die Sie auf Ihrem iPad empfangen haben, kopieren, weiterleiten und natürlich auch löschen. Allerdings hat Apple diese Funktionen zum Teil ein wenig versteckt.

Um den Text einer empfangenen Nachricht zu kopieren, berühren und halten Sie die gewünschte Nachricht. Es wird daraufhin nicht nur das Tapback-Menü ❶ eingeblendet, sondern gleichzeitig erscheinen am unteren Rand die Schaltflächen **Kopieren** ❷ und **Mehr** ❸. Falls Sie ein Bild oder einen anderen Dateianhang angetippt haben, sehen Sie hier auch die Taste **Sichern** ❹. Mit einem Tipp auf **Kopieren** übernehmen Sie die Nachricht in die Zwischenablage und können sie jetzt in andere Dokumente auf dem iPad übernehmen. Möchten Sie stattdessen die Nachricht an einen anderen Kontakt weiterleiten oder löschen, wählen Sie **Mehr**.

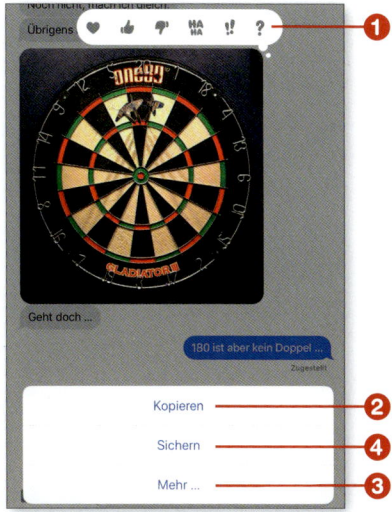

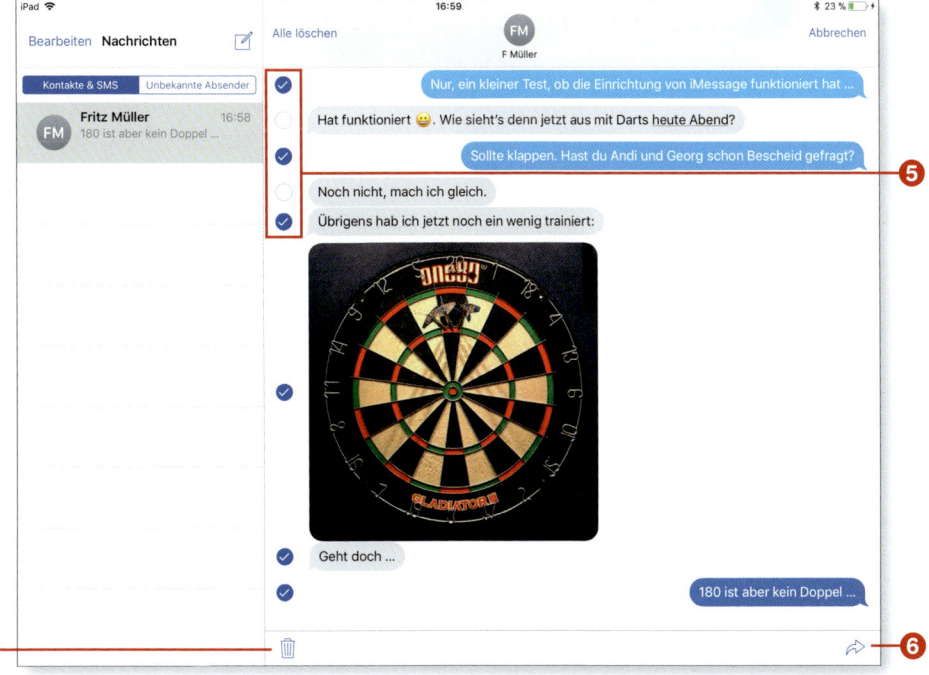

Nun werden links kleine Markierungskreise ❺ eingeblendet. Mit einem Tipp auf diese Kreise wählen Sie die Nachrichten aus. Tippen Sie auf den

205

Pfeil ❻, um die markierten Nachrichten an einen anderen Empfänger weiterzuleiten. Möchten Sie die markierten Nachrichten löschen, tippen Sie dazu auf das Papierkorbsymbol ❼.

Um eine komplette Unterhaltung (also alle Nachrichten, die Sie mit einem Kontakt ausgetauscht haben) zu löschen, streichen Sie sie in der Seitenleiste von rechts nach links durch und tippen auf **Löschen**.

> **! Was weg ist, ist weg!**
>
> Die Nachrichten-App besitzt keinen Papierkorb! Was Sie hier löschen, verschwindet auf Nimmerwiedersehen.

Nachrichtenanhänge verwalten

In vielen Konversationen sammeln sich im Laufe der Zeit zahlreiche Bilder und andere Anhänge an. Das ist zwar schön, hat aber den Nachteil, dass jeder Anhang Speicherplatz beansprucht – und der ist je nach Modell auf dem iPad notorisch etwas knapp. Es empfiehlt sich also, Anhänge, die Sie behalten möchten, gezielt zu sichern und anschließend alle nicht mehr benötigten Bilder und Anhänge aus der Nachrichten-App zu löschen. Nun können Sie natürlich jeden Anhang einzeln löschen, aber das ist doch eher lästig. Zumal Sie sich dann womöglich auch noch durch eine längere Konversation wischen müssen, um einen Anhang zu finden. Das geht auch sehr viel schneller und einfacher.

1. Wählen Sie die gewünschte Konversation in der Seitenleiste aus, und tippen Sie oben rechts auf das **i**. Nun sehen Sie auf der Seite **Details** – je nach Wahl in der Tab-leiste – alle **Bilder** ❶ oder **Anhänge** ❷ der gewählten Konversation.

2. Berühren und halten Sie ein Bild, erscheint ein Kontextmenü. Mit einem Tipp auf **Löschen** ❸ entfernen Sie das aktuelle Bild.

3. Um Bilder zu sichern oder mehrere Bilder auf einmal zu löschen, tippen Sie auf **Mehr** ❹ und wählen anschließend die gewünschten Bilder per Fingertipp aus. Die ausgewählten Bilder werden daraufhin mit einem Häkchen markiert.

4. Am unteren Bildschirmrand erscheinen daraufhin zwei neue Tasten. Mit **Bilder sichern** reichen Sie die markierten Bilder an die Fotos-App durch, mit einem Tipp auf das Papierkorbsymbol werden die Bilder gelöscht.

FaceTime: Telefonieren mit dem iPad

Mit FaceTime bietet das iPad die Möglichkeit, kostenlose Video- und Audiotelefonate per Internet rund um den Globus zu führen. Allerdings funktioniert das nur zwischen Geräten, die FaceTime unterstützen. Das sind neuere iOS-Geräte (iPad, iPhone, iPod touch) und die Macintosh-Computer von Apple.

▲ *Das Symbol der FaceTime-App*

Normalerweise müssen beide iOS-Geräte über eine WLAN-Verbindung mit dem Internet verbunden sein, damit ein Telefonat per FaceTime zustande kommen kann. Je nach Mobilfunkanbieter und Vertrag kann es aber auch sein, dass ein FaceTime-Telefonat über die Mobilfunkverbindung möglich ist.

1. Beim ersten Start von FaceTime werden Sie aufgefordert, sich mit Ihrer Apple-ID anzumelden ❶ (auf Seite 208). Ihre Apple-ID wird gewissermaßen Ihre Telefonnummer.

2. Es kann ein klein wenig dauern, bis Apples Server FaceTime für Ihre Apple-ID freigeschaltet haben ❷, danach steht Ihren Video- und Audiotelefonaten via Internet allerdings nichts mehr im Weg.

Kapitel 11: Nachrichten und FaceTime

◂ ▴ *FaceTime ist kostenlos, benötigt aber zwingend eine Apple-ID.*

3. Auch die App FaceTime begrüßt Sie mit dem bekannten zweispaltigen Bildschirmaufbau. Auf der linken Bildschirmseite befindet sich die Seitenleiste mit Ihren bisherigen Kontakten (zu Beginn ist diese Leiste natürlich leer). In der rechten Hälfte sehen Sie nun vermutlich sich selbst. Sobald Sie die App starten, wird die interne Kamera oberhalb des Bildschirms aktiviert.

4. Oberhalb der Seitenleiste wählen Sie durch Antippen des entsprechenden Tabs aus, ob Sie ein Video- oder Audiotelefonat ❸ starten. Über das Plussymbol ❹ wählen Sie den gewünschten Kontakt aus Ihrem Adressbuch, der Kontakte-App, aus.

5. Falls Ihr Gesprächspartner nicht in Ihren Kontakten gespeichert ist, geben Sie seine E-Mail-Adresse oder seine Telefonnummer in das Eingabefeld ❺ ein.

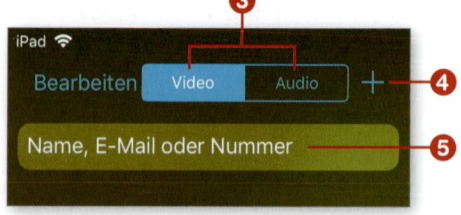

Bei Ihrem Gegenüber erscheint eine FaceTime-Einladung, die von ihm angenommen oder abgelehnt werden kann. Nimmt Ihr Gesprächspartner sie an, wird eine Verbindung aufgebaut, was je nach Qualität der Internetverbindung ein paar Sekunden dauern kann.

Ein FaceTime-Telefonat führen

Wenn Sie auf dem iPad über FaceTime angerufen werden, drängelt sich die App automatisch in den Vordergrund.

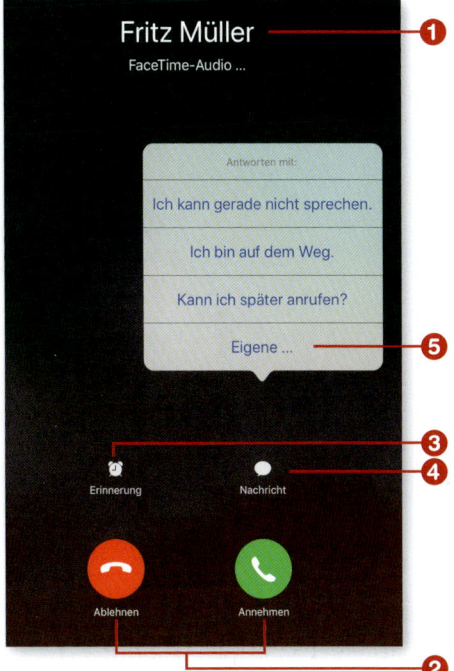

1. Bei einem Videoanruf wird automatisch die Frontkamera aktiviert, bei einem Audioanruf wird der Bildschirm lediglich abgedunkelt. Im oberen Bildschirmbereich sehen Sie die Telefonnummer, die E-Mail-Adresse oder – falls Sie den Anrufer in Ihren Kontakten gespeichert haben – den Namen des Anrufers ❶.

2. Hier können Sie nun einen Anruf **Annehmen** oder **Ablehnen** ❷.

Wenn Sie angerufen werden, während Ihr iPad im Standby-Modus ist, fehlt die Taste zum Ablehnen eines Anrufs. Hier drücken Sie stattdessen einmal kurz auf die Standby-Taste, um einen Anruf abzulehnen.

3. Wenn Sie gerade nicht telefonieren können, aber zurückrufen möchten, tippen Sie auf **Erinnerung** ❸ und können sich nun in einer Stunde daran erinnern lassen, dass Sie zurückrufen wollten. Der eingehende Anruf wird dann automatisch abgelehnt.

4. Es ist auch möglich, eine **Nachricht** ❹ als Antwort zu schicken. Dazu bietet Ihnen das iPad drei Standardsätze, über den Eintrag **Eigene** ❺ können Sie aber auch eine persönliche Nachricht schicken. Der Anruf wird dann mit dem Versand der Nachricht abgelehnt.

> ➕ **Eigene Nachrichten**
>
> Wenn Ihnen die drei vorgeschlagenen Standardnachrichten nicht zusagen, definieren Sie doch einfach Ihre eigenen. Dazu rufen Sie **Einstellungen ▶ FaceTime** auf und tippen dann auf **Mit Nachricht antworten**. Sie sehen nun drei Zeilen, in denen die aktuellen Antworten stehen. Tippen Sie eine Antwort an, die Sie durch eine eigene Antwort ersetzen möchten, und geben Sie Ihre Formulierung ein.

5. Während eines Audiotelefonats sehen Sie verschiedene Symbole auf dem Bildschirm. Über die **Stumm**-Taste ❻ bleibt die Verbindung bestehen, es wird aber kein Ton mehr übertragen.

6. Über **Lautsprecher** ❼ schalten Sie den Lautsprecher des iPads ein beziehungsweise aus (weil Sie z. B. mit einem Headset telefonieren).

7. Mit **Anruf hinzufügen** ❽ können Sie das Telefonat zu einem Gruppengespräch erweitern, wobei Sie die weiteren Teilnehmer entweder aus Ihren Kontakten hinzufügen oder die gewünschte Telefonnummer über den Ziffernblock eingeben.

8. Ein Audiotelefonat kann jederzeit in ein Videogespräch geändert werden. Tippen Sie dazu auf **FaceTime** ❾.

Während des Videotelefonats sehen Sie auf dem iPad-Bildschirm Ihr Gegenüber und als Miniatur das Bild, das die Kamera Ihres iPads an Ihren Gesprächspartner überträgt. Diese Miniatur können Sie mit dem Finger beliebig auf dem Bildschirm verschieben. Mit einem Tipp auf das Kamerasymbol ❿ wechseln Sie die Bildübertragung zwischen der Front- und der Rückseitenkamera des iPads. Sie können so Ihrem Gesprächspartner die Umgebung zeigen, ohne dazu das Gerät drehen zu müssen. Mit einem Tipp auf das durchgestrichene Mikrofonsymbol ⓫ schalten Sie Ihr Mikrofon stumm, etwa wenn Sie eine kurze Rückfrage an jemanden im Raum haben und Ihr FaceTime-Gesprächspartner dies nicht hören soll. Um es wieder einzuschalten, tippen Sie erneut auf die Schaltfläche. Über die rote Schaltfläche ⓬ beenden Sie das Gespräch.

Es kommt mitunter vor, dass Sie während eines Gesprächs rasch auf dem iPad etwas nachschlagen möchten, z. B. eine Information in einer E-Mail, oder Sie wollen sich in einer App Notizen zum Gespräch machen. Das ist völlig problemlos möglich.

Drücken Sie einmal die Home-Taste, verlassen Sie FaceTime, aber die Verbindung bleibt bestehen. Sie können jetzt wie gewohnt mit Ihrem iPad arbeiten, ohne die Verbindung zu verlieren.

Töne für FaceTime und Nachrichten festlegen

Standardmäßig benutzen FaceTime und Nachrichten als Klingelton das akustische Signal, das Sie unter **Einstellungen ▸ Töne** als Klingelton beziehungsweise als Nachrichtenton festgelegt haben.

Nun gibt es aber Anrufer, die Ihnen sicherlich wichtiger sind als andere – ein guter Freund etwa, der Chef, der Lebenspartner oder die Lebenspartnerin und so weiter.

In diesem Fall wäre es doch ganz praktisch, wenn diese wichtigeren Anrufer sich nicht mit dem Standardklingelton melden würden, sondern einen eigenen Ton haben, an dem Sie sofort erkennen, wer da gerade versucht, Sie zu erreichen.

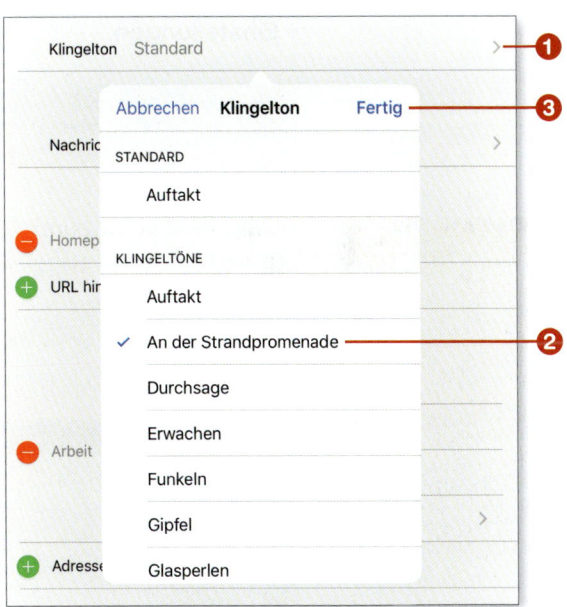

Das geht natürlich auch. Lassen Sie sich dazu den entsprechenden Eintrag in der Kontakte-App anzeigen, und tippen Sie oben rechts auf **Bearbeiten**.

Mit einem Tipp auf **Klingelton** 1 beziehungsweise **Nachrichtenton** können Sie nun festlegen, mit welchem Ton das iPad reagieren soll, sobald Sie einen FaceTime-Anruf oder eine Nachricht von der gewählten Person bekommen. Wählen Sie den gewünschten Ton aus der recht langen Liste der **Hinweistöne** und **Klingeltöne** 2, und übernehmen Sie den Ton mit einem Tipp auf **Fertig** 3.

Den »Nicht stören«-Modus verwenden

Wenn Sie einmal Ihre Ruhe haben und von FaceTime oder Nachrichten nicht gestört werden möchten, müssen Sie Ihr iPad nicht ausschalten. Denn für diesen Fall können Sie es in einen Modus versetzen, in dem es keine Anrufe annimmt beziehungsweise Ihnen keine Hinweise auf eingehende Nachrichten anzeigt.

Kapitel 11: Nachrichten und FaceTime

Um die Funktion manuell einzuschalten, wischen Sie vom unteren Bildschirmrand nach oben. Egal, in welcher App Sie sich derzeit befinden, wird daraufhin das Kontrollzentrum eingeblendet. Tippen Sie hier auf das Mondsymbol ❶, um künftig keine Mitteilungen über neue FaceTime-Einladungen, Nachrichten oder E-Mails zu erhalten.

Um die Funktion wieder abzuschalten, gehen Sie genauso vor: Rufen Sie das Kontrollzentrum auf, und tippen Sie erneut auf das Mondsymbol. Wie genau das iPad in diesem Modus auf Nachrichten und FaceTime-Anrufe reagieren soll, können Sie sehr detailliert in den **Einstellungen** festlegen.

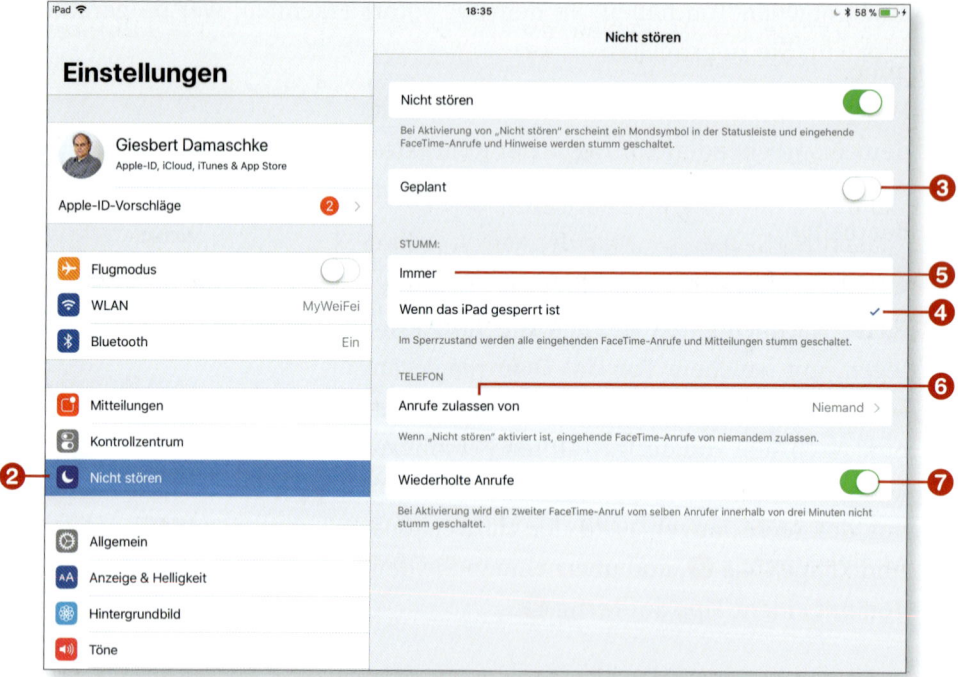

▲ Wie genau der »Nicht stören«-Modus arbeiten soll, legen Sie in den Einstellungen fest.

1. Öffnen Sie dazu die **Einstellungen**, und wählen Sie in der Seitenleiste **Nicht stören** ❷. Hier haben Sie nun verschiedene Möglichkeiten.

2. Aktivieren Sie **Geplant** ❸, legen Sie einen Zeitraum fest, in dem das iPad automatisch in den »Nicht stören«-Modus wechselt. So lässt sich

etwa sicherstellen, dass Sie nicht durch nächtliche Anrufer geweckt werden.

3. Der »Nicht stören«-Modus greift üblicherweise **Wenn das iPad gesperrt ist** ❹, wenn Sie also mit Ihrem iPad aktiv arbeiten, wird der Modus ignoriert. Möchten Sie auch dann nicht gestört werden, tippen Sie auf **Immer** ❺.

4. Der Punkt **Anrufe zulassen von** ❻ macht leider nicht das, was Sie sich vielleicht erhoffen, nämlich einzelnen Personen zu erlauben, Sie auch im »Nicht stören«-Modus anzurufen. Stattdessen haben Sie nur die Wahl zwischen **Jedem**, **Niemand**, **Alle Kontakte** oder, falls Sie in den Kontakten eine Gruppe angelegt haben, die Mitglieder einer Gruppe, etwa Ihre Familie.

> **➕ Einzelne Ausnahmen festlegen**
>
> Um eine bestimmte Person vom »Nicht stören«-Modus auszunehmen, lassen Sie sich den Eintrag der Person in Ihren Kontakten anzeigen und tippen auf **Bearbeiten**. Tippen Sie hier auf **Klingelton** oder **Nachrichtenton**, und aktivieren Sie dann den Schalter **Notfallumgehung**.

5. Wer Sie dringend erreichen will, der wird es vermutlich mehrfach kurz nacheinander probieren. Aktivieren Sie den Schalter **Wiederholte Anrufe** ❼, reagiert das iPad, wenn ein Anrufer innerhalb von drei Minuten zum zweiten Mal anruft, und lässt diesen Anruf trotz »Nicht stören«-Modus durch.

Kontakte sperren

Nicht immer möchte man für einen Kontakt erreichbar sein. In diesem Fall bietet das iPad die Möglichkeit, bestimmte Kontakte sowohl für FaceTime als auch für Nachrichten zu sperren. Dabei haben Sie verschiedene Möglichkeiten – ganz gleich, welchen Weg Sie beschreiten, der entsprechende Kontakt wird in beiden Apps gesperrt.

Dabei wird der Kontakt allerdings nicht komplett blockiert, Sie erhalten durchaus noch Nachrichten oder Anrufe – aber das iPad informiert Sie darüber nicht mehr. Eine Nachricht einer gesperrten Person wird zugestellt, aber lediglich als kleine Ziffer an der Nachrichten-App angezeigt, nicht mehr als Banner und auch ohne jedes Tonsignal. FaceTime-Anrufe werden abgewiesen und in der App als **Verpasster Anruf** angeführt.

Wählen Sie **Einstellungen** ▸ **Nachrichten** ▸ **Blockiert**, und tippen Sie auf **Kontakt hinzufügen** ❶. Wählen Sie anschließend den Kontakt aus, den Sie sperren möchten. Alternativ dazu können Sie auch **Einstellungen** ▸ **FaceTime** ▸ **Anrufe blockieren u. identifizieren** ▸ **Kontakt blockieren** wählen.

Möchten Sie einen Kontakt entsperren, lassen Sie sich in den Einstellungen von Nachrichten oder FaceTime Ihre gesperrten Kontakte anzeigen und streichen den entsprechenden Eintrag von rechts nach links durch. Anschließend tippen Sie auf **Blockierung aufheben**.

Kapitel 12
Fotografieren und Filmen mit dem iPad

Mit der Kamera-App und den beiden integrierten Kameras auf der Vorder- und Rückseite des Geräts wird Ihr iPad im Handumdrehen zu einer digitalen Kamera, mit der Sie Fotos und Videos aufzeichnen können. Und mit der App Photo Booth können Sie obendrein jede Menge Spaß haben. Zugegeben – das iPad ist zum Fotografieren vielleicht ein klein wenig unhandlich, in vielen Situationen ist es allerdings doch ganz praktisch, mit dem iPad einen Schnappschuss festhalten zu können. Aber was heißt hier Schnappschuss – das iPad bietet eine hochwertige und leistungsfähige Kamera, die zu weit mehr als nur zu einem raschen Foto zwischendurch in der Lage ist.

◄ *Schnappschüsse mit dem iPad können sich durchaus sehen lassen.*

Die Kamera auf der Rückseite wird von Apple *iSight-Kamera*, die auf der Frontseite *FaceTime-Kamera* genannt, da sie vor allem für Videotelefonie mit FaceTime (siehe dazu Kapitel 11, »Nachrichten und FaceTime«) gedacht ist. Sie können aber mit beiden Kameras fotografieren und problemlos zwischen ihnen wechseln.

Die Kamera aktivieren

Das Symbol der Kamera-App

Wie jede andere App auf dem iPad starten Sie auch die Kamera mit einem Tipp auf das Symbol der Kamera-App auf dem Home-Bildschirm. Daraufhin wird standardmäßig die Kamera auf der Geräterückseite aktiviert. In der Praxis ist es allerdings oft so, dass Sie möglichst schnell die Kamera parat haben möchten, um eine bestimmte Szene umgehend fotografieren zu können.

Daher bietet das iPad zwei Abkürzungen, über die Sie die Kamera in praktisch jeder Situation sofort aufnahmebereit haben. So können Sie auch über das Kontrollzentrum auf die Kamera zugreifen. Dafür wischen Sie einmal vom unteren Bildschirmrand nach oben und rufen so das Kontrollzentrum auf. Tippen Sie nun auf das Kamerasymbol ❶, wechseln Sie umgehend zur Kamera und können sofort losfotografieren.

So haben Sie schnellen Zugriff auf die Kamera, ganz gleich, was Sie aktuell mit Ihrem iPad machen.

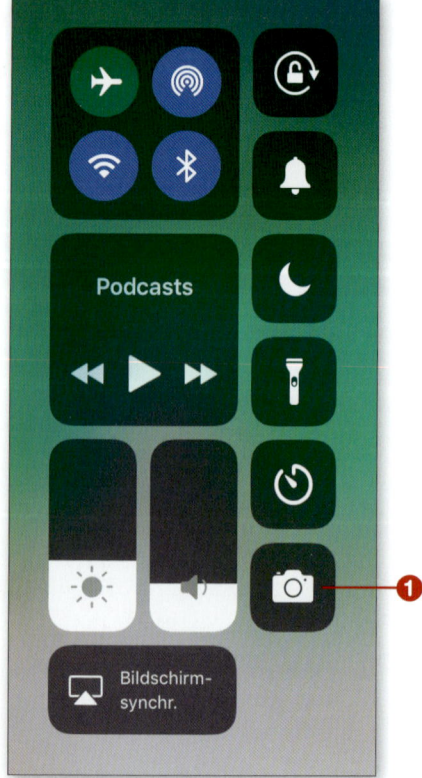

Aber was ist, wenn Sie Ihr iPad gerade gar nicht nutzen? Müssen Sie dann etwa das iPad zuerst entsperren, um dann zum Kontrollzentrum zu wechseln? Bis Sie dann ein Foto machen können, ist die Szene, die Sie rasch festhalten wollten, am Ende schon wieder vorbei.

Daher lässt sich die Kamera auch direkt vom Sperrbildschirm aufrufen. Wecken Sie das iPad in diesem Fall durch Drücken der Standby- oder der Home-Taste aus dem Ruhezustand auf, und schieben Sie den Sperrbildschirm nach links. Das iPad aktiviert sofort die Kamera ❷. Damit über diesen Trick nicht der Sperrbildschirm umgangen werden kann, sind so nur die Kamera und die aktuell mit ihr gemachten Fotos zugänglich.

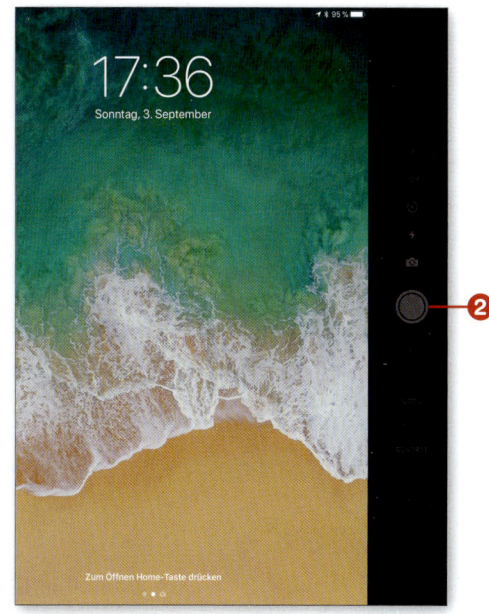

> **Die Kamera und die Ortsdaten**
>
> Beim ersten Aufruf der Kamera fragt die App nach, ob sie auf Ihre Standortdaten zugreifen darf. Falls Sie ihr das erlauben, wird Ihre aktuelle Position im Foto hinterlegt und kann von entsprechenden Programmen – etwa der Fotos-App – ausgewertet werden. So wissen Sie immer, wo genau ein Foto oder ein Video aufgezeichnet wurde. Sie können Ihre Entscheidung jederzeit ändern und der Kamera den Zugriff erlauben beziehungsweise verbieten. Die Ortungsdienste des iPads habe ich Ihnen im gleichnamigen Abschnitt auf Seite 79 vorgestellt.

Ein Foto aufnehmen

Der Einsatz der Kamera ist denkbar simpel. Als Sucher für Ihre Motive dient der komplette Bildschirm. Der einzige kleine Haken ist die Positionierung der Kamera auf der Rückseite. Hier müssen Sie aufpassen, dass Sie die Kamera nicht versehentlich mit dem Finger verdecken.

Kapitel 12: Fotografieren und Filmen mit dem iPad

1. Visieren Sie das gewünschte Motiv an, tippen Sie auf die weiße Auslöser-Taste ❶, und schon haben Sie den ersten Schnappschuss mit Ihrem iPad gemacht. Sie müssen sich um nichts weiter kümmern, weder um Belichtung noch um Weißabgleich, sondern knipsen fröhlich drauflos.

2. Um zwischen der Kamera auf der Rückseite und der Frontkamera des iPads zu wechseln, tippen Sie in der Seitenleiste auf das Kamerasymbol mit den kleinen Pfeilen ❷.

3. Die Kamera des iPads fokussiert automatisch bestimmte Bildbereiche. Der aktuell fokussierte Bereich wird durch ein gelbes Quadrat auf dem Bildschirm markiert ❸, das nach kurzer Zeit ausgeblendet wird.

4. Möchten Sie die Kamera stattdessen auf einen anderen Bereich scharf stellen, tippen Sie ihn auf dem Bildschirm an, und das iPad fokussiert die Kamera nach Ihren Wünschen neu.

5. Sobald Sie den Fokus selbst festlegen, erscheint neben dem gelben Quadrat ein kleines Sonnensymbol ❹. Sie können nun die Belichtung manuell einstellen. Wischen Sie mit dem Finger auf dem Bildschirm nach oben, wird das Bild heller, wischen Sie nach unten, dunkeln Sie das Bild ab.

6. Am linken Rand sehen Sie den Zoom-Regler ❺. Da das iPad allerdings nur über einen digitalen Zoom verfügt, vergrößern Sie die Aufnahme immer unter Verlust der Bildqualität.

7. Das zuletzt gemachte Foto wird Ihnen unterhalb des Auslösers (beziehungsweise links, falls Sie das iPad im Querformat nutzen) als Miniatur ❻ gezeigt. Tippen Sie diese Miniatur an, wechseln Sie vorübergehend zur Fotos-App, wo Sie Ihre aktuell aufgenommenen Bilder kontrollieren und auch nachbearbeiten können (die Fotos-App stelle ich Ihnen im nächsten Kapitel vor).

> **Digitaler Zoom**
>
> Im Unterschied zu einem optischen Zoom fängt ein digitaler Zoom beim Heranzoomen nicht mehr Bilddetails ein, sondern vergrößert lediglich die Bildpunkte. So bekommen Sie zwar Details formatfüllend ins Bild, müssen aber Abstriche bei der Bildqualität machen. Normalerweise ist es sinnvoller, ein Bild mit maximaler Qualität aufzunehmen und später in der Fotos-App (oder im Fotoprogramm am Computer) den gewünschten Ausschnitt festzulegen.

8. Sie können durch Ihre aktuellen Aufnahmen blättern, indem Sie horizontal über den Bildschirm wischen oder das gewünschte Foto über die kleine Fotoleiste ❼ am unteren Bildschirmrand auswählen.

9. Das gewählte Foto lässt sich mit einem Tipp auf die Teilen-Taste ❽ (Seite 219) an andere Apps durchreichen, per E-Mail oder als Nachricht verschicken oder bei Twitter, Facebook & Co veröffentlichen.

10. Missglückte Aufnahmen entsorgen Sie am besten sofort mit einem Tipp auf das Papierkorbsymbol ❾, schließlich belegt jedes Foto auf dem iPad Speicherplatz, den Sie nicht unbedingt mit missratenen Bildern verschwenden sollten.

11. Sie können Ihre Fotos auch noch nach einem Tipp auf **Bearbeiten** ❿ aufbessern oder mit einem Tipp auf **Alle Fotos** ⓫ die Kamera-App verlassen und zur Fotos-App wechseln.

12. Mit einem Tipp auf den Pfeil nach links ⓬ kehren Sie zur Kamera zurück und können weitere Aufnahmen machen.

Sämtliche Fotos landen automatisch im Album **Aufnahmen** der Fotos-App, mit der wir uns im nächsten Kapitel genauer beschäftigen werden.

> ➕ **Schiefe Aufnahmen mit dem Raster vermeiden**
>
> Um die Aufnahme schon vor dem Auslösen möglichst waagerecht beziehungsweise senkrecht auszurichten, können Sie sich ein Raster auf dem Bildschirm der Kamera-App einblenden lassen. Aktivieren Sie dazu unter **Einstellungen ▸ Kamera** den Schalter **Raster**.

Besondere Eigenschaften der Kamera

Sie sehen, es ist ausgesprochen simpel, mit dem iPad ein Foto aufzunehmen. Doch mit einem einfachen »Draufhalten und Abdrücken« müssen Sie sich nicht begnügen, die Kamera hat noch mehr zu bieten.

So beherrscht das iPad auch eine *Serienbildfunktion*, mit der Sie rasche Bewegungsfolgen fotografieren können, und später in der Fotos-App entscheiden Sie, welche Aufnahme(n) Sie verwenden möchten. Berühren und halten Sie dazu den Auslöser. Das iPad nimmt nun in sehr schneller

Folge mehrere Bilder auf, womit sich etwa rasche Bewegungen wie ein Autorennen, spielende Kinder oder ein Feuerwerk optimal einfangen lassen.

In diesem sogenannten *Burst-Modus* schießt das iPad zehn Bilder pro Sekunde, wobei ein Zähler ❶ neben dem Auslöser mitläuft und Ihnen anzeigt, wie viele Fotos Sie aktuell aufgenommen haben. Offiziell beherrschen ältere iPad-Modelle diesen Modus nicht, doch wenn Sie hier den Auslöser berühren und halten, werden immerhin zwei Bilder pro Sekunde aufgenommen (auf einen mitlaufenden Zähler müssen Sie hier allerdings verzichten).

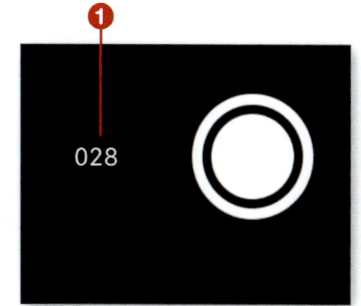

➕ Auslösen mit Lautstärkeregler

Alternativ zur Auslöser-Taste der Kamera-App löst auch ein Druck auf den Lautstärkeregler bei aktiver Kamera-App die Aufnahme aus. Der Clou: Das funktioniert auch über den Lautstärkeregler des (optionalen) Headsets. So können Sie das iPad für eine Aufnahme fest montieren, das Headset anschließen und aus der Entfernung mit einem Druck auf die Plus-Schaltfläche des Lautstärkereglers ein Foto aufnehmen.

Auch auf einen Blitz müssen Sie beim iPad nicht verzichten. Standardmäßig entscheidet das iPad automatisch, ob ein Blitz notwendig ist oder nicht. Aber nach einem Tipp auf das Blitzsymbol ❷ können Sie entscheiden, ob Sie nicht lieber immer mit beziehungsweise ohne Blitz fotografieren möchten.

Einen Selbstauslöser hat die Kamera ebenfalls zu bieten. Sie aktivieren ihn über das Uhrensymbol ❸. Tippen Sie darauf, können Sie zwischen einer Aufnahmeverzögerung von drei und zehn Sekunden wählen.

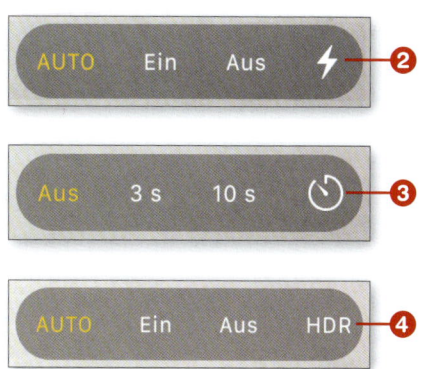

Mit einem Tipp auf **HDR** ❹ wechseln Sie zwischen HDR-Aufnahmen und normaler Belichtung. Ist HDR aktiv, wird der Text der Schaltfläche gelb markiert, andernfalls wird er durchgestrichen. HDR wird bei entsprechenden Lichtverhältnissen standardmäßig automatisch gewählt, Sie können HDR aber auch immer ein- oder immer ausschalten.

> **i** **HDR – High Dynamic Range Image**
>
> *HDR* steht für *High Dynamic Range Image*, zu Deutsch: Hochkontrastbild. In diesem Modus nimmt das iPad drei unterschiedlich belichtete Bilder in sehr rascher Folge auf. Aus diesen Aufnahmen setzt das iPad schließlich automatisch ein HDR-Foto zusammen, in dem alle Bereiche gleichmäßig belichtet sind. Unter **Einstellungen ▸ Kamera** legen Sie über den Schalter **Normales Foto behalten** fest, ob das iPad nur das HDR-Bild oder auch das Bild mit normaler Belichtung speichern soll (was ich Ihnen empfehle, denn nicht immer ist das HDR-Foto wirklich überzeugend).

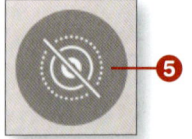

Wie das iPhone kann auch das iPad die von Apple *Live Photo* getauften Minifilmchen aufnehmen. Bei einem Live Photo werden jeweils 1,5 Sekunden vor und nach dem Tipp auf den Auslöser aufgenommen und statt eines statischen Fotos ein dreisekündiges Video gespeichert. So lassen sich Szenen wie spielende Kinder, ein Sprung ins Schwimmbecken und Ähnliches »lebendiger« einfangen als mit normalen Fotos.

Standardmäßig ist Live Photos aktiv, was aber bei normalen Fotos von Gebäuden oder Landschaften nicht wirklich sinnvoll ist. Sie schalten Live Photo aus, indem Sie auf die Live-Photo-Taste ❺ tippen.

> **+** **Live Photo nur auf Wunsch**
>
> Wenn Sie Live Photo deaktiviert haben, kann es Ihnen passieren, dass die Kamera diese Funktion beim nächsten Mal wieder automatisch aktiviert. Möchten Sie, dass sich das iPad Ihre Einstellung merkt, aktivieren Sie unter **Einstellungen ▸ Kamera ▸ Einstellungen beibehalten** den Schalter **Live Photo**.

Das Aufnahmeformat anpassen

Über die Seitenleiste in der Kamera-App wechseln Sie zwischen verschiedenen Einstellungen der Kamera. Sie können hier beispielsweise unterschiedliche Aufnahmeformate für Ihre Bilder auswählen, indem Sie das Menü im unteren Bereich der Seitenleiste nach oben oder unten wischen. Das ist Ihnen zu fummelig? Kein Problem – Sie können auch über den kompletten Bildschirm nach oben oder unten wischen, um einen bestimmten Menüpunkt zu wählen. Zur Verfügung stehen Ihnen hier die Bildformate **Foto**, **Quadrat** und **Pano**. Die jeweils aktive Option erkennen Sie an der gelben Schrift.

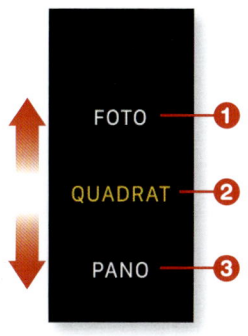

Im Format **Foto** ❶ wird eine Aufnahme im rechteckigen Standardformat von 4:3 aufgenommen. Dieses Format lässt sich später in der Fotos-App natürlich beschneiden, aber Sie können auch schon direkt in der Kamera-App festlegen, dass die Kamera nur quadratische Bilder aufnehmen soll. Wählen Sie dazu in der Seitenleiste den Punkt **Quadrat** ❷. Nun wird der Bildschirmausschnitt – und damit der Sucher der Kamera – auf ein quadratisches Feld beschränkt.

Wenn das zu fotografierende Motiv nicht vollständig aufs Bild passt, wählen Sie in der Seitenleiste die Einstellung **Pano** ❸. Damit erstellen Sie eine Panoramaaufnahme, in der mehrere Bilder vom iPad nahtlos zu einem langen querformatigen Bild zusammengesetzt werden. In diesem Modus wechselt das iPad automatisch ins Hochformat und blendet auf dem Display einen Pfeil ein. Tippen Sie auf den Auslöser, und folgen Sie mit Ihrem iPad dem Pfeil in einer gleichmäßigen Bewegung. Wenn Sie das iPad zu schnell oder zu langsam bewegen, erscheint ein entsprechender Hinweis. Mit einem erneuten Tipp auf die Auslöser-Taste beenden Sie die Panoramaaufnahme.

Ein Video aufzeichnen

Um ein Video aufzuzeichnen, wechseln Sie mit einem vertikalen Fingerwisch über das Display von **Foto** zu **Video**.

Kapitel 12: Fotografieren und Filmen mit dem iPad

1. Bei eingeschaltetem Videomodus wird der ansonsten weiße Auslöser rot. Nach einem Tipp auf den Auslöser hören Sie einen Signalton, und die Videoaufzeichnung startet.

2. Dass Sie aktuell ein Video aufzeichnen, erkennen Sie an zwei Merkmalen. Zum einen wird der rote Punkt zu einem roten Quadrat ❶, zum anderen wird am oberen Rand die aktuelle Dauer der Aufzeichnung eingeblendet ❷.

3. Während der Aufnahme können Sie jederzeit den Fokus und die Helligkeit ❸ ändern und den Zoom ❹ benutzen. Dabei verpassen Sie dem iPad allerdings unweigerlich eine kleine Erschütterung, die der integrierte Bildstabilisator nur schwer ausgleichen kann. Die Konsequenz daraus: Sie erhalten dadurch leider fast immer eine kurzfristig verwackelte Aufnahme.

4. Ein erneuter Druck auf den Auslöser-Knopf wird ebenfalls mit einem Signalton beantwortet. Die Aufzeichnung stoppt, und das Video wird gespeichert. Es ist also nicht möglich, die Aufnahme zu pausieren und erneut zu starten.

Wie alle Aufnahmen landen auch Videos im Album **Aufnahmen** der Fotos-App, außerdem wird in der App automatisch das Album **Videos** angelegt (dazu mehr im nächsten Kapitel).

> **+ Videoformat festlegen**
>
> Standardmäßig zeichnet das iPad Videos mit 1080p und 30 Bildern pro Sekunde auf. So erhalten Sie zwar sehr gute Videos, allerdings hat Qualität auch hier ihren Preis, den Sie auf dem iPad in MByte bezahlen: Eine Minute Video in der Standardqualität belegt rund 130 MByte im Speicher des iPads. Wenn Ihnen das zu viel ist, Sie aber auf Videos nicht verzichten möchten, zeichnet das iPad auch mit der etwas schlechteren Auflösung von 720p mit 30 Bildern pro Sekunde auf. Hier belegt eine Minute rund 60 MByte. Mit welcher Qualität das iPad Videos aufnehmen soll, legen Sie in den **Einstellungen** fest. Wählen Sie hier **Fotos & Kamera**, tippen Sie auf **Video aufnehmen** und nun auf die gewünschte Qualität.

Neben der normalen Videoaufzeichnung bietet das iPad noch zwei weitere Aufnahmemodi für Videos, die Sie über das Menü in der Seitenleiste auswählen: **Slo-Mo** und **Zeitraffer**.

Slo-Mo steht für *Slow Motion*, also für *Zeitlupe*. In diesem Modus nimmt das iPad, je nach Modell, ein Video mit 120 oder 240 Bildern pro Sekunde auf. In der Fotos-App lässt sich ein Zeitlupenvideo später so bearbeiten, dass nur ein bestimmter Teil in Zeitlupe läuft, während der Rest in normaler Geschwindigkeit angezeigt wird. Zur Kennzeichnung wird der weiße durchgezogene Ring um die rote Auslöser-Taste in diesem Modus eng gestrichelt.

Im Modus **Zeitraffer** werden Langzeitaufnahmen automatisch beschleunigt und zu einem kurzen Video zusammengesetzt. So lassen sich etwa Vorgänge, die in Echtzeit sehr lange dauern, in rascher Bildfolge dokumentieren. Bei einer Zeitrafferaufnahme wird der normalerweise geschlossene weiße Kreis um die rote Auslöser-Taste zu einem in relativ weitem Abstand gestrichelten weißen Kreis.

Kapitel 12: Fotografieren und Filmen mit dem iPad

> **＋ Vermeiden Sie hochformatige Videos**
>
> Wie beim Fotografieren können Sie auch bei der Videoaufzeichnung sowohl im Hoch- als auch im Querformat arbeiten. Doch während Fotos uns in beiden Formaten vertraut sind, sollten Sie Videos möglichst im Querformat aufzeichnen. Das Ergebnis ist erfahrungsgemäß deutlich besser als bei einem Hochformatvideo.

Die Kamera als QR-Code-Scanner

In vielen Anzeigen, auf Broschüren oder Plakaten finden sich immer häufiger schwarz-weiß gemusterte Quadrate. Dabei handelt es sich um QR-Codes. QR steht für *Quick Response*, also für »schnelle Antwort«. In Schwarz-Weiß-Muster sind beliebige Informationen – Webseiten, Texte, Adressen etc. – codiert, die mit einer Kamera und einem entsprechenden Programm ausgelesen werden können. Die Kamera-App des iPads kann diese Codes von Haus aus auslesen und interpretieren.

⌃ *Die Webadresse des Rheinwerk Verlags als QR-Code*

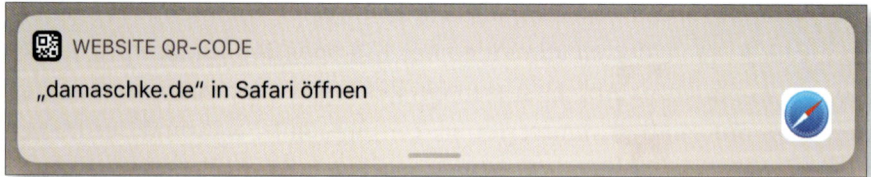

Der Einsatz ist denkbar einfach: Wenn Sie einen QR-Code einlesen möchten, aktivieren Sie die Kamera und richten sie auf den Code. Die Kamera wertet den Code praktisch sofort aus und zeigt Ihnen das Ergebnis als Mitteilung an (falls das nicht auf Anhieb funktioniert, gehen Sie mit der Kamera näher an den Code heran). So können Sie etwa Adressen, die als QR-Code vorliegen, Ihren Kontakten hinzufügen, Webseiten aufrufen und vieles mehr.

Die blitzschnelle und automatische Erkennung ist nur in einem Fall störend. Dann nämlich, wenn ein QR-Code Bestandteil des Fotos werden soll, das Sie aufnehmen möchten. In diesem Fall deaktivieren Sie die Scanner-Funktion. Rufen Sie dazu **Einstellungen ▸ Kamera** auf und schalten Sie **QR-Codes scannen** aus.

Aufnahmen vom iPad auf den Computer kopieren

> **QR-Codes zum Ausprobieren**
>
> Auf der Webseite *www.qrcode-generator.de* können Sie beliebige QR-Codes erzeugen und den QR-Scanner Ihres iPads einmal ausprobieren.

Aufnahmen vom iPad auf den Computer kopieren

Die mit dem iPad aufgenommenen Fotos und Videos lassen sich problemlos auf Ihren Computer übertragen (ganz gleich, ob Sie an einem Mac oder einem Windows-PC arbeiten). Sobald Sie das iPad per USB-Kabel an den Computer angeschlossen haben, wird es als digitale Kamera erkannt und genauso behandelt wie andere Digitalkameras auch.

Auf dem Mac benutzen Sie Ihr Fotoprogramm (z. B. *Fotos*), das Programm *Vorschau* oder *Digitale Bilder*, um die Dateien vom iPad auf Ihren Computer zu kopieren.

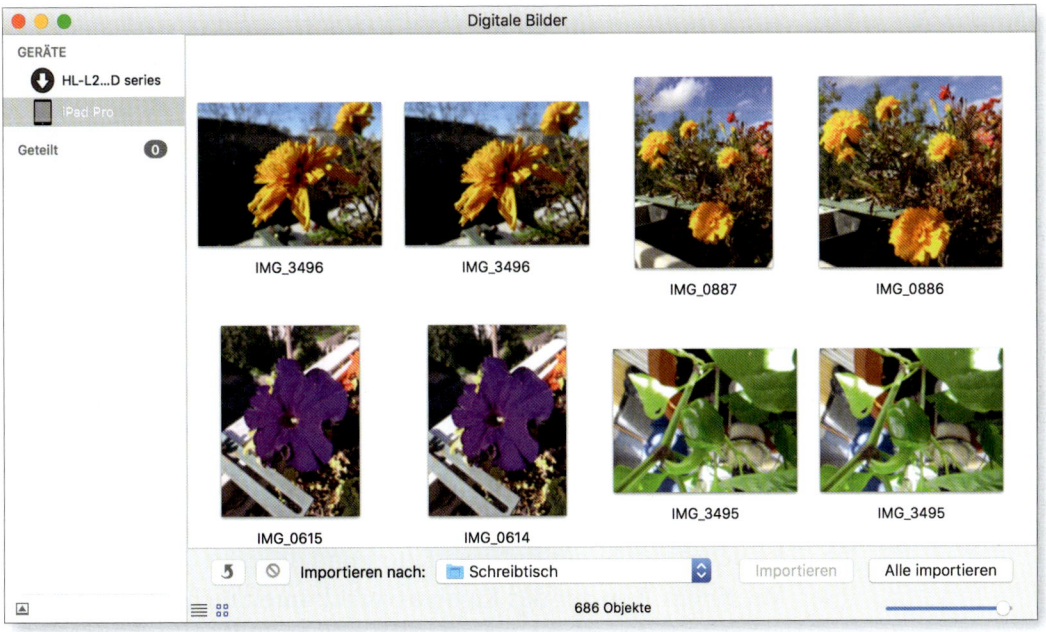

∧ *Schließen Sie Ihr iPad an Ihren Computer an, wird es wie eine normale digitale Kamera behandelt, Fotos lassen sich so problemlos auf den Computer kopieren.*

Kapitel 12: Fotografieren und Filmen mit dem iPad

Schließen Sie Ihr iPad an einen Windows-Computer an, werden Sie üblicherweise gefragt, welche Aktion Sie standardmäßig ausführen wollen, wenn Sie das iPad anschließen. Wählen Sie hier **Fotos und Videos importieren**, um Ihre Bilder automatisch mit der Fotos-App von Windows 10 auf den PC zu laden. Sie können auch im Explorer den Eintrag zu Ihrem iPad unter **Dieser PC** mit der rechten Maustaste anklicken und den Eintrag **Bilder und Videos importieren** wählen. Anschließend erscheint ein Dialogfenster, in dem Sie die Importoptionen wählen.

Haben Sie iCloud auf dem iPad und dem Computer aktiviert, steht Ihnen mit dem Dienst *Mein Fotostream* allerdings eine weitaus bequemere Möglichkeit zur Verfügung, um Ihre Aufnahmen auf den Computer zu übertragen. Diesen Dienst stelle ich Ihnen im folgenden Kapitel, »Fotos bearbeiten und verwalten«, vor.

Fotospaß mit Photo Booth

∧ *Das Icon der App Photo Booth*

Photo Booth ist eine spaßige Dreingabe zur Kamera-App des iPads. Hiermit lassen sich Fotos auf dem iPad in Echtzeit mit verschiedenen Filtern verfremden. Die Fotos, die Sie mit Photo Booth aufnehmen, werden wie alle anderen Fotos und Videos auch im Album **Aufnahmen** der Fotos-App gesichert.

Der Einsatz ist ebenso einfach wie lustig. Starten Sie Photo Booth, wählen Sie einen der acht verfügbaren Filter, und drücken Sie auf den Auslöser. Mit einem Tipp auf das Kamerasymbol unten rechts wechseln Sie zwischen der Front- und der Rückseitenkamera. Manche Filter lassen sich durch Berührung des Bildschirms und Wischgesten noch weiter manipulieren – spielen Sie einfach einmal ein wenig damit herum. Ein Doppeltipp auf den Bildschirm stellt die Standardeinstellungen wieder her.

Haben Sie einen Filter gewählt, gelangen Sie mit einem Tipp auf das Filtersymbol aus drei sich überlappenden Kreisen ❶ zur Filterauswahl zurück. Standardmäßig benutzt Photo Booth die Frontkamera, über das vertraute Kamerasymbol rechts unten können Sie aber auch zur Kamera auf der Geräterückseite wechseln.

Alle mit Photo Booth gemachten Fotos werden nach der Filterauswahl in einer Bilderleiste ❷ angezeigt. Mit einem Tipp auf ein Foto wählen Sie es aus und können es nun noch einmal genauer betrachten. Gefällt es Ihnen nicht, löschen Sie es mit einem Tipp auf das Papierkorbsymbol ❸. Mit einem Tipp auf die Schaltfläche **Teilen** ❹ lässt sich das Foto auf den üblichen Wegen weiterreichen.

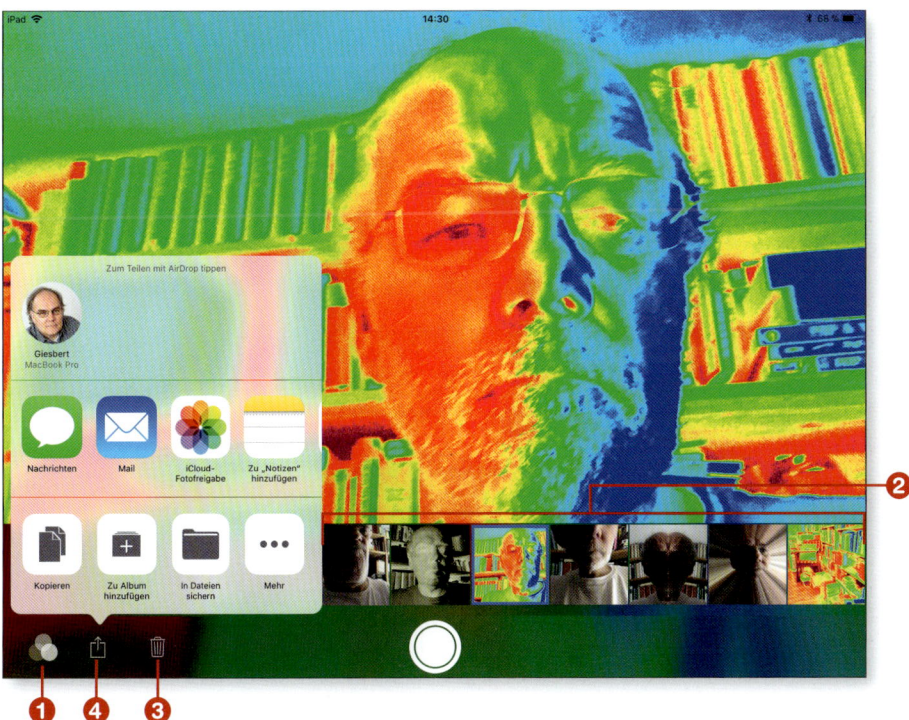

Kapitel 13
Fotos bearbeiten und verwalten

Die Fotos-App verwaltet nicht nur Ihre Fotos, die Sie mit dem iPad aufgenommen haben, sondern auch die, die Sie aus anderen Apps dort abgelegt, von Ihrem Computer geladen oder mit einem Kameraadapter von Ihrer Digitalkamera importiert haben. Kurz: Hier werden alle Bilder gesammelt, die Sie auf die eine oder andere Weise dem iPad hinzugefügt haben. Sie können die Bilder aber nicht nur betrachten, in Alben organisieren oder als Diashow Freunden und Verwandten präsentieren – Sie können sie auch direkt auf dem iPad bearbeiten. Alle diese Funktionen werde ich Ihnen in den folgenden Abschnitten vorstellen.

∧ *Starten Sie die Fotos-App über dieses Icon.*

Fotos vom Computer ans iPad übertragen

Es gibt verschiedene Wege, wie Fotos und Bilder auf Ihr iPad gelangen. Dabei unterstützt das iPad nicht nur das gängige Fotoformat JPG, sondern auch BMP, GIF oder TIFF. Am einfachsten ist es natürlich, wenn Sie Fotos mit der Kamera des iPads aufnehmen. Doch vermutlich haben Sie schon jede Menge Fotos auf Ihrem Computer, die Sie mit Ihrer Digitalkamera gemacht haben und die Sie auch auf dem iPad haben möchten.

Bei der Bilderübertragung gibt es wie gewohnt generell zwei Möglichkeiten: iCloud und iTunes. Die Übertragung via iTunes funktioniert wie im Abschnitt »Das iPad synchronisieren« ab Seite 65 erläutert. Mit der Übertragung via iCloud lesen Sie mehr in den Abschnitten »Fotos im Internet veröffentlichen« ab Seite 253 und »Fotostream und die iCloud-Fotomediathek« ab Seite 255.

Wenn Sie mit einem Macintosh-Computer von Apple arbeiten, können Sie Bilder von Ihrem Computer an das iPad auch via AirDrop übertragen.

Die Fotos-App kennenlernen

Alle Fotos, ganz gleich, ob es sich um Aufnahmen handelt, die Sie direkt mit der Kamera-App des iPads gemacht haben, oder um solche, die Sie vom Computer aus auf das Gerät übertragen haben, sind über die App Fotos zugänglich.

1. Die App bietet in der Fußzeile vier Schaltflächen ❶, über die Sie Ihre Fotos in unterschiedlichen Sortierungen aufrufen können: **Fotos**, **Rückblicke**, **Geteilt** und **Alben**.

2. Tippen Sie in der Fußzeile auf die Schaltfläche **Fotos**, werden Ihre Aufnahmen anhand von Aufnahme- und Ortsdaten automatisch nach **Jahren**, **Sammlungen** und **Momenten** sortiert, wobei es sich um verschiedene Ansichtsstufen handelt. Die oberste Ebene ist die Übersicht **Jahre**, in der Ihnen alle Bilder der letzten Jahre angezeigt werden.

3. Tippen Sie auf die Zusammenfassung eines Jahres, gelangen Sie in die Ansicht **Sammlungen** ❷. Hier werden die Bilder nun in überschaubaren Zeiträumen dargestellt.

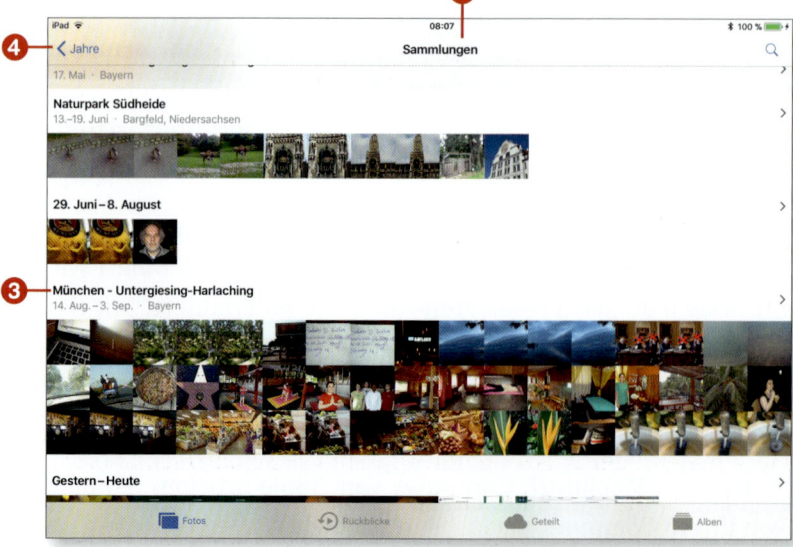

> *Die Fotos-App organisiert alle Bilder automatisch in »Jahren«, »Sammlungen« und »Momenten«.*

Die Fotos-App kennenlernen

4. Tippen Sie auf eine Sammlung ❸, gelangen Sie zu der Ansicht **Momente**. Hier werden Ihnen Bilder nach einzelnen Tagen angezeigt, und Sie können mit einem Tipp auf ein Bild dieses aufrufen.

> **i Ortsdaten**
>
> Falls Sie Bilder mit Ortsdaten in Ihrer Mediathek haben, sortiert das iPad die Bilder in den **Sammlungen** und **Momenten** nicht nur chronologisch, sondern auch geografisch.

5. Wischen Sie in den verschiedenen Ansichten nach oben oder unten, um weitere Bilder angezeigt zu bekommen. Mit einem Tipp auf die Pfeilschaltfläche ❹ gelangen Sie wieder zurück zu der nächsthöheren Ansicht.

Das Register **Rückblicke** wird von Fotos ebenfalls automatisch verwaltet. Hier stellt die App passende Bilder – etwa von einem Urlaub, einer Geburtstagsfeier oder einem Ausflug – zu einer Diashow zusammen. Es ist auch möglich, eigene Rückblicke anzulegen. Wie das geht, erfahren Sie im Abschnitt »Rückblicke bearbeiten« ab Seite 249.

Wählen Sie in der Fußzeile die Schaltfläche **Geteilt**, werden Ihnen alle Fotoalben, die Sie über iCloud für Freunde (oder diese für Sie) freigegeben haben, angezeigt. Wie Sie Fotos von Ihrem iPad für andere freigeben und freigegebenen Ordnern beitreten, erfahren Sie im Abschnitt »Fotos im Internet veröffentlichen« ab Seite 253.

Alle Fotos werden, wie Sie es vielleicht von Fotoprogrammen auf Ihrem Rechner gewohnt sind, auch in der Fotos-App auf dem iPad in Alben organisiert. Tippen Sie in der Fußzeile der App auf die Schaltfläche **Alben**, um sich Ihre Alben anzeigen zu lassen. Bilder, die Sie mit dem iPad aufnehmen, landen im Album **Aufnahmen**, ansonsten tauchen hier die Alben beziehungsweise Ordner auf, die Sie entweder selbst erstellt oder von Ihrem Computer auf das iPad übertragen haben.

Dabei organisiert die Fotos-App bestimmte Fotos bereits automatisch in eigene Alben, etwa **Favoriten**, **Videos**, **Panoramen**, **Slo-Mo** (Zeitlupenaufnahmen) oder **Bildschirmfotos**.

> **So machen Sie ein Bildschirmfoto**
>
> Möchten Sie den aktuellen Inhalt des Bildschirms in einem Foto einfangen und auf dem Gerät speichern, drücken Sie die Standby- und die Home-Taste gleichzeitig. Das Bildschirmfoto erscheint links unten und verschwindet nach kurzer Zeit von allein (oder Sie wischen es nach links aus dem Bildschirm). Tippen Sie darauf, können Sie es mit dem Markierungswerkzeug (das ich Ihnen im Abschnitt »Die Markierungen« ab Seite 87 vorstelle) bearbeiten. Das Bildschirmfoto wird im Album **Aufnahmen** abgelegt und taucht außerdem automatisch im Album **Bildschirmfotos** auf. Bildschirmfotos (die auch *Screenshots* genannt werden) werden im Dateiformat PNG gespeichert.

Falls Sie in iCloud den Dienst *Fotostream* aktiviert haben, finden Sie hier auch den entsprechenden Ordner **Mein Fotostream** (den Dienst Fotostream stelle ich Ihnen im Abschnitt »Fotostream und die iCloud-Fotomediathek« ab Seite 255 vor).

Natürlich können Sie auch eigene Alben anlegen. Lesen Sie dazu den Abschnitt »Fotoalben auf dem iPad anlegen und verwalten« ab Seite 241.

Fotos auf dem iPad anschauen

In den Übersichten (Jahre, Sammlungen, Momente und Alben) zeigt Ihnen Fotos Miniaturen der in den Übersichten enthaltenen Bilder. Um ein Bild zu öffnen, tippen Sie einfach die entsprechende Miniatur an. Tippen Sie das Foto doppelt an oder ziehen es mit einer Spreizgeste auseinander, zoomen Sie hinein. Mit einem erneuten Doppeltipp gelangen Sie wieder zurück zur normalen Ansicht.

Oben und unten erscheinen Menüleisten, die Sie mit einem Tipp auf den Bildschirm aus- und auch wieder einblenden können.

Über die obere Leiste gelangen Sie mit einem Tipp auf die Pfeilschaltfläche ❶ zurück zum aktuellen Album (in diesem Beispiel stammt das gezeigte Foto aus dem Album **Blumen**) oder zu der Ansicht **Momente**. Ihnen wird außerdem das Aufnahmedatum samt Uhrzeit ❷ angezeigt.

Unten sehen Sie Miniaturen ❸ der im Album oder im aktuell gewählten Moment enthaltenen Bilder. Tippen Sie eine Miniatur an, wird das Bild angezeigt. Sie können auch mit einer horizontalen Wischbewegung über das angezeigte Foto oder über die Leiste mit den Miniaturen zwischen den Bildern wechseln.

‹ *Die Leisten oben und unten lassen sich mit einem Fingertipp in das Bild ein- und ausblenden.*

 Orte

Wenn Sie Fotos mit Ortsangaben in der Fotos-App gespeichert haben, wird automatisch ein Album **Orte** angelegt. Tippen Sie darauf, werden Ihre Fotos nach den in den Fotos enthaltenen GPS-Daten sortiert und auf einer Karte angezeigt.

Eine Diashow abspielen

Möchten Sie die Anzeige der Fotos dem iPad überlassen und sich gemütlich auf dem Sofa zurücklehnen, lassen Sie sich Ihre Bilder in einer Diashow vorführen. Dabei können Sie entweder alle Bilder eines Albums oder auch nur ausgewählte Aufnahmen zu einer Diashow zusammenfassen. Am einfachsten ist es, sich alle Bilder eines Albums zeigen zu lassen.

1. Öffnen Sie das gewünschte Album mit einem Fingertipp.

2. Sie sehen nun in der Albenübersicht in der oberen Menüleiste die Schaltfläche **Diashow** ❶. Tippen Sie darauf, und das iPad beginnt sofort damit, die Bilder des Albums der Reihe nach als Diashow mit Musik wiederzugeben.

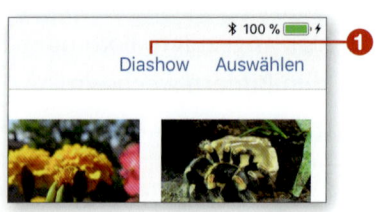

3. Tippen Sie auf den Bildschirm, werden oben und unten Menüleisten eingeblendet. Tippen Sie unten rechts auf **Optionen** ❷.

4. Mit einem Tipp auf **Thema** ❸ legen Sie fest, welche Effekte das iPad bei der Diashow benutzen soll. Dabei stehen Ihnen fünf verschiedene Animationen zur Auswahl. Am besten probieren Sie sie zum Kennenlernen einfach alle einmal durch (besonders reizvoll finde ich übrigens die Animation **Origami**).

5. Für die Auswahl der musikalischen Untermalung tippen Sie auf **Musik** ❹. Von Haus aus stellt das iPad verschiedene Begleitungen zur Auswahl, Sie können aber auch Musik auswählen, die Sie in der Musik-App auf dem iPad dabeihaben – und natürlich lässt sich die Musik auch komplett ausschalten.

6. Möchten Sie die Diashow in einer Endlosschleife laufen lassen, aktivieren Sie den Schalter **Wiederholen** ❺.

7. Über den Schieberegler ❻ bestimmen Sie die Geschwindigkeit, in der die Diashow wiedergegeben wird.

8. Um die Diashow zu pausieren, tippen Sie auf die Pause-Taste ❼.

9. Mit einem Tipp auf **Fertig** ❽ beenden Sie die Wiedergabe.

Eine Diashow abspielen

◄ Die Bilder eines Albums lassen sich mit wenigen Fingertipps als Diashow wiedergeben.

Nicht immer liegen alle Bilder, die man in der Diashow zeigen möchte, in einem Album vor, und nicht immer möchte man alle Bilder eines Albums in die Diashow aufnehmen. In diesem Fall müssen Sie vor dem Start der Show die Bilder auswählen, die Sie als Diashow präsentieren möchten.

Dazu tippen Sie in der **Momente**-Ansicht oder in einem geöffneten Album oben rechts auf **Auswählen**, woraufhin die Taste in **Abbrechen** ❾ geändert wird. Nun tippen Sie die gewünschten Bilder an. Sie werden daraufhin mit einem blauen Kreis mit Häkchen markiert ❿.

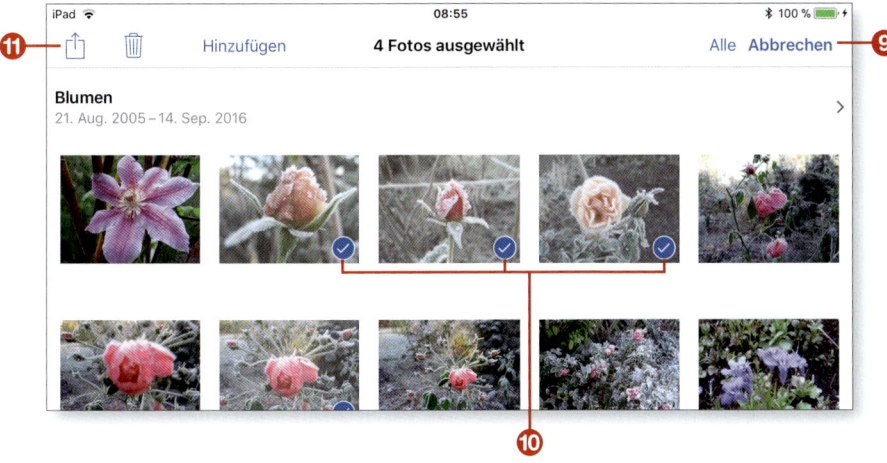

◄ Sie können selbst bestimmen, welche Bilder aus einem Album oder einem Moment in die Diashow aufgenommen werden sollen.

In der **Momente**-Ansicht wird zusätzlich bei jedem Moment rechts eine **Auswählen**-Taste angezeigt, über die Sie den kompletten Moment in Ihre Auswahl aufnehmen können. Wenn Sie alle gewünschten Bilder markiert haben, tippen Sie oben links auf die Teilen-Taste ⓫ (auf Seite 237). Wählen Sie hier **Diashow**.

Tippen Sie nun auf die Taste **Diashow** ⓬. Das iPad gibt die markierten Bilder als Diashow wieder, wobei Sie auch hier die gezeigten Möglichkeiten haben.

Die Rückblicke

Eine besondere Form der Diashow-Filme liefern die *Rückblicke*. Hier werden automatisch Bilder zusammengestellt, die die Fotos-App für zusammengehörig hält. Damit liegt die App häufig richtig, aber nicht immer. Wie Sie die Rückblicke bearbeiten, erfahren Sie im gleichnamigen Abschnitt ab Seite 249.

Ein Rückblick lässt sich als Film mit Musikuntermalung wiedergeben. Dazu tippen Sie auf das entsprechende Register **Rückblicke** ❶, wählen einen der Rückblicke aus und tippen auf die **Wiedergabe**-Taste ❷. Nicht alle Bilder eines Rückblicks werden in den Film aufgenommen. Mit einem Tipp auf **Mehr anzeigen** ❸ werden sämtliche Fotos angezeigt.

Sie können sich aber auch beliebige Momente in Form eines Rückblicks anzeigen lassen. Dazu tippen Sie im entsprechenden Moment auf die Titelleiste, die den Namen des Moments zeigt. Möchten Sie einen Moment dauerhaft als Rückblick speichern, wischen Sie den Bildschirm nach oben, bis Sie unten den Punkt **Zu Rückblicken** sehen, und tippen darauf.

Manche Rückblicke sind besonders gelungen, und man möchte sie möglichst schnell wiederfinden, ohne erst durch alle Rückblicke blättern zu müssen. Öffnen Sie in diesem Fall den entsprechenden Rückblick, wischen Sie den Bildschirm nach oben, und tippen Sie unten auf den Link **Zu Rückblickfavoriten**. Ihre Favoriten werden immer zu Beginn der Rückblicke gezeigt. Entsprechend lässt sich ein Favorit auch wieder entfernen, tippen Sie dazu auf den Link **Aus Rückblickfavoriten entfernen**. Rückblicke, die Ihnen nicht gefallen, löschen Sie mit einem Tipp auf **Rückblick löschen**.

Gesichter und Personen

Die Fotos-App besitzt eine automatische Gesichtserkennung, die im Hintergrund alle Fotos auf dem iPad nach Gesichtern durchsucht und im automatisch angelegten Album **Personen** versammelt. Die Gesichtserkennung kann einige Zeit dauern und benötigt recht viel Rechenleistung. Daher führt das iPad sie nur durch, wenn es gesperrt und ans Stromnetz angeschlossen ist.

Was diese Funktion natürlich nicht kann: Sie kann den Gesichtern keinen Namen zuweisen – das müssen Sie übernehmen. Dazu öffnen Sie das Album **Personen**. Hier sehen Sie nun alle Gesichter gruppiert, die Fotos aktuell erkannt hat. Um einem Gesicht einen Namen zu geben, tippen Sie die Gruppe an und tippen dann auf **Namen hinzufügen**.

Über die Schaltfläche **Hinzufügen** lassen sich weitere erkannte Gesichter anzeigen, die Sie entweder einer neuen oder einer bereits vorhandenen Person hinzufügen.

> **Keine Personen in der iCloud**
>
> Aus Datenschutzgründen findet die Gesichtserkennung nur auf dem jeweiligen Gerät statt. Die Zuordnung von Personen und Namen landet also auch bei einer aktivierten iCloud-Fotomediathek nicht auf den Servern von Apple.

Kapitel 13: Fotos bearbeiten und verwalten

Fotos suchen

Je größer Ihre Fotosammlung auf dem iPad ist, desto schwieriger wird es, ein bestimmtes Foto zu finden. Hier springt die leistungsfähige Suchfunktion der App ein, die Sie mit einem Tipp auf das Lupensymbol ❶ aufrufen, das Sie praktisch immer rechts oben sehen.

Vielleicht fragen Sie sich jetzt, wonach man denn da groß suchen können soll, schließlich ist es mit der App nicht möglich, einem Foto einen Namen zu geben oder ihm Stichwörter zuzuweisen, nach denen sich suchen ließe. Doch keine Sorge – die Suchfunktion ist ziemlich pfiffig.

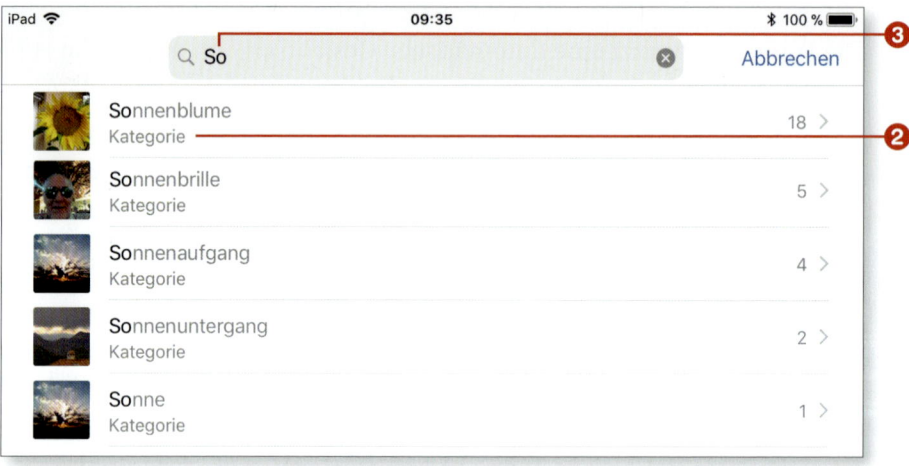

Die Fotos-App ist bei der automatischen Erkennung von Bildinhalten erstaunlich treffsicher. Dass es in meiner Bildersammlung etwa Fotos von Sonnenblumen gibt, weiß das iPad nicht von mir.

Zum einen durchsucht sie natürlich alle Begriffe, die Sie eingeben, also die Namen von Alben, Rückblicken und von Personen. Auch nach Orten, die über die GPS-Daten Bestandteil eines Fotos sind, können Sie suchen. Die Suche nach Daten ist ebenfalls möglich, eine Suchanfrage wie »August 2017« zeigt Ihnen also alle Fotos, die in diesem Monat aufgenommen wurden (auf diese Bilder können Sie auch rasch über die Sammlungen und Momente zugreifen).

Was die App aber auszeichnet, ist die automatische Vergabe von Kategorien ❷. Die Fotos-App analysiert alle Bilddaten eines Fotos und arbeitet mit Mustererkennung, suchen Sie etwa nach »Blumen« oder »Bergen«, werden Ihnen prompt alle Fotos angezeigt, auf denen Blumen oder Berge zu sehen sind. Um ein Gespür für die Kategorienvielfalt zu bekommen, geben Sie in der Suche einfach einmal nur ein, zwei Buchstaben ❸ ein und blättern durch die Vorschläge.

Die Kategorienvergabe ist zwar nicht perfekt, aber in der Praxis mehr als gut genug, um Ihnen rasch zu einem gesuchten Bild zu verhelfen.

Fotoalben auf dem iPad anlegen und verwalten

Die Standardalben, die die Fotos-App automatisch anlegt, sind zwar recht praktisch, aber natürlich möchte man seine Bilder auch nach eigenen Kriterien ordnen. Dazu legen Sie ein Album mit den gewünschten Bildern an. Da ein auf dem iPad angelegtes Fotoalbum immer nur Verweise auf die Fotos enthält, nicht die Bilder selbst – diese sind als Datei im Album **Aufnahmen** oder in einem vom Computer auf das iPad kopierten Album gespeichert –, kann ein Foto in beliebig vielen Alben auftauchen, ohne dass Sie um Ihren Speicherplatz fürchten müssen.

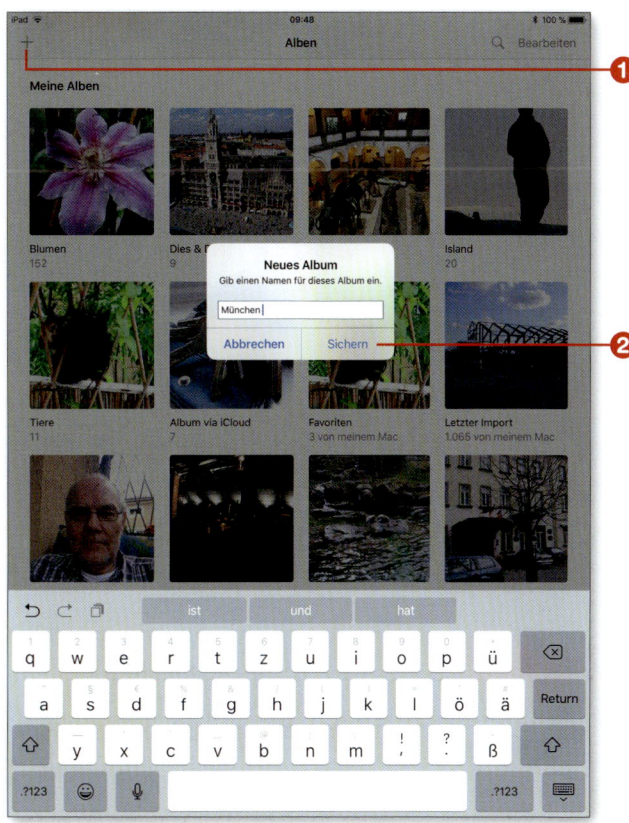

1. Tippen Sie in der Fußzeile der Fotos-App auf die Schaltfläche **Alben**.

2. Im Register **Alben** mit der Übersicht über Ihre bestehenden Fotoalben tippen Sie auf das Plussymbol ❶.

3. Geben Sie dem neuen Album im folgenden Einblendfenster einen Namen, und speichern Sie es mit **Sichern** ❷.

4. Nun wählen Sie die gewünschten Fotos in der Übersicht **Momente** oder **Alben** aus. Tippen Sie dazu die entsprechenden Fotos an. Sie werden daraufhin mit einem blauen Häkchen markiert. Wischen Sie gegebenenfalls nach unten oder oben, um weitere Bilder aus der Übersicht auszuwählen.

5. Mit einem Tipp rechts oben auf **Fertig** werden die Bilder in das Album übernommen.

> **+ Reihenfolge der Bilder in einem Album**
>
> Standardmäßig legt die Fotos-App Fotos in einem Album in der Reihenfolge ab, in der Sie sie hinzugefügt haben. Doch die Reihenfolge der Bilder in einem Album lässt sich auch Ihren Wünschen anpassen. Das geht am einfachsten mit Drag & Drop. Berühren und halten Sie dazu ein Bild, und bewegen Sie es an die gewünschte Position.
>
>

Um einem Album weitere Bilder hinzuzufügen oder sie in einem neuen Album zusammenzufassen, gehen Sie folgendermaßen vor.

1. Öffnen Sie die **Momente** beziehungsweise das Album **Aufnahmen**, und tippen Sie oben rechts auf **Auswählen**.

2. Wählen Sie nun die gewünschten Fotos durch Antippen aus. Ausgewählte Fotos werden mit einem blauen Häkchen markiert ❸.

3. Möchten Sie alle Fotos eines Moments auswählen, tippen Sie rechts am Moment auf **Auswählen** ❹.

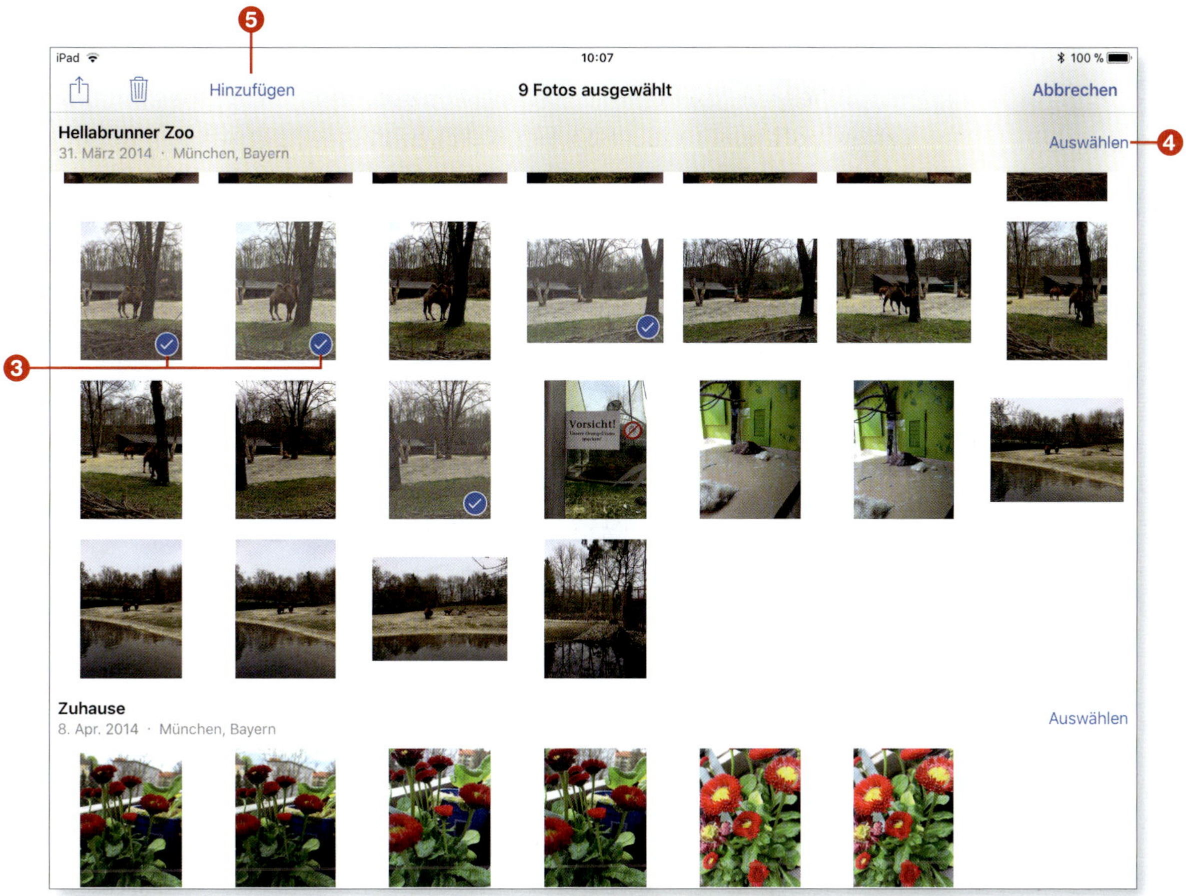

Fotoalben auf dem iPad anlegen und verwalten

4. Wenn Sie Ihre Wahl getroffen haben, tippen Sie auf **Hinzufügen** ❺.

5. Wählen Sie das gewünschte Album mit einem Fingertipp aus, oder legen Sie mit einem Tipp auf die Schaltfläche **Neues Album** ❻ eines an.

6. Die markierten Bilder werden nun dem gewählten beziehungsweise dem neuen Album hinzugefügt.

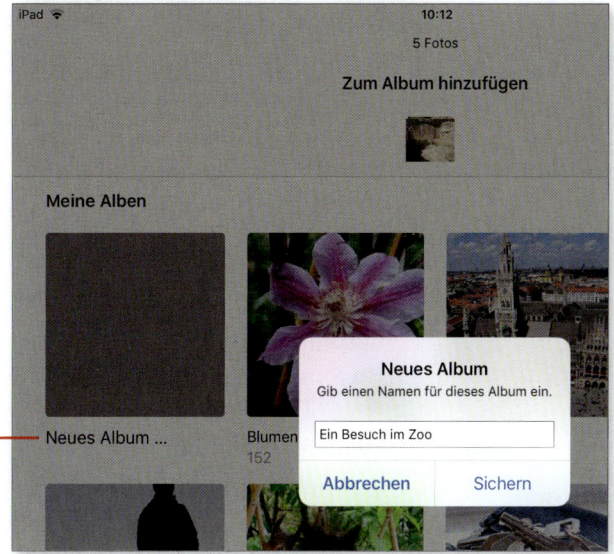

Kapitel 13: Fotos bearbeiten und verwalten

> **Fotos als Favoriten speichern**
>
> Neben der Sortierung Ihrer Bilder in Alben bietet die Fotos-App noch die Möglichkeit, einzelne Bilder als Favorit zu markieren. So können Sie rasch Ihre Lieblingsbilder in einem automatisch erzeugten Album zusammenfassen. Lassen Sie sich dazu das Bild anzeigen, und tippen Sie in dieser Ansicht oben rechts auf das Herzsymbol ❼. Die Fotos-App legt daraufhin das Album **Favoriten** an, in dem die so markierten Fotos angezeigt werden. Das geht allerdings nur mit Bildern aus dem Album **Aufnahmen**; Bilder, die Sie vom Computer aus auf das iPad kopiert haben, können Sie nicht als Favorit markieren.

Sie können ein Foto natürlich auch wieder aus einem Album entfernen. Da bei der Zuweisung von Fotos zu verschiedenen Alben keine tatsächliche Kopie, sondern nur ein Verweis eingerichtet wird, wird auch beim Löschen eines Bildes aus einem Album nicht das tatsächliche Foto vom iPad gelöscht. In diesem Fall wird lediglich die Zuordnung zu dem Album gelöscht.

1. Lassen Sie sich dazu das Album anzeigen, aus dem Sie das Foto (streng genommen den Verweis auf das Foto) entfernen möchten.

2. Tippen Sie oben rechts auf **Auswählen**, und markieren Sie durch Antippen das Bild beziehungsweise die Bilder, die Sie nicht mehr in dem Album sehen möchten.

Fotoalben auf dem iPad anlegen und verwalten

3. Nach einem Tipp auf das Papierkorbsymbol ❽ können Sie die Bilder mit dem Befehl **Aus Album entfernen** ❾ aus dem Album löschen.

Um den Namen eines Albums und die Reihenfolge der Alben zu ändern oder um ein Album zu löschen, wählen Sie in der Albenübersicht **Bearbeiten**. Sie haben nun folgende Möglichkeiten:

- **Namen ändern**: Tippen Sie auf den Namen ❿.

- **Reihenfolge ändern**: Berühren und halten Sie das Album, das Sie verschieben möchten. Es wird etwas vergrößert ⓫ und kann nun verschoben werden.

- **Album löschen**: Tippen Sie auf das Minuszeichen ⓬, und bestätigen Sie die Sicherheitsabfrage. Auch hier gilt, dass die in dem Album enthaltenen Fotos nicht vom iPad gelöscht werden und weiterhin über das Album **Aufnahmen** beziehungsweise in ihrem ursprünglichen Album zu finden sind.

Haben Sie die Bearbeitung abgeschlossen, tippen Sie auf **Fertig** ⓭, um die Bearbeitung zu beenden.

> **Keine Bearbeitung synchronisierter Alben**
>
> Alben, die Sie vom Computer aus auf das iPad kopiert haben, können Sie auf dem iPad weder bearbeiten noch löschen. Diese Aufgabe erledigen Sie auf dem Computer und übernehmen mit einem Datenabgleich per iTunes Ihre Änderungen aufs iPad.

Serienfotos auswählen

Bei einem Serienfoto werden sämtliche Aufnahmen der Serie in der Fotos-App durch ein Bild symbolisiert. Tippen Sie dieses an, wird ein Bild aus der Serie angezeigt, dass die Fotos-App für das gelungenste hält. Das muss natürlich nicht unbedingt das Bild sein, das Sie selbst ausgewählt hätten – aber es ist kein Problem, die Auswahl der Serienfotos auf Ihre Lieblingsbilder zu beschränken und alle übrigen in den Papierkorb zu werfen.

Lassen Sie sich dazu das Serienfoto anzeigen, und tippen Sie oben rechts auf **Auswählen**. Nun werden alle Fotos der Serie nebeneinander dargestellt. Mit einer Wischbewegung blättern Sie durch alle Bilder der Serie. Tippen Sie die Aufnahmen an, die Sie behalten möchten. So markieren Sie diese Aufnahmen als Favoriten. Zum Abschluss tippen Sie auf **Fertig**. Nun werden Sie gefragt, ob Sie alle oder nur die Favoriten behalten möchten. In diesem Fall wird die Serie aufgelöst, und die ausgewählten Bilder werden im Album **Aufnahmen** als einzelne Fotos angezeigt.

Fotos auf dem iPad bearbeiten

Die Fotos-App zeigt Ihnen Ihre Bilder nicht nur an, sondern bietet auch die Möglichkeit, Fotos auf dem iPad direkt zu bearbeiten. So können Sie eine automatische Korrektur von Helligkeit und Kontrast vornehmen, rote Augen entfernen, das Foto drehen, beschneiden oder einen Filter anwenden.

> **Bearbeitungen mit Original vergleichen**
>
> Um während der Bearbeitung ein Bild mit seinem Original zu vergleichen, tippen Sie es einfach an. Fotos zeigt dann kurz das Original an und schaltet anschließend wieder zum aktuellen Bearbeitungsstand zurück.

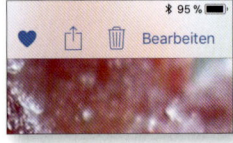

1. Lassen Sie sich dazu das gewünschte Foto anzeigen, und tippen Sie in der Kopfzeile auf **Bearbeiten**.

Fotos auf dem iPad bearbeiten

2. Die Ansicht verändert sich nun, und der Bildschirmhintergrund wird abgedunkelt. Am Bildschirmrand wird außerdem eine Symbolleiste eingeblendet, über die Sie die verschiedenen Bearbeitungsfunktionen auswählen.

3. Tippen Sie auf den **Zauberstab** ❶, werden Helligkeit und Kontrast des Fotos automatisch optimiert. In der Regel arbeitet diese Autokorrektur schon ganz ordentlich, es lohnt sich also, sie zumindest einmal auszuprobieren.

4. Tippen Sie auf die Schaltfläche **Beschneiden** ❷, um das Foto zu begradigen und zu beschneiden. Daraufhin wird ein Raster eingeblendet, und Sie können über die Eckanfasser ❸ den Bildausschnitt wählen. Tippen und schieben Sie sie dazu an die gewünschte Position.

5. Ist Ihre Aufnahme schief geraten und der Horizont verrutscht, können Sie die Ausrichtung über den Winkelmesser ❹ korrigieren. Tippen und schieben Sie ihn nach oben oder unten, um das Foto nach links oder rechts zu kippen.

6. Mit einem Tipp auf die Schaltfläche mit dem Rechteck und Pfeil ❺ (auf Seite 247) drehen Sie das Foto um 90 Grad nach links.

7. Über die Rechtecke ❻ können Sie das Foto auf ein vorgegebenes Format bringen, also etwa quadratisch oder im Format 16:9 zuschneiden.

8. Tippen Sie auf das blaue × ❼, um ausschließlich die Änderungen in diesem Bereich zu verwerfen.

9. Tippen Sie auf das Kreissymbol ❽, um einen von neun Farbfiltern auszuwählen. Ihr Foto wird mit dem gewählten Filter bearbeitet.

10. Nach einem Tipp auf das Reglersymbol ❾ können Sie **Licht**, **Farbe** und **Schwarz/Weiß** bearbeiten.

11. Mit einem Tipp auf das gelbe Häkchen ❿ übernehmen Sie alle Änderungen, ein Tipp auf das blaue × ⓫ hingegen bricht die Bearbeitung ab.

Fotos geht bei der Bearbeitung eines Fotos *nicht destruktiv* vor. Das bedeutet, dass Sie jeden Bearbeitungsschritt später rückgängig oder die Bearbeitung fortsetzen können. Und natürlich ist es problemlos möglich, jederzeit zum Original zurückzukehren.

Lassen Sie sich dazu das Bild erneut anzeigen, und tippen Sie auf **Bearbeiten**. Nun können Sie mit der Bearbeitung fortfahren oder frühere Bearbeitungsschritte korrigieren. Um alle Bearbeitungen zu verwerfen, tippen Sie oben links in der Symbolleiste auf den Pfeil ⓬ und anschließend auf den Befehl **Zurück zum Original** ⓭.

> **i** **Der »Rote Augen«-Filter**
>
> Auf vielen Fotos haben Menschen plötzlich knallrote Augen. Dieser unerwünschte Effekt tritt auf, wenn ein Blitzlicht direkt in die Augen einer fotografierten Person strahlt und von der stark durchbluteten Netzhaut des Auges reflektiert wird. Sobald die Fotos-App bei der Bearbeitung eines Bildes ein Gesicht erkennt, wird ein entsprechender Filter eingeblendet, über den Sie rote Augen automatisch entfernen können.

Rückblicke bearbeiten

Auch die von der Fotos-App automatisch zu kleinen Filmen zusammengestellten Rückblicke lassen sich Ihren Wünschen anpassen. Tippen Sie während der Wiedergabe eines Rückblicks auf den Bildschirm. Sie können nun **Thema** ❶ und **Dauer** ❷ der Wiedergabe wählen.

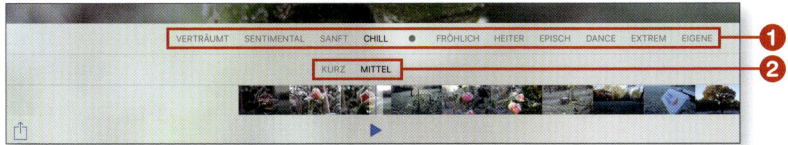

Tippen Sie oben rechts auf Bearbeiten, haben Sie weitere Möglichkeiten:

- **Titel** ❸: Standardmäßig wählt die Fotos-App den Titel und Untertitel automatisch aus. Um den Titel zu ändern, tippen Sie ihn an.

- **Titelbild** ❹: Auch das Titelbild wählt Fotos selbst. Mit einem Tipp legen Sie das Bild selbst fest.

- **Titelstil** ❺: Das Aussehen des Titels lässt sich ebenfalls anpassen. Tippen Sie verschiedene Stile an, um sie oben im Vorschaubild zu begutachten.

- **Musik** ❻: Wählen Sie die gewünschte Musikbegleitung.

- **Dauer** ❼: Tippen Sie auf **Dauer**, um die Länge des Rückblicks festzulegen.

- **Fotos & Videos** ❽: Hier legen Sie fest, welche Bilder in den Rückblick aufgenommen werden sollen – und welche nicht.

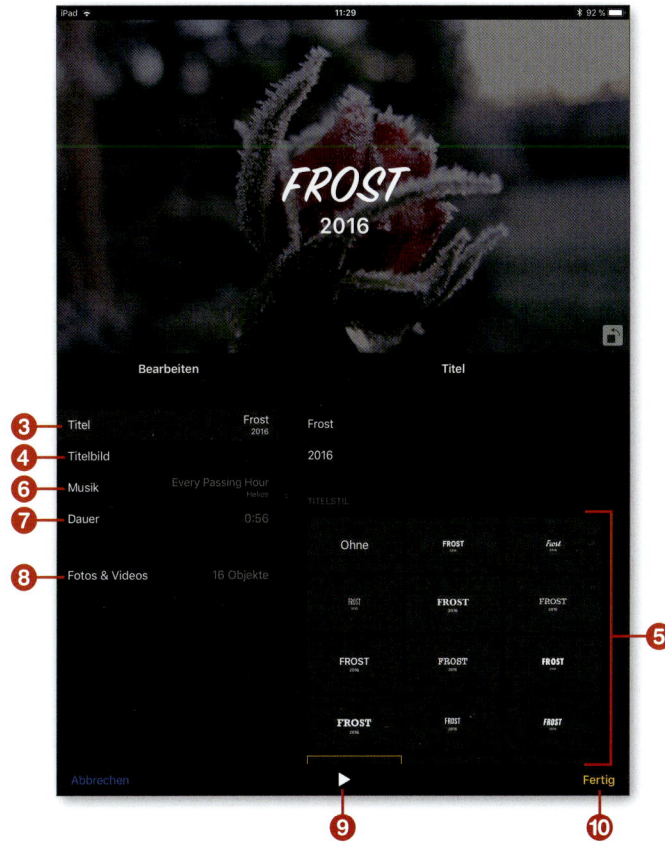

Um den Rückblick testweise wiederzugeben, tippen Sie auf die Wiedergabe-Taste ❾, gefällt Ihnen, was Sie sehen, speichern Sie den Rückblick mit einem Tipp auf **Fertig** ❿.

Videos auf dem iPad bearbeiten

Videos, die Sie mit dem iPad aufgezeichnet haben, können Sie auch auf dem iPad zurechtstutzen, indem Sie am Anfang und Ende des Clips überflüssige Szenen entfernen. Bei Zeitlupenaufnahmen können Sie überdies festlegen, ab wann die Zeitlupe beginnen und wo sie enden soll.

1. Um ein Video auf dem iPad zu bearbeiten, rufen Sie es zunächst in der Fotos-App aus dem Album **Videos** auf und tippen oben rechts auf **Bearbeiten**. Falls das nicht angezeigt wird, tippen Sie einmal in die Mitte des Bildschirms.

2. Am unteren Bildschirmrand sehen Sie einen Filmstreifen des Videos, Anfang und Ende sind mit zwei weißen Pfeilen markiert. Berühren und halten Sie einen der beiden Pfeile, wird der gesamte Clip mit einer kräftigen gelben Markierung versehen.

3. Ziehen Sie mit dem Finger den Anfang ❶ und das Ende ❷ der Markierung an die gewünschte Position.

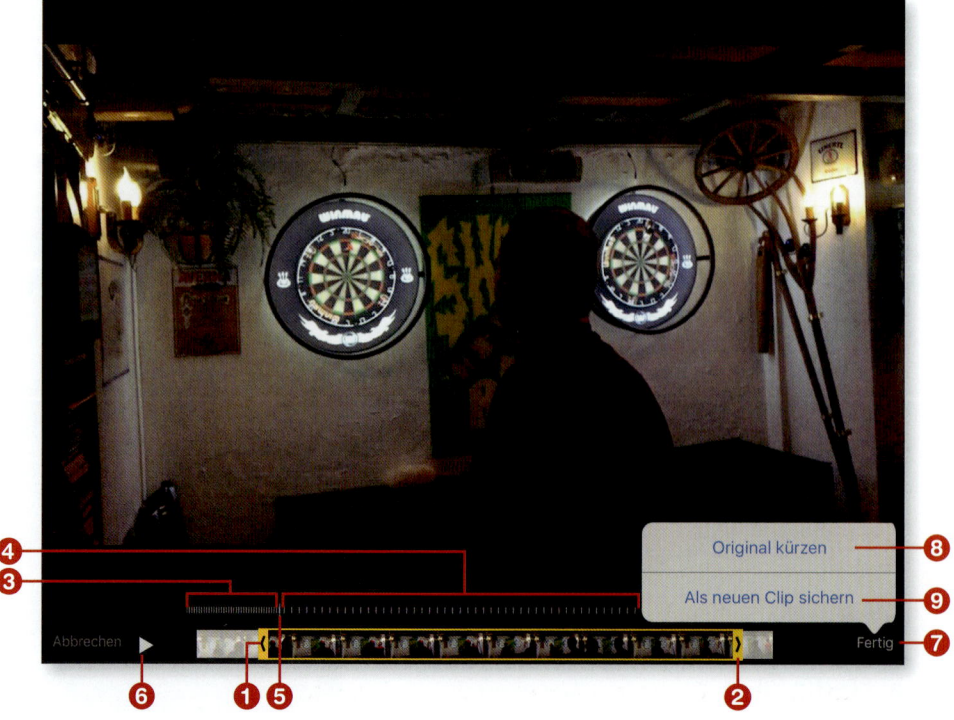

4. Für eine genauere Bildkontrolle berühren und halten Sie die End- beziehungsweise Anfangsmarkierung. Es öffnet sich eine detailliertere Ansicht, in der Sie die gewünschte Position besser markieren können.

5. Bei einer Zeitlupenaufnahme erscheint oberhalb des Filmstreifens eine gestrichelte Markierung. Der eng gestrichelte Teil ❸ wird in der Originalgeschwindigkeit, der weit gestrichelte Teil ❹ in Zeitlupe wiedergegeben.

6. Beginn ❺ und Ende der Zeitlupe legen Sie fest, indem Sie die Markierung an die gewünschte Position ziehen.

7. Zur Kontrolle, ob der Ausschnitt Ihren Wünschen entspricht, können Sie sich den markierten Bereich wiedergeben lassen, indem Sie auf das Wiedergabesymbol ❻ tippen.

8. Wenn Sie mit dem Ergebnis zufrieden sind, tippen Sie unten rechts auf **Fertig** ❼.

9. Es erscheint ein Dialog, in dem Sie festlegen, ob Sie das **Original kürzen** ❽ oder Ihre Bearbeitung **Als neuen Clip sichern** ❾ möchten.

Aufnahmen vom iPad löschen und zurückholen

Alle Aufnahmen, die Sie mit dem iPad gemacht haben, können Sie auch direkt auf dem iPad löschen. Wie immer gibt es auch hier verschiedene Möglichkeiten, um zum Ziel zu kommen.

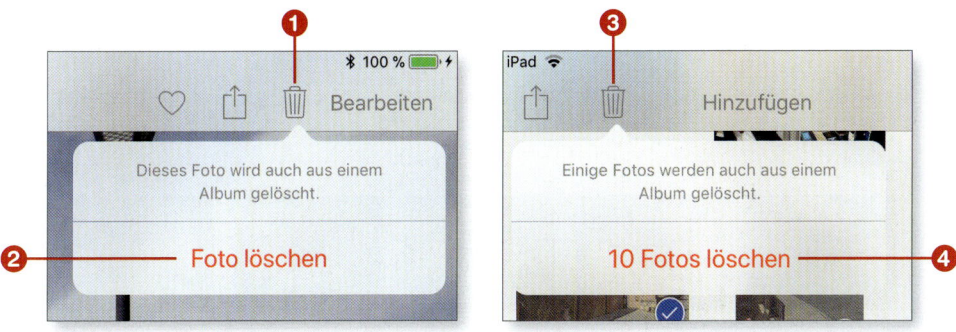

∧ *Fotos auf dem iPad lassen sich unproblematisch löschen.*

Kapitel 13: Fotos bearbeiten und verwalten

Möchten Sie eine einzelne Aufnahme löschen, lassen Sie sich das gewünschte Bild oder Video anzeigen und tippen auf das Papierkorbsymbol ❶ (auf Seite 251). Bestätigen Sie die folgende Sicherheitsabfrage mit einem Tipp auf **Foto löschen** ❷, wird das Foto gelöscht.

Wollen Sie gleich mehrere Aufnahmen löschen, öffnen Sie den entsprechenden Moment oder das entsprechende Album **Aufnahmen** und tippen in der oberen Menüleiste auf **Auswählen**. Markieren Sie nun in der Übersicht die zu löschenden Fotos mit einem Fingertipp, und tippen Sie dann auf das Papierkorbsymbol ❸. Nachdem Sie die Sicherheitsabfrage ❹ bestätigt haben, verschwinden die markierten Aufnahmen auf Nimmerwiedersehen.

> **Synchronisierte Bilder löschen**
>
> Fotos, die Sie via iTunes auf Ihr iPad kopiert haben, lassen sich nicht in Fotos löschen, das erledigen Sie auf Ihrem Computer. Entfernen Sie dort die nicht gewünschten Bilder aus dem Album oder Ordner, den Sie mit dem iPad synchronisieren, und synchronisieren Sie das iPad erneut. Möchten Sie sämtliche synchronisierten Bilder vom iPad löschen, deaktivieren Sie in iTunes die Synchronisation von Fotos und starten einen erneuten Sync-Vorgang.

Wobei das mit dem Auf-Nimmerwiedersehen-Verschwinden nicht ganz korrekt ist, denn alle gelöschten Fotos und Videos werden nicht sofort vom iPad entfernt, sondern im Album **Zuletzt gelöscht** abgelegt. Erst nach 30 Tagen werden die hier enthaltenen Aufnahmen tatsächlich gelöscht. Wie lange ein Bild noch im Papierkorb verbleibt, wird durch einen Zähler angezeigt.

> *Gelöschte Fotos landen für 30 Tage im Papierkorb, erst dann werden sie automatisch endgültig gelöscht.*

Das hat den Vorteil, dass Sie versehentlich gelöschte Aufnahmen zurückholen können. Um ein gelöschtes Foto zurückzuholen, öffnen Sie das Album **Zuletzt gelöscht** und tippen dort oben rechts auf **Auswählen**. Nun können Sie entweder die Option **Alle löschen** (also den kompletten Papierkorb leeren und die 30-Tage-Frist überspringen) oder **Alle wiederherstellen** wählen. Möchten Sie nur ausgewählte Bilder endgültig löschen beziehungsweise wiederherstellen, markieren Sie sie mit einem Fingertipp ❺ und wählen anschließend entweder **Löschen** ❻ oder **Wiederherstellen** ❼.

Fotos im Internet veröffentlichen

Ihre eigenen Fotos auf dem iPad sind eine feine Sache – aber die Fotos-App kann dank iCloud mehr. Es ist auch möglich, Alben zusammenzustellen und sie für andere im Internet zugänglich zu machen. Die freigegebenen Fotos werden Ihnen im Register **Geteilt** der Fotos-App angezeigt. Es gibt verschiedene Wege, Alben zu teilen, ich zeige Ihnen hier den Standardweg bei der ersten Einrichtung.

⌃ *Damit Sie Bilder via iCloud freigeben können, müssen Sie die iCloud-Fotofreigabe aktivieren.*

Um diese Funktion nutzen zu können, aktivieren Sie sie zuerst in den Einstellungen unter **Fotos** ❶ mit einem Tipp auf den Schalter **iCloud-Fotofreigabe** ❷. Um nun ausgewählte Fotos freizugeben, gehen Sie folgendermaßen vor.

1. Tippen Sie in der Fotos-App unten auf **Geteilt** und anschließend auf das Pluszeichen ❸ (auf Seite 254).

2. Geben Sie dem neuen Album, das Sie teilen möchten, einen Namen ❹, und tippen Sie auf **Weiter** ❺.

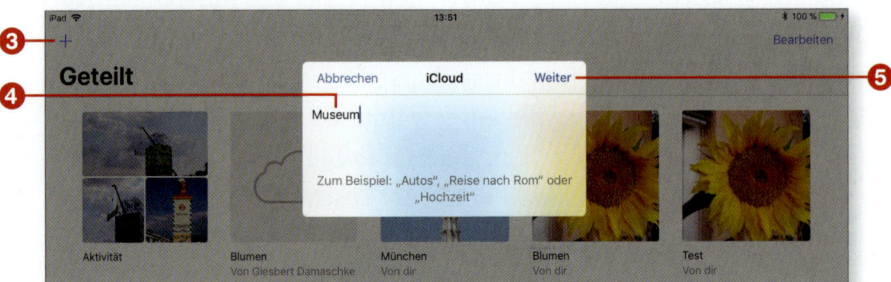

> Ein von Ihnen freigegebenes Album wird auf den Servern von Apple gespeichert.

3. Im folgenden Dialog wird Ihnen angeboten, Personen einzuladen, aber das lässt sich später gezielter erledigen. Tippen Sie hier also direkt auf **Erstellen**.

Noch ist das geteilte Album leer und ausschließlich für Sie sichtbar – für niemanden sonst. Doch das lässt sich ändern. Um dem Album Bilder hinzuzufügen, wählen Sie sie in Fotos in einem Album oder Moment aus, tippen auf die Teilen-Taste und wählen **iCloud-Fotofreigabe**. Im Dialog können Sie nun, wenn gewünscht, einen Kommentar zu den Bildern notieren. Anschließend wählen Sie das freigegebene Album und tippen auf **Posten**.

> **Nur mit iCloud**
>
> Personen, mit denen Sie ein Album teilen möchten, müssen über einen iCloud-Account verfügen.

Damit auch andere Personen als nur Sie auf das Album zugreifen können, gehen Sie folgendermaßen vor.

1. Wechseln Sie zu **Geteilt**, öffnen Sie das gewünschte Album mit einem Fingertipp, und tippen Sie hier auf **Personen** ❻.

2. Hier wählen Sie **Einladen** ❼, um anderen Personen den Zugriff zu erlauben. Sie können nun die E-Mail-Adressen der Personen eintragen, die Sie einladen möchten. Diese erhalten dann per E-Mail eine Einladung, die sie annehmen oder auch ablehnen können.

3. Standardmäßig dürfen alle eingeladenen Personen ebenfalls Bilder hinzufügen. Möchten Sie das nicht, schalten Sie **Abonnenten können posten** ❽ aus.

4. Soll Sie die Fotos-App darüber informiert, wenn dem Album Fotos oder Kommentare hinzugefügt wurden, aktivieren Sie den Schalter **Mitteilungen** ❾.

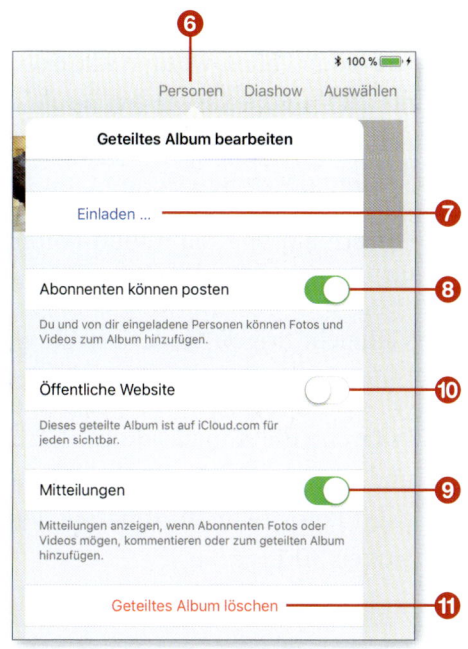

Das freigegebene Album ist nun für Sie und alle eingeladenen Personen verfügbar. Diese Freigabe funktioniert, wie gesagt, nur, wenn alle Beteiligten über einen iCloud-Account verfügen. Aber es gibt noch eine zweite Möglichkeit, Fotos im Internet zu veröffentlichen: als **Öffentliche Website** ❿. In diesem Fall wird das Album im Internet veröffentlicht und kann von jedermann – also auch ohne iCloud-Account – im Webbrowser aufgerufen werden. Allerdings haben Ihre Besucher nur Lesezugriff, können das Album also nicht bearbeiten oder Bilder hinzufügen. Wenn Sie den entsprechenden Schalter aktivieren, erscheint die Taste **Link teilen**, über die Sie die Webadresse der Website beispielsweise via Twitter, E-Mail oder Nachrichten bekannt machen können.

Möchten Sie ein geteiltes Album löschen, schieben Sie die Optionen nach oben und tippen auf **Geteiltes Album löschen** ⓫.

Fotostream und die iCloud-Fotomediathek

Wenn Sie iCloud nutzen, bietet Ihnen Apple zwei besonders bequeme Funktionen, um Fotos zwischen Ihrem iPad und Ihrem Computer auszutauschen, die bei flüchtiger Betrachtung sehr ähnlich zu sein scheinen: *Fotostream* und die *iCloud-Fotomediathek*.

In beiden Fällen werden alle Fotos, die Sie mit dem iPad machen, automatisch an die Server von Apple geschickt und von dort auf andere Endgeräte wie Ihren Computer oder etwa Ihr iPhone kopiert – vorausgesetzt, Sie sind auf diesen Geräten mit derselben Apple-ID angemeldet.

Fotostream und die iCloud-Fotomediathek aktivieren oder deaktivieren Sie auf Ihrem iPad unter **Einstellungen ▸ Fotos**.

Vielleicht fragen Sie sich jetzt, warum Apple zwei scheinbar identische Dienste am Start hat. Ganz einfach: Es gibt gewichtige Unterschiede.

Während die iCloud-Fotomediathek schlichtweg Ihren kompletten Foto- und Videobestand zwischen allen Geräten jederzeit synchron hält, speichert Fotostream maximal die letzten 1.000 Fotos – keine Videos! – der letzten 30 Tage.

Zudem synchronisiert die iCloud-Mediathek zwischen Apple-Geräten sämtliche Bearbeitungen, Sie können also ein Bild auf dem iPad bearbeiten und etwa auf einem iPhone weiterbearbeiten oder die Bearbeitungen zurücksetzen. Am Computer geht das auch – vorausgesetzt, der Computer ist ein Mac und das Bild wird dort in der Mac-Version von Fotos bearbeitet.

Auch beim Speicherplatzbedarf gibt es Unterschiede. Bei Fotostream wird der benötigte Platz nicht auf Ihre 5 GByte angerechnet, den Sie bei iCloud kostenlos dazubekommen – bei der iCloud-Fotomediathek allerdings schon. Was automatisch bedeutet, dass Sie mit den 5 GByte bei Weitem nicht hinkommen werden und kostenpflichtigen Speicherplatz hinzubuchen müssen. Zum Vergleich: Meine über die Jahre gewachsene Fotosammlung ist knapp 120 GByte groß – und das ist noch nicht einmal besonders üppig.

Sobald Sie die iCloud-Fotomediathek aktiviert haben, ist ein Sync der Fotos von Ihrem Computer mit Ihrem iPad via iTunes nicht mehr möglich, da nun der komplette Datenaustausch über iCloud stattfindet.

Kapitel 14
Musik, Filme und Podcasts auf dem iPad genießen

Das iPad ist nicht nur ein Arbeitsgerät für alltägliche Aufgaben wie das Schreiben von E-Mails oder die Terminplanung, sondern auch eine vorzügliche Unterhaltungsmaschine. Ganz gleich, ob Sie Filme schauen oder Musik und Podcasts hören möchten: Das iPad ist von Haus aus für alles bestens gerüstet. Die beiden Apps Musik und Videos machen aus Ihrem iPad einen leistungsfähigen Mediaplayer. Mit der Podcasts-App können Sie sich darüber hinaus auch noch jede Menge kostenlose Radiosendungen und Radiohörspiele auf das Gerät laden. Allen Apps gemein sind dabei die übersichtliche App-Oberfläche und die intuitive Bedienung.

∧ *Das Icon der Musik-App*

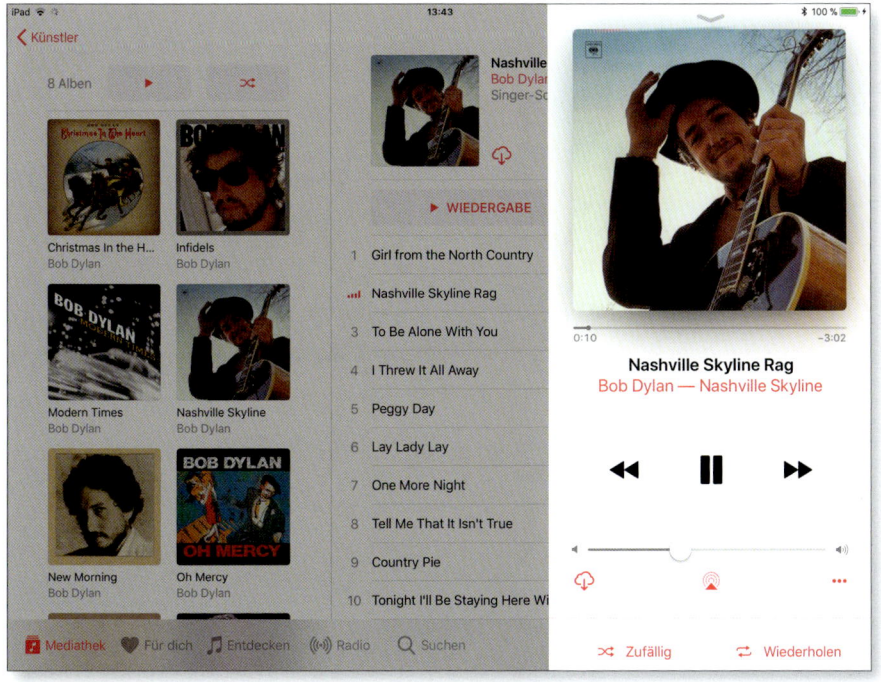

‹ *Genießen Sie Ihre Musik auf dem iPad.*

Musik und Filme auf das iPad laden

Es gibt verschiedene Wege, wie Sie Musik und Filme auf Ihr iPad bekommen. Neben dem üblichen Weg via iTunes oder iCloud (lesen Sie dazu den Abschnitt »Das iPad synchronisieren« ab Seite 65) können Sie auch Medien im iTunes Store kaufen und direkt auf Ihr iPad laden. Wie das geht, lesen Sie in Kapitel 16, »Neue Inhalte für Ihr iPad«.

Einmal im iTunes Store gekaufte Musik, Filme und TV-Serien lassen sich jederzeit erneut aufs iPad laden. Sie können also z. B. ein Album vom iPad löschen, um Platz zu gewinnen, und es später problemlos erneut laden.

Doch Sie müssen gekaufte Inhalte nicht zwingend als Datei auf dem iPad haben, um sie wiedergeben zu können. Es genügt auch, wenn Sie die Inhalte nur an Ihrem Computer mit iTunes gekauft haben. Anschließend weiß Apple, dass Sie die Inhalte rechtmäßig erworben haben, und stellt sie Ihnen jederzeit »live« zur Verfügung. Sie können diese Inhalte also via Internet aufs iPad streamen. Sie benötigen dazu eine Internetverbindung etwa über Ihr WLAN. Dabei werden die Daten via Internet an das iPad geschickt und dort wiedergegeben, ohne dass die meist sehr umfangreichen Mediendateien auf dem Gerät gespeichert werden müssen (lesen Sie dazu den Abschnitt »Musik und Videos aus der Cloud abspielen« auf Seite 268).

Aufbau der Musik-App

Die Musik-App ist sehr übersichtlich aufgebaut und verwaltet alle Inhalte in einer *Mediathek*, die nach verschiedenen Kriterien sortiert und angezeigt werden kann.

❶ Tippen Sie auf **Mediathek**, sehen Sie die verschiedenen Kategorien.

❷ **Zuletzt hinzugefügt**: Mit einem Fingertipp sehen Sie sofort die Alben, die Sie in letzter Zeit aufs iPad kopiert oder im iTunes Store gekauft haben.

Aufbau der Musik-App

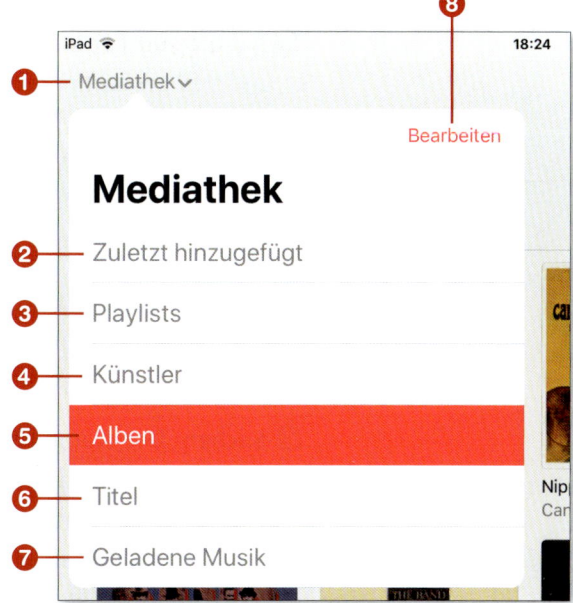

❸ **Playlists**: Hiermit lassen Sie sich Ihre Wiedergabelisten anzeigen, die Sie entweder in iTunes oder direkt auf dem iPad erstellt haben (lesen Sie dazu »Playlists anlegen und bearbeiten« ab Seite 262).

❹ **Künstler**: Der Bildschirm wird zweigeteilt. Links sehen Sie eine alphabetische Liste der Künstler, rechts die Alben des aktuell ausgewählten Künstlers.

❺ **Alben**: Alle vorhandenen Alben werden alphabetisch nach Künstlern angezeigt. Gezeigt werden die Cover der Alben, tippen Sie ein Cover an, um das Album zu öffnen.

❻ **Titel**: Die Musik wird in einer Liste mit Titel, Künstler, Album und Dauer angezeigt. Die Liste wird alphabetisch nach Künstlern sortiert.

❼ **Geladene Musik** : Aktivieren Sie diesen Punkt, werden Ihnen nur die Alben und Titel gezeigt, die tatsächlich als Datei auf Ihrem iPad vorhanden sind.

> **»Mediathek«-Menü anpassen**
>
> Welche Punkte das **Mediathek**-Menü anzeigt, können Sie selbst festlegen. Tippen Sie dazu auf **Bearbeiten** ❽, und wählen Sie die gewünschten Punkte per Fingertipp aus. Neben den Standardeinträgen lassen sich auch noch die Punkte **Musikvideos**, **Genres**, **Compilations** und **Komponisten** anzeigen. Über die Griffmarkierung lässt sich die Reihenfolge der Einträge festlegen.

Unten sehen Sie fünf Einträge, über die Sie in die verschiedenen Bereiche der Musik-App wechseln:

❶ **Mediathek** (auf Seite 260): Hiermit wechseln Sie immer zu Ihrer Mediathek, also zu Ihrer Musik auf dem iPad.

Kapitel 14: Musik, Filme und Podcasts auf dem iPad genießen

❷ **Für dich** und **Entdecken**: Über diese beiden Punkte können Sie nahezu auf das gesamte Angebot im Apple iTunes Store zugreifen und es auf dem iPad wiedergeben – vorausgesetzt, Sie haben ein kostenpflichtiges Abo von *Apple Music* abgeschlossen (beachten Sie hierzu auch den Infokasten »Apple Music und die iCloud-Mediathek« unten auf dieser Seite).

❸ **Radio**: Mit der Musik-App können Sie auch auf Radiosender im Internet zugreifen. Einige dieser Sender sind kostenlos, andere sind Bestandteil von Apple Music.

❹ **Suchen**: Der Name ist Programm – hiermit durchsuchen Sie Ihre Mediathek nach bestimmten Künstlern, Alben und Titeln. Verwenden Sie Apple Music, können Sie wählen, ob Ihre Mediathek oder der Streamingdienst durchsucht werden soll.

❺ **Aktueller Titel**: Wenn die Musik-App aktuell Musik wiedergibt, erscheint rechts außen ein kleines Informations- und Steuerungsfeld. Mehr dazu im nächsten Abschnitt.

Apple Music und die iCloud-Mediathek

Apple Music ist ein kostenpflichtiger Abo-Dienst von Apple, der Ihnen unbegrenzten Zugriff auf fast die komplette Musik im iTunes Store bietet. Das Abo kostet rund 10 € im Monat und kann jederzeit gekündigt werden. Die ersten drei Monate sind kostenlos, Sie haben also genügend Zeit, den Dienst auszuprobieren. Zu Apple Music gehört auch die iCloud-Mediathek. Damit wird Ihre lokale iTunes-Mediathek von Ihrem Computer an die Server von Apple gesendet und dort gespeichert. Anschließend ist es möglich, diese Musik auf Ihr iPad zu streamen oder auch als Datei zu laden.

Musik wiedergeben und Wiedergabe steuern

Die Wiedergabe von Musik auf dem iPad ist denkbar einfach. Sie öffnen ein Album mit einem Fingertipp, wählen den gewünschten Song – fertig. Die Wiedergabe startet, spielt den Song und geht dann zum nächsten Song des Albums weiter. Haben Sie die **Titel**-Kategorie gewählt und starten den ersten Song, spielt das iPad sämtliche Songs, die auf dem iPad verfügbar sind.

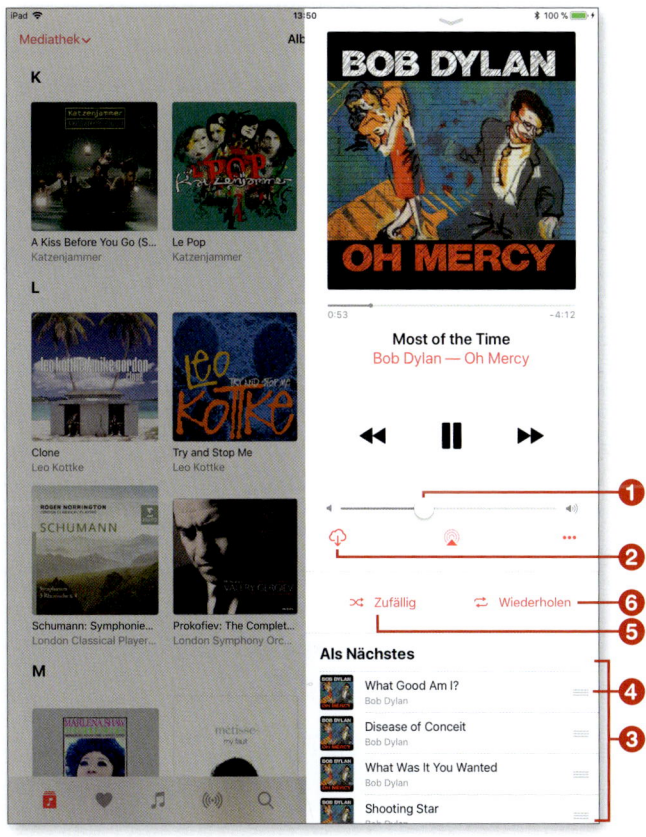

Sobald das iPad Musik wiedergibt, wird in der Musik-App unten rechts ein kleines Feld eingeblendet. Hier sehen Sie das Album-Cover und den Namen des aktuellen Songs. Über die vertrauten Tasten können Sie die Wiedergabe pausieren/fortsetzen und zum nächsten Titel springen. Tippen Sie den Eintrag an, wird eine Seitenleiste mit weiteren Möglichkeiten eingeblendet. Neben den üblichen Reglern zur Steuerung der Musikwiedergabe können Sie hier auch die Lautstärke regeln ❶. Wird der aktuelle Titel gestreamt, laden Sie ihn mit einem Tipp auf das Wolkensymbol ❷ als Datei herunter.

Darunter wird die Liste **Als Nächstes** ❸ angezeigt, die Sie auch mit einem Fingertipp auswählen können. Die Reihenfolge ändern Sie über die Griffmarkierung ❹ am rechten Rand. Mit

Zufällig ❺ werden die Titel in zufälliger Reihenfolge abgespielt. Können Sie von einem Album gar nicht genug bekommen, dann schicken Sie die Wiedergabe mit einem Tipp auf **Wiederholen** ❻ in eine Endlosschleife. Tippen Sie die Taste erneut an, wird die Taste um eine kleine 1 ergänzt, jetzt wird nur der aktuelle Titel wieder und wieder abgespielt. Mit einem erneuten Tipp schalten Sie die Wiederholung aus.

Kapitel 14: Musik, Filme und Podcasts auf dem iPad genießen

Die Musik wird auch dann wiedergegeben, wenn Sie die Musik-App verlassen oder das iPad in den Standby-Betrieb versetzen. Über das Kontrollzentrum haben Sie jederzeit Zugriff auf die Steuerung der Musikwiedergabe, ohne die Musik-App zu öffnen. Rufen Sie dazu das Kontrollzentrum mit einer Wischgeste vom unteren Bildschirmrand nach oben auf. Sie sehen nun die vertrauten Steuersymbole und Informationen zum aktuell wiedergegebenen Song. Berühren und halten Sie das Element, wird es vergrößert und zeigt mehr Informationen.

Auch vom Sperrbildschirm aus ist eine Steuerung möglich, da während der Musikwiedergabe der Sperrbildschirm um ein entsprechendes Element ergänzt wird.

Playlists anlegen und bearbeiten

Normalerweise sind Sie bei der Wiedergabe von Musik an die Reihenfolge gebunden, die ein Album vorgibt. Die Musik-App beginnt beim ersten Titel und spielt der Reihe nach alle Titel ab, bis das Album beendet ist. Mit Wiedergabelisten – oder, wie Apple sie nennt, *Playlists* – können Sie sich von diesem Zwang befreien und Ihre persönlichen Lieblingssongs in einer Ihnen genehmen Reihenfolge zusammenstellen.

Eine neue Playlist ist rasch angelegt:

1. Wechseln Sie über das **Mediathek**-Menü zu **Playlists**, und tippen Sie hier oben rechts auf **Neu**.

2. Wenn Sie möchten, geben Sie der Playlist einen Namen ❶ und eine **Beschreibung** ❷. Tippen Sie den entsprechenden Eintrag einfach an, und geben Sie die Informationen per Bildschirmtastatur ein.

Playlists anlegen und bearbeiten

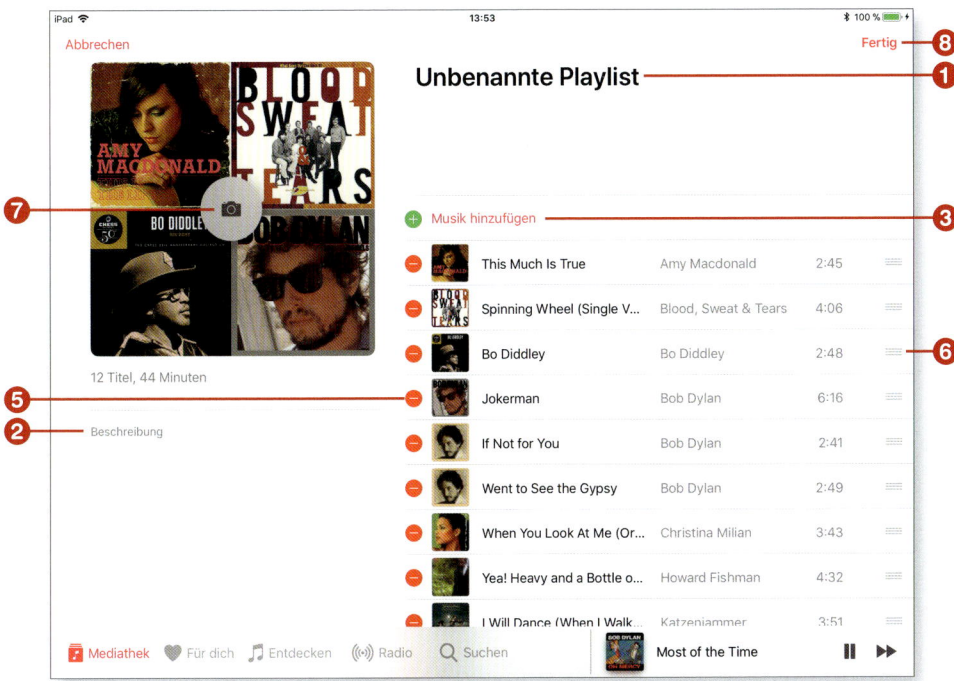

3. Tippen Sie auf **Musik hinzufügen** ❸. Sie können nun in Ihrem Musikbestand auf dem iPad stöbern und einzelne Titel oder ganze Alben mit einem Tipp auf das **Pluszeichen** ❹ der Liste hinzufügen.

4. Um einen Eintrag zu löschen, tippen Sie auf das Minuszeichen ❺, über die vertraute Griffmarkierung ❻ ändern Sie die Reihenfolge.

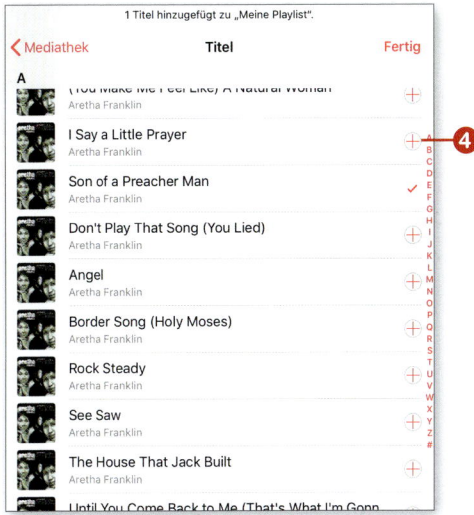

5. Standardmäßig zeigt die Musik-App als Symbol für die Playlist eine Collage aus den verschiedenen Album-Covern. Mit einem Tipp auf das Kamerasymbol ❼ können Sie das aber ändern und ein eigenes Foto hinzufügen.

6. Mit **Fertig** ❽ wird die Playlist gespeichert.

Natürlich lassen sich Playlists nachträglich beliebig ändern. Öffnen Sie dazu die Playlist, und tippen Sie auf **Bearbeiten**. Sie haben nun die gleichen Möglichkeiten wie beim Anlegen einer Playlist. Um eine Playlist komplett zu löschen, wechseln Sie über das **Mediathek**-Menü zu den Playlists, berühren und halten die gewünschte Playlist und wählen im Kontextmenü den Eintrag **Aus Mediathek löschen**.

Da eine Playlist nur die Verweise auf Songs enthält, nicht die Dateien selbst, bleiben die in der Liste gesammelten Titel nach dem Löschen der Wiedergabeliste auf dem iPad natürlich weiterhin gespeichert und können jederzeit einer neuen Liste hinzugefügt werden. Um beliebige Musik – ganz gleich, ob Titel oder Album – einer Playlist hinzuzufügen, berühren und halten Sie den entsprechenden Eintrag, etwa einen Titel in der Titelübersicht, und wählen anschließend **Zu einer Playlist hinzufügen**.

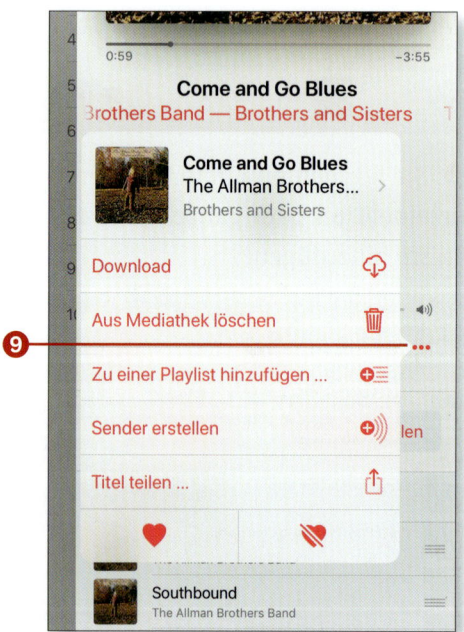 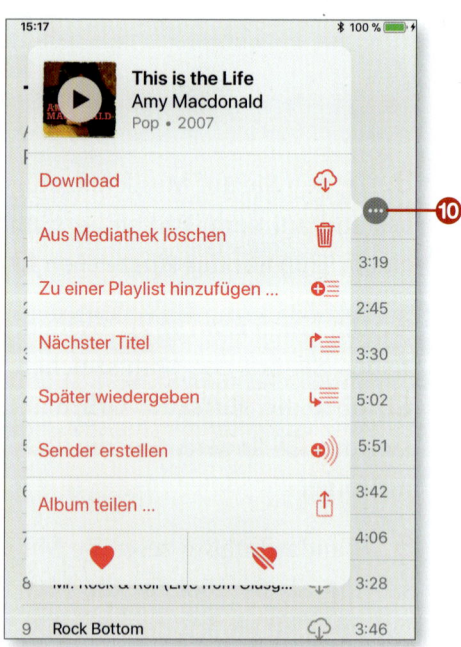

Diesen Punkt erreichen Sie auch über das **Mehr**-Menü (die drei Punkte), das Ihnen in der Musik-App immer wieder begegnet, Sie sehen es etwa in der Seitenleiste bei einem aktuell wiedergegebenen Titel ❾ oder bei der Anzeige eines Albums ❿.

Videos auf dem iPad ansehen

Die Videos-App funktioniert im Prinzip genauso simpel wie die Musik-App: Sie starten die App mit einem Tipp auf das App-Symbol vom Home-Bildschirm und wählen in der Kopfzeile die gewünschte Kategorie aus. Die App sortiert die Videos nach **Filmen** ❶ und **Sendungen** ❷ (also TV-Serien). Haben Sie eigene Filmaufnahmen auf Ihr iPad übertragen, wird Ihnen auch die Kategorie **Eigene Videos** ❸ angezeigt.

∧ *Starten Sie die Videos-App über dieses Symbol.*

Nun tippen Sie auf den gewünschten Film oder die gewünschte Serie. Bei einem Film sehen Sie anschließend die **Details** ❹ mit Informationen zum Film und können sich die einzelnen **Kapitel** ❺ anzeigen lassen.

Die Wiedergabe des kompletten Films starten Sie mit einem Tipp auf die Wiedergabe-Taste ❻, ein Kapitel tippen Sie zur Wiedergabe einfach an.

Bei einer Serie funktioniert das im Prinzip genauso, nur dass die Inhalte hier noch nach Staffeln und Folgen sortiert werden.

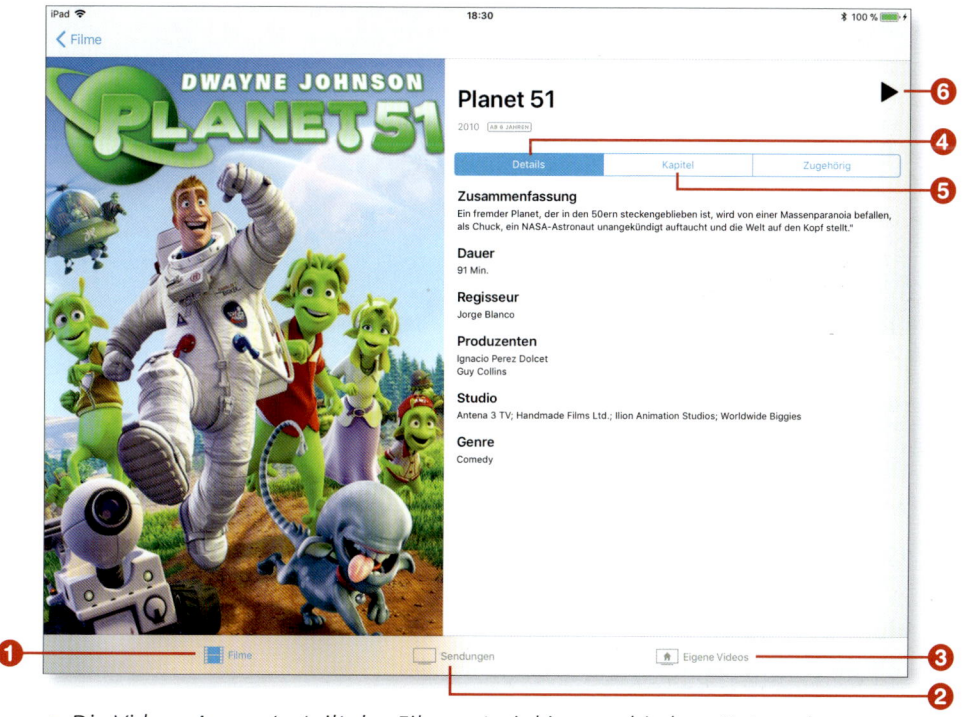

∧ *Die Videos-App unterteilt das Filmmaterial in verschiedene Kategorien.*

Steuerung der Video-Wiedergabe

Haben Sie die Wiedergabe gestartet, werden Ihnen in der Fußzeile die vertrauten Steuersymbole ❶ angezeigt, die nach wenigen Sekunden automatisch ausgeblendet werden. Mit einem Tipp auf die Bildschirmmitte blenden Sie die Steuerelemente jederzeit ein beziehungsweise aus. Die Lautstärke legen Sie über den Regler links unten ❷ fest.

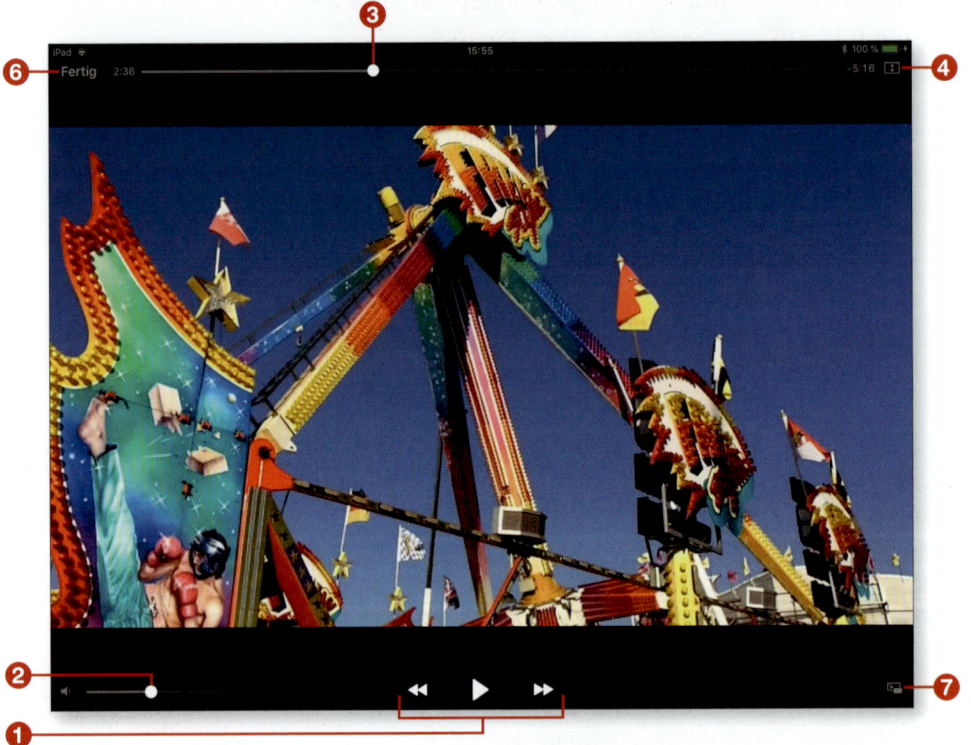

△ *Die Wiedergabe von Filmen auf dem iPad ist denkbar einfach.*

Die Position im Film bestimmen Sie über die obere Leiste, indem Sie den Abspielknopf ❸ mit dem Finger an die gewünschte Position bewegen (diese Aktion wird *Scrubbing* genannt). Das geht manchmal etwas zu schnell und macht es schwer, genau die gewünschte Position zu erreichen, aber das lässt sich problemlos ändern. Setzen Sie dazu den Finger auf den Abspielknopf, und ziehen Sie den Finger nun nach unten. Bewegen Sie jetzt den Finger nach links oder rechts, spulen Sie langsamer zurück beziehungsweise vor. Je weiter Sie dabei den Finger nach unten ziehen, desto langsamer wird die Scrubbing-Geschwindigkeit.

Das iPad hat ein Bildschirmformat von 4:3, viele Filme und TV-Serien werden allerdings im Format 16:9 produziert. In diesem Fall sehen Sie oben und unten einen schwarzen Rand. Möchten Sie, dass der Film den kompletten Bildschirm füllt, tippen Sie auf das Symbol oben rechts ❹. Aber Vorsicht – dabei rutschen die Ränder rechts und links aus dem Bildschirm heraus und werden damit auch nicht angezeigt. Sie müssen sich also entscheiden: Entweder sehen Sie das komplette Bild, dann müssen Sie mit den schwarzen Rändern leben. Oder der Film füllt den kompletten Bildschirm, aber dann sehen Sie nicht alles.

Falls der Film in verschiedenen Sprachen vorliegt beziehungsweise Untertitel besitzt, wird unten rechts eine Sprechblase ❺ eingeblendet. Tippen Sie darauf, können Sie die gewünschte Sprache wählen.

Möchten Sie während des Films die Wiedergabe abbrechen, tippen Sie auf **Fertig** ❻. Sie gelangen daraufhin wieder in die Übersicht der gewählten Kategorie und können beispielsweise die Wiedergabe eines anderen Films starten.

Manchmal möchte man, während ein Film läuft, rasch etwas anderes tun, z. B. eine neue E-Mail lesen, etwas notieren oder im Internet nachschlagen. In diesem Fall können Sie den Film als Bild im Bild weiterlaufen lassen. Dabei wird die aktuelle Wiedergabe in einem kleinen Fenster eingeblendet und läuft unabhängig von dem, was Sie auf dem iPad tun, weiter. Um zu diesem Modus zu wechseln, tippen Sie rechts unten auf das kleine Bildschirmsymbol ❼ oder drücken einmal auf die Home-Taste. Der Film wird daraufhin verkleinert rechts unten in der Ecke wiedergegeben. Dieses verkleinerte Fenster bleibt jedoch immer im Vordergrund, rufen Sie also als Nächstes die Mail-App auf, wird diese den Film nicht überlagern.

Tippen Sie diese Miniatur an, erscheinen drei Symbole, über die Sie die Wiedergabe pausieren und beenden ❽ können oder die Möglichkeit haben, zur vollen Anzeige in der Videos-App zurückzukehren ❾.

Kapitel 14: Musik, Filme und Podcasts auf dem iPad genießen

> **Miniatur verschieben und vergrößern**
>
> Das, was Sie sehen wollen, steht just in der rechten unteren Ecke und wird vom Mini-Video überlagert? Kein Problem – Sie können die Miniatur mit dem Finger in eine andere Ecke verschieben. Sie können die Miniatur auch ein wenig vergrößern, indem Sie sie mit zwei Fingern aufziehen.

Musik und Videos aus der Cloud abspielen

Bislang bin ich davon ausgegangen, dass Sie Ihre Mediendateien – also Ihre Musik und Ihre Videos – physisch auf dem iPad gespeichert haben. Doch das muss nicht unbedingt so sein – vorausgesetzt, diese Inhalte haben Sie irgendwann einmal im iTunes Store gekauft.

Alle Videos und Musik, die Sie im iTunes Store gekauft haben, können Sie jederzeit direkt aus dem Store abrufen, ohne die Dateien auf Ihrem iPad speichern zu müssen. Dabei werden die Musik- und Filmdaten in Echtzeit via Internet an Ihr iPad geschickt und dort sofort wiedergegeben, ohne dass das iPad die Dateien zuvor speichern muss. Diesen Vorgang nennt man *Streaming*. Einzige Voraussetzung: Sie müssen auf Ihrem iPad unter **Einstellungen ▸ iTunes & App Store** mit der Apple-ID angemeldet sein, mit der Sie die Inhalte im Store gekauft haben. Ach ja – und natürlich muss das iPad online sein, schließlich bekommt es die Daten ja über das Internet geschickt.

Die Musik-App zeigt Ihre Einkäufe standardmäßig an, ganz so, als seien sie auf dem iPad vorhanden. Bei der Videos-App müssen Sie die Anzeige unter Umständen zuerst unter **Einstellungen ▸ Videos** mit dem Schalter **iTunes-Käufe anzeigen** aktivieren.

Nun sehen Sie nicht nur in der Musik-, sondern auch in der Videos-App sowohl die Medien, die lokal auf dem iPad gespeichert sind, als auch alle

Musik und Videos aus der Cloud abspielen

Alben und Filme, die Sie im iTunes Store gekauft haben. Diese Medien können Sie wie gewohnt starten, und Sie werden – bis auf eine kurze Wartezeit zu Beginn – keinen Unterschied zwischen der Wiedergabe von lokalen Medien und solchen, die via Internet gestreamt werden, feststellen (vorausgesetzt natürlich, Ihre Internetanbindung ist hinreichend stabil und schnell).

Bleibt die Frage, wie Sie die verschiedenen Medien unterscheiden können, also wie Sie wissen, welche Alben und Videos auf dem iPad gespeichert sind und welche nicht. Diese Frage spielt keine große Rolle, wenn Sie im WLAN sind, wohl aber, wenn Sie mit dem iPad über eine Mobilfunkverbindung auf das Internet zugreifen. Denn in diesem Fall belastet der Datentransport via Internet natürlich Ihr Datenkontingent bei Ihrem Mobilfunkanbieter.

▲ Am Wolkensymbol erkennen Sie in der Videos-App Filme, die nicht als Datei auf Ihrem iPad liegen.

In der Videos-App ist die Sache ganz einfach. Hier werden alle Filme und TV-Serien, die via Internet abgespielt werden, mit einem Wolkensymbol ❷ markiert.

In der Musik-App sehen Sie jedoch nicht immer, ob die Musik nun auf dem iPad vorhanden ist oder erst aus der Apple-Datenwolke geladen wird – in der Alben-Ansicht macht die Musik-App hier keinen Unterschied. Sie können sich allerdings über das **Mediathek**-Menü nur die geladene Musik anzeigen lassen.

Erst wenn Sie ein Album mit einem Fingertipp öffnen, zeigt Ihnen ein rotes Wolkensymbol, dass der Titel oder das ganze Album bei der Wiedergabe gestreamt wird.

Natürlich können Sie auch auf dem iPad Ihre gekauften Medien jederzeit erneut aus der Datenwolke von Apple laden.

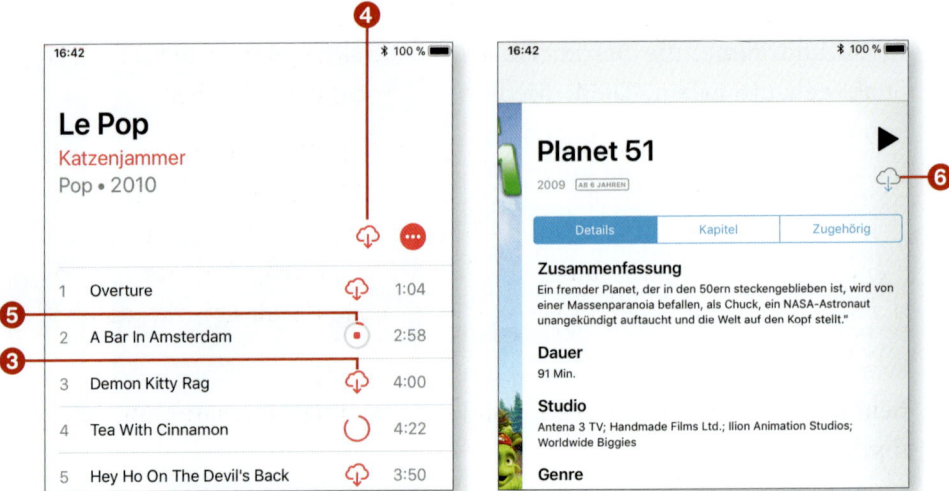

So können Sie etwa unterwegs oder im Urlaub, im WLAN Ihres Hotels etwa, die gewünschten Filme und Musik laden und lokal speichern und dann später, wenn Sie nicht mehr im WLAN sind, jederzeit auf Ihrem iPad wiedergeben.

Dazu tippen Sie auf das Wolkensymbol mit dem Pfeil. Sie können einzelne Songs ❸, aber auch das ganze Album ❹ laden. Während des Downloads sehen Sie einen sich allmählich füllenden Kreis ❺. Bei Filmen ist dieses Download-Symbol auch vorhanden, aber etwas dezenter ❻.

Musik und Videos vom iPad löschen

So schön und praktisch es auch ist, Filme und Musik auf dem iPad dabeizuhaben – die Sache hat doch einen Haken: Die Dateien verbrauchen enorm viel Platz. Ein normales Musikalbum belegt um die 100 MByte, die Folge einer Serie kommt schon bei normaler Auflösung problemlos auf rund 700 MByte, in HD-Qualität kommen hier rasch 2 GByte zusammen. Bei Filmen ist der Platzbedarf natürlich am größten. Hier erreichen Sie bei modernen Kinofilmen durchaus um die 5 GByte. Kurz: Selbst wenn Sie nur eine Handvoll Filme und Musik auf Ihrem iPad dabeihaben, bekommen Sie schnell ein Platzproblem.

Musik und Videos vom iPad löschen

Da hilft nur eins: Sie müssen sich von den Inhalten, die Sie aktuell nicht benötigen, trennen – also Musik, TV-Folgen und Filme löschen.

Dabei gibt es zwei verschiedene Möglichkeiten. Zum einen lassen sich Inhalte direkt in den beiden Apps Musik und Videos löschen. Zum anderen geht das auch in den Einstellungen. Das ist zwar ein wenig umständlicher, aber dafür erfahren Sie dort auch, wie groß die Dateien sind, die Sie löschen möchten. So können Sie abschätzen, ob sich die geplante Löschaktion überhaupt lohnt.

Schauen wir uns zuerst einmal das Löschen in den Apps an. Ein Video löschen Sie folgendermaßen.

1. In der Videos-App tippen Sie dazu oben rechts auf **Bearbeiten**. Daraufhin erscheint an allen Filmen und Sendungen ein kleines × ❶, tippen Sie darauf, wird der Titel nach einer Sicherheitsabfrage gelöscht.

Staffel 5

2. Möchten Sie nicht die komplette Serie, sondern nur eine Folge löschen, lassen Sie sich mit einem Tipp auf das Serien-Cover die Folgen einblenden, streichen die entsprechende Folge von rechts nach links durch und tippen dann auf **Löschen** ❷.

Um Musik vom iPad zu löschen, gibt es mehrere Möglichkeiten. Am schnellsten geht es, wenn Sie ein zu löschendes Album berühren und halten. Es wird ein Kontextmenü eingeblendet, in dem Sie **Entfernen** wählen (es kann auch sein, dass dieser Befehl hier **Aus Mediathek löschen** heißt).

Nach einer Sicherheitsabfrage können Sie anschließend die geladenen Dateien löschen. Was mit einem Album geht, geht auch mit einzelnen Titeln. Auch hier berühren und halten Sie den entsprechenden Titel, wählen **Aus Mediathek löschen** und bestätigen mit **Titel löschen**.

Die Löschaktion in den Apps ist zwar bequem, hat aber einen kleinen Nachteil: Sie wissen nicht, wie groß die Dateien sind, die Sie löschen, und also auch nicht, ob sich die Löschaktion überhaupt lohnt und hinreichend Platz frei wird. Möchten Sie gezielt besonders große Dateien löschen, führt der Weg über die Einstellungen. Wählen Sie **Einstellungen ▸ Allgemein ▸ iPad Speicher**.

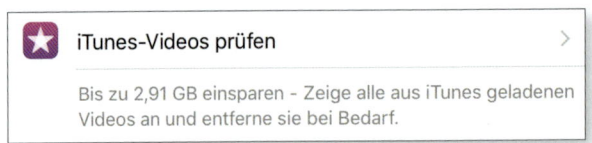

Für Videos gibt es hier einen eigenen Punkt **iTunes-Videos prüfen**. Tippen Sie darauf, werden Ihnen alle Videos aufgelistet, die derzeit auf Ihrem iPad gespeichert sind (trotz des Namens sehen Sie hier übrigens auch Ihre eigenen Videos, die Sie nicht aus iTunes geladen haben). Ein Video löschen Sie, indem Sie es von rechts nach links durchstreichen und mit **Löschen** bestätigen.

⌃ *Die Liste aller Apps ist nach Speicherbelegung sortiert.*

Podcasts auf das iPad laden und wiedergeben

Unterhalb von **iTunes-Videos prüfen** sehen Sie eine Liste ❸ aller Apps und deren Speicherbedarf. Die Liste ist nach Speicherbelegung sortiert.

Um Musik zu löschen, wählen Sie den entsprechenden Eintrag aus der Liste aus. Sie sehen nun eine alphabetisch nach Künstlern sortierte Liste der Musik, die auf dem iPad als Datei vorhanden ist.

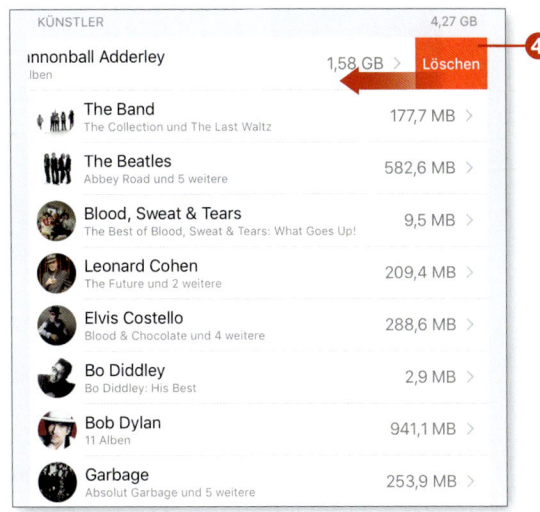

Möchten Sie alle Alben eines Künstlers löschen, streichen Sie den Eintrag von rechts nach links durch und bestätigen mit **Löschen** ❹. Sollen nur einzelne Alben gelöscht werden, tippen Sie den Eintrag des Künstlers an. Nun sehen Sie alle Alben des Künstlers und können gezielt löschen.

Podcasts auf das iPad laden und wiedergeben

Podcasts sind Audio- und Videodateien, die Sie automatisch aus dem Internet laden und auf dem iPad hören beziehungsweise sehen können. So stellen etwa fast alle Rundfunksender ihre Beiträge nach der Ausstrahlung als Podcast bereit, sodass Sie eine Sendung auch nachträglich hören können, wenn Sie sie im Radio verpasst haben sollten. Podcasts lassen sich einzeln laden, aber auch abonnieren, sodass neue Folgen automatisch geladen werden und Sie keine Folge verpassen. Mit der Podcasts-App auf Ihrem iPad haben Sie Zugriff auf Apples riesiges – und vollständig kostenloses – Podcast-Angebot. Beim ersten Start fragt die App nach, ob Sie die Synchronisation aktivieren möchten. In diesem Fall werden Podcasts, die Sie auf Ihrem Computer in iTunes abonniert haben, automatisch in der Podcasts-App geladen.

⋀ *Podcasts verwalten Sie auf dem iPad mit der Podcasts-App.*

Die Auswahl eines Podcasts ist einfach. Möchten Sie im Angebot stöbern, tippen Sie in der Fußzeile der App auf das Register **Entdecken** ❶ (auf Seite 274). Haben Sie ein konkretes Thema im Sinn, wählen Sie **Suchen** ❷.

Kapitel 14: Musik, Filme und Podcasts auf dem iPad genießen

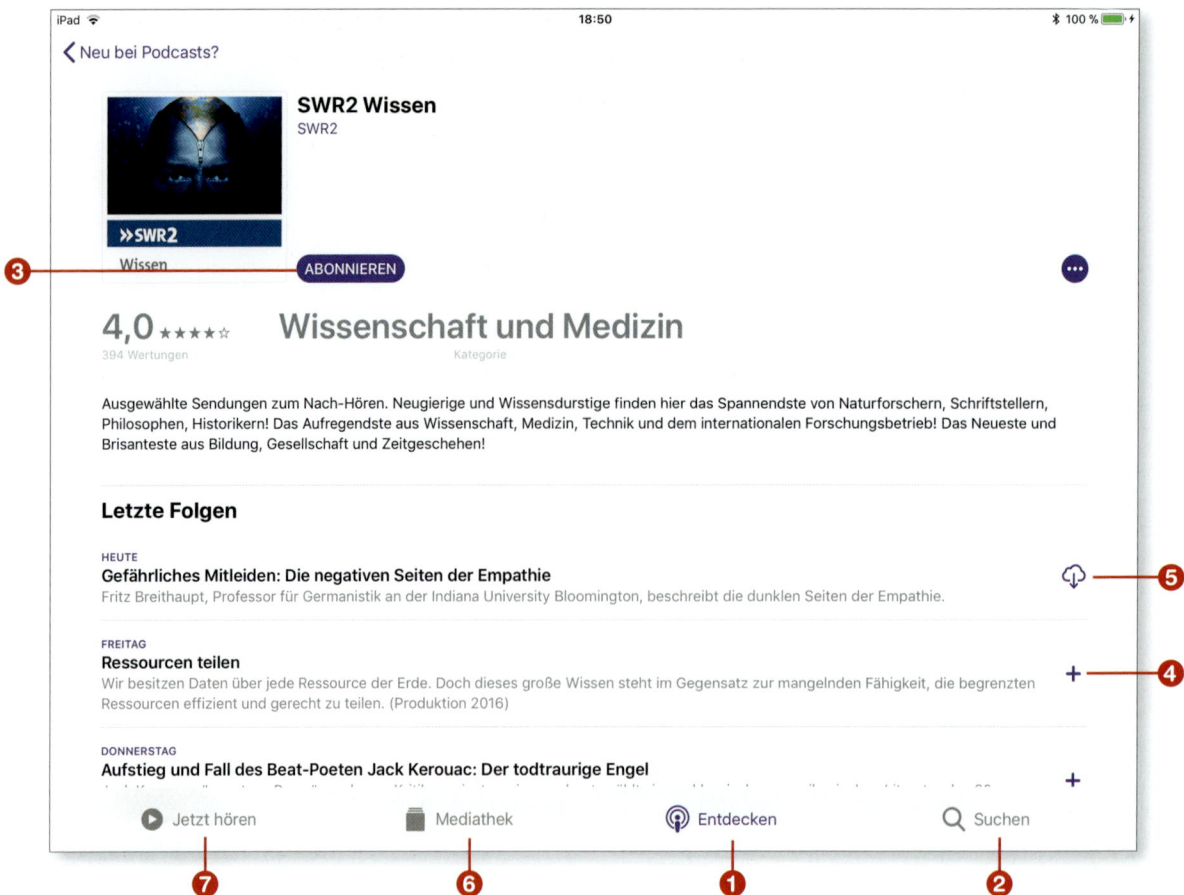

▲ Mit der Podcasts-App haben Sie Zugriff auf das größte Podcast-Angebot der Welt.

Tippen Sie das Titelbild des Podcasts an, um mehr Informationen zu einem Podcast und die einzelnen Folgen angezeigt zu bekommen. Mit einem Tipp auf **Abonnieren** ❸ verpassen Sie in Zukunft keine Folge mehr, tippen Sie auf das Pluszeichen ❹, wird die entsprechende Folge Ihren Podcasts hinzugefügt (aber noch nicht geladen), ohne den kompletten Podcast zu abonnieren. Hinzugefügte, aber noch nicht geladene Folgen erkennen Sie am Wolkensymbol ❺, tippen Sie darauf, wird die Folge geladen.

Ihre Podcasts erreichen Sie mit einem Tipp auf **Mediathek** ❻. Unter **Jetzt hören** ❼ werden die aktuellen Folgen Ihrer Podcasts aufgeführt.

Wählen Sie hier den gewünschten Podcast, und tippen Sie die Folge an, die Sie hören möchten. Die Wiedergabe eines Podcasts unterscheidet sich nicht von der Wiedergabe von Musik, aber es gibt eine kleine Be-

Podcasts auf das iPad laden und wiedergeben

sonderheit: den **Ruhezustandstimer** 8. Damit legen Sie fest, dass sich die Podcasts-App nach einem bestimmten Zeitraum oder nach der aktuellen Folge automatisch beendet und das iPad zum Home-Bildschirm zurückkehrt. Da das iPad üblicherweise nach ein paar Minuten Untätigkeit automatisch in den Standby-Modus geht, können Sie Ihre Podcasts mit dem Ruhezustandstimer abends vor dem Einschlafen hören, ohne sich sorgen zu müssen, dass Sie einschlafen und das iPad die ganze Nacht Podcasts abspielt.

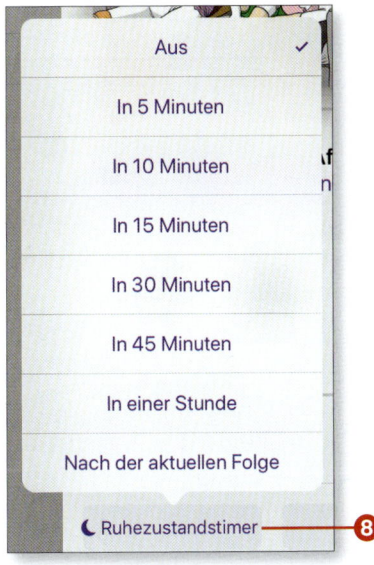

Um die Aktualisierung und Verwaltung der Podcasts kümmert sich das iPad selbst. Standardmäßig sucht es einmal in der Stunde nach neuen Folgen, lädt sie und löscht nach einem Tag automatisch die Folgen, die Sie bereits gehört haben (möchten Sie die Folge noch einmal hören, laden Sie sie einfach erneut). Möchten Sie das lieber selbst in die Hand nehmen, wählen Sie **Einstellungen ▶ Podcasts** und treffen im Abschnitt **Folgen-Downloads** 9 Ihre Entscheidungen.

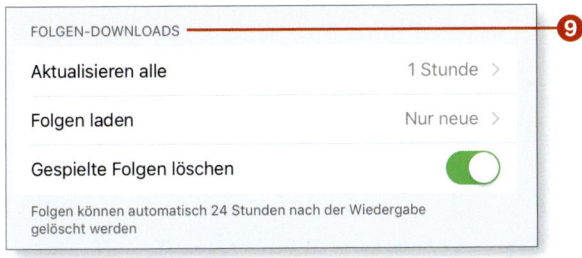

275

Kapitel 14: Musik, Filme und Podcasts auf dem iPad genießen

Um das Abo eines Podcasts zu beenden, tippen Sie in die **Mediathek** ❿ auf den entsprechenden Podcast und wählen die **Mehr**-Taste ⓫ (die drei Punkte). Hier können Sie nun das **Abo beenden** ⓬.

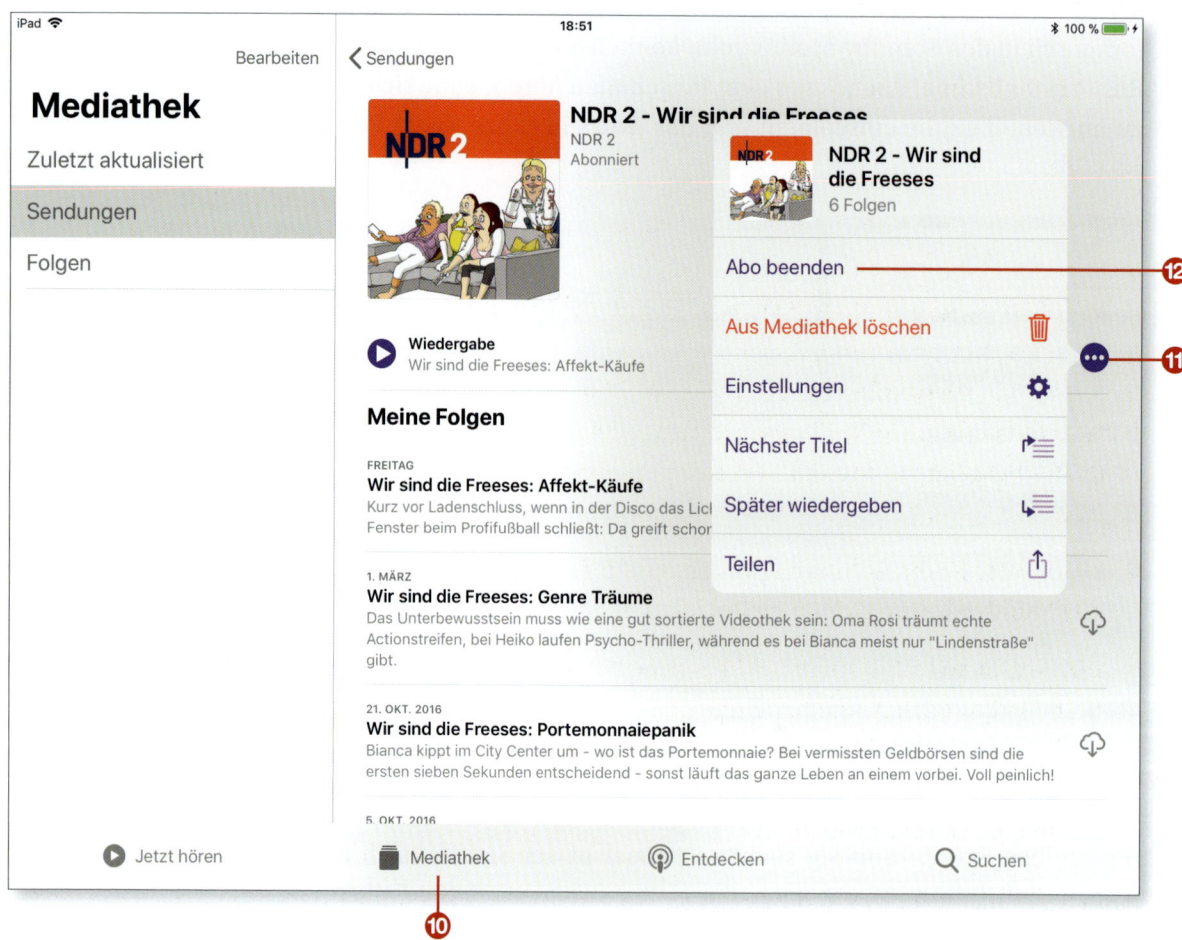

Kapitel 15
E-Books und Hörbücher mit iBooks

Das iPad ist nicht nur ein hervorragender Medienplayer, wie Sie im vorherigen Kapitel erfahren haben, sondern eignet sich auch als E-Book-Reader. Dazu verwenden Sie die vorinstallierte App iBooks. Mit der App können Sie elektronische Bücher auf dem iPad lesen (und Hörbücher hören). Das Programm unterstützt die beiden folgenden populären Formate, in denen E-Books und Dokumente üblicherweise vorliegen:

- *ePub* – dies ist die Abkürzung für *Electronic Publication* und beschreibt das Standardformat vieler elektronischer Bücher.

- *PDF* – dies steht für *Portable Document Format* und bezeichnet einen Standard, mit dem sich beliebige Layouts problemlos auf den unterschiedlichsten Geräten anzeigen lassen. Ganz gleich, ob Sie ein PDF-Dokument auf Ihrem Computer oder Ihrem iPad betrachten – es wird auf beiden Geräten gleich aussehen.

Außerdem bietet iBooks den Zugang zu Apples digitaler Buchhandlung, dem *iBooks Store*.

∧ *Lesen Sie E-Books mit iBooks. Die App ist auch für Ihre Hörbücher da.*

> **Bücher und PDF-Dokumente zu iBooks hinzufügen**
>
> Neben der Möglichkeit, Ihre elektronischen Bücher via iTunes oder iCloud zwischen allen Geräten synchron zu halten (lesen Sie dazu »Das iPad synchronisieren« ab Seite 65), gibt es noch zwei weitere Möglichkeiten, Bücher zu iBooks hinzuzufügen: Sie können Bücher im iBooks Store kaufen (mehr dazu in Kapitel 16, »Neue Inhalte für Ihr iPad«), oder Sie schicken Inhalte über **Teilen** an iBooks, etwa ePub-Dateien von Webseiten oder Dateien, die Sie in der *Dateien*-App verwalten (mehr zu dieser Funktion im Abschnitt »Inhalte teilen und drucken« ab Seite 62).

Kapitel 15: E-Books und Hörbücher mit iBooks

Die Ansichten

Die App iBooks stellt Ihre E-Books in zwei unterschiedlichen Ansichten dar, zwischen denen Sie mit einem Tipp auf das Listensymbol oben links wechseln. Standardmäßig zeigt Ihnen iBooks die Cover der Bücher in der Regalansicht. Die Reihenfolge der Bücher legen Sie fest, indem Sie ein Cover berühren und halten und dann an die gewünschte Position ziehen. Das funktioniert allerdings nicht in der Sammlung **Alle Bücher**, hier steht immer das zuletzt geöffnete Buch an erster Stelle (mehr zu den Sammlungen lesen Sie im Abschnitt »Bücher in Sammlungen verwalten« ab Seite 284). Welche Sammlung aktuell angezeigt wird, erkennen Sie in der Titelzeile ❶.

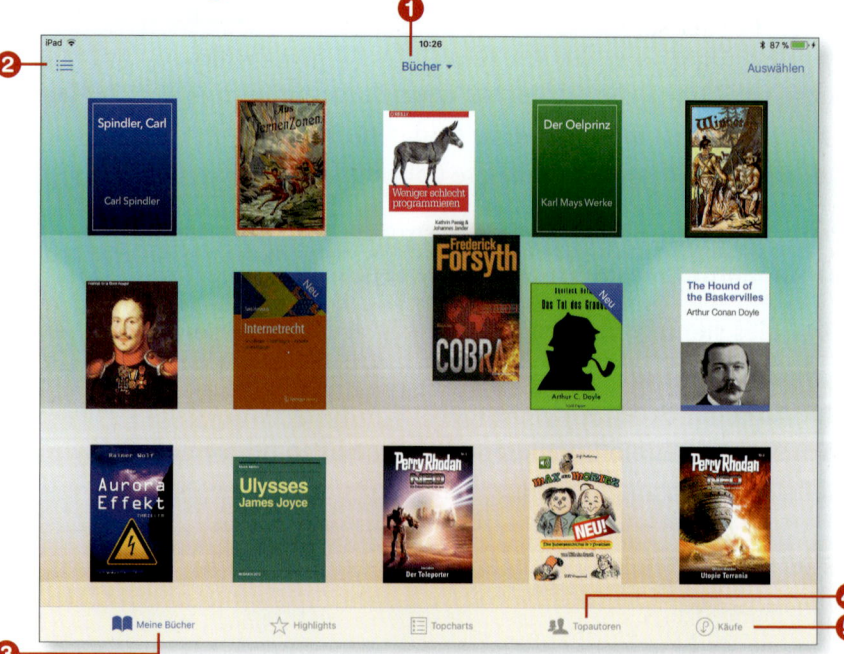

> In der Standardansicht stellt Ihnen iBooks Ihre Bücher in einem virtuellen Regal dar.

Tippen Sie auf das Listensymbol ❷, wechseln Sie zur Listenansicht, in der die Bücher entweder in der Reihenfolge der Regalansicht aufgeführt oder nach **Titel**, **Autor** oder **Kategorie** sortiert werden.

Unten sehen Sie eine Leiste mit fünf Einträgen. Über **Meine Bücher** ❸ gelangen Sie immer zu Ihrer Bibliothek, die Einträge **Highlights**, **Topcharts** und **Topautoren** ❹ bringt Sie zum iBooks Store und über **Käufe** ❺ haben Sie Zugriff auf alle im Store gekauften Bücher, die Sie von hier jederzeit auf Ihr iPad laden können.

Bücher aus iCloud anzeigen

Wenn Sie Bücher im iBooks Store gekauft haben oder Ihre Bücher via iCloud verwalten, dann haben Sie vermutlich nicht sämtliche Bücher als Datei auf Ihrem iPad, sondern ein Teil wird Ihnen als Download via iCloud zur Verfügung stehen.

Standardmäßig blendet iBooks alle Ihre Bücher ein, ganz gleich, ob sie als Datei auf dem iPad vorhanden sind oder erst noch aus iCloud geladen werden müssen. Diese Bücher erkennen Sie am Wolkensymbol ❶, das am Titel eingeblendet wird.

Wenn Sie sehr viele Bücher in der iCloud haben, dann kann die Anzeige sämtlicher Bücher sehr schnell sehr unübersichtlich werden. In diesem Fall tippen Sie in der Titelzeile auf den Namen der aktuellen Sammlung (hier z. B. **Alle Bücher** ❷) und aktivieren hier den Schalter **iCloud-Bücher ausblenden** ❸.

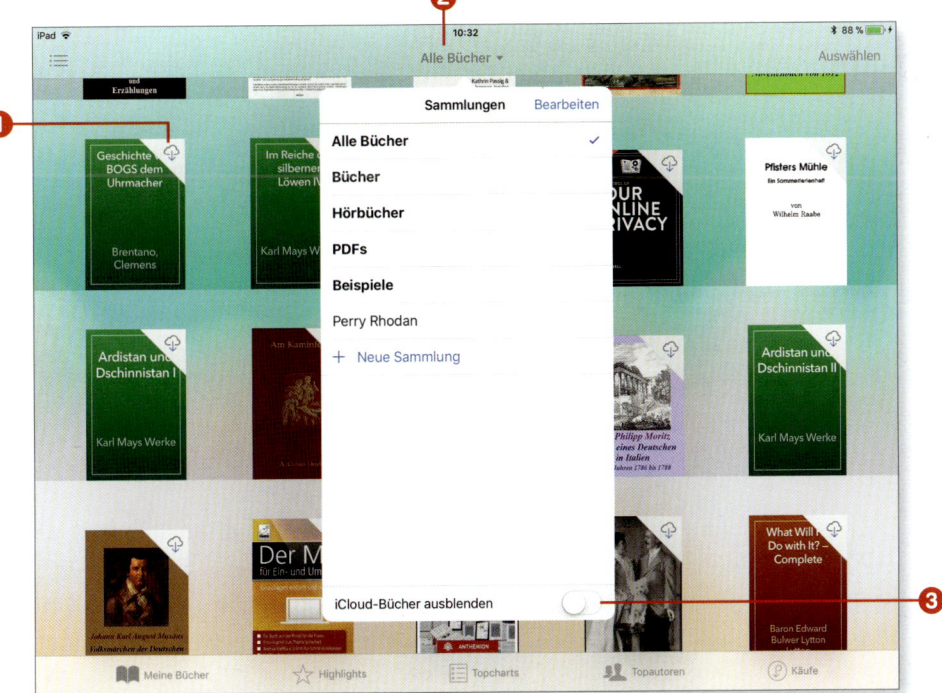

⋀ Bücher, die bei iCloud gespeichert sind, lassen sich ein- und ausblenden.

Ein E-Book lesen

Um ein E-Book in iBooks zu öffnen, wechseln Sie in iBooks zum Register **Meine Bücher** und tippen das gewünschte Buch an. Falls das Buch sich noch nicht als Datei auf Ihrem iPad befindet, wird es aus iCloud heruntergeladen und geöffnet.

Geblättert wird fast wie in einem realen Buch. Ziehen Sie mit dem Finger eine Seite nach links oder rechts, wird sie in einer Animation umgeblättert. Sie können auch einfach auf den linken oder rechten Rand einer Seite tippen, um zurück- oder vorzublättern.

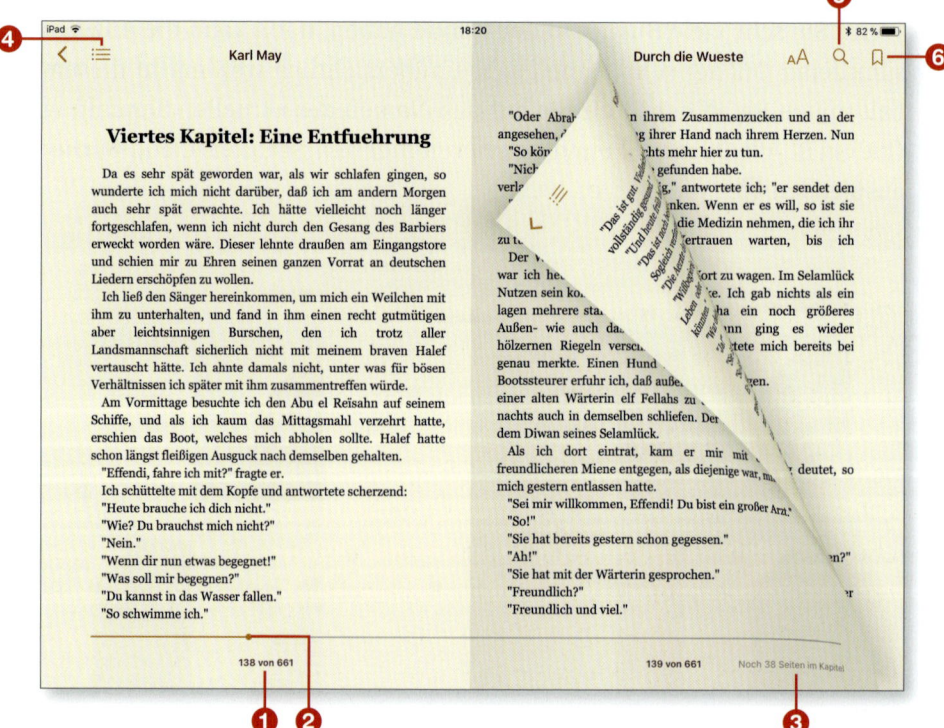

> In iBooks lesen Sie fast wie in einem richtigen Buch.

Tippen Sie einmal in die Mitte der Seite, wird oben und unten eine Menüleiste ein- beziehungsweise ausgeblendet. In der unteren Zeile erfahren Sie, wo Sie sich aktuell befinden und wie viele Seiten das Buch insgesamt hat ❶, über den Schieberegler können Sie sich durchs Buch bewegen ❷. Möchten Sie wissen, ob es sich lohnt, vor dem Einschlafen das Kapitel zu Ende zu lesen, werfen Sie einen Blick auf die Seiten, die in diesem Kapitel noch vor Ihnen liegen ❸.

Ein E-Book lesen

Über das Listensymbol ❹ rufen Sie das Inhaltsverzeichnis auf. Von hier aus haben Sie auch Zugriff auf Ihre Lesezeichen und Notizen.

Tippen Sie auf das Lupensymbol ❺, um die Suchfunktion zu aktivieren und das aktuelle Buch nach beliebigen Stichwörtern zu durchforsten.

Mit einem Tipp auf das Lesezeichensymbol ❻ markieren Sie die aktuelle Position im Buch. Sie können beliebig viele Lesezeichen setzen, die über das Inhaltsverzeichnis erreichbar sind. Die App merkt sich außerdem beim Verlassen die aktuelle Position in Ihren Büchern, sodass Sie beim erneuten Aufrufen gleich wieder dort weiterlesen, wo Sie aufgehört haben.

> **Schnelles Lesezeichen**
>
> Wenn Sie nur ein Lesezeichen setzen möchten, müssen Sie nicht erst mit einem Tipp in die Bildschirmmitte das Menü aufrufen. Tippen Sie dazu einfach oben rechts in die Ecke – das Lesezeichen wird gesetzt und mit einem weiteren Tipp in die Ecke wieder entfernt.

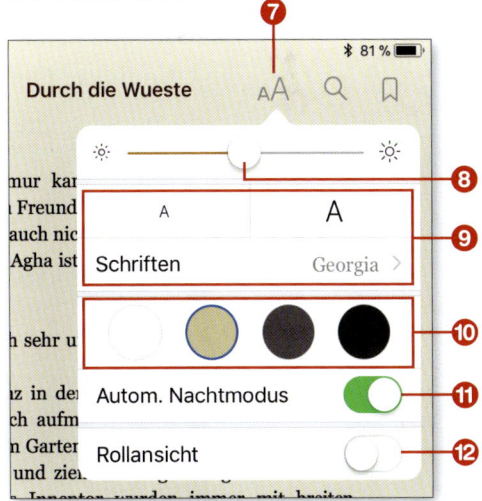

Mit einem Tipp auf das Buchstabensymbol ❼ können Sie Helligkeit ❽, Schriftgröße und Schrift ❾ und Hintergrundfarbe ❿ ändern. Aktivieren Sie den Schalter **Autom. Nachtmodus** ⓫, wechselt die App je nach Lichtverhältnissen automatisch in den Nachtmodus, bei dem die Schrift weiß auf schwarzem Hintergrund dargestellt wird. Aktivieren Sie die **Rollansicht** ⓬, wird das Buch nicht mehr seitenweise, sondern – wie in einer Textverarbeitung oder eine Webseite – als langes Dokument dargestellt, durch das Sie mit vertikalen Wischbewegungen scrollen.

Tippen Sie auf den Pfeil nach links ⓭, verlassen Sie das aktuelle Buch und kehren zur Bibliothek von iBooks zurück.

Sie kennen nun also die grundlegende Funktionsweise der iBooks-App, aber darüber hinaus bietet die App noch eine weitere praktische Option für den Umgang mit Buchtexten.

Kapitel 15: E-Books und Hörbücher mit iBooks

Markierungen, Notizen, Suche

In einem gedruckten Buch können Sie an wichtigen Stellen Lesezeichen einlegen oder beliebige Textstellen unterstreichen und Notizen an den Rand kritzeln. Das geht auch bei iBooks.

Um eine Passage farbig zu markieren, berühren und halten Sie den Bildschirm am Beginn der gewünschten Stelle. Ziehen Sie nun den Finger ans Ende der Passage, wird der komplette Bereich farbig markiert ❶. Tippen Sie eine so markierte Stelle an, erscheint ein kleines Menü, über das Sie die Farbe der Markierung ❷ ändern beziehungsweise in eine Unterstreichung verwandeln oder eine Notiz ❸ anbringen können.

Falls Sie ein Buch ohne Kopierschutz geöffnet haben, erscheint hier auch die **Teilen**-Schaltfläche ❹, über die Sie die markierte Passage an andere Apps – etwa die Notizen – durchreichen können. Ein Tipp auf den Pfeil ❺ öffnet ein weiteres Kontextmenü, in dem Sie etwa nach der markierten Passage im gesamten Buch suchen können. So finden Sie rasch alle Stellen im Buch, bei denen ein bestimmter Begriff auftaucht.

Mit einem Tipp auf das Papierkorbsymbol ❻ löschen Sie die Markierung.

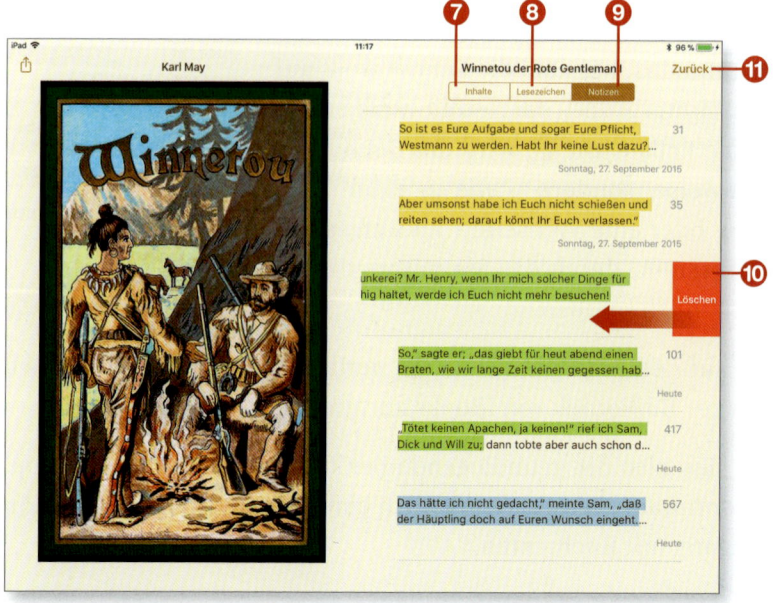

> Sie können in einem E-Book Notizen, Lesezeichen und Markierungen einfügen – und natürlich auch wieder löschen.

Möchten Sie Ihre Lesezeichen, Markierungen oder Notizen im Buch einsehen, tippen Sie in der Leseansicht auf das Listensymbol oben links. Sie gelangen nun zum Inhaltsverzeichnis des Buches (**Inhalte** ❼). Tippen Sie hier auf das Register **Lesezeichen** ❽, um die gesetzten Lesezeichen aufzurufen (und gegebenenfalls wieder zu löschen). Ihre Markierungen und Notizen sind ebenfalls über das Inhaltsverzeichnis zu erreichen. Tippen Sie dazu auf das Register **Notizen** ❾. Um eine Markierung oder Notiz zu löschen, streichen Sie sie im Inhaltsverzeichnis von rechts nach links durch und tippen auf die Schaltfläche **Löschen** ❿. Mit **Zurück** ⓫ gelangen Sie wieder zur Ihrer Lektüre.

PDF-Dateien in iBooks

PDF-Dateien werden ebenfalls wie E-Books mit einem Fingertipp geöffnet. Mit einem Fingertipp in die Mitte des Bildschirms blenden Sie auch hier oben und unten eine Menüleiste ein. Unten sehen Sie Miniaturen der einzelnen Seiten ❶, oben die Symbole für Markierungen ❷ (das entsprechende Werkzeug stelle ich Ihnen im Abschnitt »Die Markierungen« ab Seite 87 vor), Suche ❸ und Lesezeichen ❹.

‹ PDF-Dateien zeigt iBooks problemlos an und erlaubt es auch, Notizen und Markierungen in der Datei anzubringen.

Mit einem Tipp auf das Listensymbol ❺ (auf Seite 283) wechseln Sie zur Übersicht des Dokuments, in der Ihnen alle Seiten verkleinert angezeigt werden. Mit einem Tipp auf das Lesezeichen filtern Sie ein umfangreiches Dokument und sehen nur noch die Seiten, die Sie mit einem Lesezeichen markiert haben. Über das **Teilen**-Symbol ❻ können Sie die Datei an andere Apps weiterreichen. Tippen Sie auf **Zurück** ❼, um zur Leseansicht zurückzukehren.

Bücher in Sammlungen verwalten

Sämtliche Inhalte in iBooks – ganz gleich, ob ePub, PDF oder Hörbuch –, werden in Sammlungen verwaltet, die Sie sich wie Alben in der Fotos-App vorstellen können.

Von Haus aus legt iBooks vier Sammlungen an. In **Alle Bücher** werden, wie der Name schon sagt, sämtliche Inhalte aufgeführt. In der Sammlung **Bücher** finden Sie die ePub-Dateien, PDF-Dokumente und Hörbücher finden Sie entsprechend unter **PDFs** beziehungsweise **Hörbücher**. Zudem gibt es die Sammlung **Beispiele**, in der iBooks Leseproben einsortiert, die Sie aus dem iBooks Store geladen haben.

In der Mitte der oberen Menüleiste von iBooks sehen Sie, welche Sammlung aktuell angezeigt wird. Beim ersten Start sehen Sie hier die Sammlung **Alle Bücher**.

> ➕ **Bibliothek durchsuchen**
>
> Ziehen Sie in der Bibliothek den Bildschirm nach unten, erscheint ein Feld **Suchen**. Damit können Sie Ihre Bibliothek durchstöbern. Die Suchfunktion berücksichtigt dabei Titel und Autor, nicht aber den Inhalt eines Buches. Eine Volltextsuche in Ihrer gesamten Bibliothek ist also nicht möglich.

Um die Sammlung zu wechseln, tippen Sie in der oberen Menüleiste auf den aktuell angezeigten Namen der Sammlung ❶ und wählen eine andere Sammlung aus dem eingeblendeten Menü ❷ aus.

Bücher in Sammlungen verwalten

Die drei Standardsammlungen **Bücher**, **Hörbücher** und **PDFs** sind natürlich etwas grobmaschig und werden schon bei wenigen Büchern in Ihrer Bibliothek unübersichtlich. Doch das macht nichts, Sie können nämlich eigene Sammlungen in iBooks nach Ihren Vorstellungen anlegen.

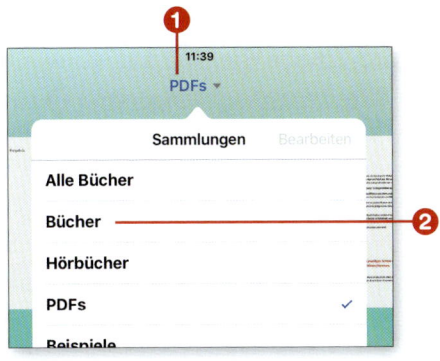

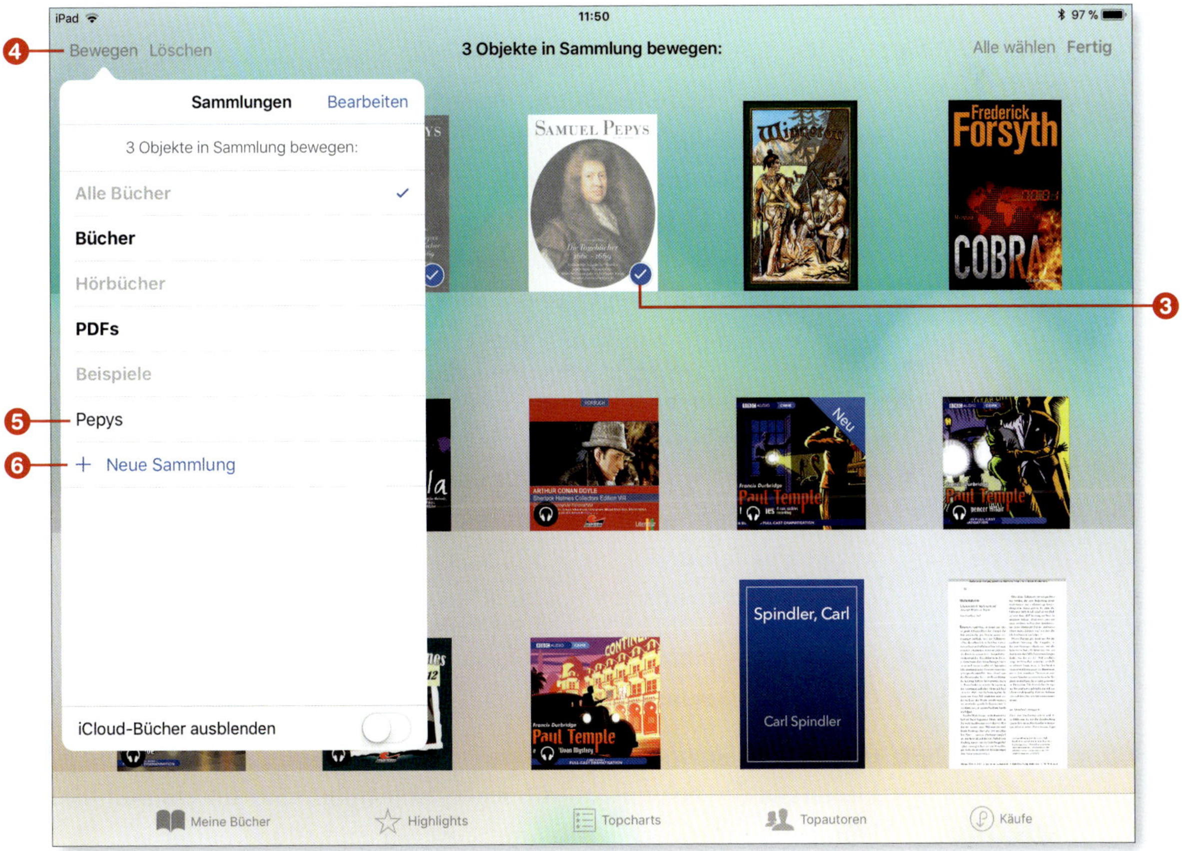

▲ *Eigene Sammlungen sorgen für mehr Übersicht in Ihrer Bibliothek.*

1. Um bestimmte Bücher einer Sammlung hinzuzufügen, lassen Sie sich am einfachsten alle Bücher anzeigen. Tippen Sie dazu in der Titelzeile auf den Namen der aktuellen Sammlung, und wählen Sie **Alle Bücher**.

2. Tippen Sie nun auf **Auswählen**, und markieren Sie die gewünschten Titel mit einem Fingertipp ❸ (auf Seite 285).

3. Wählen Sie **Bewegen** ❹. Sie können nun die markierten Titel einer bereits bestehenden Sammlung hinzufügen ❺ oder mit einem Tipp auf **Neue Sammlung** ❻ eine neue Sammlung anlegen, in die Sie anschließend die markierten Bücher hinzufügen.

Die Sammlungen lassen sich jederzeit bearbeiten:

- *Sammlung löschen*: Lassen Sie sich die Liste aller Sammlungen anzeigen, streichen Sie die entsprechende Sammlung mit dem Finger von rechts nach links durch, und tippen Sie auf **Löschen**. Mit **Nur Sammlung löschen** ❼ bleiben die Bücher auf Ihrem iPad erhalten, mit **Sammlung und Inhalt löschen** ❽ verschwindet die Sammlung samt aller in ihr enthaltenen Bücher von Ihrem iPad.

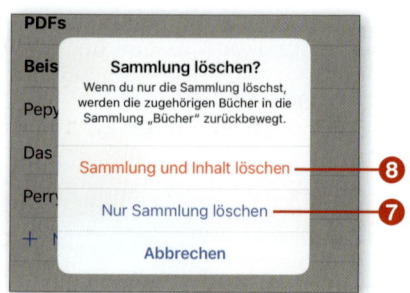

- *Sammlungen ordnen*: Die Sammlungen werden in der Reihenfolge sortiert, in der Sie sie angelegt haben. Um das zu ändern, tippen Sie auf **Bearbeiten** und schieben die Sammlungen über die Griffmarkierung an die gewünschte Position.

- *Sammlungen umbenennen*: Tippen Sie auf **Bearbeiten** und anschließend auf den Namen der Sammlung, die Sie umbenennen möchten.

- *Bücher aus Sammlungen entfernen*: Tippen Sie auf **Auswählen**, markieren Sie die gewünschten Bücher, und tippen Sie auf **Löschen**. Sie können die markierten Titel nun aus der Sammlung entfernen oder komplett vom iPad löschen.

- *Bücher in andere Sammlungen verschieben*: Tippen Sie auf **Auswählen**, markieren Sie die entsprechenden Titel mit Fingertipp, und wählen Sie **Bewegen**.

Hörbücher mit dem iPad hören

Die iBooks-App ist nicht nur für E-Books zuständig, sondern auch für Hörbücher. Hörbücher gelangen prinzipiell genauso aufs iPad wie E-Books auch. Die Wiedergabe von Hörbüchern unterscheidet sich nicht von der Wiedergabe von Musik, die ich Ihnen in Kapitel 14, »Musik, Filme und Podcasts auf dem iPad genießen«, vorgestellt habe. Es gibt jedoch einige kleine Besonderheiten.

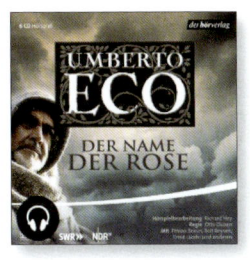

↑ *Hörbücher erkennen Sie an dem Kopfhörersymbol unten links im Cover.*

1. Öffnen Sie ein Hörbuch, startet die Wiedergabe sofort. Sie sollten also schon Ihren Kopfhörer aufgesetzt haben und bereit sein, bevor Sie ein Hörbuch öffnen.

2. Ein Tipp auf das Listensymbol ❶ oben rechts öffnet ein Inhaltsverzeichnis des aktuellen Hörbuches. Mit einem Tipp auf einen Menüeintrag ❷ springen Sie zum gewählten Kapitel.

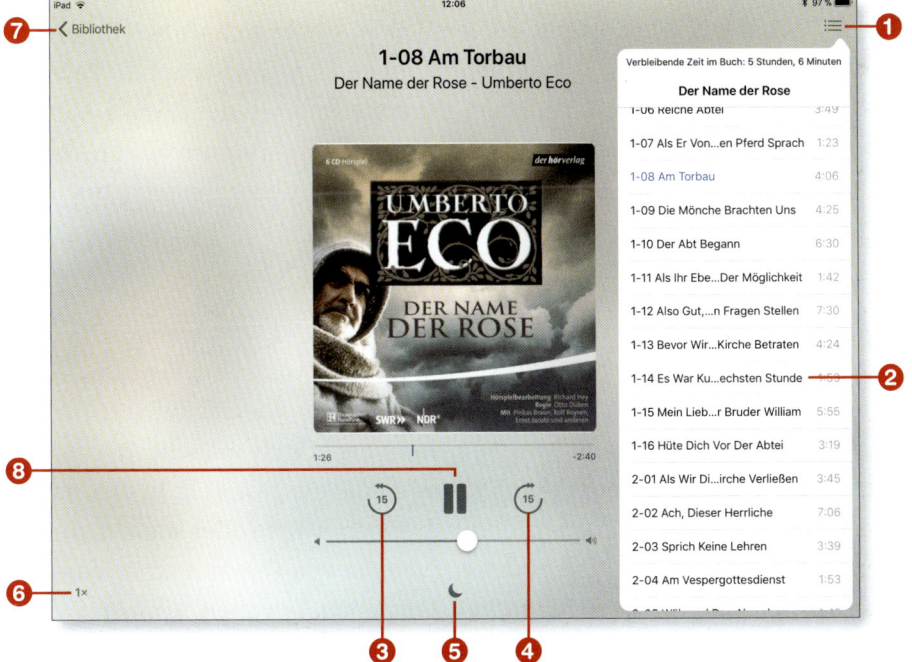

3. Falls Sie im aktuellen Kapitel zurück- oder vorwärtsspringen möchten, bringt Sie ein Tipp auf die entsprechenden Tasten 15 Sekunden zurück ❸ beziehungsweise vorwärts ❹. Alternativ dazu können Sie auch horizontal über das Cover wischen.

4. Unten in der Mitte sehen Sie eine Mondsichel ❺ (Seite 287), über die Sie den **Ruhezustandstimer** aktivieren. Standardmäßig ist dieser ausgeschaltet. Tippen Sie auf die Mondsichel, können Sie festlegen, dass die Wiedergabe des Hörbuches nach einer bestimmten Dauer automatisch beendet werden soll und das iPad in den Ruhezustand geht. So können Sie entspannt beim Einschlafen ein Hörbuch oder Hörspiel hören und müssen keine Angst haben, dass die Wiedergabe die ganze Nacht über fortgesetzt wird und die Akkuleistung des iPads ungewollt minimiert.

5. Die Ziffer links unten ❻ gibt die Wiedergabegeschwindigkeit an. Mit jedem Tipp ändert sich die Geschwindigkeit zwischen **0,75×** und **2×**.

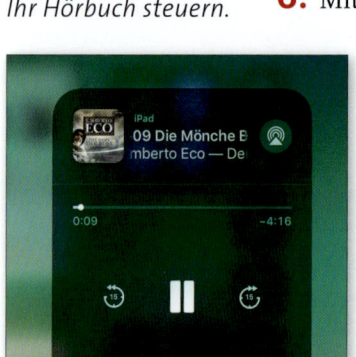

▽ *Im Kontrollzentrum können Sie Ihr Hörbuch steuern.*

6. Mit einem Tipp auf die Pfeiltaste oben links ❼ verlassen Sie das Hörbuch, beenden aber nicht die Wiedergabe.

7. Verlassen Sie die iBooks-App über die Home-Taste oder versetzen das iPad mit einem Druck auf die Standby-Taste in den Ruhezustand, wird die Wiedergabe des Hörbuches – wie bei Musik auch – nicht unterbrochen, sondern läuft im Hintergrund weiter. Die Wiedergabe stoppt erst, wenn Sie auf die **Pause**-Taste ❽ tippen. Falls Sie sich nicht mehr in der iBooks-App befinden, lässt sich die Wiedergabe auch im Kontrollzentrum stoppen (zum Kontrollzentrum lesen Sie den entsprechenden Abschnitt ab Seite 69).

Bücher löschen

Normalerweise sind elektronische Bücher von recht überschaubarer Dateigröße, belegen also nicht viel Speicherplatz. Doch manche Bücher sind multimedial mit Videosequenzen und Audio ausgestattet. In diesem Fall kann ein E-Book schon mal mehrere hundert MByte oder sogar mehr belegen. Wenn Sie diese Speicherfresser wieder von Ihrem iPad verbannen – oder einfach nur Ihre Bibliothek aufräumen – wollen, können Sie die Bücher problemlos löschen. Sie stehen Ihnen weiterhin als Download via iCloud zur Verfügung und können bei Bedarf jederzeit erneut geladen werden.

Bücher löschen

1. Um ein Buch zu löschen, lassen Sie sich die entsprechende Sammlung anzeigen und tippen auf **Auswählen**.

2. Markieren Sie nun das Buch, das Sie löschen möchten. Sie können natürlich auch mehrere Bücher markieren, um sie auf einen Rutsch vom iPad zu entfernen.

3. Tippen Sie oben links auf **Löschen** ❶.

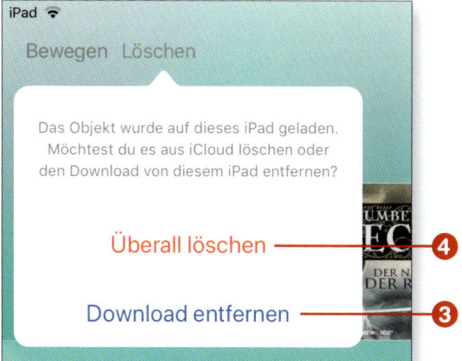

Je nachdem, wie die Bücher auf Ihr iPad gekommen sind, gibt es nun verschiedene Möglichkeiten:

- *Bücher aus dem iBooks Store*: Hier haben Sie die Option **Download entfernen** ❷. Die Datei wird vom iPad gelöscht, kann aber über das Register **Käufe** erneut geladen werden.

- *Aus anderen Quellen*: Haben Sie ein Buch manuell importiert – etwa von einer Webseite oder einem Dateianhang – oder per iCloud aufs iPad kopiert, können Sie entweder nur den **Download entfernen** ❸ (in diesem Fall können Sie es via iCloud erneut aufs iPad kopieren) oder es **Überall löschen** ❹ (dann wird es von allen Geräten und auch aus iCloud gelöscht, ist also endgültig weg).

Kapitel 16
Neue Inhalte für Ihr iPad

Der iTunes Store ist Apples riesiges digitales Kaufhaus. Hier bekommen Sie neue Inhalte für Ihr iPad, manche davon sogar kostenlos. Neben neuen Apps für Ihr iPad gibt es hier auch Musik, Filme, TV-Sendungen, E-Books und Hörbücher. In diesem Kapitel erfahren Sie, wie Sie Inhalte aus dem iTunes Store auf Ihr iPad laden, Apps installieren und Apps verwalten.

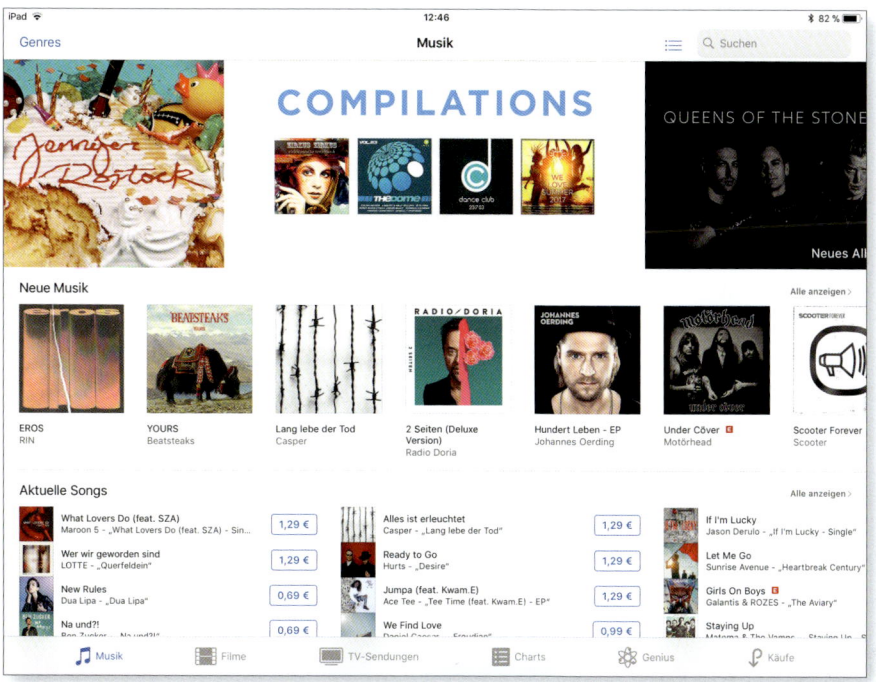

^ Apple betreibt mit dem iTunes Store das größte digitale Kaufhaus der Welt, in dem Sie Musik, Videos, Apps und andere Inhalte für Ihr iPad finden.

Der iTunes Store und seine Ableger

Auf Ihrem Computer greifen Sie mit dem Programm iTunes auf den iTunes-Store zu. Auf dem iPad hat Apple das riesige Angebot auf vier verschiedene Apps verteilt:

- *iTunes Store*: Die App bietet Ihnen Zugriff auf Apples komplettes Angebot an Musik, Filmen und TV-Serien. Und das ist riesig. Die Chancen, dass Sie sich hier auch einen ausgefallenen Musikwunsch erfüllen können, stehen ausgesprochen gut.

- *App Store*: Im App Store finden, kaufen und laden Sie alle Apps, die Sie auf Ihrem iPad installieren können. Über den App Store laden Sie auch alle Updates zu den installierten Apps.

- *iBooks Store*: Elektronische Bücher und Hörbücher finden Sie im iBooks Store. Der Store hat keine eigene App, sondern ist Bestandteil der App iBooks. Da es zu vielen Musikalben und Filmen auch passende Bücher und Hörbücher gibt, gelangen Sie auch über den iTunes Store zum iBooks Store.

- *Podcasts*: Ganz gleich, ob Sie Audio- oder Video-Podcasts laden wollen – Sie finden diese Abteilung des iTunes Stores in der App Podcasts, die ich Ihnen in Kapitel 14, »Musik, Filme und Podcasts auf dem iPad genießen«, vorgestellt habe.

Alle Inhalte, die Sie mit Ihrem iPad aus den Stores herunterladen, werden sofort auf dem iPad installiert und stehen damit direkt nach dem Download zur Verfügung. Alle Einkäufe und Downloads werden zudem mit Ihrer Apple-ID verknüpft (eine Ausnahme bilden die Podcasts, die Sie auch ohne Apple-ID laden können). Haben Sie Ihre Kundendaten einmal eingegeben, speichert das iPad den Namen Ihres Accounts, also die E-Mail-Adresse Ihrer Apple-ID, und fragt vor einem Download nur noch nach dem Passwort des Accounts.

Einkaufen per Fingerabdrucksensor Touch ID

Sie müssen nicht unbedingt Ihr Passwort eingeben, sondern können auch Ihren Fingerabdruck zur Anmeldung und Bestätigung im Store benutzen. Diese Funktion müssen Sie allerdings zuerst in den **Einstellungen ▸ Touch ID & Code** mit einem Tipp auf den Schalter **iTunes & App Store** aktivieren. Sobald Sie nun im Store aufgefordert werden, Ihr Passwort einzugeben, genügt es, Ihren Finger auf die Home-Taste zu legen. Natürlich ist es weiterhin möglich, stattdessen das Passwort einzutippen – schließlich könnte es ja sein, dass der Fingerabdrucksensor defekt ist oder Ihr Fingerabdruck nicht korrekt erkannt wird.

So bezahlen Sie in Apples Kaufhaus

Möchten Sie in den Stores einkaufen, haben Sie zwei Möglichkeiten. Entweder Sie hinterlegen Zahlungsdaten, oder Sie laden Ihr Konto über *iTunes Geschenkkarten* auf, die Sie an vielen Stellen im Einzelhandel kaufen können.

Um die Zahlungsdaten auf dem iPad nachträglich einzutragen, wählen Sie **Einstellungen ▸ iTunes & App Store** und tippen dort auf Ihre **Apple-ID**. Im folgenden Dialog wählen Sie **Apple-ID anzeigen** und dort schließlich **Zahlungsdaten**.

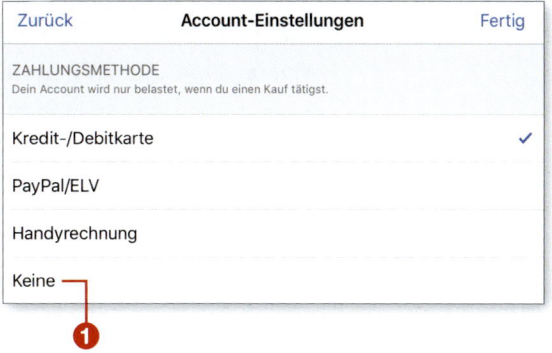

Wenn Sie hier **Keine** ❶ wählen, bleibt Ihnen immer noch die Bezahlung per iTunes-Geschenkkarte. Diese Karten enthalten einen Code, den Sie auf dem iPad – oder in iTunes auf Ihrem Computer – eingeben. Der mit der Karte verbundene Betrag wird dann Ihrem Konto gutgeschrieben. Diese Geschenkkarten gibt es im Wert von je 25, 50 und 100 €.

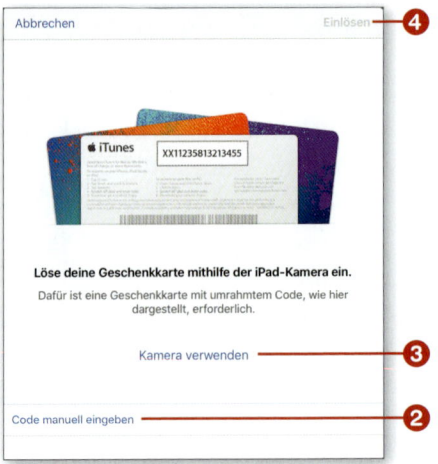

Um eine Geschenkkarte auf dem iPad einzulösen, wählen Sie entweder **App Store ▸ Apps** oder **iTunes Store ▸ Musik** und scrollen ans Ende der Seite. Dort finden Sie die Schaltfläche **Einlösen**. Tippen Sie darauf. Sie können den Code der Karte entweder manuell eintippen ❷ oder die Karte einfach mit der Kamera des iPads fotografieren ❸. Anschließend tippen Sie auf **Einlösen** ❹. Der Betrag der Karte wird sofort Ihrem Konto gutgeschrieben.

> **! Code vorsichtig freilegen**
>
> Der Code auf der Geschenkkarte ist durch eine schwarze Schicht abgedeckt, die Sie zuerst wegrubbeln müssen. Dabei sollten Sie Vorsicht walten lassen, andernfalls kann es passieren, dass Sie nicht nur die Abdeckung, sondern auch gleich den Code entfernen und die Karte damit wertlos wird.

Musik und Videos im iTunes Store finden

Musik, **Filme** oder **TV-Serien** finden Sie im iTunes Store. Mit einem Tipp auf eine der Schaltflächen ❶ in der Fußzeile wechseln Sie in die entsprechenden Abteilungen des Stores.

Tippen Sie auf die Schaltfläche **Genres** ❷, können Sie das überwältigend umfangreiche Angebot inhaltlich ein wenig filtern. Möchten Sie sich alle Inhalte eines Bereichs anzeigen lassen, tippen Sie auf den Link **Alle anzeigen** ❸.

Musik und Videos im iTunes Store finden

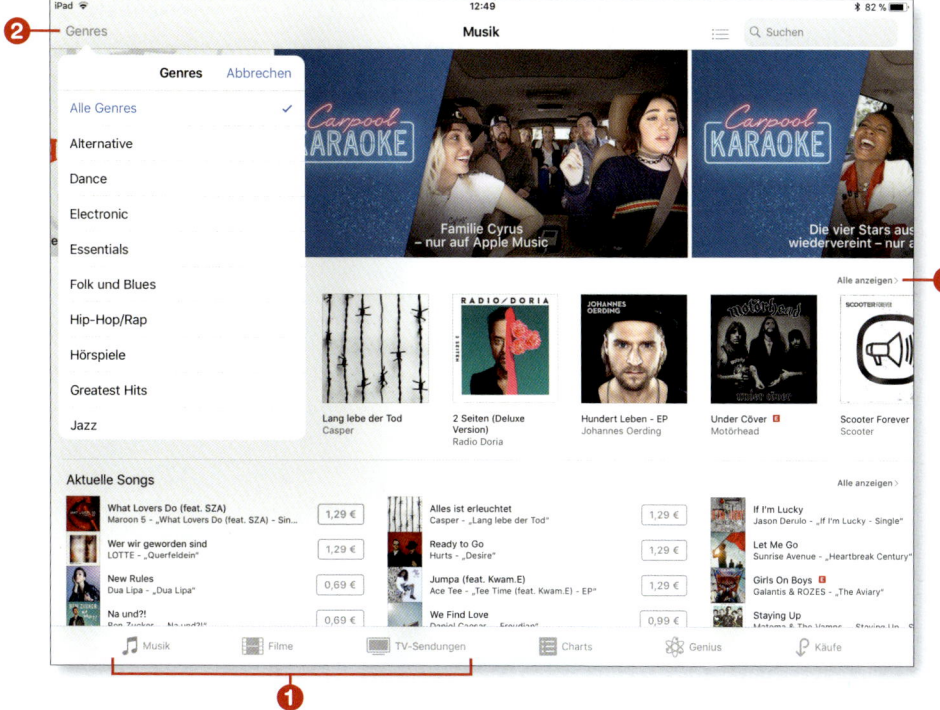

Das riesige Angebot im iTunes Store kann nach verschiedenen Kriterien gefiltert werden.

Das Stöbern im Store kann Sie schnell auf neue Musik und Filme bringen, aber oft sucht man ja gezielt nach einem bestimmten Künstler oder Album. Hier hilft die Suche im Store ❹ weiter, mit dem Sie nicht nur nach Musik und Filmen, sondern auch nach Büchern und Podcasts suchen können ❺.

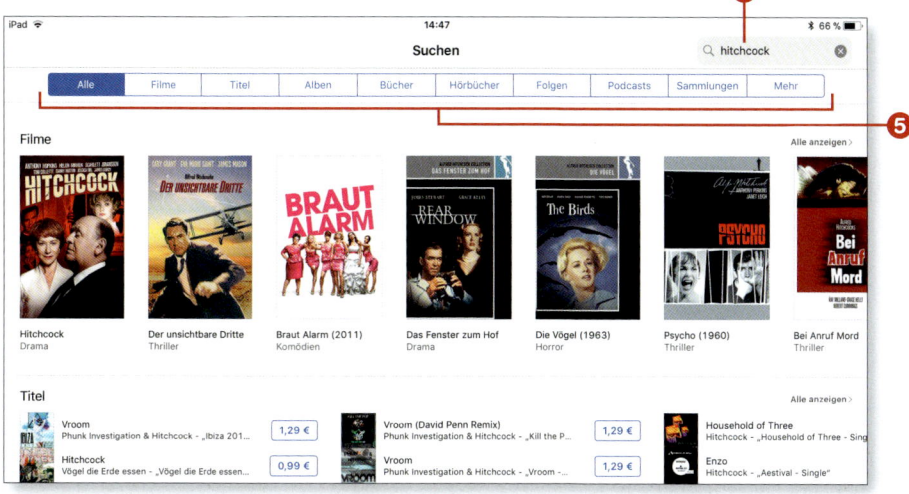

295

Das Listensymbol ❻ blendet verschiedene Listen ein. Die **Wunschliste** ist Ihr Merkzettel für spätere Einkäufe, unter **Siri** sehen Sie eine Liste der Musiktitel, die Sie mit der Musikerkennung von Siri ermittelt haben, und ein Tipp auf **Vorschau** zeigt Ihnen alle Titel, in die Sie in letzter Zeit einmal hineingehört haben.

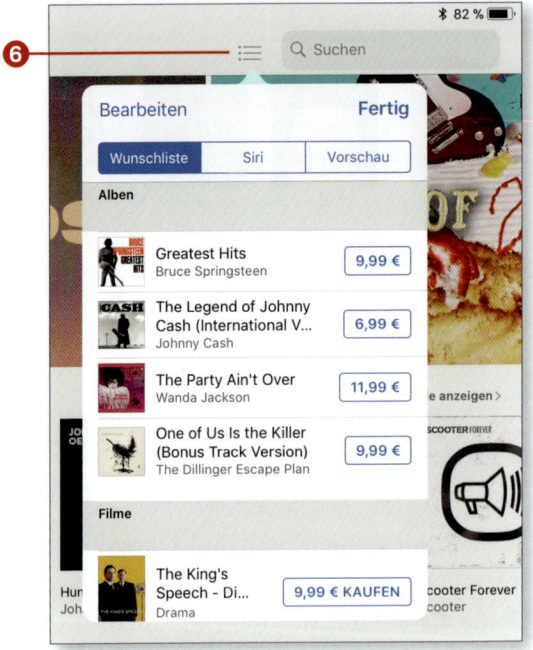

Der iBooks Store

Wie Sie gesehen haben, können Sie auch im iTunes Store nach Büchern suchen, aber das geht natürlich auch direkt in der iBooks-App. Tippen Sie dazu in der App auf **Highlights**. Sie wechseln nun zum iBooks Store, der praktisch genauso aufgebaut ist wie der iTunes Store.

Der App Store

Der App Store unterscheidet sich zwar optisch deutlich vom iTunes Store und vom iBooks Store, sieht im Grunde aber nur ein wenig anders aus – an der Funktionsweise ändert sich nicht viel.

Der App Store

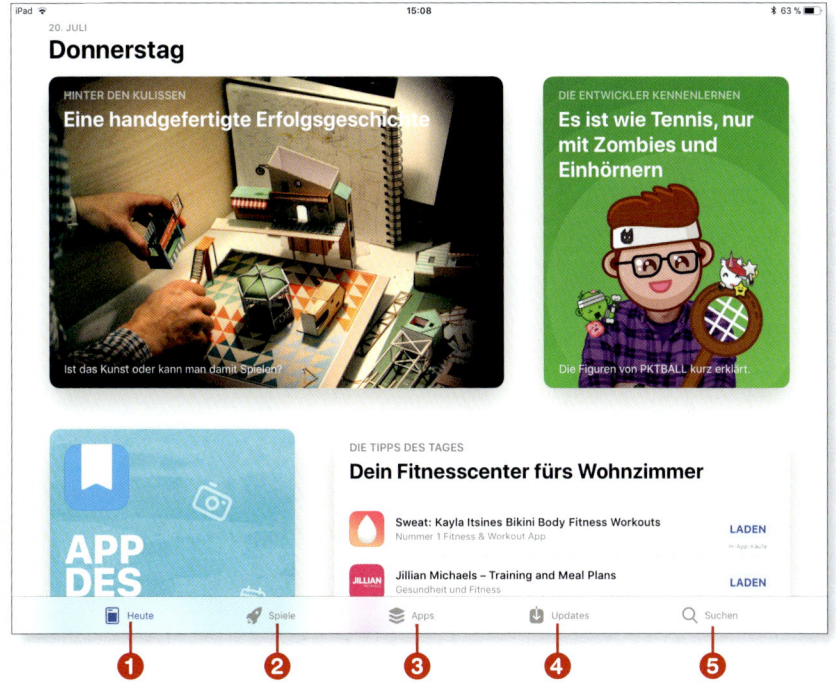

◂ *Der App Store ist deutlich großzügiger gestaltet als der iTunes Store oder der iBooks Store.*

Das sehr umfangreiche Angebot wird in verschiedene Kategorien gegliedert, die Sie über die Register in der Fußzeile aufrufen:

❶ **Heute**: Hier finden Sie eine Auswahl von rund 20 aktuellen Titeln und Apps, die Apple für besonders gut gelungen hält und daher besonders prominent platziert.

❷ **Spiele**: Die Spiele sind die wohl umfangreichste Kategorie im App Store, weshalb Apple ihnen ein eigenes Register spendiert hat.

❸ **Apps**: Hier werden alle Apps (außer Spiele) aufgeführt.

❹ **Updates**: Mit Apps ist es nicht anders als mit anderen Computerprogrammen – sie können Fehler enthalten oder neue Funktionen bekommen. In diesem Fall stellt der Entwickler ein Update zur Verfügung, das die Fehler behebt oder die neuen Funktionen nachliefert. Updates im App Store sind kostenlos. Updates werden standardmäßig automatisch installiert, manuell können Sie sie in diesem Register mit einem Fingertipp herunterladen.

❺ **Suche**: Wenn Sie nach einer bestimmten App suchen, geben Sie hier Ihren Suchbegriff ein.

> **+ Automatische Updates**
>
> Standardmäßig aktualisiert das iPad Apps automatisch. Das ist sehr sinnvoll, da eine fehlerhafte App ein Sicherheitsrisiko darstellt. Möchten Sie keine automatischen Updates, deaktivieren Sie in den **Einstellungen** ▸ **iTunes & App Store** im Abschnitt **Automatische Downloads** den Schalter **Updates**.

Inhalte kaufen und laden

Haben Sie etwas gefunden, was Sie gerne kaufen oder auch kostenfrei laden möchten, ist der Vorgang in allen Stores immer gleich. Ich erläutere ihn am Beispiel des iTunes Stores.

1. Mit einem Tipp auf ein Cover blendet der iTunes Store eine detaillierte Übersicht über das jeweilige Album ein. Bei Filmen und TV-Serien bekommen Sie hier weitere Informationen wie eine Inhaltsangabe oder Angaben zur Besetzung und Crew.

2. Ihnen werden die einzelnen Musiktitel des Albums angezeigt, und natürlich müssen Sie nicht die Katze im Sack kaufen, sondern können von jedem Titel eine Kostprobe anfordern. Tippen Sie dazu den gewünschten Titel einmal an ❶. Bei Musik bekommen Sie in der Regel 90 Sekunden als Hörprobe, bei Filmen wird Ihnen der Trailer des Films angeboten, bei TV-Serien gibt es eine 30-sekündige Vorschau. Bei Büchern können Sie eine kostenlose Leseprobe laden.

3. Im Tab **Rezensionen** ❷ können Sie sich Bewertungen anderer Nutzer zu dem ausgewählten Artikel anzeigen lassen. Im Tab **Zu-**

gehörig ❸ sehen Sie beispielsweise weitere Alben des Interpreten oder andere Filme eines Regisseurs, aber auch Musik, die andere Kunden ebenfalls gekauft haben.

4. Um ein Album, einen Song oder ein Video zu kaufen, tippen Sie auf den Preis ❹ und weisen sich mit Ihrer Apple-ID beziehungsweise mit Touch ID aus. Der gekaufte Artikel wird automatisch heruntergeladen und steht anschließend in der App Musik beziehungsweise Videos zur Verfügung.

> **Im Album billiger**
>
> Sobald Sie mehr als zwei oder drei Songs eines Albums kaufen möchten, lohnt sich ein Vergleich mit dem Albumpreis. Denn oft liegt der Preis für ein komplettes Album ganz erheblich unter der Gesamtsumme der einzelnen Songs.

5. Sobald ein Download läuft, erscheint in der Fußzeile der Bereich **Downloads**. Tippen Sie darauf, sehen Sie alle aktuellen Downloads, die Sie hier auch pausieren können.

6. Apps, die geladen werden, erscheinen als sich allmählich füllendes Icon auf dem Home-Bildschirm. Tippen Sie ein solches Icon an, pausieren Sie den Download. Mit einem erneuten Tipp setzen Sie ihn fort.

> **Filme ausleihen**
>
> Filme können Sie nicht nur im iTunes Store kaufen, sondern auch ausleihen. Nach dem Download eines Leihfilms haben Sie 30 Tage lang Zeit, um ihn sich anzuschauen. Sobald Sie die Wiedergabe einmal gestartet haben, ist die Datei noch 48 Stunden lang gültig. In diesem Zeitraum können Sie den Film so oft sehen, wie Sie möchten. Nach Ablauf der Leihfrist (30 Tage beziehungsweise 48 Stunden) wird die Datei automatisch gelöscht.

⌃ *Den Ladevorgang einer App können Sie jederzeit pausieren und später fortsetzen.*

7. Über die Teilen-Taste ❺ (auf Site 300) können Sie den Link zu einem Album, Song oder Film verschicken und so Ihre Freunde auf ein interessantes Angebot im iTunes Store aufmerksam machen. In diesem Menü ist es auch möglich, ein Album oder einen Film zu verschenken ❻.

Kapitel 16: Neue Inhalte für Ihr iPad

In diesem Fall wird dem Beschenkten ein Gutscheincode für den Artikel zugeschickt. Mit **Zur Wunschliste hinzufügen** 7 setzen Sie das Album oder den Film auf Ihre Wunschliste.

> **Die Wunschliste**
>
> Der Name *Wunschliste* ist ein wenig irreführend. Denn da denkt man doch eher an eine Liste, die man an Freunde und Bekannte schickt, damit diese wissen, was sie einem zum Geburtstag oder zu einem ähnlichen Anlass schenken können. Doch das geht mit der Wunschliste im iTunes Store leider überhaupt nicht: Auf Ihre Wunschliste haben Sie und nur Sie Zugriff, es handelt sich also eher um einen Notizzettel für spätere Einkäufe.

Einkäufe erneut laden

Alle Inhalte, die Sie einmal gekauft oder, genauer, geladen haben – es gibt ja auch zahlreiche kostenlose Angebote –, können Sie jederzeit erneut laden, ohne sie noch einmal bezahlen zu müssen.

- *iTunes Store und iBooks Store*: Tippen Sie auf das Register **Käufe** 1, wählen Sie den gewünschten Inhalt (Musik, Filme, TV-Sendungen, Bücher) aus 2, und laden Sie ihn mit einem Tipp auf das Wolkensymbol 3 auf Ihr iPad.

Einkäufe erneut laden

- *App Store*: Hier verbirgt sich der Eintrag **Käufe** unter Ihrem Account. Tippen Sie dazu auf das kleine Personensymbol ❹ und anschließend auf **Käufe**. Auch hier laden Sie die gewünschte App mit einem Tipp auf das Wolkensymbol.

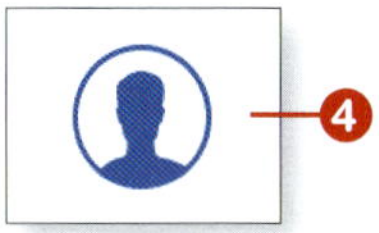

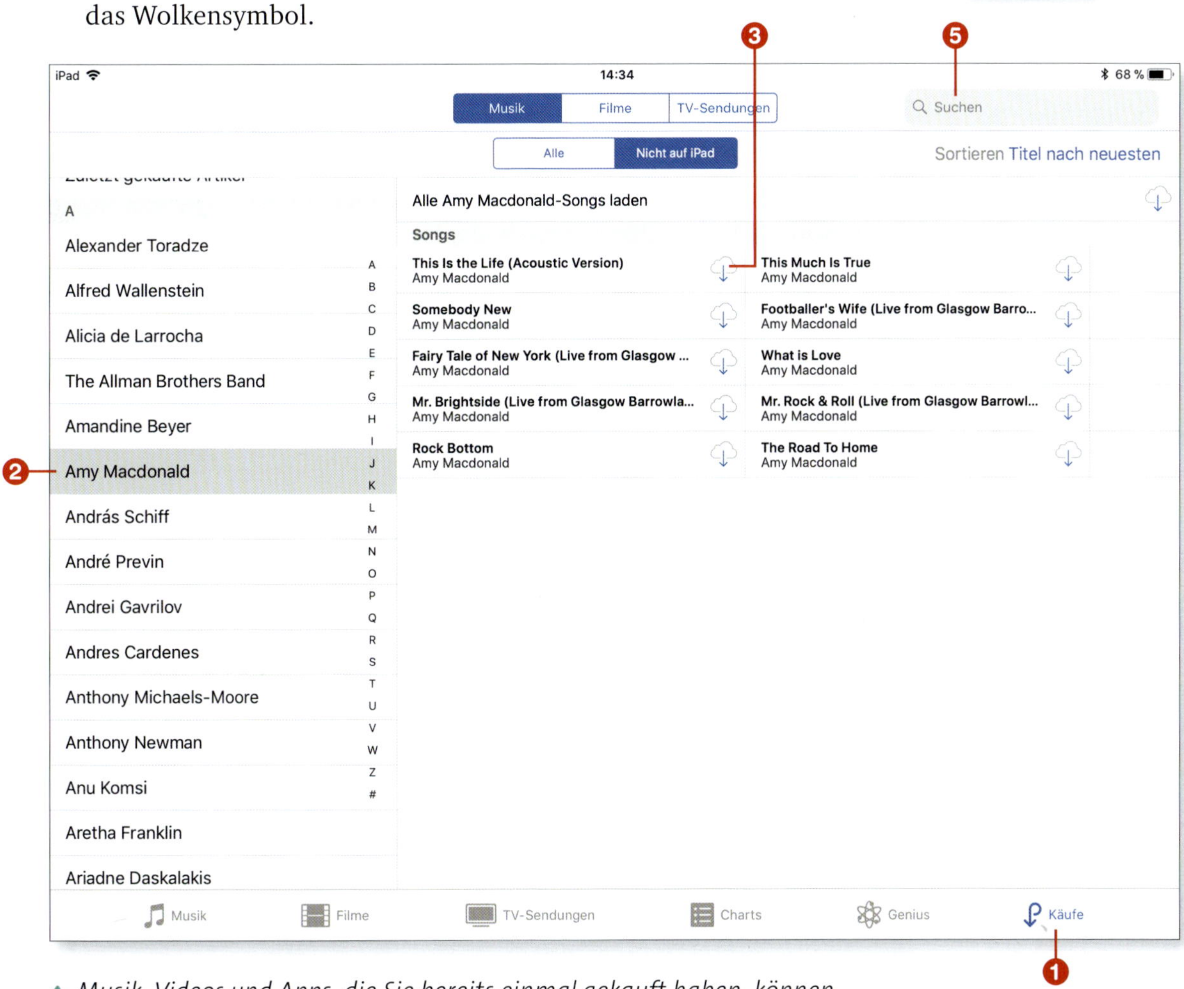

▲ *Musik, Videos und Apps, die Sie bereits einmal gekauft haben, können Sie jederzeit erneut laden.*

Vom Suchfeld ❺ sollten Sie sich übrigens nicht verwirren lassen. Damit durchsuchen Sie nämlich nicht Ihre Einkäufe, sondern das komplette Angebot im iTunes Store.

Apps löschen

Nicht immer hält ein Programm das, was es anfangs zu versprechen schien, und belegt dann nur noch Platz auf dem iPad. In diesem Fall ist es kein Problem, ein Programm wieder loszuwerden.

Berühren und halten Sie eine beliebige App auf dem Home-Bildschirm, bis die Symbole ihren kleinen Wackeltanz aufführen. Tippen Sie nun bei der App, die Sie entfernen möchten, auf das × ❶. Nach einer Bestätigung mit **Löschen** ❷ wird die App vom iPad entfernt. Um diesen speziellen Modus wieder zu verlassen, drücken Sie einmal auf die Home-Taste.

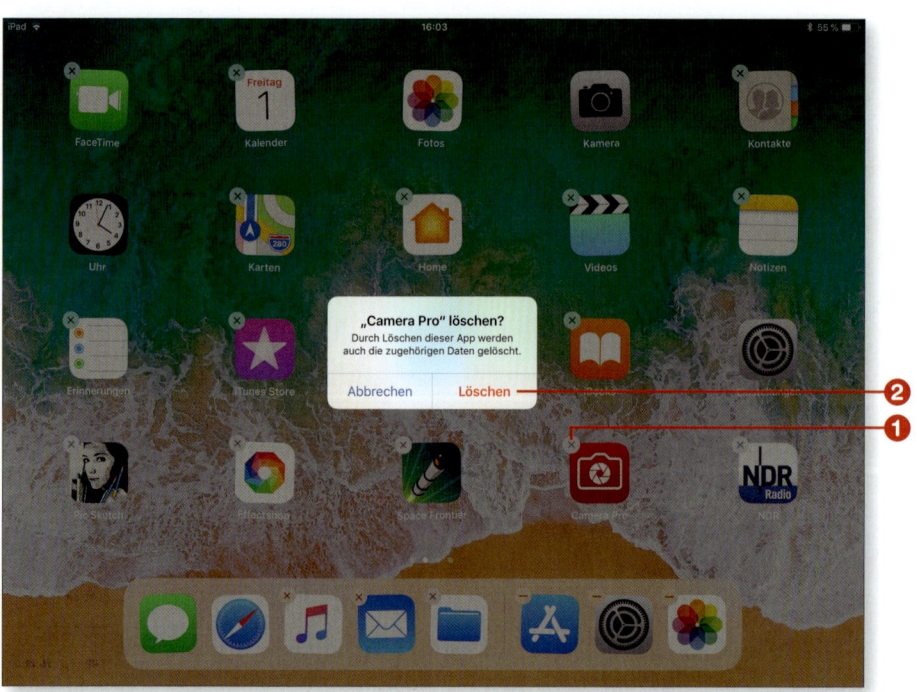

∧ *Jede geladene App lässt sich auch problemlos wieder löschen.*

> **! Vorsicht beim Löschen von Apps**
>
> Beim Löschen von Apps werden auch die Daten gelöscht, die eine App auf dem iPad gespeichert hat. Wenn Sie ein Programm vom iPad löschen, das dort Daten abgelegt hat – z. B. die Bestenliste in einem Spiel –, werden diese Daten ebenfalls gelöscht und gehen in der Regel verloren.

Sie können das Löschen von Apps auch dem iPad überlassen. Das nämlich kann Apps, die Sie seit Längerem nicht mehr benutzt haben, automatisch löschen. Der Clou: Anders als beim manuellen Löschen bleiben alle Daten der App auf Ihrem iPad erhalten. Installieren Sie die Apps später erneut, stehen alle Daten wieder zur Verfügung.

Diese Funktion können Sie unter **Einstellungen ▸ iTunes & App Store** über den Schalter **Unbenutzte Apps auslagern** ein- und ausschalten.

> **System-Apps löschen**
>
> Es lassen sich nicht nur Apps löschen, die Sie aus dem Store geladen haben, sondern auch einige Apps, die das iPad von Haus aus mitbringt. So können Sie Apps, die Sie nicht benötigen, vom iPad entfernen. Wenn Sie etwa *Gerätesteuerung* über die Home-App nicht benutzen, benötigen Sie auch diese App nicht. Alle System-Apps, die Sie löschen, lassen sich jederzeit aus dem App Store erneut installieren. Streng genommen werden System-Apps aber nicht tatsächlich gelöscht, sondern nur ausgeblendet, aber für mehr Übersicht sorgt eine solche Löschaktion dennoch.

Kapitel 17
Karten und Navigation

Die Karten-App kombiniert Straßen- und Landkarten mit einem Routenplaner und Navigationsgerät. Mit dieser App finden Sie nicht nur den Weg zu Ihrem Ziel (und zwar weltweit), sondern sie zeigt Ihnen auch Städte und Länder in Satellitenaufnahmen und mitunter in atemberaubender 3D-Darstellung, durch die Sie sich fast wie in einem Computerspiel frei bewegen können. Welche Möglichkeiten Ihnen diese App sonst noch zu bieten hat, erfahren Sie in diesem Kapitel.

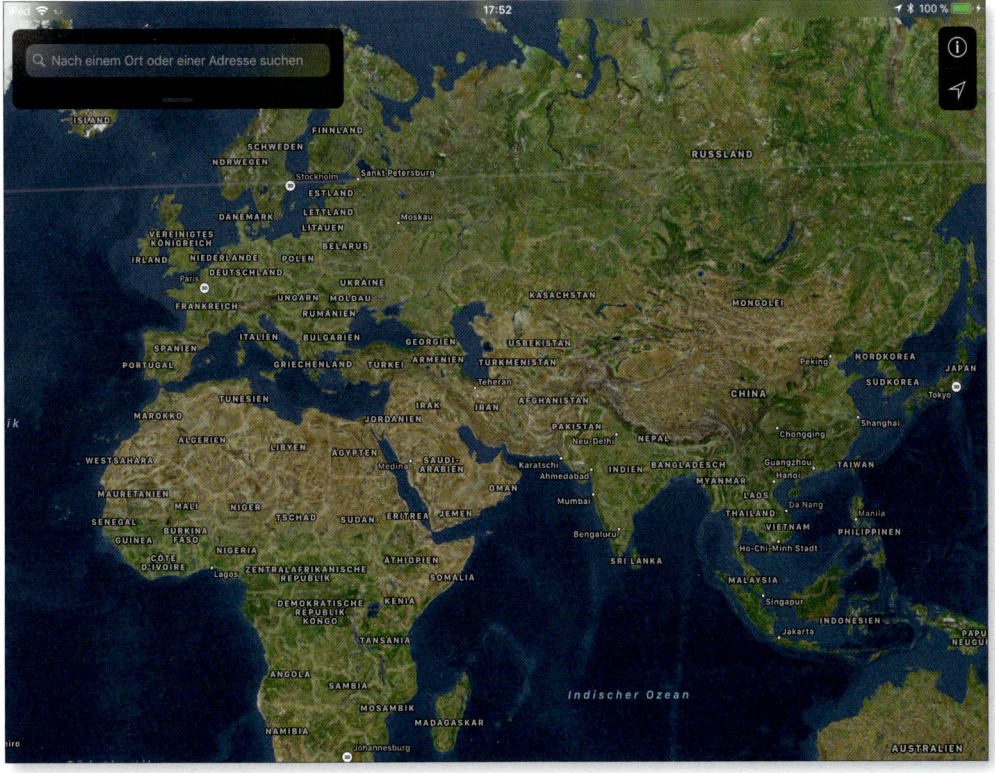

∧ *Karten präsentiert Ihnen die ganze Welt in einer App.*

Kapitel 17: Karten und Navigation

Der Aufbau der Karten-App

↑ *Die Karten-App kann das Kartenmaterial auf verschiedene Weise darstellen.*

Die Karten-App zeigt Ihnen – wenig überraschend – eine Landkarte mit Straßen, Sehenswürdigkeiten und Gebäuden. Ziehen Sie zwei Finger auf dem Bildschirm auseinander, zoomen Sie sich fließend hinaus, bis Sie eine Weltkarte sehen, entsprechend zoomen Sie sich hinein, indem Sie zwei Finger auf dem Bildschirm zusammenziehen. Je stärker Sie sich hineinzoomen, desto detaillierter wird die Darstellung.

Standardmäßig zeigt Karten Ihnen eine zweidimensionale Darstellung, wie Sie sie von anderen Karten und Atlanten kennen. Tippen Sie auf das **i** ❶, rufen Sie die **Karten-Einstellungen** auf. Wählen Sie **Satellit** ❷, werden statt der Vektordaten (also der gezeichneten Karten) Satellitenfotos benutzt. Über den Schalter **Verkehr** ❸ wird der aktuelle Verkehrsfluss eingeblendet. In der Satellitendarstellung gibt es zusätzlich **Etiketten**, mit denen Bezeichnungen wie Straßennamen, Geschäfte und Sehenswürdigkeiten angezeigt werden. Die Taste **ÖPNV** ❹, über die Bus- und Bahnverbindungen eingeblendet werden, ist hierzulande noch wirkungslos. Sie schließen die Einstellungen mit einem Tipp auf das kleine × ❺.

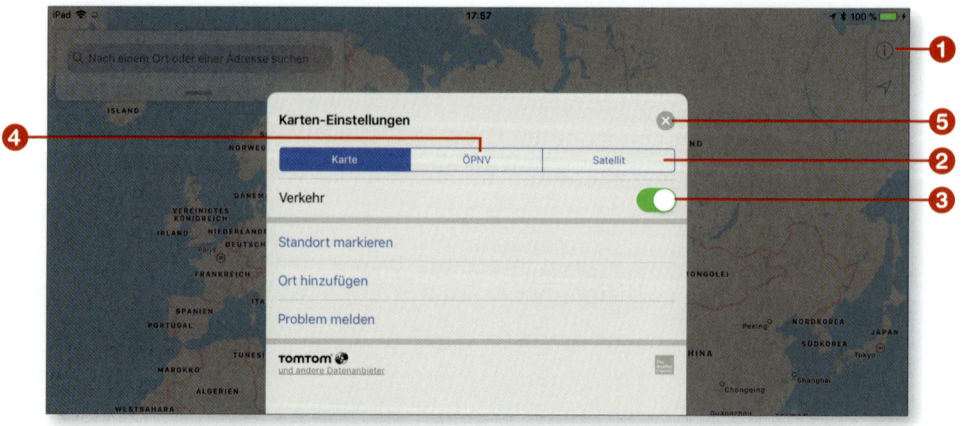

Ihnen steht auch ein Suchfeld zur Verfügung, über das Sie nach beliebigen Adressen und Orten suchen und sich diese auf der Karte anzeigen lassen können.

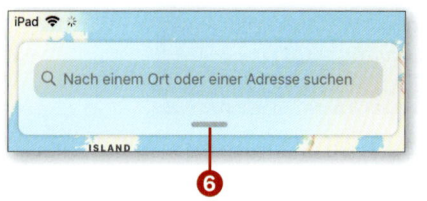

Ziehen Sie die Griffmarkierung ❻ nach unten, vergrößern Sie das Feld zu einer Seitenleiste, ziehen Sie die Griffmarkierung nach oben, verkleinern Sie das Feld wieder.

Eine Adresse suchen

> **ℹ So funktioniert die Karten-App**
>
> Die Karten-App bezieht ihre Daten aus dem Internet, Sie müssen also online sein, damit die App funktioniert. Das Programm arbeitet mit vektorbasierten Karten, die nur moderate Datenmengen benötigen. Falls Sie ein iPad mit Mobilfunk besitzen, müssen Sie also nicht befürchten, durch intensiven Einsatz von Karten schnell Ihr Datenvolumen zu verbrauchen. Das gilt allerdings nicht für die 3D- und Satellitendarstellung, hier fallen größere Datenmengen an.

Eine Adresse suchen

Der Einsatz von Karten ist denkbar einfach: Möchten Sie eine bestimmte Adresse oder eine Stadt in der App angezeigt bekommen, tippen Sie in das Feld **Nach Ort oder Adresse suchen** und geben die gesuchte Adresse oder den Namen der Stadt über die Bildschirmtastatur ein.

> **ℹ Ortsdaten**
>
> Damit die Karten-App ihr volles Potenzial ausspielen kann, müssen Sie ihr den Zugriff auf die Ortsdaten erlauben. Eine entsprechende Abfrage erscheint beim ersten Start der App.

Wie von anderen Suchfunktionen gewohnt, zeigt Ihnen auch Karten schon während der Eingabe Vorschläge für Adressen oder Orte an. Dabei greift Karten auch auf die Adressen zurück, die Sie in Ihren Kontakten gespeichert haben. Sollte hier bereits das Gesuchte dabei sein, tippen Sie es an.

Sobald Sie eine Adresse suchen und gefunden haben, markiert Karten sie mit einem Symbol ❶ (welches das ist, hängt von der Adresse ab, Sehenswürdigkeiten werden z. B. anders markiert als eine normale Adresse). Gleichzeitig werden statt des Eingabefeldes die markierte Adresse ❷ und die Entfernung von Ihrer aktuellen Position ❸ angezeigt. Jede Adresse lässt sich problemlos in Ihre Kontakte übernehmen ❹ oder über

Kapitel 17: Karten und Navigation

das Teilen-Symbol ❺ an andere Apps weiterreichen. Möchten Sie sich die Adresse merken, um sie später schnell aufrufen zu können, tippen Sie auf das Herz ❻ und markieren sie so als **Favorit**. Ein Tipp auf das kleine × ❼ schließt das Suchfeld und zeigt so mehr von der Karte an.

> **Die Favoriten**
>
> Um sich Ihre Favoriten anzeigen zu lassen, vergrößern Sie das Suchfeld, indem Sie die Griffmarkierung nach unten ziehen, und scrollen ans Ende der Leiste. Als letzten Eintrag finden Sie hier **Favoriten**.

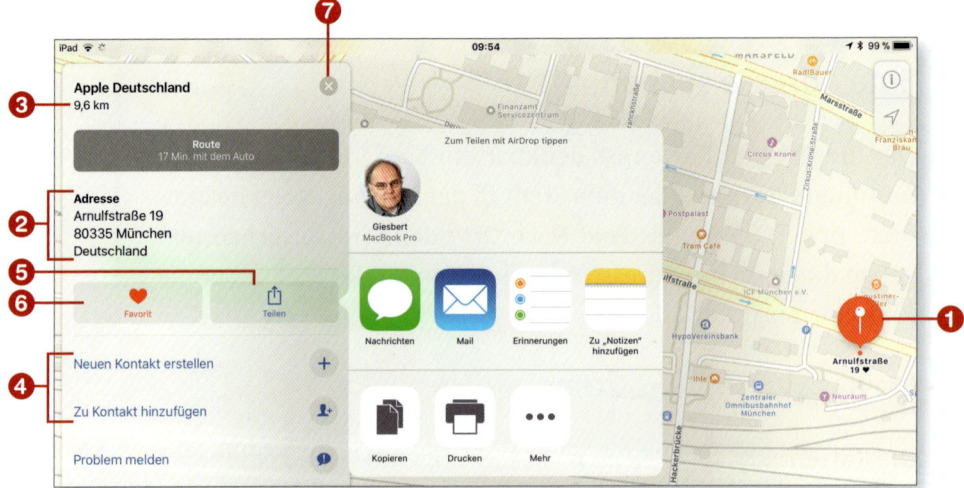

> Über das Eingabefeld finden Sie schnell jede Adresse – nicht nur in Deutschland, sondern weltweit.

Solange Sie keinen Suchbegriff eingeben, sehen Sie unterhalb des Eingabefeldes den bisherigen Verlauf, also die bisher gesuchten Adressen und Routen. Um mehr von der Liste zu sehen, ziehen Sie sie nach oben. Um einen Eintrag aus dem Verlauf zu löschen, streichen Sie ihn von rechts nach links durch und tippen auf **Entfernen** ❽.

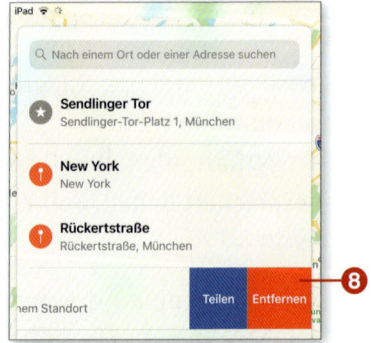

Karten kann Ihnen nicht nur Adressen zeigen, sondern auch verraten, welche Geschäfte, Dienstleister oder Sehenswürdigkeiten sich an einem beliebigen Ort befinden. Tippen Sie dazu auf das Suchfeld,

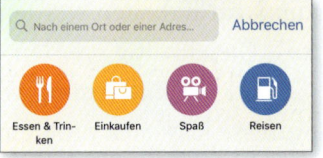

308

und wählen Sie eine der angebotenen Kategorien. Hierzulande sind das derzeit **Essen & Trinken**, **Einkaufen**, **Spaß** oder **Reisen**, bei anderen Ländern, etwa den USA, kommen noch weitere dazu. Jede Kategorie ist noch einmal in Unterpunkte aufgeteilt, unter **Reisen** finden Sie etwa **Sehenswert**, **Hotels** und **Tankstellen**.

> **Wo bin ich?**
>
> Eine besonders nützliche Funktion von Karten besteht darin, dass Sie sich damit Ihren aktuellen Standort anzeigen lassen können. So finden Sie sich auch in fremden Umgebungen rasch zurecht. Um sich von der Karten-App lokalisieren zu lassen, tippen Sie oben rechts auf die stilisierte Kompassnadel. Tippen Sie erneut darauf, übernimmt die App Ihren Blickwinkel, drehen Sie sich, dreht sich die Karte mit. So ist etwa die Sehenswürdigkeit zu Ihrer Rechten auch rechts auf der Karte zu sehen, und Sie können sich besser orientieren.

Navigation und Routenplanung

Die Karten-App kann Ihnen nicht nur zeigen, wo Sie gerade sind oder wo Sie eine gesuchte Adresse finden, sondern sie kann Sie auch sicher zur gewünschten Adresse bringen.

1. Lassen Sie sich die Zieladresse anzeigen, und tippen Sie auf **Route**.

2. Karten zeigt Ihnen nun die möglichen Wege mit der geschätzten Fahrzeit ❶ (auf Seite 310) an. Falls es mehrere Möglichkeiten gibt, können Sie mit einem Fingertipp die gewünschte Route auswählen.

3. Standardmäßig benutzt Karten als Startpunkt Ihren aktuellen Standort. Möchten Sie das ändern, tippen Sie auf **Mein Standort** ❷ und geben die Startadresse ein.

4. Mit einem Tipp auf **Details** ❸ lassen Sie sich die genaue Wegbeschreibung anzeigen.

Kapitel 17: Karten und Navigation

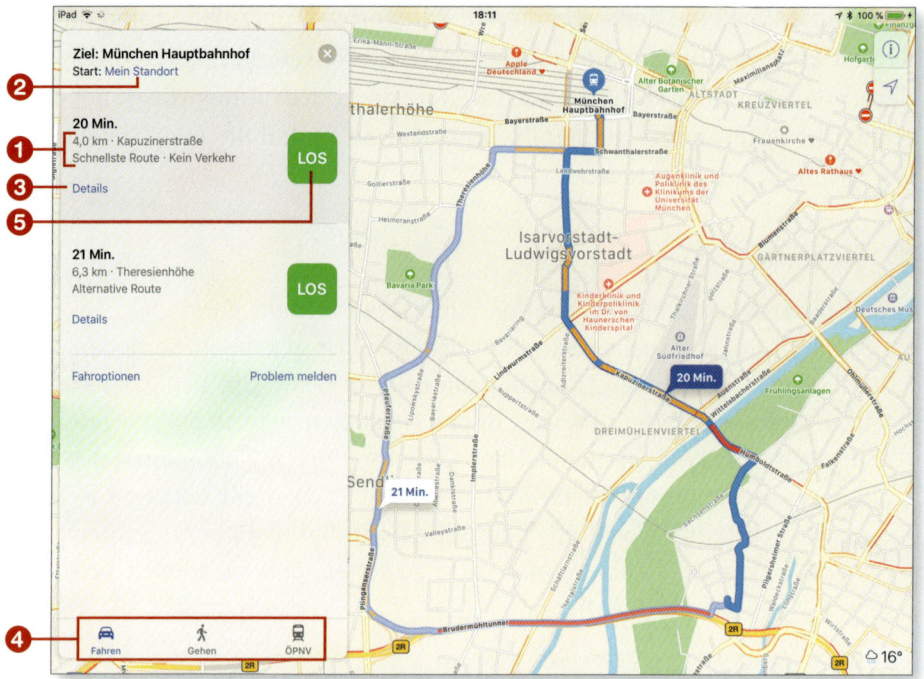

5. Am unteren Rand ❹ wählen Sie, ob Sie mit dem Auto **Fahren** oder **Zu Fuß** unterwegs sind. Die Taste **ÖPNV** ist hierzulande überwiegend funktionslos.

6. Mit einem Tipp auf **Los** ❺ startet die Navigation.

Satelliten und 3D-Darstellung

Die Karten-App ist als digitaler Straßenatlas schon sehr hilfreich. Wirklich faszinierend wird es, wenn Sie sich statt der Karten die Satellitenbilder anzeigen lassen. Um zur Satellitendarstellung zu wechseln, tippen Sie, wie auf Seite 306 gezeigt, auf das **i** und wählen **Satellit**.

Dabei können Sie sich in der Satellitendarstellung oft fast so nah an die Gegend heranzoomen, dass Sie Menschen und Autos auf den Straßen erkennen. Verschieben Sie den angezeigten Bildschirmausschnitt mit Ihrem Finger, überfliegen Sie fremde Länder und Orte – und zwar in einer erstaunlichen Geschwindigkeit.

310

Satelliten und 3D-Darstellung

◂ Die 3D-Darstellung in der Satellitenansicht lässt Sie viele Orte auf der Welt virtuell besuchen.

Noch einen Schritt weiter geht die 3D-Darstellung. Sie ist nicht für alle Orte sinnvoll einsetzbar, bietet aber vielfach faszinierende Einblicke. In diese Darstellung wechseln Sie, indem Sie oben rechts auf die Taste **3D** tippen. Wischen Sie hier nun mit zwei Fingern nach oben oder unten, verändern Sie den Blickwinkel. Setzen Sie Daumen und Zeigefinger auf das Display, lässt sich die Darstellung drehen, ein kleiner Kompass ❶ zeigt Ihnen dabei die Himmelsrichtungen.

Den 3D-Modus verlassen Sie, indem Sie zwei Finger auf dem Display nach unten ziehen oder auf die Taste **2D** ❷ tippen.

Für etliche Städte und Sehenswürdigkeiten hat Apple bereits einige sehr schicke 3D-Touren zusammengestellt, die sogenannten *Flyover-Touren*. Wenn für einen Ort eine solche Tour vorhanden ist, wird eine entsprechende Taste ❸ angezeigt.

Dabei wird in einer automatisch ablaufenden Animation ein virtueller Rundflug über den gewählten Ort abgespielt. Die Touren enthalten dabei nur die anzufliegenden Koordinaten – die Bilder werden live berechnet.

Freunde nicht aus den Augen verlieren: die Standortfreigabe

▲ *Das Icon der Freunde-App*

Das kennen Sie bestimmt: Sie haben sich mit Freunden verabredet, finden aber am vereinbarten Treffpunkt im Gedränge nicht zusammen und müssen sich erst suchen. Für iPad- und iPhone-Besitzer ist das kein Problem. Denn hier gibt es die Option **Standortfreigabe** und die App Freunde, mit der Sie sich auch im dicksten Gedränge finden werden.

1. Im ersten Schritt müssen Sie sicherstellen, dass die Standortfreigabe aktiviert ist. Das ist normalerweise der Fall, werfen Sie aber zur Sicherheit trotzdem einen Blick auf **Einstellungen ▸ Datenschutz ▸ Ortungsdienste ▸ Standortfreigabe**.

2. Starten Sie die Freunde-App, und erlauben Sie der App den Zugriff auf Ihren Standort. Tippen Sie nun auf **Hinzufügen** ❶, und geben Sie die Namen Ihrer Freunde ein ❷.

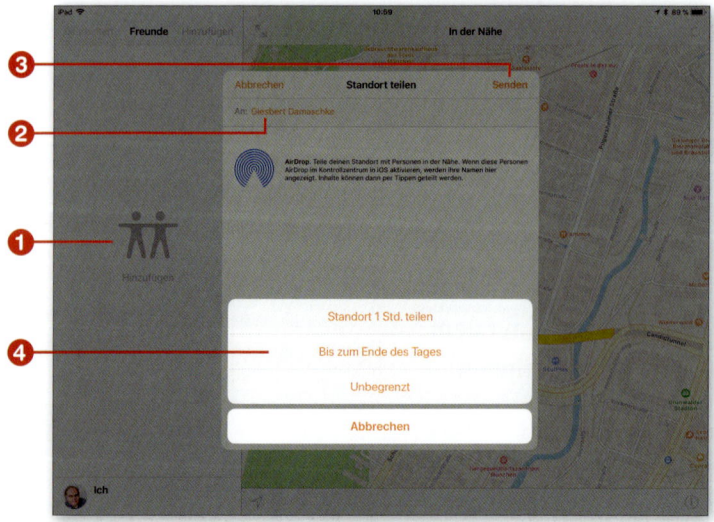

3. Tippen Sie auf **Senden** ❸, um Ihre Standortfreigabe an die eingetragenen Personen zu schicken. Bevor die Anfrage abgeschickt wird, legen Sie fest, wie lange Sie Ihren aktuellen Standort mit Ihren Freunden teilen wollen ❹.

4. Die eingetragenen Personen erhalten eine Nachricht und können nun ihrerseits ihren Standort freigeben.

▲ *Mit der Freunde-App verlieren Sie sich auch im dicksten Getümmel nicht aus den Augen.*

Sobald diese Schritte abgeschlossen sind, erhalten Sie eine Nachricht, und die Standortfreigabe ist auf allen Geräten aktiv. Nun sehen Sie in der Freunde-App die aktuelle Position Ihrer Freunde auf einer Karte.

Kapitel 18
Ihre Daten auf dem iPad schützen

Auf dem iPad sammeln sich sehr schnell jede Menge privater und sensibler Informationen an: Adressen, Termine, Notizen, Nachrichten, allerlei Passwörter und Zugangsdaten und vieles mehr. Diese Daten sollten Sie vor technischen Pannen, aber auch vor allzu neugierigen Zeitgenossen schützen. Hier bietet das iPad zahlreiche Sicherheitsmaßnahmen, die unter anderem dafür sorgen, dass ein Dieb an einem gestohlenen iPad keine Freude haben wird.

> **! Updates nicht vergessen!**
>
> Die vielleicht wichtigste Sicherheitsfunktion sind die Systemupdates, die Apple regelmäßig zur Verfügung stellt. Mit diesen Updates werden nicht nur kleinere Änderungen am System vorgenommen, sondern auch bekannt gewordene Fehler und Sicherheitslücken im System geschlossen. Wann immer ein iOS-Update bereitsteht, weist Sie Ihr iPad darauf hin, und Sie sollten es möglichst umgehend installieren.

Den Zugriff mit der Codesperre eingrenzen

Schon bei der Einrichtung des iPads wird die Codesperre aktiviert. Dabei handelt es sich um einen sechsstelligen Zahlencode, der nach jedem Entsperren des iPads eingegeben werden muss, bevor der Zugriff auf den Home-Bildschirm und somit auf installierte Apps und Ihre persönlichen Daten zugelassen wird. So wird eine versehentliche Entsperrung

Kapitel 18: Ihre Daten auf dem iPad schützen

> Schützen Sie Ihr iPad mit einem Zahlencode.

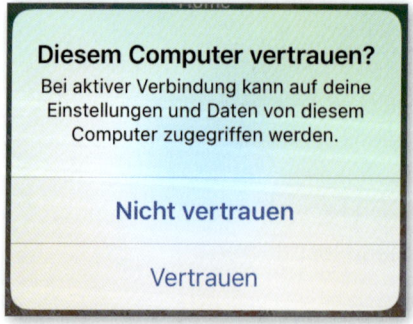

unterwegs in der Tasche oder im Rucksack verhindert, und neugierige Mitmenschen bleiben außen vor.

Ein mit einer Codesperre versehenes iPad lässt sich auch über einen fremden Computer nicht auslesen. Denn bevor iTunes (oder ein anderes Programm) auf das iPad zugreifen kann, müssen Sie den Computer am iPad als vertrauenswürdig markieren – und das geht nur, wenn das iPad entsperrt ist. Und nicht nur das: Selbst wenn ein bereits entsperrtes iPad an einen neuen Computer angeschlossen wird, müssen Sie zur Bestätigung Ihres Vertrauens Ihren Code eingeben. Ein Dieb kann also auf Ihr iPad nicht so ohne Weiteres zugreifen.

Ein Code aus sechs Ziffern ist zu Beginn obligatorisch und wird bei der Einrichtung des iPads festgelegt. Sie können den Code nachträglich ändern oder auch komplett ausschalten (wovon ich Ihnen allerdings dringend abrate).

Um die Codesperre zu ändern oder auszuschalten, tippen Sie in den Einstellungen auf den Menüpunkt **Touch ID & Code** ❶.

Damit Sie in diesem Bereich Änderungen vornehmen können, müssen Sie zur Identifizierung zunächst Ihren Code eingeben. Nach richtiger Eingabe erhalten Sie Zugriff auf die Einstellungen.

Den Zugriff mit der Codesperre eingrenzen

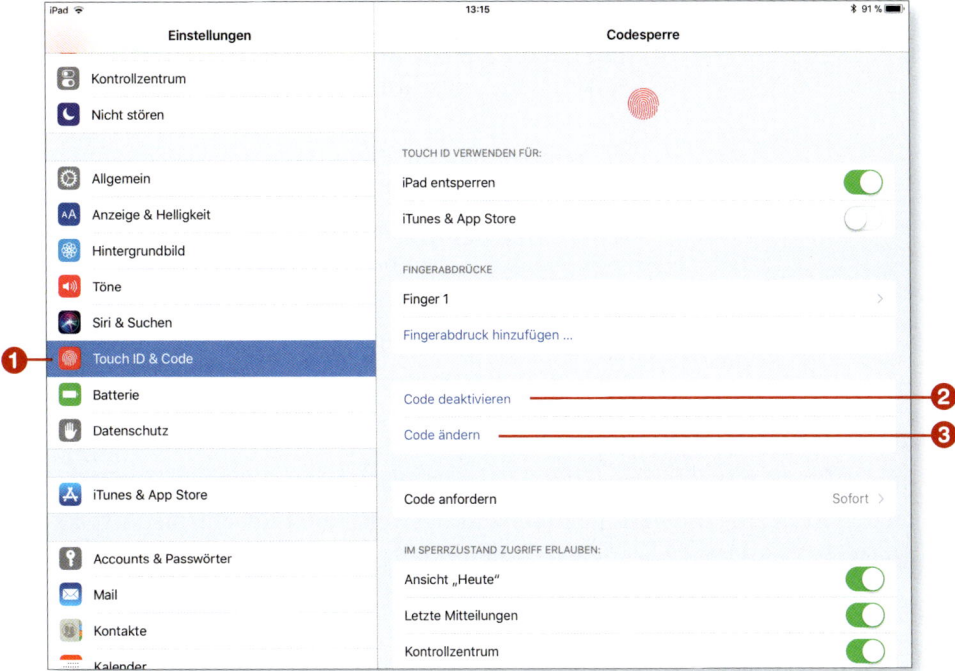

Beim Code unterscheidet das iPad vier verschiedene Arten. Da ist zum einen der sechsstellige Code, der standardmäßig aktiv ist. Sie können aber auch zum traditionellen vierstelligen Code wechseln, einen beliebig langen eigenen numerischen Code festlegen oder aber einen alphanumerischen Code definieren, also einen Code, der aus Buchstaben und Ziffern besteht und beliebig lang sein darf.

> **Warum Sie die Codesperre nicht ausschalten sollten**
>
> Es ist möglich, mit einem Tipp auf **Code deaktivieren** ❷ die Codesperre des iPads komplett auszuschalten. Aber dann kann jedermann jederzeit auf alle Daten Ihres iPads zugreifen. Und dazu gehören nicht nur Ihre Kontakte, Termine und Notizen, sondern auch die in Safari gespeicherten Passwörter, Kreditkartendaten und andere persönliche Daten mehr. Glauben Sie nicht, es lägen auf dem iPad keine schützenswerten Daten – die sammeln sich schneller und unbemerkter, als man meinen möchte. Ich rate Ihnen dringend davon ab, die Sperre zu deaktivieren.

Um die Codesperre Ihren Wünschen anzupassen, gehen Sie folgendermaßen vor.

Kapitel 18: Ihre Daten auf dem iPad schützen

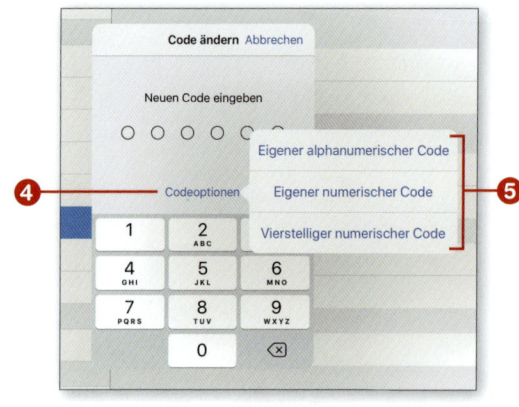

1. Tippen Sie auf **Code ändern** ❸ (auf Seite 315), und geben Sie zur Autorisierung Ihren aktuellen Code ein.

2. Nun können Sie den Code ändern. Tippen Sie im Dialogfenster auf **Codeoptionen** ❹, und wählen Sie eine der drei Optionen ❺.

3. Geben Sie nun den neuen Code ein. Zur Bestätigung müssen Sie den neuen Code anschließend noch einmal eingeben.

Die festgelegte Codesperre wird bei jedem Entsperren abgefragt, was sich in der Praxis mitunter als etwas lästig erweisen kann. Wer sein iPad etwa in den Ruhezustand geschickt beziehungsweise die Bildschirmsperre aktiviert hat und kurz darauf doch noch rasch etwas nachschlagen möchte, der muss sich erneut über die Codesperre ausweisen. Da kann es sinnvoll sein, die Zeitspanne, die zwischen Ruhezustand und Codeabfrage vergeht, ein wenig heraufzusetzen.

> **Touch ID und die Codesperre**
>
> Wenn Sie ein iPad mit Touch ID entsperren, erfolgt die Codeabfrage immer sofort und lässt sich auch nicht auf einen anderen Wert ändern.

Wählen Sie dazu im Einstellungsbereich **Touch ID & Code** den Punkt **Code anfordern**.

Standardmäßig ist hier als Wert **Sofort** eingetragen, Sie können die Zeitspanne von **Nach 1 Minute** bis **Nach 4 Stunden** ausdehnen.

Um Ihr iPad mit der Codesperre zu schützen, müssen Sie es in den Ruhezustand versetzen. Das können Sie manuell erledigen, indem Sie kurz oben rechts am Geräterand die Standby-Taste drücken – Sie können das aber auch dem iPad überlassen und eine Zeitspanne der Inaktivität definieren, nach der sich das iPad automatisch in den Ruhezustand begeben soll.

316

Diese Zeitspanne wird allerdings nicht im Bereich **Touch ID & Code**, sondern etwas überraschend unter **Anzeige & Helligkeit** ❶ festgelegt. Wählen Sie hier **Automatische Sperre** ❷. Hier legen Sie fest, nach wie vielen Minuten das iPad automatisch in den Ruhezustand wechseln soll.

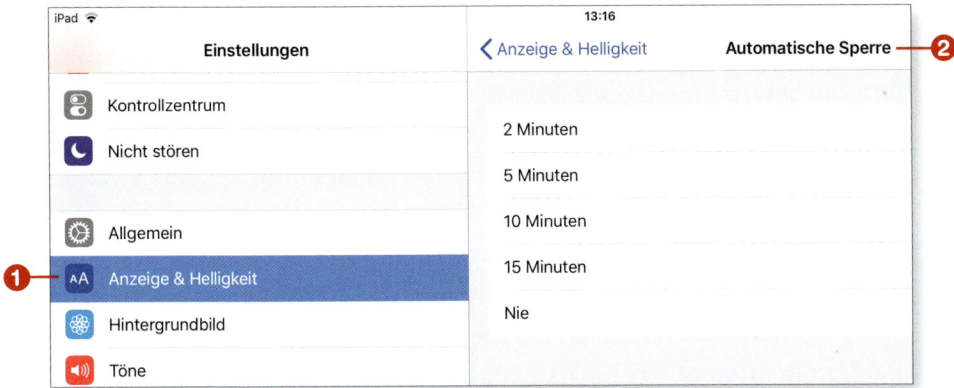

Bequem und sicher: Touch ID

Alle neueren iPad-Modelle ab dem iPad Air 2 und dem iPad mini 4 bieten neben der Codesperre die Möglichkeit, das iPad über einen Fingerabdruck zu sichern. Beim Entsperren müssen Sie dann nicht den Code eingeben, sondern lassen einfach Ihren Finger etwas länger auf der Home-Taste (wie Sie einen Fingerabdruck registrieren, erfahren Sie im Abschnitt »Touch ID: den Fingerabdrucksensor einrichten« ab Seite 31). Der festgelegte Code für die Codesperre bleibt als Plan B weiterhin aktiv. Schließlich könnte es ja auch einmal sein, dass der Fingerabdrucksensor streikt und Ihren Finger nicht erkennt. In einer solchen Situation können Sie Ihr iPad auf jeden Fall über den festgelegten Code entsperren.

Der Code wird auch angefordert, wenn Sie Ihr iPad 24 Stunden lang nicht entsperrt oder es komplett neu gestartet haben (zumindest in der Theorie – manchmal verlangt das iPad auch schon nach wenigen Stunden nach der Codeeingabe).

Falls mehrfach versucht wurde, das iPad mit dem falschen Finger zu entsperren, ist ein Entsperren ebenfalls nur noch über die Eingabe des Codes oder über den Wechsel in den Ruhezustand und ein erneutes »Aufwecken« möglich.

Da die Codesperre auch bei aktivierter Touch ID benutzt werden kann, bietet Touch ID keine zusätzliche Sicherheit, die über die Sicherheit der Codesperre hinausgeht. Aber die Entsperrung des iPads per Fingerabdruck ist ungleich einfacher und bequemer – und Ihr Fingerabdruck kann, anders als ein Code, den Sie auf dem iPad eintippen, nicht ausgespäht werden. Da Sie den Code bei Einsatz von Touch ID nur noch sehr selten eingeben müssen, empfiehlt es sich, hier einen komplexen Code zu benutzen (den komplexen Code sollten Sie sich an einer sicheren Stelle notieren, damit Sie ihn im Falle eines Falles zur Hand haben). So bietet die Kombination aus komplexem Code und Touch ID einen optimalen Kompromiss aus Datensicherheit und Bequemlichkeit.

Es stellt sich natürlich die Frage, ob Touch ID ausgetrickst werden kann. Schließlich wäre es ein hoher Preis für die gewonnene Bequemlichkeit, wenn jedermann mit ein wenig Aufwand Touch ID knacken könnte. Die Antwort lautet: Ja, Touch ID kann umgangen werden – aber nicht von jedermann und auch nicht mit wenig Aufwand.

Ein Angreifer braucht neben Ihrem iPad einen sauberen Abdruck des Fingers, mit dem Sie das iPad entsperren (die Abdrücke, die Sie auf dem iPad hinterlassen, sind in der Regel viel zu verschmiert, als dass sie dafür genutzt werden könnten). Dieser Abdruck muss abgenommen und hochauflösend fotografiert oder eingescannt werden (was auch nicht jedermanns Sache ist und einige Erfahrung voraussetzt). Der Abdruck wird anschließend am Computer in einer Bildbearbeitung optimiert und auf einer speziellen Folie ausgedruckt. Dieser Ausdruck kann schließlich in Kombination mit weiteren Mitteln als »gefälschter Finger« benutzt werden.

Schon diese knappe Beschreibung zeigt, dass es sich hierbei nicht nur um einen aufwendigen, zeitintensiven Prozess handelt, sondern auch, dass das Fälschen eines Fingerabdrucks ein hohes Maß an Erfahrung und eine nicht ganz alltägliche Ausrüstung verlangt. Diesen Aufwand kann sich nur ein Profi leisten, der Sie als spezielles Ziel besonders ins Visier genommen hat. Ein normaler Taschendieb oder die Zufallsbekanntschaft in der Kneipe ist nicht in der Lage, Touch ID auszuhebeln.

Anders gesagt: Für alle, die nicht gerade auf James-Bond-Niveau arbeiten, ist Touch ID hinreichend sicher. Und die James Bonds dieser Welt benutzen für ihre Arbeit wohl auch kein iPad.

> **Fingerbezeichnung ändern**
>
> Standardmäßig vergibt das iPad generische Bezeichnungen wie **Finger 1**, **Finger 2** und so weiter für Ihre gespeicherten Fingerabdrücke. Um diese Bezeichnungen etwas aussagekräftiger zu gestalten, tippen Sie in den **Einstellungen** auf **Touch ID & Code** und wählen hier den entsprechenden Eintrag, also etwa **Finger 1**. Nun können Sie einen passenden Namen wählen oder den Fingerabdruck löschen.

Was Sie trotz Codesperre und Touch ID beachten sollten

Auch bei einer aktiven Codesperre und Touch ID sind einige Funktionen des iPads weiterhin zugänglich, nämlich die Sprachsteuerung mit Siri (sofern Sie sie aktiviert haben), die Mitteilungszentrale und das Kontrollzentrum. Schließlich ist es ein wenig unbequem, wenn Sie Ihr iPad zuerst entsperren müssen, um etwa über das Kontrollzentrum rasch auf die Kamera zugreifen oder um einen schnellen Blick auf die aktuellen Termine und Mitteilungen werfen zu können.

Hier müssen Sie also für sich selbst einen Kompromiss aus Bequemlichkeit und Sicherheit finden. Denn alles, was ohne Entsperrung zugänglich ist, kann natürlich von jedem, der Ihr iPad in die Finger bekommt, genutzt werden.

Sie können den Zugriff auf diese Funktionen natürlich ausschalten. Dazu deaktivieren Sie in den **Einstellungen** im Bereich **Touch ID & Code** ❶ (auf Seite 320) im Abschnitt **Im Sperrzustand Zugriff erlauben** ❷ die entsprechenden Punkte (die standardmäßig allesamt aktiv sind).

Kapitel 18: Ihre Daten auf dem iPad schützen

Wenn Sie Touch ID benutzen, können Sie sämtliche Zugriffe vom Sperrbildschirm ausschalten. Schließlich entsperren Sie Ihr iPad über Ihren Fingerabdruck blitzschnell, sodass die kurze Verzögerung in der Praxis nicht störend ins Gewicht fällt.

Die Selbstzerstörungsfunktion des iPads aktivieren

Sperren und abschließen ist gut, komplett löschen ist im Falle eines Falles besser. Auch ein gesperrtes iPad enthält immer noch sensible Daten, die potenziell gefährdet sind. Schließlich basieren Codesperre und Touch ID auf Software, und Software ist fehlbar – ein bislang unbekannt gebliebener *Bug* (also etwa ein Fehler im Betriebssystem des iPads) könnte z. B. im ungünstigsten Fall dazu führen, dass sich die Codesperre leicht aushebeln lässt.

Hier sorgt die Selbstzerstörungsfunktion des iPads für etwas mehr Sicherheit. Ist ein Unbefugter zehnmal an der Codesperre gescheitert, löscht das iPad nach der Aktivierung dieser Funktion automatisch und unwiderruflich sämtliche gespeicherten Daten. Wählen Sie dazu in den **Einstellungen** den Bereich **Touch ID & Code** ❶, melden Sie sich mit Ihrem Code an, und aktivieren Sie dort den Schalter **Daten löschen** ❷. Nach Bestätigung der Sicherheitsabfrage mit **Aktivieren** ❸ ist Ihr iPad besser vor Missbrauch geschützt.

Datenschutzeinstellungen einsehen und ändern

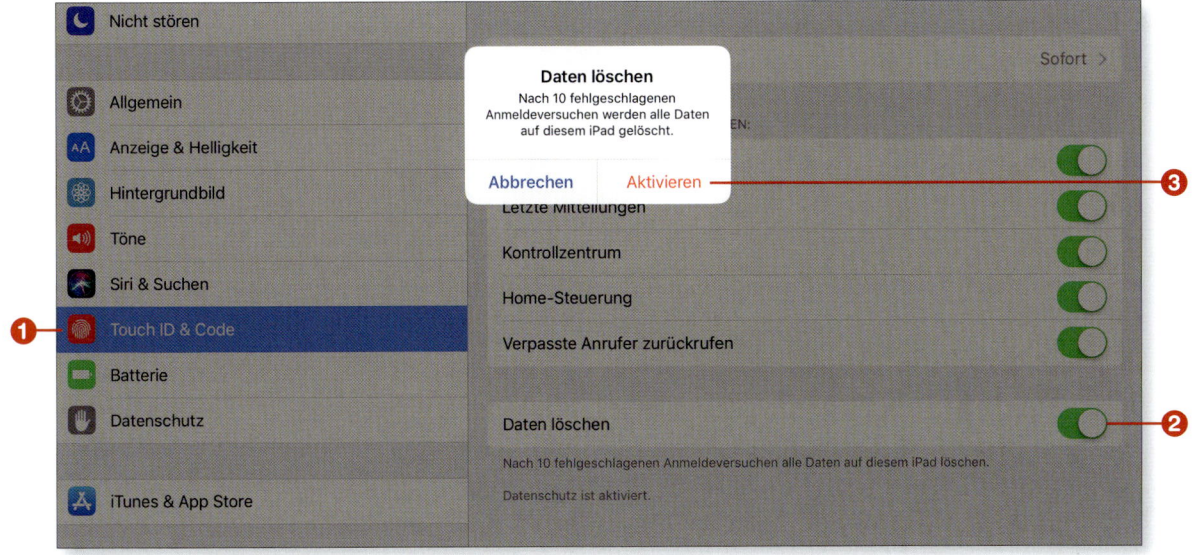

▲ Auf Wunsch löscht das iPad nach zehn fehlgeschlagenen Versuchen sämtliche Inhalte.

Datenschutzeinstellungen einsehen und ändern

Auf dem iPad herrscht das generelle Prinzip der Datenkapselung. Das bedeutet, dass auf die Daten einer App nur diese App selbst zugreifen darf. Für die Apps, die zum Grundbestand von iOS gehören, gibt es hier einige sinnvolle Ausnahmen. So kann z. B. die Mail-App auf die gespeicherten Kontakte zugreifen.

Den Apps anderer Anbieter ist der Zugriff von Haus aus allerdings verwehrt. Möchte eine App etwa auf die gespeicherten Kontaktdaten zugreifen, muss sie zuvor nachfragen. Sie können dann selbst entscheiden, ob Sie den Zugriff gestatten wollen.

Ähnliches gilt auch für die Ortungsdienste, Kalender, die Kamera und andere Apps und Daten mehr.

Rufen Sie in den **Einstellungen** den Bereich **Datenschutz** ❶ (auf Seite 322) auf, können Sie jederzeit nachsehen, welche App auf welche Informationen zugreifen darf.

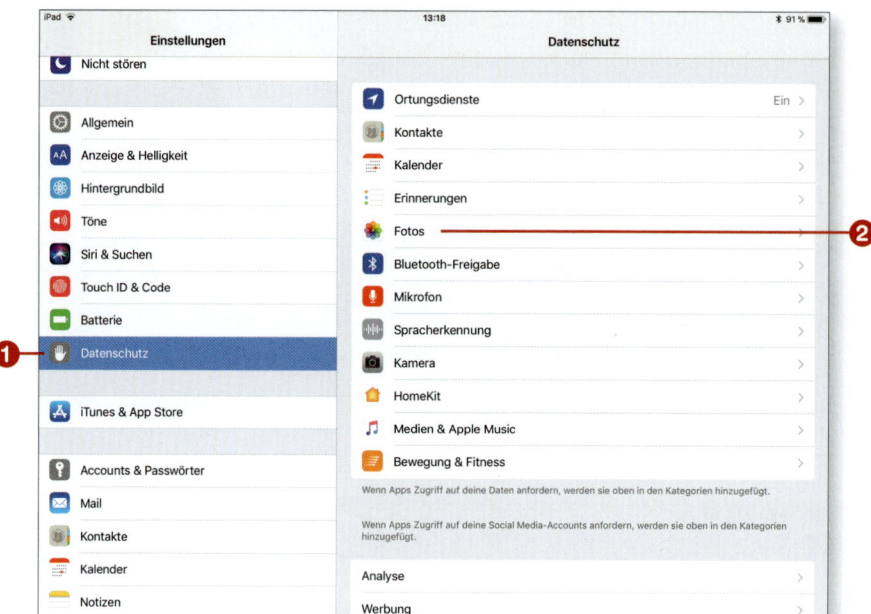

> Sie können detailliert festlegen, welche Apps auf welche Informationen zugreifen dürfen.

Hier lässt sich eine einmal erteilte Erlaubnis auch problemlos widerrufen. Tippen Sie dazu in der Liste auf den Namen der App beziehungsweise des Dienstes, also z. B. **Fotos** ❷.

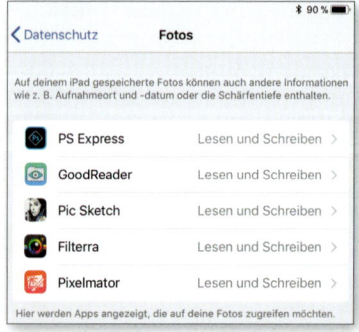

Sie sehen nun auf der folgenden Seite, welche Apps auf die Daten der gewählten App zugreifen dürfen. Tippen Sie die App an, der Sie die Berechtigung entziehen wollen, und schalten Sie den Zugriff aus. Starten Sie die ausgeschlossene App erneut und möchten ein Foto mit der App verwenden, werden Sie darüber informiert, dass die App keinen Zugriff auf Ihre Fotos hat. In diesem Fall müssen Sie den Zugriff in den Einstellungen zum Datenschutz zunächst wieder gestatten.

Zugriff auf Programme, Dienste und Inhalte beschränken

Über die *Zugriffsbeschränkung* verhindern Sie, dass bestimmte Funktionen oder Programme aktiviert werden können. So lassen sich etwa Safari, der iTunes Store oder die Kamera komplett ausschalten. Auch die

Zugriff auf Programme, Dienste und Inhalte beschränken

Wiedergabe von bestimmten Inhalten oder die Installation von Apps kann unterbunden werden. Das ist dann besonders nützlich, wenn Sie verhindern möchten, dass etwa Ihre Kinder mit Ihrem iPad allerlei Schabernack treiben.

Um diese Funktion zu nutzen, öffnen Sie im Abschnitt **Allgemein** ❶ der **Einstellungen** den Menüpunkt **Einschränkungen**. Tippen Sie hier ganz oben auf **Einschränkungen aktivieren**, und legen Sie nun einen vierstelligen Code fest, der die Einstellungen in den Einschränkungen vor unbefugten Änderungen schützt, und deaktivieren Sie durch Antippen der entsprechenden Schalter die Apps und Funktionen, die auf dem iPad nicht zugänglich sein sollen.

> **Code merken!**
> Merken Sie sich den vierstelligen Code für die Einschränkungen gut – andernfalls kann es passieren, dass Sie einige Funktionen ausschalten, die Sie später nicht mehr aktivieren können.

Wenn Sie eine der Apps wie **Safari** ❷ ausschalten, verschwinden die entsprechenden Symbole vom Home-Bildschirm (und natürlich auch aus den Einstellungen).

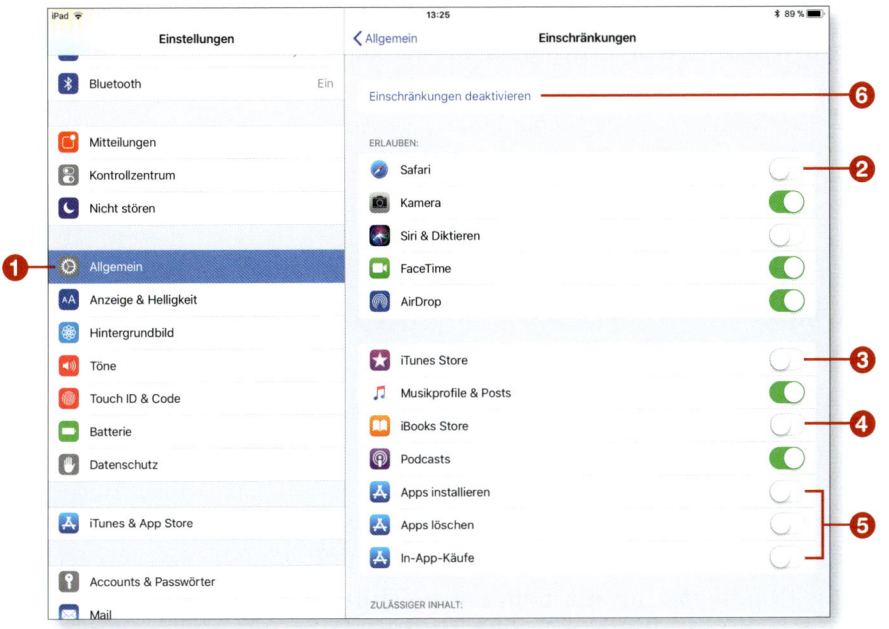

◂ *Sie können festlegen, was etwa Ihre Kinder mit dem iPad tun dürfen – und was nicht.*

Geben Sie Ihren Kindern das iPad schon einmal zum Spielen, empfehle ich Ihnen, sicherheitshalber den Zugriff auf den **iTunes Store** ❸ (auf Seite 323), den **iBooks Store** ❹ und die drei App-Aktionen ❺ auszuschalten. Damit ist es nicht mehr möglich, aus einem Spiel heraus weitere Inhalte für dieses Spiel zu kaufen, was Ihren Geldbeutel ganz erheblich schonen kann. Und Ihre Sprösslinge können nicht unversehens wichtige Apps samt Daten in den digitalen Orkus befördern.

Um diese Sperre wieder aufzuheben, tippen Sie auf **Einschränkungen deaktivieren** ❻ und geben zur Bestätigung den festgelegten Code ein.

Eine Datensicherung anlegen und verschlüsseln

Synchronisieren Sie Ihr iPad regelmäßig mit iTunes, legt iTunes automatisch ein vollständiges Backup Ihrer iPad-Daten auf dem Computer ab. Aus diesem Backup lässt sich der Datenbestand eines iPads bei einem vollständigen Zurücksetzen wiederherstellen. Um zu verhindern, dass sich Unbefugte an der Datensicherung Ihres iPads zu schaffen machen, lässt sich diese in iTunes verschlüsseln. So muss man bei der Wiederherstellung aus dem Backup zuerst ein Passwort eingeben, bevor man fortfahren kann. Erfreulicher Nebeneffekt: Bei einem verschlüsselten Backup werden auch alle Passwörter, die Sie auf dem iPad gespeichert haben, gesichert.

1. Möchten Sie diese Funktion aktivieren, schließen Sie Ihr iPad per USB-Kabel an Ihren Computer an, und öffnen Sie auf dem Computer das Programm iTunes.

2. Wählen Sie das iPad aus ❶, und klicken Sie in der Seitenleiste auf die Kategorie **Übersicht** ❷.

3. Wählen Sie rechts im Hauptbereich im Abschnitt **Backups** den Punkt **Dieser Computer** ❸ und **Lokales Backup verschlüsseln** ❹.

4. Sie werden nun in einem Dialogfenster aufgefordert, ein Passwort für die Datensicherung festzulegen ❺. In Zukunft wird das Backup verschlüsselt und kann nur mit dem entsprechenden Passwort verwendet werden.

Eine Datensicherung anlegen und verschlüsseln

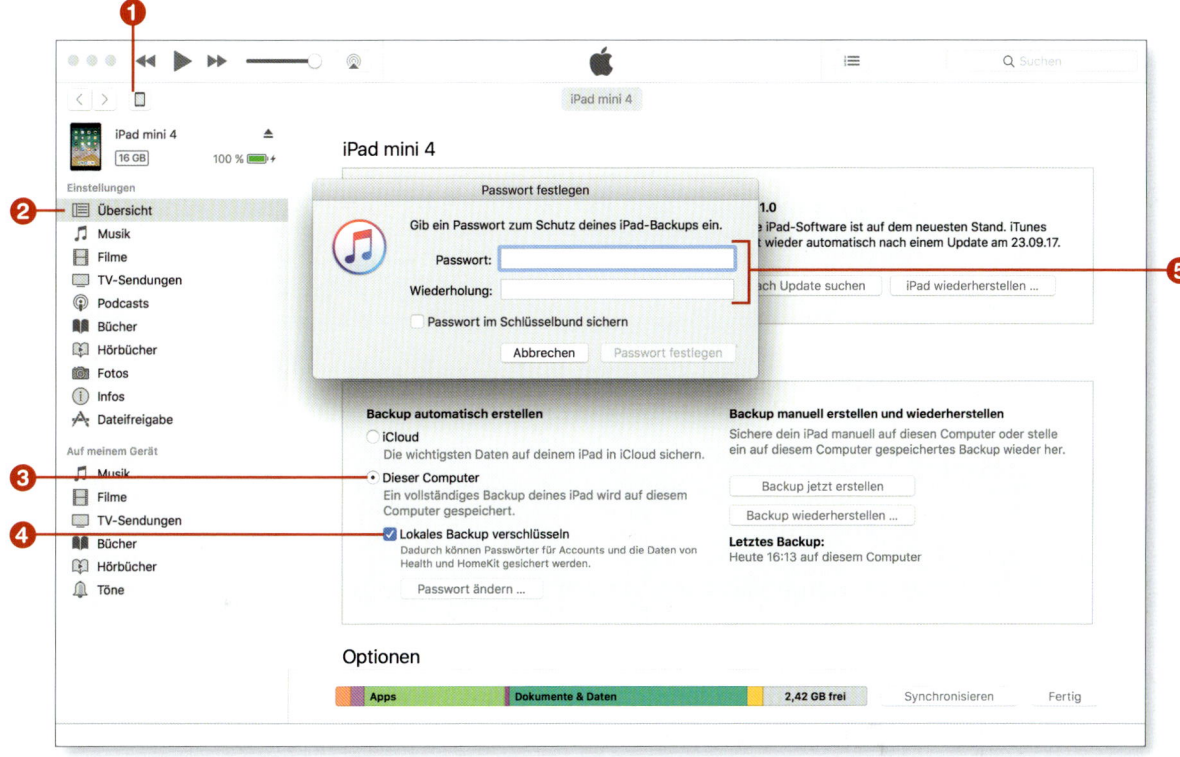

^ Um ein lokales Backup mit einem Passwort zu schützen, benötigen Sie iTunes.

Es ist auch möglich, auf ein lokales Backup auf Ihrem Computer zu verzichten und die regelmäßige Datensicherung iCloud zu überlassen. Das hat den Vorteil, dass Sie sich um überhaupt nichts mehr kümmern müssen und Ihr Backup durch Ihre Apple-ID samt Kennwort geschützt ist. Allerdings müssen Sie in diesem Fall Apple vertrauen, da Ihre Daten auf einem Apple-Server gespeichert werden.

Rufen Sie dazu in den **Einstellungen** Ihren Account ❻ (Seite 326) auf. Hier wählen Sie **Backup** und aktivieren den Schalter **iCloud-Backup** ❼ (diese Option wird bei der Einrichtung von iCloud standardmäßig aktiviert). Das iPad legt nun automatisch ein Backup an, wenn es gesperrt und an der Stromversorgung angeschlossen ist – also typischerweise am Abend oder in der Nacht, wenn Sie Ihr iPad zum Aufladen an das Netzteil anschließen. Sie können ein Backup aber auch manuell anstoßen. Tippen Sie dazu auf **Backup jetzt erstellen** ❽.

325

Diese Option lässt sich auch in iTunes aktivieren, sofern Ihr iPad angeschlossen ist. Wählen Sie die Kategorie **Übersicht**, und klicken Sie im Abschnitt **Backup** auf **iCloud**. Sobald Sie diese Option auf dem iPad gewählt haben, legt iTunes auf Ihrem Computer keine weiteren automatischen Backups mehr an.

Beim ersten Mal kann sich ein Backup einige Zeit hinziehen, da hier der aktuelle Zustand einmal vollständig gesichert wird. Bei späteren Backups geht das deutlich zügiger, da hier nur die Änderungen seit der letzten Sicherung übertragen werden, was eine Sache weniger Minuten ist.

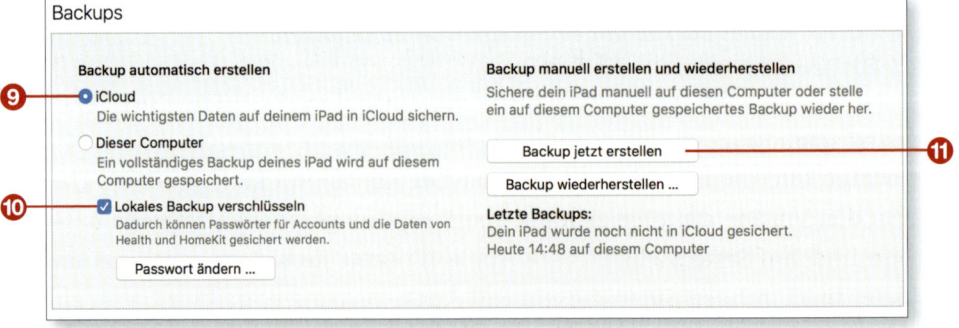

> Backup in iCloud und ein verschlüsseltes Backup auf dem Computer lassen sich auch kombinieren.

Auch wenn Sie Ihr iPad über iCloud sichern, können Sie trotzdem Backups auf Ihrem Computer anlegen – sicher ist sicher. Falls iCloud im Falle eines Falles nicht erreichbar sein sollte, können Sie Ihr iPad notfalls auch aus dem lokalen Backup wiederherstellen. Dazu lassen Sie in iTunes die Option **iCloud** ❾ aktiviert, schalten aber gleichzeitig **Lokales Backup verschlüsseln** ❿ ein. Nach dem Festlegen eines Passworts wird sofort ein Backup angelegt. Mit einem Klick auf **Backup jetzt erstellen** ⓫ legt iTunes jederzeit ein lokales verschlüsseltes Backup an.

Das iPad wiederherstellen

Ein Backup ist die Lebensversicherung Ihres iPads – wenn alles gut geht, werden Sie es nie benötigen. Doch falls etwas schiefgegangen ist, können Sie Ihr iPad aus dem Backup komplett wiederherstellen. Eine Wiederherstellung aus einem Backup ist auch dann die letzte Rettung, wenn sich Ihr iPad hartnäckig seltsam benimmt und partout nicht das tut, was Sie von ihm erwarten.

> **i Alles oder nichts**
>
> Die Wiederherstellung des iPads erfolgt nach dem Motto »Alles oder nichts«. Sie können Ihr iPad damit nur komplett wiederherstellen, eine gezielte Auswahl – etwa: »Nur die Fotos« – ist von Apple nicht vorgesehen.

Bei einer Wiederherstellung wird das iPad in den Werkszustand versetzt, sämtliche Daten und die installierten Programme werden gelöscht. Anschließend installieren Sie über iTunes oder iCloud das Betriebssystem neu, und alle Daten und Programme werden aus der Datensicherung rekonstruiert. Im Fall der Fälle sollten Sie sich ein wenig Zeit nehmen – eine komplette Wiederherstellung kann rund eine Stunde oder sogar länger dauern.

1. Wählen Sie auf dem iPad in den **Einstellungen** den Abschnitt **Allgemein** ❶ (auf Seite 328).

2. Wischen Sie den rechten Bereich nach oben, bis Sie am Ende des Menüs den Befehl **Zurücksetzen** sehen. Tippen Sie darauf.

3. Auf der Seite **Zurücksetzen** tippen Sie auf den Menüpunkt **Alle Inhalte & Einstellungen löschen** ❷.

Kapitel 18: Ihre Daten auf dem iPad schützen

4. Geben Sie nun Ihren Code ein.

5. Nach einer zweimaligen Sicherheitsabfrage, die Sie mit **Löschen** bestätigen, wird das iPad komplett zurückgesetzt.

6. Anschließend beginnt der Einrichtungsprozess, ganz so, als würden Sie Ihr iPad zum ersten Mal in Betrieb nehmen. Im Rahmen dieses Vorgangs können Sie nun im Fenster **Apps & Daten** zwischen **Aus iCloud-Backup wiederherstellen** und **Aus iTunes-Backup wiederherstellen** entsprechend Ihren vorherigen Datensicherungseinstellungen wählen.

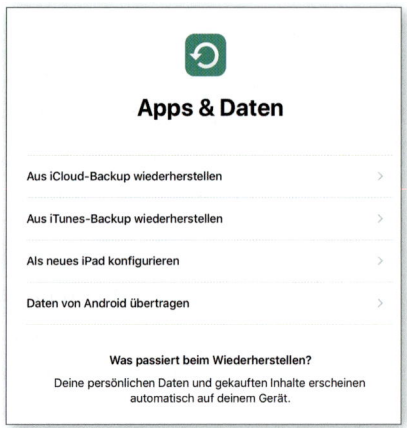

Wie zuvor beschrieben, werden daraufhin alle Daten, Apps und Einstellungen Ihres iPads aus der Datensicherung übernommen. Da alle Apps, die Sie installiert haben, erneut aus dem Store geladen und installiert werden, kann sich eine komplette Wiederherstellung durchaus länger hinziehen.

> **Wiederherstellung in iTunes starten**
>
> Haben Sie Ihre Daten ohnehin in iTunes gesichert, können Sie das Zurücksetzen des iPads und die Wiederherstellung auch gleich dort vornehmen. Schließen Sie Ihr iPad an, und wählen Sie in der Seitenleiste die Kategorie **Übersicht**. Klicken Sie nun im Bereich **Backups** unter **Backup manuell erstellen und wiederherstellen** auf die Schaltfläche **Backup wiederherstellen**. Daraufhin wird das Gerät zurückgesetzt und aus der Datensicherung neu aufgesetzt.

Mein iPad suchen

Eine sehr sinnvolle Funktion von iCloud ist der Dienst *Mein iPad suchen*, der automatisch aktiviert wird, sobald Sie sich auf dem iPad bei iCloud anmelden. Diese Funktion lässt sich unter **Einstellungen ▸ [Ihr Account] ▸ iCloud** nur ausschalten, wenn Sie Ihr iCloud-Passwort eingeben.

Mit dieser Funktion ist es möglich, ein verlorenes oder verlegtes iPad im Webbrowser auf einer Karte angezeigt zu bekommen und so zu lokalisieren. Notfalls haben Sie mit dieser Funktion etwa im Falle eines Diebstahls auch die Möglichkeit, sämtliche Daten auf Ihrem iPad aus der Ferne zu löschen.

⌃ *Eine der wichtigsten Sicherheitsfunktionen von iCloud ist »Mein iPad suchen«.*

Diese Funktion hat noch einen weiteren Schutzeffekt. Selbst wenn die Fernlöschung fehlschlägt, verhindert sie eine Wiederherstellung und erneute Aktivierung des iPads. Will ein Dieb Ihr iPad also komplett zurücksetzen, um es als scheinbares Neugerät zu verkaufen, benötigt er zwingend Ihr iCloud-Passwort, um die Funktion **Mein iPad suchen** ausschalten zu können.

Außerdem können Sie das iPad einen Ton abspielen lassen, was bei der Suche des Geräts in der eigenen Wohnung hilfreich ist, sollten Sie Ihr iPad einmal verlegt haben (und glauben Sie mir – das passiert häufiger, als man meinen möchte). Anders als der normale Klingelton lässt sich dieser Signalton nicht abschalten, sondern wird immer mit voller Lautstärke abgespielt. So habe ich mein iPad schon oft unter Papier- und Zeitungsstapeln wiedergefunden.

1. Falls Sie Ihr iPad einmal nicht wiederfinden, starten Sie einen Webbrowser und geben in das Adressfeld *www.icloud.com* ein.

2. Dort melden Sie sich mit Ihrer Apple-ID und Ihrem Passwort an. Da es sich um einen iCloud-Dienst handelt, ist eine Apple-ID Voraussetzung.

3. Wählen Sie **Mein iPhone** (lassen Sie sich von der Benennung des Punktes nicht irritieren – das funktioniert auch mit Ihrem iPad und sogar mit Ihrem Mac).

4. Nun wird Ihr iPad auf einer Karte geortet ❶ (auf Seite 330), und Sie können eine der möglichen Aktionen ausführen.

5. Mit einem Klick auf **Ton wiedergeben** ❷ spielt das iPad einen Signalton ab – und zwar so lange, bis Sie den Ton auf dem iPad ausschalten.

6. Klicken Sie auf **Modus »Verloren«** ❸, können Sie eine Nachricht und Ihre Telefonnummer an das iPad schicken – in der Hoffnung, dass der ehrliche Finder Kontakt zu Ihnen aufnimmt. Gleichzeitig wird das iPad mit seinem Code gesperrt. Falls Sie keinen Code festgelegt haben, können Sie dies nun aus der Ferne nachholen.

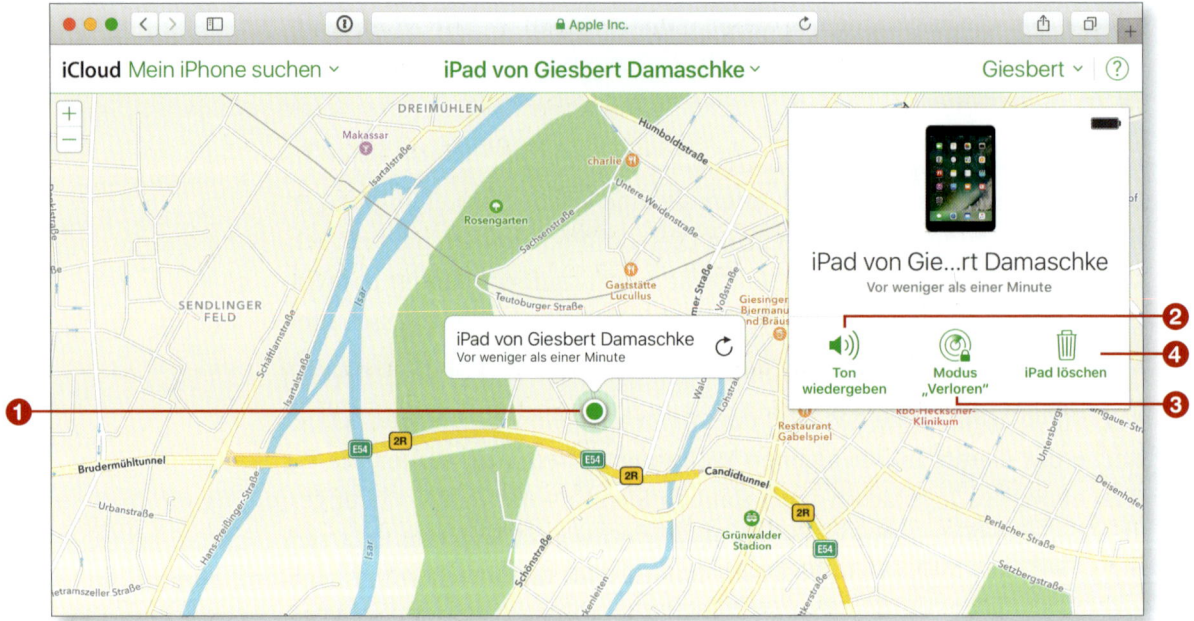

△ *Über die Funktion »Mein iPad suchen« lässt sich ein iPad im Browser lokalisieren.*

7. Über **iPad löschen** ❹ wird von Ihnen das Kommando »Sämtliche Daten löschen« via Internet an das iPad geschickt. Sobald das iPad dieses Kommando empfangen hat, löscht es ohne weitere Rückfragen und ohne Eingriffsmöglichkeit seinen kompletten Inhalt samt Einstellungen. Nach der Löschung muss das iPad komplett wiederhergestellt werden. Dabei wird das iPad auch erneut aktiviert, was nur funktioniert, wenn die Apple-ID eingegeben wird, mit der es gelöscht wurde.

Sie sehen, Ihr iPad bietet Ihnen eine ganze Reihe effektiver Schutzmechanismen, um den Zugriff auf Ihre Daten zu schützen, und es liegt letztlich nur an Ihnen, diese auch zu aktivieren und zu nutzen.

Die Gefahren eines Jailbreaks

Das iPad besitzt von Hause aus verschiedene Sicherheitsmaßnahmen, die verhindern sollen, dass der Anwender sein iPad anders einsetzt, als Apple sich das gedacht hat. Die wichtigste Hürde ist dabei das geschlossene Dateisystem, auf das man normalerweise keinen oder nur einen sehr begrenzten Zugriff hat. Damit ist es für den iPad-Besitzer unmöglich, beliebige Anwendungen zu installieren.

Diese Sperren können mit entsprechender Software relativ einfach und ohne technisches Spezialwissen umgangen werden. Wenn die Sperren des Dateisystems aufgebrochen werden, um beliebige Software installieren zu können, spricht man von einem *Jailbreak*. Bevor Sie sich aber nun frohgemut daranmachen, Ihr iPad zu befreien, sollten Sie sich genau überlegen, was Sie da eigentlich vorhaben. Denn auch wenn das Vorgehen heute eine eher triviale Angelegenheit ist, ist es doch nicht frei von Risiken und Nebenwirkungen.

Mit einem Jailbreak des iPads umgehen Sie willentlich und wissentlich Sicherheitsstrukturen Ihres iPads. Sie begeben sich damit nicht nur in eine rechtliche Grauzone und den digitalen Untergrund, sondern auch in Gefahr, da ein Jailbreak immer auch ein mögliches Einfallstor für Schadsoftware darstellt. Das bedeutet nicht nur, dass Sie im Fall der Fälle nicht auf den Apple-Support zählen können und auf Garantieleistungen verzichten, sondern auch, dass Sie einiges beachten müssen, worum sich normalerweise Apple kümmert – die Freiheit hat auch beim iPad ihren Preis.

Es gibt zu diesem Thema (natürlich) keine offiziellen Informationen seitens Apple, sodass Sie auf eigene Recherche und eine mitunter mühevolle Suche im Internet angewiesen sind – wobei es nicht immer einfach ist, korrekte Informationen von Halbwahrheiten und falschen Behauptungen zu trennen.

Ist man nach einem Jailbreak in der Lage, auf seinem iPad beliebige Software zu installieren, steht man vor dem nächsten Problem: Wer garantiert für die Sicherheit der zu installierenden Apps? So beengend manchen Anwendern und Entwicklern die Bindung an den App Store auch erscheinen mag – die Wahrscheinlichkeit, sich hier Schadsoftware einzufangen, geht gegen null.

In der freien digitalen Wildbahn sieht das anders aus. Hier kann es durchaus vorkommen, dass man sich mit einem übereilt installierten Programm seine Daten zerstört oder sich Schadsoftware aufs iPad lädt. Denkbar ist es auch, dass ein Programm durch gezielte Übertaktung des Prozessors physikalischen und damit irreparablen Schaden am Gerät anrichtet.

Gravierend wiegt zusätzlich das Risiko der Datenspionage. Schließlich enthält das iPad sensible persönliche Daten, ist in der Regel permanent online und bietet praktisch keine Kontrolle darüber, ob es gerade Daten sendet oder empfängt. Wenn ein Programm im Hintergrund z. B. heimlich Ihre Daten ausliest und über das Internet verschickt, bekommen Sie davon mit ziemlicher Sicherheit nichts mit. Sie müssen einfach darauf vertrauen, dass die Anbieter eines Jailbreaks und der entsprechenden Programme die sich ergebenden Möglichkeiten nicht böswillig ausnutzen.

Zudem müssen Sie sich auf ein gewisses Maß an Mehrarbeit einstellen. Denn mit jedem iTunes- oder iOS-Update besteht die sehr reale Möglichkeit, dass das befreite iPad nicht mehr funktioniert oder gar dauerhaft beschädigt wird.

All das sollten Sie bedenken, bevor Sie Ihr iPad *jailbreaken*. Ich zumindest rate Ihnen dringend davon ab.

Stichwortverzeichnis

A

Accounts & Passwörter	58
Datenabgleich	61
Konto einrichten	59
Ad-hoc-Netzwerk	63
AirDrop	62, 63
aktivieren	64
Datei empfangen	65
Datei übertragen	64
AirPrint	63
App	
automatische Updates deaktivieren	298
beenden	41
löschen	302
nebeneinander ausführen	42
Ordner anlegen	48
Ordner auflösen	49
Ordner benennen	49
Standard-Apps	34
starten	39
Updates	298
verlassen	39
verschieben	47
wechseln	39
Zugriff beschränken	322
Apple-ID	22, 53, 195
einkaufen	292
einrichten	55
Apple Music	37, 260
Apple Pay	152
Apple Pencil	14, 104
Apple TV	71
App Store	34, 292, 296
App-Umschalter	39
Ausrichtungssperre	15, 71
Automatische Sperre	317

B

Backup	
erstellen	324
iCloud	325
Inhalte & Einstellungen löschen	327
iPad wiederherstellen	327
verschlüsseln	324
Bildschirmfoto	234
Bildschirmhintergrund	29
Bing	133, 139

C

Codesperre	21, 32, 313, 319
Code ändern	316
Code anfordern	316
Codeoptionen	21, 316
deaktivieren	315
Copy & Paste	99

D

Darstellung	
vergrößern	27, 28
verkleinern	28
Dateien (App)	34, 85
bewegen	86
duplizieren	86
Favoriten	85
kopieren	86
löschen	86
umbenennen	86
Zuletzt gelöscht	86
Datenschutz	321

Datensicherung 313
   bei iCloud 325
   iPad wiederherstellen 327
Diktierfunktion 105
   aktivieren 106
   Internet 106
   Kommandos 107
   starten 106
Dock 17, 26
Dokumente scannen 181
Drag & Drop 46, 118
Dropbox 34
Drucken 62, 63
DuckDuckGo 133, 139

E

E-Books 277
Einkaufen
   per Touch ID bestätigen 293
Einschränkungen 323
Einstellungen 34, 51
   Siri 81
Entsperren 24
ePub 277
Erinnerungen (App) 34, 175, 186
   Aufgabe in andere Liste
   verschieben 191
   Details 188
   erledigen 190
   Listen 191
   Listen freigeben 192
   löschen 190
   neu 186
   Termin 189

F

FaceTime (App) 17, 35, 195, 207
   aktivieren 207
   Anruf ablehnen 209
   anrufen 208
   Anruf entgegennehmen 209
   Anrufer sperren 213
   Erinnerung 209
   Klingelton 211
   mit Nachricht antworten 209
   Nicht stören 211
FaceTime-Kamera 216
Fingerabdrucksensor 17, 31, 293
Flugmodus 70
Fotos (App) 35, 231, 232
   Alben 233
   Alben bearbeiten 245
   Album anlegen 241
   anzeigen 234
   Aufnahmen 234
   aus Album entfernen 242
   Autokorrektur 247
   begradigen 247
   beschneiden 247
   Bilder aus Alben löschen 244
   Bilder bearbeiten 246
   Bilder einem Album hinzufügen 242
   Bilder löschen 251
   Diashow 236
   endgültig löschen 253
   Favoriten 244
   Filter 248
   Fotostream 234, 255
   gelöschte Bilder wiederherstellen ... 253
   Gesichtserkennung 239
   Geteilt 233, 253
   iCloud-Fotofreigabe 253
   iCloud-Fotomediathek 255
   Jahre 232
   Momente 233
   Orte 235
   Personen 239
   Reihenfolge in Alben 242
   rote Augen entfernen 248
   Rückblicke 233, 238
   Rückblicke bearbeiten 249

Stichwortverzeichnis

Rückblickfavoriten 239
Sammlungen 232
Serienfotos auswählen 246
suchen 240
veröffentlichen 253
Videos bearbeiten 250
vom Computer übertragen 231
Zurück zum Original 248
Freunde (App) 35, 312

G

Geschenkkarte 294
Gesten 27
 Berühren und Halten 28
 pinch to zoom 28
 Tippen 27
 Wischen 27
 Zoom 28
Google 59, 133, 139
Google Drive 34
GPS 79

H

HDR 222
Hintergrundbild ändern 29
Hinweiston
 beim Sperren 78
 Lautstärke 78
 Mit Tasten ändern 78
 Tastaturanschläge 78
Home (App) 35
Home-Bildschirm 17, 25
 anpassen 47
 Hintergrund ändern 29
 Ordner anlegen 48
 Ordner auflösen 49
 Ordner benennen 49
 zurücksetzen 49
Home-Taste 17

Hörbuch 277, 287, 292
 Geschwindigkeit 288
 Ruhezustandstimer 288
 springen 287

I

iBooks (App) 35, 277
 Bibliothek durchsuchen 284
 Bücher löschen 288
 Darstellung 278
 E-Book lesen 280
 Helligkeit anpassen 281
 Hörbuch 287
 Hörbuch stoppen 288
 iCloud 279
 iCloud-Bücher ausblenden 279
 Inhaltsverzeichnis 281, 283
 Lesezeichen 281
 Markierung 282
 Meine Bücher 278
 neue Sammlung 285
 Notiz einfügen 282
 Notiz löschen 283
 PDF-Dateien 283
 Rollansicht 281
 Sammlung 284
 Sammlung bearbeiten 286
 Schriftgröße anpassen 281
 Suchfunktion 281
iBooks Store 277, 292, 296
iCloud 53, 57
 abmelden 58
 Backup 325
 Browser 58
 E-Mail-Adresse 55
 Fotostream 228
 iBooks 279
 iCloud-Drive 57
 iCloud-Fotomediathek 59
 iCloud-Tabs 146
 Mein iPad suchen 56, 329

Stichwortverzeichnis

    Speicher verwalten 59
    Synchronisation 65
iCloud Drive 34
iCloud-Mediathek 260
iMessage 195
iOS 14
iPad
    ausgeschaltet 24
    ausschalten 24
    Bedienelemente 15
    Betriebsmodus 24
    Betriebssystem 14
    Codesperre 21
    einschalten 19, 24
    entsperren 24
    Fingerabdrucksensor 17
    gesperrt 24
    Gestensteuerung 27
    Hochformat 15
    Home-Taste 17
    iPad 14
    iPad mini 4 14
    iPad Pro 14
    Kopfhöreranschluss 15
    Lagesensor 15
    Lautsprecher 16
    Lautstärkeregler 16
    Lightning-Anschluss 16
    mit iTunes synchronisieren 66
    mit iTunes wiederherstellen 328
    Modelle 13
    Netzteil 17
    Ortungsdienste 23
    Querformat 15
    Ruhezustand 15
    SIM-Karte 14
    Smart Connector 17
    Spracheinstellung 20
    Standby 19, 24
    Standby-Taste 15
    Stromversorgung 18
    synchronisieren 65

    Verbindungskabel 17
    wiederherstellen 327
    Wi-Fi 18
    Wi-Fi + Cellular 18
    WLAN 14
iPhone-Suche (App) 36
iSight-Kamera 216
iTunes 292
    Datensicherung 324
    iPad synchronisieren 66
    iPad trennen 67
    iPad verbinden 66
    iPad wiederherstellen 328
    Synchronisation 66
iTunes Store 36, 291, 292
    Downloads 299
    Filme 294
    Filme leihen 299
    Genres 294
    Geschenkkarten 293
    Gutscheincode 300
    Inhalte erneut laden 300
    Inhalte kaufen und laden 298
    Musik 294
    TV-Serien 294
    Vorschau 298
    Wunschliste 300
iTunes Wunschliste 296

J

Jailbreak 331

K

Kalender (App) 36, 119
    abonnieren 129
    aktuelles Datum anzeigen 120
    anlegen 125
    Ansichten 119
    bearbeiten 124, 126

Stichwortverzeichnis

deutsche Feiertage 125
ein- und ausblenden 126
Erinnerung 123
freigeben 127
Geburtstage 125
gemeinsam nutzen 127
Jahresansicht 121
Kalenderwoche 120
Listenansicht 122
löschen 126
mehrere Kalender 125
Monatsansicht 121
Notiz hinzufügen 123
regelmäßige Termine 123
suchen 123
synchronisieren 119
Tagesansicht 120
Termineinladung bestätigen 126
Termin eintragen 122
Termin teilen 126
veröffentlichen 128
Wochenansicht 121
Kamera (App) 36, 215
aktivieren 216
auf dem Sperrbildschirm 217
Aufnahmeeinstellungen 222
Ausrichtungsraster einblenden 220
Belichtung einstellen 218
Bilder auf den Computer übertragen .. 227
Bildformat 223
Blitz 221
Burst-Modus 221
digitaler Zoom 219
FaceTime-Kamera 17
fokussieren 218
Foto aufnehmen 217
HDR-Aufnahme 221
im Kontrollzentrum 216
iSight-Kamera 17
Live Photo 222
Ortsdaten 217
Panoramafoto 223

QR-Scanner 226
Selbstauslöser 221
Serienbild 220
Slo-Mo 225
Speicherort der Aufnahmen 220
Videoaufnahmemodus 225
Video aufnehmen 223
Videoformat wählen 225
wechseln 218
Zeitlupenaufnahme 225
Zeitraffer 225
zu Fotos wechseln 220
Karten (App) 36, 305
3D 310
Adresse suchen 307
Aufbau 306
Einstellungen 306
Etiketten 306
Favoriten 308
Flyover 311
Funktionsweise 307
Geschäfte und Dienstleister suchen .. 308
Navigation 309
ÖPNV 306
Routenplanung 309
Satellit 306, 310
Standort 309
Verkehr 306
Kindersicherung 322
Kontakte (App) 37, 109
anlegen 111
Aufbau 110
bearbeiten 111, 112
Darstellung anpassen 110
Drag & Drop 118
empfangen 117
Etiketten 112
Formular anpassen 113
Foto hinzufügen 111
Informationen teilen 115
kopieren 116
löschen 113

337

Stichwortverzeichnis

Notizen 113
Seitenleiste 110
senden 117
suchen 114
Telefonnummer speichern 111
Kontrollzentrum 69
anpassen 72
aufrufen 69
Ausrichtungssperre 71
Bildschirmsynchronisation 71
Flugmodus 70
Kamera 72
Musik 70
Nicht stören 71
Stoppuhr 72
stumm schalten 71
Taschenlampe 71
Kopfhörer anschließen 15

L

Lautstärke
einstellen 16
Lexikon 85
Lightning-Anschluss 16

M

Mail (App) 37, 155
Anhang 158
Anhang bearbeiten 165
Anhang speichern 164
An/Kopie 158
Archiv 157, 169
archivieren 168
beantworten 161
Bildgröße 164
Dateien senden 163
Datenabgleich 61
Eingang 156
E-Mail empfangen 158

Entwurf 157
Entwurf speichern 160
formatieren 160
Gesendet 157
Heute 158
intelligentes Postfach 157
Konto einrichten 59
Konversationen 161
löschen 168
markieren 166
Markup 165
Mitteilungen 157, 158, 171
Neues Postfach 158, 168
organisieren 166
Papierkorb 157, 169
Postfach 156
Postfach anlegen 167
Postfach anpassen 157
Postfach filtern 166
Postfach hinzufügen 158
schreiben 159
Signatur 160
suchen 170
Überblick 156
Ungelesen 157
verschieben 168
VIP 156, 158, 171
Vorschau 156
weiterleiten 161
Werbung 157, 173
Markierungen 87
aufrufen 87
Mein iPad suchen 329
Microsoft 59
Mitteilungen 73
Banner 73
Einstellungen 74
Kennzeichenzähler 73
Töne 73
Mitteilungszentrale 73
aufrufen 74
Mobilfunk 53

Stichwortverzeichnis

Multitasking 39, 42
Musik (App) 37, 257
   Aktueller Titel 260
   Alben 259
   Apple Music 260
   auf das iPad kopieren 258
   Compilations 259
   Entdecken 260
   Für dich 260
   Geladene Musik 259
   Genres 259
   iCloud-Mediathek 260
   Komponisten 259
   Künstler 259
   löschen 270
   Mediathek 258, 259
   Menü anpassen 259
   Musikvideos 259
   Playlists 259, 262
   Radio 260
   streamen 268
   Suchen 260
   Titel 259
   Wiedergabe 70, 261
   Wiedergabelisten 262
   Zuletzt hinzugefügt 258

N

Nachrichten (App) 37, 195
   Anhänge verwalten 206
   anmelden 196
   Bild oder Video verschicken 197
   Details 206
   Digital Touch 200
   Effekte 201
   empfangen 203
   Handschrift 202
   Hinweiston 211
   Kontakt sperren 213
   Konversation löschen 206
   kopieren 205
   Lesebestätigung 204
   löschen 205
   Nicht stören 211
   senden 196
   Sprachnachrichten 199
   Sticker 197, 200
   Tapback 204
   Text eingeben 196
   Unbekannte Absender filtern 204
   weiterleiten 205
Nachschlagen 84
Navigation 305, 309
Nicht stören 212
Night Shift 71
Notizen (App) 37, 175
   Anhang 183
   bearbeiten 177
   Drag & Drop 184
   formatieren 178
   Fotos 180
   freigeben 177
   löschen 186
   neu 176
   Notizen aus anderen Apps anlegen ... 182
   Ordner 184
   scannen 181
   sortieren 176
   speichern 177
   sperren 185
   Tabellen 179
   teilen 177
   Zeichnung 180
   Zuletzt gelöscht 186

O

OneDrive 34
Ordner 47
   anlegen 48
   auflösen 49
   benennen 49
Ortsdaten 307

Stichwortverzeichnis

Ortungsdienste 23, 79
    ein-/ausschalten 79

P

PDF 277
Pencil 104
    koppeln 104
    laden 104
    zeichnen 105
    Zugriff im Sperrbildschirm 105
Photo Booth (App) 37, 215, 228
Podcasts (App) 38, 257, 273, 292
    Abo beenden 276
    abonnieren 274
    Aktualisierung 275
    Ruhezustandstimer 275
    verwalten 275
Privatsphäre 313
Push 61

Q

QR-Codes 36
QR-Scanner 226

R

Routenplanung 309
Ruhezustand 15, 19, 24
    automatische Sperre 317
    Zeit für Codesperre anpassen ... 316

S

Safari (App) 38, 133
    alle Tabs schließen 138
    Aufbau 133
    auf Webseite suchen 140
    Betrugswarnung 152

    Bilder und Dateien speichern 147
    Cookies 151
    Datenschutz und Sicherheit 151
    Einstellungen 151
    Favoriten 143
    Formulare 149
    iCloud-Tabs 146
    im Internet suchen 138
    Inhaltsblocker 152
    Internetadresse eingeben 135
    Kreditkarten 149
    Leseliste 141, 142, 144
    Leseliste aufrufen 144
    Lesezeichen 142
    Lesezeichen aufrufen 144
    Lesezeichen hinzufügen 142
    Lesezeichen organisieren 145
    Link öffnen 140
    mehrere Seiten öffnen 137
    Passwörter 149, 150
    privates Surfen 152
    Reader 136
    Split View 141
    Suchmaschinen 139
    Tracking verhindern 151
    URL 133
    Verlauf 145
    Verlauf und Websitedaten löschen 152
    Webseiten als PDF speichern ... 148
    Webseite öffnen 134
    zum Home-Bildschirm hinzufügen ... 144
    zwei Seiten nebeneinander 141
Screenshot 234
Scrollen 27
Scrubbing 266
Selbstzerstörungsfunktion 320
Sicherheit 313
    Codesperre 21, 32
    Daten löschen 320
    Fingerabdrucksensor 31
    Ortungsdienste 79

Stichwortverzeichnis

SIM-Karte 53
   einlegen 18
   entsperren 20
   Kartenschacht 17
Siri 23, 81
   aktivieren 23, 81
   aufrufen 82
   Hey Siri 81
Slide Over 42, 43
Smart Connector 17
Smart Keyboard 14, 17, 100
   Belegung 101
   Emoticons 102
   Kurzbefehlleiste 101
   Softwaretastatur anzeigen 103
   Sonderzeichen 103
   Tastenkürzel 102
Spam 173
Sperrbildschirm 25
   Hintergrund ändern 29
Sperrzustand 319
Split View 42, 45
Spotlight 139
Sprachsteuerung 23, 81
Standby → Ruhezustand 15
Standortfreigabe 312
Statusleiste 25
Sticker verschicken 200
Streaming 268
Suche 83
   aufrufen 83
   Einstellungen 84
   Kontakte 114
Synchronisation
   iCloud 57

T

Taschenlampe 71
Tastatur 90
   Akzente 93

ausschneiden 100
Auto-Großschreibung 96
Auto-Korrektur 96
Bereich markieren 99
Diktierfunktion 92
einfügen 100
Eingaben korrigieren 97
Eingabe widerrufen 97
Emoticons 92
Feststelltaste 96
geteilt 96
intelligente Interpunktion 96
kopieren 99, 100
Kurzbefehl 96, 97
Kurzbefehlleiste 92
Rechtschreibkorrektur 97
Satzzeichen und Ziffern 91
Schreibhilfen 94
Schreibmarke 90
Schreibmarke positionieren 92
Smart Keyboard 100
Sonderzeichen 93
Tastatureinstellungen 95
Tastenbelegung 91
Tastenstreichen 97
Tastentöne 90
Textersetzung 98
überschreiben 100
Umlaute 93
Vorschläge 92, 96
Ziffern 93
zusätzliche Tastaturen 94
Zwischenablage 99
Teilen 62
   AirDrop 63
Tipps (App) 38
Töne 77
Top-Level-Domain 135
Touch ID 17, 21, 25, 293, 314, 317
   Codesperre 316
   einrichten 31

341

Stichwortverzeichnis

Fingerabdruck hinzufügen 32
Finger benennen 319
umgehen 318
True Tone 23, 71

U

Uhr (App) 38, 130
   Schlafenszeit 131
   Stoppuhr 131
   Timer 131
   Wecker 131
   Weltuhr 130

V

VCF-Datei 109, 117
Videos (App) 38, 257, 265
   Abspielknopf 266
   auf das iPad kopieren 258
   Bild im Bild 267
   Eigene Videos 265
   Filme 265
   löschen 270
   Sendungen 265
   Steuerung 266
   streamen 268
   TV-Serien 265
   wiedergeben 265
Videotelefonat 17, 207
Visitenkarte 113

W

Widgets 75
   anpassen 76
   aufrufen 75
WLAN *aufrufen* 14
   verbinden 20, 51

Y

Yahoo 59, 133, 139

Z

Zoomen 27
Zugriffsbeschränkung 322
Zwei-Faktor-Authentifizierung 54, 56

- Alle Funktionen Schritt für Schritt erklärt
- Telefonieren, Internet, E-Mails, Fotografieren u. v. m.
- Die nützlichsten Tipps für Ihr neues iPhone

Giesbert Damaschke

iPhone X, iPhone 8 und 8 Plus
Die verständliche Anleitung

1001 Funktion sind beim neuen iPhone alles andere als ein Märchen. Doch wer blickt hier noch durch? Apple-Experte Giesbert Damaschke hat für Sie die wirklich alltagstauglichen und nützlichsten Funktionen gesichtet und zeigt Ihnen alles leicht nachvollziehbar. Mit ihm lernen Sie Schritt für Schritt, wie Sie telefonieren, Nachrichten schreiben, im Internet surfen, Musik hören, Fotos machen, Videos ansehen oder interessante Apps aus dem App Store laden. Und von den zahlreichen Praxistipps für eine sichere Bedienung werden Sie täglich profitieren!

384 Seiten, broschiert, in Farbe, 19,90 Euro
ISBN 978-3-8421-0335-1
www.rheinwerk-verlag.de/4540

Alle Vierfarben-Bücher jetzt im Rheinwerk-Shop – auch als E-Book!
www.rheinwerk-verlag.de/computer-office

- Swift Playgrounds Schritt für Schritt erklärt – Programmieren lernen für Kinder!
- Eigenen Gamewelten gestalten – ganz ohne Vorwissen!
- Von den Programmiergrundlagen bis zum eigenen Code

Philip Kiefer

Programmieren lernen mit Swift Playgrounds

Steige mit Swift Playgrounds spielerisch in Apples Programmiersprache Swift ein! Philip Kiefer zeigt dir Schritt für Schritt, wie du dich auch ohne Vorwissen in der iPad-App zurechtfindest, die Spielfigur »Byte« durch knifflige Welten steuerst und so Schrit für Schitt lernst, den Sprachcode zu lesen und zu schreiben. Schon bald programmierst du dein erstes Projekt und erstellst sogar eine eigene App! Weitere Highlights: Steuere eine Drohne per Swift-Befehle und führe dein Programmierabenteuer auf einem Mac fort!

300 Seiten, broschiert, in Farbe, 19,90 Euro
ISBN 978-3-8421-0308-5
www.rheinwerk-verlag.de/4429

- Den Mac von Grund auf kennenlernen
- Internet, E-Mails, Fotos, Filme, Musik u. v. m.
- Mit vielen Tipps für Windows-Umsteiger

Jörg Rieger, Markus Menschhorn

Das große Mac-Buch für Einsteiger und Umsteiger

Vergessen Sie die graue Theorie, und erleben Sie gleich die farbenfrohe Welt Ihres neuen Macs! Jörg Rieger und Markus Menschhorn navigieren Sie sicher und unterhaltsam durch die Benutzeroberfläche und alle Anwendungen. Sie bearbeiten Ihre Bilder mit der Fotos-App und genießen Musik – ob nun in iTunes, als Streaming oder Radio. Sie schreiben E-Mails, surfen im Internet, und auch in der iCloud behalten Sie jederzeit den Überblick über Ihre Dateien und Kontakte. Windows-Anwendern wird der Umstieg durch die übersichtlichen Tipps ganz leicht gemacht.

456 Seiten, broschiert, in Farbe, 24,90 Euro
ISBN 978-3-8421-0327-6
www.rheinwerk-verlag.de/4537

Jetzt bei uns im Rheinwerk-Shop: Buch, E-Book und Bundle!
www.rheinwerk-verlag.de

- Das komplette Mac-Wissen verständlich erklärt
- E-Mail, Internet, Fotos, Musik, Benutzerverwaltung, Sicherheit
- Mit zahlreichen Schritt-für-Schritt-Anleitungen

Jürgen Wolf

macOS High Sierra
Der umfassende Ratgeber

In diesem umfassenden Ratgeber finden Sie Antworten zu allen Fragen rund um Ihren Mac. Der Apple-Experte Jürgen Wolf zeigt Ihnen, wie Ihr Mac »tickt«. Entdecken Sie die Möglichkeiten, die Ihnen macOS bietet, und richten Sie das System nach Ihren Bedürfnissen ein. Verständliche Schritt-für-Schritt-Anleitungen, anschauliche Screenshots und jede Menge Praxistipps machen dieses Buch zu einem verlässlichen Begleiter, den Sie im täglichen Umgang mit dem Mac bald nicht mehr missen möchten – ob Sie ein Macbook oder einen iMac nutzen.

986 Seiten, gebunden, in Farbe, 39,90 Euro
ISBN 978-3-8421-0310-8
www.rheinwerk-verlag.de/4455

- Das komplette Windows-Wissen in einem Band
- Schrittanleitungen für die Anwender-Praxis
- Fotos, Musik, Internet, Mail, Netzwerk, Sicherheit u. v. m.

Rainer Hattenhauer, Mareile Heiting

Windows 10
Das große Handbuch

Das große Standardwerk zu Windows 10 – aktuell zu allen Updates! In diesem umfassenden Handbuch erfahren Einsteiger und bereits versiertere Nutzer alles, um das Betriebssystem sicher und effektiv in den Griff zu bekommen. Das kompetente Autorenduo Mareile Heiting und Rainer Hattenhauer hat das geballte Windows-Wissen für die reibungslose Anwendung in der Praxis aufbereitet und hält eine Fülle an Insidertipps bereit. So beherrschen Sie alles schnell und mühelos – von der Dateiverwaltung über die Systemwartung bis zum Einrichten von Netzwerken.

803 Seiten, broschiert, 19,90 Euro
ISBN 978-3-8421-0219-4
www.rheinwerk-verlag.de/4266

Kostenlose Buchauszüge im Rheinwerk-Shop!
www.rheinwerk-verlag.de

Das E-Book zum Buch

Sie haben das Buch gekauft und möchten es zusätzlich auch elektronisch lesen? Dann nutzen Sie Ihren Vorteil.
Zum Preis von nur 5 Euro bekommen Sie zum Buch zusätzlich das E-Book hinzu.

Dieses Angebot ist unverbindlich und gilt nur für Käufer der Buchausgabe.

So erhalten Sie das E-Book

1. Gehen Sie im Rheinwerk-Webshop auf die Seite:
   www.rheinwerk-verlag.de/E-Book-zum-Buch
2. Geben Sie dort den untenstehenden Registrierungscode ein.
3. Legen Sie dann das E-Book in den Warenkorb, und gehen Sie zur Kasse.

Ihr Registrierungscode

S95Y-HAQW-F7JS-DCPW-3B

Sie haben noch Fragen? Dann lesen Sie weiter unter:
www.rheinwerk-verlag.de/E-Book-zum-Buch